लीलाधर मंडलोई

लीलाधर मंडलोई का जन्म 15 अक्टूबर, 1953 को मध्य प्रदेश, छिंदवाड़ा के गाँव गुढ़ी में हुआ। उनकी प्रमुख पुस्तकें हैं—'घर-घर घूमा', 'रात बिरात', 'मगर एक आवाज़', 'काल बाँका तिरछा', 'एक बहोत कोमल तान', 'महज़ शरीर नहीं पहन रखा था उसने', 'लिखे में दुक्ख', 'मनवा बेपरवाह', 'भीजै दास कबीर', 'जलावतन' और 'क्या बने बात' (कविता-संग्रह); 'देखा-अदेखा', '75 कविताएँ', 'कवि ने कहा' और 'हत्यारे उतर चुके हैं क्षीरसागर में' (कविता-चयन); 'अर्थ जल', 'कवि का गद्य' (निबन्ध); 'कविता का तिर्यक' (आलोचना); 'दाना पानी', 'दिनन-दिनन के फेर' और 'राग सतपुड़ा' (डायरी); 'यादें बसन्त की ख़ुशबुएँ हैं' और 'ईश्वर कहीं नहीं' (कविता-डायरी); 'काला पानी' (यात्रा-वृत्तान्त); 'पहाड़ और परी का सपना', 'पेड़ भी चलते हैं', 'चाँद का धब्बा' (बाल-साहित्य); 'अंदमान निकोबार की लोक कथाएँ' (लोक-साहित्य); 'कविता के सौ बरस', 'नारी मुक्ति का स्वप्न', 'पास-पड़ोस' (सार्क देशों का साहित्य), 'आपदा और पर्यावरण', 'विस्मृत निबन्ध' (सम्पादन); 'माँ की मीठी आवाज़' (अनातोली पारपरा की रूसी कविताओं का अनुवाद) और 'पानियों पर नाम' (शकेब जलाली की ग़ज़लों का लिप्यंतरण)। ओड़िया, बांग्ला, गुजराती, पंजाबी, मराठी, उर्दू, अंग्रेजी, रूसी, नेपाली में कविताओं के अनुवाद प्रकाशित। 'नया ज्ञानोदय' पत्रिका का सम्पादन किया। वर्तमान में 'विश्वरंग' पत्रिका का सम्पादन।

'कबीर सम्मान', 'पुश्किन सम्मान', 'नागार्जुन सम्मान', 'रामविलास शर्मा सम्मान', 'रज़ा सम्मान', 'शमशेर सम्मान', 'किशोरी अमोनकर सरस्वती सम्मान', 'प्रमोद वर्मा काव्य सम्मान', 'साहित्यकार सम्मान', 'कृति सम्मान' और 'वागीश्वरी पुरस्कार' से सम्मानित।

सम्प्रति : सहनिदेशक, विश्वरंग, रवीन्द्रनाथ टैगोर विश्वविद्यालय, भोपाल (म.प्र.)

ई-मेल : leeladharmandloi@gmail.com

जब से आँख खुली हैं

लीलाधर मंडलोई

राजकमल पेपरबैक्स

राजकमल पेपरबैक्स में
पहला संस्करण : 2025

राजकमल पेपरबैक्स : उत्कृष्ट साहित्य के जनसुलभ संस्करण

राजकमल प्रकाशन प्रा. लि.
1-बी, नेताजी सुभाष मार्ग, दरियागंज
नई दिल्ली-110 002
द्वारा प्रकाशित

शाखाएँ : अशोक राजपथ, साइंस कॉलेज के सामने, पटना-800 006
पहली मंजिल, दरबारी बिल्डिंग, महात्मा गांधी मार्ग, प्रयागराज-211 001
1, अनमोल सोराबजी सन्तुक लेन, धोबी तलाव, मरीन लाइंस, मुम्बई-400 002

वेबसाइट : www.rajkamalprakashan.com
ई-मेल : info@rajkamalprakashan.com

विकास कंप्यूटर एंड प्रिंटर्स
ट्रॉनिका सिटी-201 102
द्वारा मुद्रित

मूल्य : ₹350

JAB SE AANKH KHULI HAIN
An Autobiography by Leeladhar Mandloi

ISBN : 978-93-6086-275-6

बड़ी जीजी लक्ष्मी के लिए
जिन्होंने माँ की तरह पाला

और

सुधि-सुचिन्त और आने वाली
पीढ़ियों के लिए

जब से आँख खुली हैं अपनी दर्द-ओ-रंज-ओ-ग़म देखे
इन ही दीद-ए-नमदीदों से क्या-क्या हमने सितम देखे।

—मीर

टुक इधर भी देखो

हँसती थी एक आँख तो रोती थी दूसरी

सबसे कठिन होता है बचपन को याद करना। उससे ज़्यादा चुनौतीपूर्ण होता है उसे लिखना। लगभग तीस बरस होने को आए और मैं अपनी स्मृतियों को कल्पना से दूर यथार्थ के आँगन से अबेरता, थकता रहा। इसे आत्मकथात्मक उपन्यास के शिल्प में लिख सकता था, लेकिन मुझे लगा मैं जाने-अनजाने अपने बचपन से बेईमानी कर जाऊँगा। सो यह विचार मैंने त्याग दिया। मैं अपनी डायरियों में स्मृतियों को, जिस तरह वे आईं, दर्ज करता गया। ये डायरियाँ फ्लैशबैक के शिल्प में भरती गईं। इनमें घटित यथार्थ के आवर्तन थे। मैं उनसे किनारा न कर सका कि वे मेरे जीवन में अहम हैं।

कथक की भाषा में कहूँ तो स्मृतियों का यह आख्यान 'ततकार' की तरह है। मेरे पाँवों में बचपन के अनेक घुँघरू बँधे हैं। मैं उनकी लय और ताल में होना चाहता हूँ। बेसुरा और बेताला होने से बचता हूँ। अनेक घुँघरूओं की ध्वनियों से घिरा हुआ हूँ, और अनेक से स्मृति के एक घुँघरू को भी सुर और ताल में साधना है। मैं गोया रियाज़ में बना रहा। पलटों के शिल्प में लौटता हूँ। कसक-मसक को सही भाषा में रखने की चेष्टा करता हूँ और उसके भीतर के बोलों को शब्दों में सम्भव करता हूँ।

इसमें रागों की परवाज़ अनुभव में आती है। मैं सँभलकर यादों के सम पर लौटता हूँ, और फिर गाने लगता हूँ। जैसे किसी कलाकार का प्रिय राग होता है। बार-बार गाने में मूल राग अपनी आत्मा के साथ रहते हुए, कुछ नया और अलहदा रंग में उभरता है, कुछ ऐसी बनत-बुनत का रूप यहाँ दिखना मुमकिन है।

इसमें कुछ प्राथमिक रंग हैं कैनवस पर लौटते। कोई एक दूसरे से आ मिलता है, जो बचपन के समाज में खुलने और खिलने से स्वत: हो जाता है। यह मुझे मिनिएचर के हमबग़ल होने की प्रतीति देता है। इसमें गतिशील स्टिल्स हैं और वे सिनेमेटिक विज़ुअल्स की तरह उभरते हैं। यह कृति के रूप में फ्लैशबैक है। फ्लैशबैक में ही फ़िल्म की कथा आगे से पीछे और पीछे से आगे, एक साथ है। मुझे यह कहने में बिलकुल संकोच नहीं है कि इस किताब में बचपन का नास्टेल्जिया है।

मैं इससे सायास बचता तो लेखन के साथ अन्याय होता, यह कर न सका। हाँ! एक वांछित दूरी बनाकर ही मैंने लिखा ताकि सम्भावित असन्तुलन से बचा जा सके। वह कितना हो सका, यह मैं नहीं कह सकता। मैं स्मृतियों में एक नट की तरह अपने को गिरने से बचाता रहा हूँ।

मैं सतपुड़ा की तलहटी में जिस गुढ़ी गाँव में पैदा हुआ वह कोयला खदान की मजूर बस्ती थी। इसे माँ ने एक बुंदेली कहावत के आधार पर 'पीर घनेरी बस्ती' कहा था। वह उस जीवन को 'उगलत-लीलत पीर घनेरी' पुकारती रही। इस नाम के अँधेरे रास्ते, मैंने कोयला खदान की अंडरग्राउंड दुनिया को देखा जिसका दूसरा छोर ओपन कास्ट (खुली कोयला खदानों) में फैला हुआ था। तब खदानें क्रूर प्राइवेट मालिकों के क़ब्ज़े में थीं। पक्की नौकरियाँ न थीं। रोज़ की मज़दूरी के लिए संघर्ष था।

मैंने जिन मजूरों को देखा और जिनके बीच रहा, वे सभी अपने प्रदेशों से विस्थापित होकर आए थे। उनके लौटने के रास्ते बन्द हो गए थे। बस उनके जीने की संघर्ष गाथाओं के दृश्य मेरे मानस पर उछरते रहे। बचपन की स्मृतियों का लेखा-जोखा दृश्यों और ध्वनियों के माध्यम से अधिक मूर्त हुआ है। इन्हीं के बीच बचपन के यथार्थ का एक आकार बनता गया। इसे कथा लेखन कहना मेरे लिए मुश्किल है। यह स्मृतियों का बेतरतीब प्रकाशन है जिसमें एक तरतीब टुकड़ों में लिखने के बावजूद बन गई है।

सतपुड़ा की गोद को उजाड़कर खदानें बनती रहीं। सतपुड़ा मेरी चेतना के केन्द्र में बना रहा। खदानें, आदिवासी, मजूर, जीव-जन्तु, प्रकृति और जीवन मेरे भीतर गूँजते रहे। सतपुड़ा के दाता रूप ने हमें भूख और अभावों के हालात में जीवन शक्ति दी। मेरे भीतर उसके सौन्दर्य ने जिस बोध और राग को जन्म दिया, उससे मेरा आज, दूसरा हो गया है। दूसरे होने का आशय बचपन को कई अप्रत्याशित रंगों में देखने का अवसर मिला। अब मैं अपनी धरती के बदलते समय को बेहतर ढंग से समझ सकता हूँ। कोयले की बेतहाशा लूट के लिए जिन डाइनामाइट के विस्फोटों से धरती को काँपते-थरथराते बाल मजूर की तरह अनुभव किया, उसकी अदृश्य थरथराहट यहाँ है। सतपुड़ा की वह धरती स्वप्न में भयाक्रान्त करती रही और आज भी पीछा नहीं छोड़ती। इस भय के अन्तर्भुक्त प्रभाव भी मेरे लिखने में चले आए हैं। अगर बचपन में हँसता हुआ आबाद समय है तो उसके उजड़ने का दुख भी नैसर्गिक रूप से चला आया। बाद में, मैं उसे इस तरह देखता रहा जैसे उसकी तरह मेरी साँसें भी कम-कम होती जा रही हैं। अब भी सतपुड़ा एक ऐसी भयावह रात की तरह सपनों में होता है और उसकी कोई सुबह नहीं होती। मैं उसे पूरा लिख नहीं पाया। मैंने जानबूझकर भी वैसा बहुत कुछ छोड़ दिया जो एक मार्मिक कथा में तब्दील हो सकता था। जो कुछ स्मृतियों के दबाव में चला आया वह निरायास है और मुझे ज़रूरी लगा।

बचपन जितना मेरी चेतना में बार-बार पीछा करता हुआ, आकार लेता रहा, वही यहाँ है। कुछ यादों से पीछा न छुड़ा सका, जैसे भूख, भूख में माँ, कोयला, मजूर, आदिवासी और सतपुड़ा। कुछ छायाएँ, कुछ छवियाँ अगर चुपके से दुबारा चली आई हैं तो वे हांटिंग अनुगूँजें हैं और ज़रूरी। गोया राजकपूर की फ़िल्मों के पार्श्व संगीत में किसी अगले गाने की धुन। अनुगूँजें यहाँ भी मुमकिन हैं। ऐसी असहायताओं के लिए बचपन का एक शब्द याद करता हूँ—'भूलचूक-कनानचूक'। कोई ग़लती होती थी तो कान पकड़कर यह शब्द अपने-आप जुबान पर आ जाता था, सो यहाँ भी चला आया। मैंने रोका भी नहीं। यह मेरे बचपन का संस्कार है। बहरहाल आत्मकथा की यह पहली किताब जो बचपन की है, आपकी नज़र।

यह बताना उचित होगा कि मेरा जन्म 1953 की जन्माष्टमी को हुआ। यह आत्मकथा जन्म से पहले के कुछ प्रसंगों को भी स्पर्श करती है जिन्हें मैंने माँ-पिता से सुना। जन्म से स्कूल जाने और उसके बाद की कुछ घटनाओं को जीजी और भाइयों से जाना। मोटे तौर पर यहाँ कॉलेज पहुँचने और छोड़ने तक यानी सन् 74-75 तक का वृत्तान्त है।

—लीलाधर मंडलोई

जब से आँख खुली हैं

एक

कुछ बीज हैं स्मृतियों के
कैसी होगी उनकी आमद
उनका अँखुआना कैसा होगा
मैं नहीं जानता
कुछ पौधे होंगे कि दरख़्त
कितनी शक्ति है मानस वसुधा में
याद करते हुए रोशनाई कितना साथ देगी
कितना और कैसा होगा आत्मचरित
सचमुच मैं नहीं जानता

लौटना तकलीफ़ों में होता है। लौटने का रास्ता ऊबड़-खाबड़ है। साफ़-सुथरा नहीं। टेढ़ी-मेढ़ी गलियाँ। जिस पर नुकीले पत्थर हैं बहुत और काँटे। जिन पर माँ-पिता नंगे पाँव चले। यह बीती सदी में तीसरी दहाई की शुरुआत का समय रहा होगा। उड़नी-पिपरिया से सतपुड़ा की पहाड़ियों को लाँघते कि कोई और साधन न था। जंगली रास्ता। पहाड़ की दुर्गमता, भयावह रातें। हिंसक जानवरों का भय। अंधविश्वास को मज़बूत करते क़िस्से और चरित्र। भूख और ग़रीबी। अकेलापन। इन सबसे विस्थापन के बीच बना एक ऐसा मानस जिसमें लड़ना ही बचा उपाय था। ऐसे माँ-पिता की आपबीती को चोरी-छिपे सुनते और थोड़ा-बहुत गुनते हुए, हमने जीवन में आँखें खोलीं। हमारे भीतर ऐसा कुछ आकार ले रहा था, जो ग़ुस्सा उपजाता था। ग़ुस्से के कारणों से हम अनभिज्ञ थे। यह सभी में कहीं न कहीं था। बड़े भाई, मझले और मुझमें। हालाँकि दूसरे नम्बर पर जीजी थी और वह जब ग़ुस्साती थी तो हमें डर लगता। क्योंकि ऐसे समय में जो उसके हाथ आता, उससे सामने वाले को मारना शुरू कर देती और बाद में रोने लगती। लौटने के रास्ते पर कदाचित् यही या ऐसा ही कुछ पहले-पहल घेरता है, जिससे मैं मुक्त होना चाहता हूँ...कि कुछ और पकड़ सकूँ। जो ज़्यादा ज़रूरी है और मेरे लिए एकदम भिन्न...। गूँजता और बोलता हुआ।

लौटते पर मुझे कुछ ध्वनियाँ, आवाज़ें, शब्द और गीतों के टुकड़े अधिक घेरते हैं। सोचा जाए तो बचपन का वही कुछ अधिक बचा हुआ होता है जो सुना गया है। बार-बार सुना हुआ एक प्रक्रिया में अधिक स्थायी होता जाता है। लौटने पर वह हर बार उतना ही जीवन्त मिलता है। गूँजता और बोलता हुआ...एकदम पारदर्शी और इतना की वहाँ कभी गिरी एक सुई की ध्वनि भी सुनी जा सकती है। चिड़िया के परों की बेचैनी। माँ का चुपके-चुपके सुबकना। पिता का बीमारी में रुक-रुककर खाँसना और उन लोगों का घर के बाहर खड़े होकर गरियाना जिन्हें हम नहीं जानते थे। पिता जानते थे और घर एक चुप्पी में समा जाता था।

लौटने के रास्ते पर पहले जहाँ चेतना के पाँव पड़ाव डालते हैं वहाँ चूड़ियों की खनक है। काँच की चूड़ियाँ। दोनों हाथों में भरी हुईं। इन्हीं हाथों में, मैं रहा। (वैसे काम पर निकलने के पहले अधिकांश उतर जाती थीं जैसा पता चला)। उम्र का वह दूसरा बरस रहा होगा। लेकिन इतना ज़रूर है कि चूड़ियों के भीतर से संगीत की कोई नदी बहती है जो 'बारामासी' थी। इसीलिए उसमें मामूली हेर-फेर के साथ एक ही धुन निकलती थी। जैसे भैरवी को सुनते हुए आज लगता है। वैसे भी ग़रीब घर के बच्चों को बचपन में गोद का सुख अधिक आत्मीय प्रबलता में मिलता है (उन अवसरों को छोड़, जबकि काम पर घर से बाहर जाना होता है)। शायद इसी वजह से बचपन में जो कुछ चेतना में घर करता है, वह अधिक स्थायी होता है।

अन्य स्त्रियों की तरह माँ को भी काम पर जाना होता था कि कोई और चारा न था। मैं तब मुश्किल से दो बरस के आसपास या शायद डेढ़ साल का रहा होऊँगा (जैसा कि जीजी ने बताया)। मैं माँ के बिना रह नहीं पाता था और रोता बहुत था। और वह भूख होने पर आने वाली रुलाई न थी जैसी कि मुझे धुँधली सी याद है। ऐसे में न माँ रुक सकती थी न मेरा उनकी अनुपस्थिति में रोना। माँ के बाद घर की देखभाल जीजी की थी सो वह परेशान होती और चिढ़ती रहती थी।

मेरे रोने से मुक्ति पाए बिना घर का कामकाज कठिन था, सो बड़ेरी से दो बराबर मीजान की मोटी रस्सियाँ बाँधी गईं। उन्हें धरती से कोई ढाई-तीन फुट की ऊँचाई पर इस विज्ञान से लटकाया गया कि दोनों रस्सियों के बीच यदि छोटी-सी गुदड़ी फँसा दी जाए तो वह झूला बन जाए। झूले के ऊपर कोई एक फुट की ऊँचाई पर माँ की साड़ी बाँध दी जाती थी। इस तरह कि सिर्फ़ वह साड़ी दिखती रहे। साड़ी ऐसी कि बग़ैर धुली हो और उसमें माँ की गंध आती हो। अर्थात कामकाज के दौरान पहनी गई ऐसी साड़ी जिसे बाद में धोया न गया हो। इसी साड़ी के छोर पर माँ अपनी ढेर-सी चूड़ियाँ बाँध देती थी जो झूले को हिलाने पर बजने लगती थीं।

माँ इसी झूले में काम पर जाने से पहले दूध पिलाकर मुझे पार (लिटा) देती थी। जीजी झूले को झुलाती थी तो चूड़ियों की ध्वनि गूँजती रहती थी। कुछ ऐसे कि लगता था, माँ आसपास ही है। एक बच्चे के मनोविज्ञान को समझते हुए,

किसी भी माँ की इससे बढ़िया और कौन-सी जुगत सम्भव थी। बिना धुली साड़ी से उठती-फैलती गंध और हिलते-डुलते झूले से बँधी चूड़ियों की मद्धिम खनक के बिना कृत्रिम लेकिन बहुत यथार्थपूर्ण वातावरण। और तब मैं कम रो पाता था। रोता भी था तो बस शायद भूख लगने पर और उसका भी उपाय माँ ने कर छोड़ा था। ऐसे समय में जीजी झूले के ऊपर लटकी हुई चूड़ियों के भीतर से हाथ डालकर 'गिलसिया' से दूध पिलाती थी। वही गिलसिया जिसमें पानी पिलाया जाता था। चेतना में जो कुछ बसा हुआ था उसे चीन्हकर माँ ने कुछ तरीक़े ईजाद कर लिये थे ताकि भ्रम में ही सही, माँ की अनुपस्थिति के दुख को पाटा जा सके। माँ जब काम से लौटती तो सीधे मेरे पास पहुँचती। और कोशिश करती कि इतने हौले से और चुपके से उठाकर गोद में ले लिया जाए कि दिन भर झूले में पड़े रहने का भ्रम और ऊब गोद में हिलाने-डुलाने में जज़्ब हो सके। जब कभी जीजी इन सबका ज़िक्र करती हुई हँसती है तो मुझे न केवल अच्छा लगता है बल्कि मैं अपनी निरक्षर, लेकिन बेहद बुद्धिमान माँ और जीजी के प्रति श्रद्धा से भर उठता हूँ...मैं इस श्रद्धाभाव के लिए शब्द खोजता हूँ और निराश हो अपनी बुद्धि को कोसने लगता हूँ।

पहली कविता जिसे सुनते हुए
मुझे अपने कानों में बहते संगीत का पता चला
माँ इस तरह मेरी पहली गुरु हुई
पहला ईश्वर

सुलाने के समय माँ एक लोरी गुनगुनाती थी...'तू तो सो जा बारे बीर। बीर की बलैयाँ ले जा जमना का तीर।' माँ के कंठ से फूटी यही पहली कविता थी जो आत्मीय धुन पर सवार मेरे भीतर बस गई। इसे सुनते ही जैसे हल्की बयार बह उठती। आँखें जैसे उस पर सवार हो जातीं। सब कुछ हल्का हो उठता। जैसे मैं बन्द होती आँखों के साथ नींद की किसी उड़ने वाली वस्तु में किसी अनाम और सुन्दर जगह या सपने में टहलने लगता।

मेरे इस तरह उड़ने में कुछ पंक्तियाँ पीछा करती रहतीं। जब उड़ान को झटका-सा लगता तो वे समझ में आतीं—'बर से डारो पालना। पीपल से डारी डोर। तू तो सो जा बारे बीर।' कई बार दोहराई जाने से वे मन में अंकित होती रहीं। माँ का गला इतना सुरीला था कि लोरी सुनते हुए पलकें अलसा जातीं। और धीरे-धीरे नींद का साम्राज्य गहरा जाता। लेकिन लोरी जैसे पीछा करती रहती। पीछा करती इस लोरी का अर्थ धीरे-धीरे खुला। जीवन की पहली लोरी, पहली कविता और उससे बहते हुए संगीत में फिर से आँखें खोलते हुए...।

माँ के ख़ज़ाने में कुछ ही लोरियाँ थीं। लेकिन लोकगीत बहुत थे। माँ नहीं है और विरासत में जो जीजी को मिला वही शेष है। लेकिन मेरे पास थोड़ा-सा फिर भी

बचा रह गया। हालाँकि कुछ पंक्तियाँ इधर की उधर हो गईं। धुनों को हमने खो दिया। फिर भी एक लोरी है जो शायद इसीलिए बची रह गई कि उसमें मनपसन्द आसपास की सघन वस्तुओं और व्यक्तियों का उल्लेख था। और ख़ास बात थी वह धुन जिसमें झूला झूलने का सजीव दृश्य था, जो गुनगुनाते हुए अब भी मूर्त हो उठता है।

झूल भइया झूल तोरी टोपी में फूल,
गिर गई टोपी बगर गए फूल,
कोने ल्याए झंगा-झुलैया कोने ल्याई फूल,
दरजी ल्याए झंगा-झुलैया,
मलनियाँ ल्याई फूल,
गिर गई टोपी बगर गए फूल,
झूल भइया झूल तोरी टोपी में फूल...।

दिलचस्प यह था कि न कोई टोपी थी न उसमें फूल। लेकिन लोरी को सुनते हुए लगता था कि एक टोपी थी। बहुत सुन्दर फूलों वाली। गिरने पर वे बिखर सकते थे। इतनी कोमल और अद्‌भुत कल्पना। मुझे लगता रहा कि एक टोपी थी ज़रूर। माँ जिसे रखकर भूल गई या फिर फूलों के गिर जाने के डर से उसने छुपा दी कहीं। वह ढूँढ़ने पर माँ की पेटी में मिल जाएगी...ऐसा आज भी जाने क्यों लगता है...?

माँ का बदन ठोस था। बाँहें भरी हुईं। हथेलियाँ सख़्त। उसके हाथों में कुदाल, तसला, फावड़ा और बोइया (बाँस की टहनियों से बनी सख़्त टोकरी)सदा रहे। खदान की मजूरी में यही उनके और पिता के हथियार थे। सामने था जीवन की जंग का बड़ा मैदान। हथेलियाँ इसलिए दोनों की खुरदरी थीं। बाज दफा इतनी अधिक कि गालों पर फेरते तो मैं कसमसा उठता। कई बार बोइया की फाँस हथेली में छूट जाती। और तब धोखे में गाल पर फेरते हुए पड़ जाने पर जैसे मैं बिलबिला जाता। लेकिन हथेलियों की छुअन में ऐसा जादू था कि मैं चुभन को भूल जाता और उनसे अलग न होता।

घर से बाहर जो तरह-तरह के आश्चर्य थे
वे आवाज़ों में थे
घुटनों के बल उनकी तरफ़ दौड़ता
और कोमल त्वचा छिल जाती
मैं रोता और उनका पीछा करता
मुराद से नामुराद दुनिया में
मैं अब भी भाग रहा हूँ

माता-पिता मेरे लिए कुछ ध्वनियों से बँधे थे। यानी कुदाल, तसले और फावड़े की ध्वनि। इन्हें जब वे उठाते थे, तो काम पर जाने का बोध होता था और काम से लौटने पर जब पिछवाड़े उन्हें रखते थे तो घर लौट आने का दूसरा ध्वनिबोध। इन वस्तुओं के साथ ध्वनि के स्तर पर हमारा गहरा रिश्ता था। जैसे टंकार की ध्वनि होती है वैसी ही कुछ ध्वनियाँ इन वस्तुओं के आपस में टकराने से उठती थीं। इन ध्वनियों का दूसरा गहरा अर्थ यह भी था कि सब ठीक-ठाक है। इस तरह माँ-पिता की हथेलियों में उगते बबूल के फूलों का गहरा रिश्ता कुदाल, तसले और फावड़े से था। बरसात में काम कम हो जाने पर बबूल के फूल उगना बन्द कर देते थे और घर में बन रहे आधे-अधूरे खाने से हमें बाहर का पता चल जाता था...उस बेकार बाहर से घर का भीतर किसी और रूप में बेकार हो उठता था जो दोनों के चेहरे पर दीखने लगता था। मेरी बढ़ती उम्र के साथ समझ के दरवाज़े धीरे-धीरे खुल रहे थे।

पिता और माँ की उम्र में काफ़ी फ़ासला था। कोई पन्द्रह बरस के ऊपर। पिता ग़रीबी से लड़ते हुए थक से चले थे। उम्र के अलावा दमे की बीमारी ने उन्हें तोड़ दिया था। तिस पर खदान के कोयले की रोज़ फाँकी जाने वाली धूल जो फेफड़ों में जमा हो रही थी। काम न मिलने पर वे उदास और हताश हो उठते। गालियाँ बकते। यहाँ तक कि भगवान को भी गरियाते। कहते—'जिनगी भर कमाओ और भटा-भात नई खाओ, ऐसी रई जा जिनगी।' चीज़ें हमारी समझ से बाहर होतीं। लेकिन माँ जाने किस मिट्टी की बनी थी कि वह पिता को तरह-तरह से ढाढ़स बँधाती हास-परिहास करती। ऐसे पराजय भाव वाले अवसरों पर कभी-कभार वह एक लोकगीत गुनगुनाने लगती।

गैल नई थी गली नई थी,
सो हम दौड़त आए भले जू॥
घटियें ऊँची नीची हतीं
सो हम ढड़कत आए भले जू॥
गैल पड़त थो घनो अँधेरो,
सो हम चलतई आए भले जू॥
खावे को नई थीं पुरी पपरियाँ,
सो हम भूखेई आए भले जू॥
गैल परत थी बाबा की नदिया,
सो हम सरपत आए भले जू॥
गैल में नई थीं टपरा-टपरियाँ,
बिरछा के नीचे सोये भले जू॥
गैल में नई थीं गाँव की सखियाँ,
संग थे हमरे बलम भले जू॥

पिता जब माँ को यह गाते हुए सुनते तो तरल हो उठते। उनमें अनोखी चमक जाग उठती। और वे सामान्य हो जाते। बतियाने लगते और हँसते भी। ऐसे समय में वे बीड़ी सुलगाते। कश खींचते और छोटा-सा घर तम्बाकू की गंध से भर उठता। यह गंध मुझे प्रिय थी। आज भी बीड़ी पीते हुए किसी को देखता हूँ तो उस गंध को भीतर तक भरने के लिए उसके पास तक ज़रूर जाता हूँ।

कुछ और ध्वनियाँ हैं जो मन में गहरे तक अंकित हैं। उनमें से एक है बर्तनों की। घर में काँसे की थालियाँ थीं और लोटे। काँसे के बर्तनों की खनक बहुत रोमांच पैदा करती थी। इसका एक कारण शायद ये भी था कि लोकगीत गाते समय, मैंने माँ को सिक्कों से काँसे का लोटा बजाते हुए देखा था। तब ढोलक न होने पर वह उससे ताल देने का और उसकी खनकती गूँज से संगीत पैदा करने का—दोनों काम एक से ही बख़ूबी कर लेती थी। काँसे की खनक में बर्तनों का खरापन बोलता था। वैसी खनक स्टील के बर्तनों में सिरे से ग़ायब है।

मेरे मन में काँसे की खनक शायद इसलिए भी बसी है कि राख से माँजने पर वह कुन्दन-सा चमक उठता था। ऐसी सोने सी खरी, किसी और बर्तन में भला कैसे हो सकती थी। माँ कहती थी—"अरे बजने हो तो काँसे सोई बजो, जौ का कि लोहे-लंगड़ सो बजो।" माँ की आवाज़ में काँसे की खनक थी और टनक खरापन था। शायद वही ख़ुद काँसे की खनक पर आरूढ़ मेरा पीछा करती थी।

पाखियों के शहद स्वर
माँ-जीजी के कंठ से झरते थे
उनके गाये लोकगीत की धुनें
अब भी आबाद हैं
उनमें मेरा मनुष्य होना बचा हुआ है

हमारे पिछवाड़े अमरूद का पेड़ था जिस पर मीठे लाल चित्तीदार फल आते थे। उस पर चिड़ियों का बसेरा होता था। पेड़ माँ का लगाया हुआ था। वह चिड़ियों को प्यार करती थी। चिड़ियों के कलरव से वह प्रसन्न हो उठती थी। सो घर के बाहर की आवाज़ों में पहली चिड़ियों की थी। इतनी मधुर कि लोरी गाती हुई माँ के गले में मानो चिड़ियों से ही आई हो। इसके अलावा कौओं की काँव-काँव थी जिसे सुनकर गाली-गलौच करने वाले याद आते थे। किन्तु हम प्रतीक्षा करते थे आम के मौसम का। जब कोयल गाना शुरू करती थी। उसे हम मन लगाकर सुनते और वैसा ही दोहराने की कोशिश करते थे। वैसा हो नहीं पाता था। जीजी कुछ उम्दा नक़ल करती थी। वह सुरीली थी लेकिन कोयल नहीं। बोलना ज़रूर वैसा ही चाहती थी। माँ का संगीत विरासत में उसे मिला था।

धीरे-धीरे वह भजन मंडली में जाने लगी। बाद में वह एक केन्द्रीय स्वर बन उठी मंडली का। हर जगह उसकी माँग थी और एक दिन उसका नाम गूँजने लगा।

बिना उसके संगीत का कोई कार्यक्रम न होता। जन्म से लेकर सोलह संस्कारों में वह होती। मैं भी जाता और उसका कमाल देखता। अगर चिड़ियों, कोयल और माँ को न सुना होता इतने ध्यान से, तो क्या वह बारह-तेरह साल की उम्र में ऐसा गा पाती? वह सिर्फ़ जीजी न थी अब। एक आवाज़ थी। कलदार खनक वाली जिसके भीतर माँ की छाया थी...और उस कोयल की, जिस सरीखी वह गाना चाहती थी, लेकिन अभावों के बीच वह उतनी और वैसी भी न हो सकी कि जितना उसे हो जाना चाहिए था। गाँव तो क्या ज़िले में संगीत का कोई स्कूल न था। अब कभी-कभार धीमे सुरों में जब वह गुनगुनाती है तो हमें बचपन की पहाड़ियों पर उगे बबूल याद आते हैं और कोई फूल नहीं दिखता। खनक याद आती है और काँसे का बर्तन नहीं दिखता।

उन दिनों मजूरों के लिए गुरुवार का दिन छुट्टी का होता था और यही दिन हफ़्ते भर के लिए छूटे हुए कामों को करने का। माँ का प्रमुख काम था आटा पीसना। कभी ज्वार, कभी मक्का, कभी चना और बस कभी-कभार गेहूँ। घर के बाएँ कोने में लगी हाथ चक्की। जिस पर ऊपर बाँस की मुठिया। नीचे चक्की की गोलाई के साथ मिट्टी से बनी गहरी किनोट। जिसमें दरदरा आटा गिरता था। पीसने से पहले एक सूप में अनाज। यह काम भोर में शुरू हो जाता। चक्की से निकलने वाली घरर-घरर की ध्वनि में जैसे बहते हुए पानी का जुदा संगीत था।

हमारी नींद इसी मीठे ध्वनिबोध के बीच खुलती। पिछवाड़े बोल रही चिड़ियों का कलरव उसमें 'एकसार' होता। आँखें खोलते ही हम माँ के दोनों हाथों को लय में घूमते देखते। पहले बायाँ फिर दाहिना। कब मुट्ठी में अन्न आता, पता न चलता। चक्की के मुँह में कब एक मुट्ठी ज्वार डाल देती, ध्यान से देखने पर भी समझ में न आ पाता कि वह बायाँ था कि दाहिना। दानों के फूटने-पिसने की ध्वनियाँ कुछ ऐसी गूँजतीं, मानो वे पहले नृत्य करते हों। इस तरह बायाँ-दाहिना, दाहिना-बायाँ हाथ कुछ ऐसे घूमता, जैसे पानी की परात में कोई गेंद इधर से उधर चक्कर लगाती हुई छका रही हो। जब कुछ देर बाद वह थकने लगती तो 'चक्की गीत' गुनगुनाने लगती ताकि हाथों को गति मिल सके—

"घरर-घरर चकिया बहे, अरे घरर-घरर नदिया बहे, बालम गए परदेस हो"

इस पंक्ति में आए 'घरर-घरर' शब्द से हमने चक्की से उठने वाले 'घरर-घरर' स्वर को जाना। बाद में उठने वाले 'मरर-मरर' को। और आगे कहीं बादलों की उमड़-घुमड़ को।

बचपन में हमें ऐसी ध्वनियाँ अधिक प्रिय थीं जिनके रास्ते कठोर ध्वनियों में खुलते हों। शायद इसी ध्वनिबोध प्रियता ने हमें खदान में होने वाले विस्फोट की तीव्र और कठोर ध्वनियों तक पहुँचाया। बाद में खदान में काम करते हुए हमने वीर और रौद्र भाव में उन ध्वनियों को पता नहीं कब-कैसे अबेरा कि वे हमारे गुस्से में रूपान्तरित हो कुछ-कुछ स्थायी होने लगीं।

अप्रैल और मई के महीनों में अमूमन जब गर्मी अपने शिखर पर होती थी, इस्पात के उन बायलरों की सफ़ाई का काम मिलता था, जिनमें पानी की भाप बनाकर ऊर्जा पैदा की जाती थी। इसी ऊर्जा से लोहे की डोलियों में मजूरों को बिठाकर खदान में उतारा जाता था। बायलर की चिमनी सँकरी होती थी और उनमें छोटे बच्चों को उतारा जाता था कि वही सुविधाजनक और सम्भव था। इन बायलरों से छोटी-छोटी नुकीली हथौड़ियों से जंग उतारने और सफ़ाई करने की कटु आवाज़ें आती थीं।

बचपन में हमारे आसपास खदान के भोंपू का कठोर स्वर था—सुबह आठ बजे, दोपहर दो बजे और रात दस बजे। जिससे बँधा था बस्ती का जीवन। भोंपू के साथ जैसे दिन जागता और रात सोती। जब जिसकी पाली हो। भोंपू से उठती बेसुरी गर्जना (यही कहना ठीक होगा) से हमने समय को पहचाना। उस भागमभाग और हड़बड़ी से, जो माँ-पिता के स्वभाव में जादुई ढंग से जागती थी कि कहीं उस दिन चूल्हे की हड़ताल न हो जाए।

बचपन में एक बाज़ार था। या कहें बाज़ार की आमद। दो साइकिल। एक पर हैंडिल से बँधा छोटा हॉर्न (भोंपू)। जब बजता तो हम जान जाते कि डबलरोटी वाला फेरी पर निकला है। वह बार-बार भोंपू बजाता और ग़रीब घरों के बच्चों को ललचाता। दूसरी साइकिल पर गाय के गले में बँधने वाली घंटियाँ हैंडिल से बँधी रहतीं। वे हौले से टन-टन बजतीं तो हमें मालूम हो जाता आइसकैंडी बेचने वाला आ गया। गाय की घंटियों का यह पहला याद आने वाला बाज़ारू प्रयोग था, जो इधर विज्ञापनों में सुनाई पड़ता है। सिर्फ़ गुरुवार को हम डबलरोटी के चार पाव ख़रीदते, छोटे वाले, क्योंकि इस दिन पगार के पैसे घर में होते। डबलरोटी बाज़ार से ध्वनियों पर चढ़कर आई पहली चीज़ थी। रोटी के विरुद्ध जिसने घर को घेरा। और अब न केवल उसका, बल्कि बाज़ारू पैक रोटियों का साम्राज्य है, रोटी के स्वाद पर क़ब्ज़ा करता। नामुराद बाज़ार ने धीरे-धीरे पारम्परिक रोटियों की सुगंध की हत्या करना शुरू कर दिया। बचपन में काली चाय के साथ बासी रोटी खाते थे। वे ज्वार या मक्के की रोटियाँ होतीं। माँ उन पर तेल चुपड़ देती और अमचूर या कुटी मिर्च डाल देती। उनका स्वाद ऐसा लगा कि अब भी रसोई में जाकर डिब्बे से बासी रोटी निकालकर माँ की आदिम व्यंजन विधि को अंजाम देता हूँ। दुर्भाग्य है बच्चों को स्वाद का यह आनन्द नसीब नहीं। अब तरह-तरह के सामिष-निरामिष हॉट डॉग का ज़माना है और बाज़ार की बेसुरी-बेताला ध्वनियाँ।

दो

लौटना तकलीफ़देह क्रिया है
काली खदान के अँधेरे में
धुआँते टेमे में जब आँखें पानियों से भरी हों
तब भक्क से जलती-बुझती हैं स्मृतियाँ

जीजी अब नानी हो गई है। दो नातिनें हैं—मिनी और तनु। मिनी बड़ी और तनु छोटी। विधवा होने के बाद से वे सीधे हमारे साथ आ गईं। उन्हें मझले भैया लेने गए थे। ससुराल से तीन बच्चों को लेकर जब पहुँची तो हमारे कच्चे-छोटे मकान में माँ, मझले भैया, मैं मुन्ना और मुन्नी थे। बड़े से दिलवाले घर में चार लोग और समा गए। माँ अकेली कमौआ थी। पिता अस्वस्थ। मझले भैया ने इन हालात में पढ़ाई छोड़ दी। उन्होंने टेलरिंग की दुकान खोल ली और जीजी ने सब्ज़ी की दुकान। उस दौर की एक लम्बी कहानी है संघर्ष, यातना, अपमान और उपहास की, लेकिन एक लम्बी और जटिल यात्रा में जीवन को जीने और लाँघने की प्रक्रिया के बाद जीजी के बच्चे अब एक हद तक व्यवस्थित हैं। बड़ा बेटा मध्य प्रदेश सरकार के हस्तशिल्प विकास निगम में नौकरी कर रहा है। छोटा बेटा डॉक्टर हो गया और बेटी भी नौकरी में है। उसी की बच्चियाँ हैं मिनी और तनु। उस दिन जीजी तनु को सुला रही थी। उषा (भांजी) नौकरी पर थी और बच्चियाँ जीजी के भरोसे। भीतर के दो दरवाज़ों के ऊपर लगी दो-दो कीलों से एक रेडीमेड झूला टँगा था रस्सियों वाला। तनु उसमें लेटी थी। उसके ऊपर उषा की साड़ी जतन से बाँधी हुई थी। जीजी लोरी गुनगुना रही थी। लोरी के कारण मैं पहुँच गया अपने बचपन में कोई पैंतालीस बरस पीछे। माँ इसे गाया करती थी। उनके पास से वह जीजी के पास पहुँची। वह उसके आगे जाएगी अथवा नहीं, कहना मुश्किल है, लेकिन वह आज है जिसे मैं सुन रहा हूँ। लोरी सुनते हुए तनु कब सो गई पता ही नहीं चला। वह दोपहर थी मई की। मैं कई महीने बाद लौटा था। सब लोग नौकरी पर निकले हुए थे या किसी और काम से। कुन्दन (बड़ा भांजा) उषा (भांजी), मोहन (भांजा) और मिनी बाहर खेल में थे। मैंने कई सालों बाद जीजी को लड़ियाते हुए पकड़कर बिठा लिया।

जो मन में घूम रहा था उसे जान लेना चाहता था। मुझे याद है माँ-पिता (दद्दा) के काम पर निकल जाने के बाद जीजी ही हम सबकी सँभार किया करती थी। तब मझले भैया क़रीब तीन साल के थे। मैं झूले में, जैसा कि जीजी ने बताया। जीजी ने तभी से माँ की भूमिका ओढ़ ली थी।

जीजी से मैंने उन दिनों की चर्चा छेड़ दी। वे मुस्कुराने लगीं। यह एक अनुकूल समय था। मैंने फिर कुरेदा। वे जैसे मन में बातों को व्यवस्थित कर रही थीं। एक पहाड़-सा जीवन उन्होंने जिया था। अनेक दुखों-बाधाओं से गुजरते हुए, उन्होंने आज का जीवन पाया था। वैवाहिक जीवन के सात-आठ साल और वैधव्य का पैंतीस साल से ऊपर का समय। बचपन भी अभावों से भरा था। अशिक्षा की स्थिति। कुल चार जमात की पढ़ाई और घर की ज़िम्मेदारी। बचपन के सुख और लाड़-दुलार से परे एक जलता हुआ बचपन। वो जैसे उन दिनों को याद करने में पीड़ा का अनुभव कर रही थीं। और मैं जैसे उनके बोलने की राह देख रहा था। अन्तत: उन्होंने अपने को संयत किया और बोल उठीं—"सुनो एक सच बताती हूँ। जब माँ-दद्दा काम पर जाते थे तब का समय बड़ा टेढ़ा होता था। बाबू छोटा था कोई तीन-साढ़े तीन बरस का। तुम झूले में थे। बाबू को तो एक आदत-सी पड़ गई थी हालाँकि अम्मा के जाने पर वह रोता था लेकिन उसे कुछ दे-दिला के पुटिया लेना सम्भव था। तुम तब आठ-नौ माह के रहे होगे। चार-पाँच महीने माँ काम से बैठ गई थी। दिक़्क़त उसके बाद शुरू हुई जब उसका काम पर निकलना शुरू हुआ। तुम ऊपर का दूध पीते नहीं थे। बहुत रोते भी थे। माँ घर पर और बैठ नहीं सकती थी फिर नौकरी पक्की न थी। रोज़ कमाओ, रोज़ खाओ वाली स्थिति थी। सो उन्हें निकलना ही था।"

तब माँ ने एक जुगत भिड़ाई। पहले तुम्हारी झूले की आदत डाली फिर लोरियों की आदत भी पड़ने लगी। लोरी जो अभी मैं गा रही थी उन्हीं में से एक है। इस एक से तो तू सोता नहीं था सो और लोरियाँ थीं जैसे—

तू तौ सो जा बारे बीर, तू तौ सो जा बारे बीर, बीर की बलैयाँ लैहों, जमना के तीर और स्याम परे पलना, झुला दे माई स्याम परे पलना, और झुला दे माई झूलना, झूलना रे काहे को तौरों बनो है झूलना, काहे को लागी डोर काहे के लागे फुँदना, फुँदना रे झुला दे माई।

तुझे झूले में पारने के बाद माँ एक-आध लोरी गाती थी। और फिर मुझे बाद में गाने का जिम्मा सौंप देती थी। ताकि तुझे लगे कि माँ ही गा रही थी। इससे तुझे लगता था कि माँ घर में थी जबकि वह तो शाम गए लौटती थी। तुझे भूख लगते ही रोना आता था। इतना रोनू था। तेरे रोते ही मैं झूले से टँगी साड़ी के भीतर से हाथ डालकर और दूसरे हाथ से गिलसिया का दूध थामकर मुँह में थोड़ा-थोड़ा सरका देती थी। लोरी की आदत के कारण तू चुप हो जाता था। सो जाने पर उठाकर मैं बाहर निकाल लेती थी। कपड़े-वपड़े बदल देती थी और थोड़ी देर बाद फिर पार देती थी।

ऐसा करना पड़ता था। तेरे साथ। फिर बाबू के पीछे भागते रहो। वह बस घर से बाहर भागने में मज़ा पाता था सो हरदम बाहर की किवड़िया तक बन्द रखनी पड़ती थी। मैं जैसे चकित भाव में अपना बचपन देख रहा था। जीजी के चुप होते ही जैसे मेरी चेतना लौटी। मैंने पूछ लिया, "जीजी झूले पर गैर धुली पसीने वाली साड़ी बाँधने का रहस्य तो आपने बताया नहीं।" जीजी तपाक से बोली, "पढ़-लिखकर अफ़सर हो गए और इतनी सी बात समझ में नहीं आई? अरे! बुद्धू उस पसीने वाली साड़ी में माँ की गंध होती थी। उनकी गोद में पड़े-पड़े तुझे उस गंध की पहचान हो गई थी। बिना उस गंध के तू बेचैन हो उठता था। रोने लगता था। सो माँ ने साड़ी बाँधने की जुगत निकाली। सिर्फ़ इतना ही नहीं माँ अपने दूध का महकवाला पोलका (ब्लाउज) भी झूले में छोड़ जाती थी। जिसे रोने के समय तेरी हथेलियों में थमा दिया जाता था और तू उसे चूसता रहता था। ये सब तरक़ीबें थीं बहलाने की और तुम बहल जाते थे। तनु के झूले पर भी उषा की साड़ी इसलिए बँधी है। चूड़ियाँ नहीं हैं क्योंकि अब कोई पहले जैसी चूड़ियाँ तो पहनता नहीं।" मैं जैसे इन तरक़ीबों पर मुग्ध। इतनी वैज्ञानिक दृष्टि तो आज कहीं दीखती नहीं। मैं और भी कुछ जानना चाहता था लेकिन तब तक जीजी रसोई में चली गई थी। सिर्फ़ उसका पल्लू आँखों पर बार-बार पहुँच रहा था। मुझे लगा यह सही समय है चुप हो जाने का। जीजी को और छेड़ना उन्हें ऐसे इलाक़े में ले जाना जहाँ वे दुखों से घिर उठती हैं। मैंने कपड़े पहने और घर से बाहर निकल गया। बस मेरा बचपन था जो पीछे-पीछे चल रहा था। मैंने पलटकर अपनी परछाई देखी वह बचपन सरीखी थी।

जीजी को उस दिन सामान्य होने में समय लगा। सिर्फ़ दोपहर का समय कुछ ख़ाली हुआ करता था। अत: मैंने अगले दिन की प्रतीक्षा करना बेहतर समझा। जीजी भी उस दिन कुछ अधिक चुप थीं। अगले दिन पूरी तैयारी के साथ मैंने उन्हें घेर लिया। तनु को सुलाकर वे खाने की तैयारी में जुटी थीं। सूप में कनकी साफ़ हो रही थी और मैंने वही समय बेहतर समझा। मैं पूछ बैठा, "जीजी एक बात समझ में नहीं आई। हम उस झुपड़िया में कैसे पहुँचे जबकि एक बड़ा सा कच्चा मकान साथ में था। वही जिसमें आज बड़े भैया-भाभी और बच्चे रहते हैं।" वह इस बात के लिए जैसे तैयार न थी। उसने कहा, "पुरानी बात याद करने से क्या फ़ायदा? चलूँ रसोई में काम पड़ा है।" वह जैसे उठने लगी। मैंने पकड़कर बिठा लिया और मानो ज़िद का अभिनय करने लगा। वह जैसे कुछ बताने से कतरा रही थी। मैं जानता था कि वह संकोच से अधिक अदृश्य भय से भरी हुई थी। मान-मनौवल और ज़िद के अभिनय के सामने वह झुक गई। उन्होंने एक लम्बी साँस भरी और कहा, "वही हमारा पहला घर था। अम्मा-दद्दा ने अपने हाथों से बनाया था। मिट्टी का वह कच्चा घर, उसमें उनकी आत्मा बसती है। बड़े भैया उनके लाड़ले थे। लाड़-दुलार में पले थे। बहुत सीधे लड़ाई-झगड़े से दूर शान्तिप्रिय और बड़ों को आदर देने वाले।

अम्मा-दद्दा के अलावा बड़े भैया भी कम उमर में खदान जाने लगे थे। एक मज़दूर की तरह। कोई पन्द्रह साल में उनकी शादी हो गई। तुम्हारी भाभी शोभापुर से आई थी। दद्दा ने बाद में बीमारी की वजह से काम छोड़कर दुकान कर ली। पहले चाय की फिर उसमें कुछ किराने का सामान भी। बाद में मज़दूरों के लिए कपड़े आदि। माँ ने भी धंधे को उठाने में कसर न छोड़ी। बरकत अच्छी रही और जीवन में जैसे ख़ुशी की आमद होने लगी। बिरादरी में भी सम्मान बढ़ा। यह सब जैसे तुम्हारी भाभी को आँसने लगा। किट-किट शुरू हो हुई। रोना-धोना, ताने, झगड़ा-झंझट बढ़ने लगा। उनके भाइयों ने डेरा डालना शुरू कर दिया। पूँजी इधर-उधर होने लगी। कुछ न कुछ कम हो जाता या फिर चोरी का इल्ज़ाम माँ पर लगाया जाता।

माँ जिसने पिता के साथ खदान के अँधेरों में एक मर्द की तरह कोयला तोड़ा था। कोयला ढोया था और जिस घर की एक-एक ईंट में अपना ख़ून-पसीना सींचा था। वह चोर कही गई। जीजी इतना कहकर फफक के रो पड़ी और आँसू छिपाते दूसरे कमरे में चली गई। मैं चाहकर भी उसके पीछे न जा सका। उसके दुख का एकान्त में हल्का होना ही ठीक था। उसके बाद जीजी से कुछ और पूछने का साहस नहीं हुआ क्योंकि वह सिर्फ़ माँ के दुखों की कथा न थी। उसके साथ एक जवान विधवा बहन की पीड़ाओं की भी गाथा थी। तीन छोटे-छोटे बच्चों के साथ ससुराल छोड़ने की महागाथा थी। ठीक माँ की तरह एक पहाड़ से जीवन को ढोने और बचाने की त्रासद कथा थी। बाज़ार में सब्ज़ी की दुकान लगाने और बेचने की कथा थी! कहीं भूखी और हिंसक निगाहों के बीच अपने को बचाने की कथा थी। ये और बात है कि परिवार के नाम की एक छाया थी और गाँव में भले परिवार होने का एक प्रमाण पत्र भी था, लेकिन एक जवान विधवा के लिए इतना भर तो काफ़ी न था। जीजी के दुनियावी संघर्ष अपने रहे होंगे। अपनी तकलीफ़ें, अपने सुरक्षा कवच जिन्हें वे अधिक जानती होंगी। बस हमने तो उन दिनों में या तो आँसू देखे हैं या फिर आँसू पोंछते हुए जीवन के साथ ही समाज से लड़ना। हमने दोनों का कोई सुख शायद ही देखा हो। उनकी ख़ुशी के लिए हमने अपने जीवन को संघर्ष में पकाया। जितना चाहते थे उतना न सही, लेकिन आँसुओं को ख़ुशी के आँसुओं में बदलने के कुछ काम हम दोनों भाइयों ने किये। आँसू आज भी सपने में चमकते हैं।

दुख के रंग संगीत में थे
काली कोयल के शुभ्र स्वरों में
लय की नदी बहती तो हम
भूख को भूलकर उसकी गहराई में
एक कटोरा थामे सो जाते

बचपन में जो गीत, धुनें, कहावतें, सूक्तियाँ आदि स्मृति में दर्ज हो जाते हैं। उन्हें भुलाना मुश्किल होता है। या कहें कि आप जीवन भर भूल नहीं पाते। एक बात याद है कि गाते हुए पंक्तियों के पूर्वार्द्ध में माँ की आँखों में एक चमक होती और उत्तरार्द्ध में स्वर अवसाद में तिरोहित हो जाता। पंक्तियाँ हर्ष और करुणा में डूबी थीं। तो धुन भी उसी अनुसार पगी-उभरती-डूबती। इनमें सुख और दुख, अभाव और ग़रीबी का रंग था। और उससे लड़ने के उजास का एक रंग भी नुमाया था।

एक और ऐसा ही चमकदार टुकड़ा मेरी स्मृति की धरती में बसा है। उगता-झरता और फिर-फिर उगता—'चन्दा मामा दूर के/पुए पकाए पूर के/आप खाएँ थाली में, बच्चों को दें प्याली में।' चन्दा मामा से परिचित थे। थाली से भी। प्याली से भी। बस 'पुए' से नावाकिफ़। ये पंक्तियाँ भूख के दिनों में ख़ूब याद आतीं। लगता न सही पुरा, परोसी, चन्दा मामा तो पुए खिला ही सकता था। हम इस फेर में चन्दा मामा के उगने के इन्तज़ार में रहते। हम माँ से पूछते—'आज रात चन्दा मामा पुए देगा न?' माँ कहती—'हाँ बेटा, ज़रूर लेकिन पहले उन्हें पुए देगा जो ज़्यादा भूखे होंगे। बाद में बचे तो बाक़ी बच्चों को भी मामा देगा।' सोते समय हम कटोरी साथ में रखके सोते लेकिन माँ हमारे खाने के लिए कुछ न कुछ इन्तज़ाम कर लेती। कुछ न सही तो 'छुंहारी' अर्थात गेहूँ को उबाल के नमक के साथ खाने के लिए या फिर जुग्गू के घर से चिखी माँग के ले आती। जुग्गू के यहाँ कई गायें थीं। जो गायें बछियाँ जनमती थीं, उनका शुरुआती दूध नि:शुल्क बाँटने का रिवाज था। कहते थे इससे दूध बढ़ता था। सो माँ ऐसे दूध को गुड़ मिला के हमारी कटोरी में डाल देती थी। वह हमारे लिए कभी छाछ ले आती थी। जिसकी 'महेरी' बनती थी। 'छाछ' को राई से बघार के उसमें भुना आटा मिला के पका लिया जाता था। बस उसे पीके हम कई बार सो जाते थे। 'पुए' के इन्तज़ार में रहे लेकिन 'पुए' कभी कटोरी में न आए। हमें लगता, हमसे अधिक भूखे बच्चों के हिस्से पुए चले गए होंगे। हमें तो 'चिखी या महेरी' मिल गई थी। कुछ ऐसे बच्चे ज़रूर होंगे जिन्हें ये भी नसीब न हुए हों। हमें यह भी लगता कि चन्दा मामा चूँकि 'थाली' में खाते थे। अत: भूखे होने पर ख़ुद ज़्यादा खा जाते हों। इसलिए प्यालियों में देना भूल जाते होंगे। हम उसे कोसते रह जाते।

चन्दा मामा के साथ एक और बात याद आती है—'दूध-भात' की। कहा जाता था कि चन्दा मामा इतने प्यारे थे कि चुपके से भूखे बच्चे की कटोरी में दूध-भात रख जाते थे। हम यही सोच के कटोरी को छुपाके पिछवाड़े रख देते थे। बार-बार दौड़ते और सोने से पहले देख आते थे। सुबह भी उसमें पानी की बूँदों के अलावा कुछ नहीं होता था। ख़ास कर शरद पूर्णिमा की रात को हम एक से ज़्यादा कटोरियाँ रखा करते थे। इस उम्मीद में कि किसी एक कटोरी में दूध-भात या फिर पूनो की रात में खीर उतर आएगी। लेकिन ऐसा कभी न हो सका। हाँ! यह हुआ है कि हम इन कटोरियों के साथ धीरे-धीरे बड़े होते गए और चन्दा मामा से दूर।

तीन

वे अब आँखों में हैं
कान उनसे भरे हैं
देह में उनके स्पर्श हैं
उनकी गंध-सुगंध ज़हन पर तारी है
उनका होना इसी तरह बचा है
वे नाम के सामान न थे
रूह रह-रहकर उन्हें पुकारती है

जब कभी अकेला पड़ जाता हूँ, घर से बाहर नहीं निकलता। कई घंटों और दो-तीन दिनों तक कमरे में चुपचाप ख़ुद से बतिया सकता हूँ। तब टेलीफ़ोन व्यतिक्रम पैदा करता है। मैं उसकी आवाज़ को शून्य पर छोड़ देता हूँ ताकि वह ख़ुद अगर दूसरे छोर वाली आवाज़ से निपटना चाहे तो निपटता रहे। मैं भीतरी कमरे में अपने को छोड़ देना पसन्द करता हूँ। और उन खो चुकी भूली-बिसरी बातों, चीज़ों, प्रसंगों, घटनाओं-दुर्घटनाओं के जादुई और रहस्यमय लोक में उतरना पसन्द करता हूँ जिसमें मेरा बीता हुआ समय बीता नहीं। हालाँकि लौटना एक कठिन काम है अपने भीतर से बाहर, अतीत में जाना, लेकिन मैं भागता नहीं। मौन, भय, करुणा, उदासी, क्रोध और घृणा ही सही, उसमें उतरने का सदैव उपक्रम करता रहता हूँ। कि ऐसा मन...।

जैसे इस समय मैं एक कमरे में हूँ और बन्द। एक और कमरा है। एक गैलरी है। रसोई एक। एक बाथरूम जिसमें पाखाना भी। और इसी समय मैं उस घर के बारे में सोच रहा हूँ जिसकी भीत कच्ची मिट्टी की है। ऊबड़-खाबड़ इस हद तक कि जैसे-तैसे बस जल्दी में उठा दी गई। कैसी भी सही, हो सकने वाली छाँह की चिन्ता में। घर इसे कहना ठीक न होगा। न झोपड़ी। हाँ उसका शिशु रूप-झुपड़िया। ईंटें इसमें नहीं। न दरवाज़ा। हाँ कच्ची बेडौल लकड़ियों पर ठुकी हुई टीन की एक चादर है किसी जुगत से अटकी हुई। क़ब्ज़ों को कील से न ठोंककर तार से बाँधा हुआ। इसे सिर्फ़ ओट के लिए हिलगाया जा सकता है। या फिर रात में एक और तार बाँधने की सुविधा है कि हवा के झोंके परेशान न करें।

छत की तरफ़ देखता हूँ। जगह-जगह से झाँकती लेंडी की पतली शाखाओं के ऊपर कहीं टीन के टुकड़े, कहीं प्लास्टिक की पन्नियाँ और आधी छत देसी कबेलुओं से बाँधी हुई। नीचे लटकीं लम्बी शाखाएँ, जिसके पत्ते वहीं सूखकर भी हिलगे हुए। हर तरफ़ जो कुछ भी छत को ढाँकने के काम लायक जुगत से छाया हुआ। और उन पर बोझ सहने लायक पत्थर कि वे हवा में साथ न छोड़ें।

इसी उजड़ी सी झुपड़िया में बचपन ने चेतना की आँखें खोलीं। बहुत न सही पर्याप्त सुरक्षा और ढेर सारे प्रेम के बीच। मैं भीतर की एक-एक वस्तु को चीन्हता हूँ। वे निर्जीव नहीं। उनका भी अपना मानवीय अस्तित्व है। अपने होने में उनके कारण हमारा होना था। ऊपर हर्र के पेड़ की एक मोटी सी शाखा थी। बँधी हुई बीचोबीच। 'बड़ेरी' हाँ यही कहकर पुकारते थे हम। इस पर एक किनारे सुखाए गए भुट्टे लटके हैं। बीज के लिए। इसी पर घर का बिछौना टँगा था। कई छोटी-बड़ी कथरियाँ हाथ से बुनीं। ठंड में गर्म कर देने वाली और गर्मी में ठंडक कर देने वाली 'खेस' जिसे मामा ने 'पचलावरे' से बनाकर भेजी। माँ इनमें अपने मायके के दिनों को ओढ़ती-बिछाती।

टीन के कहे जा सकने वाले दरवाज़े की सीध में बीचोबीच चूल्हा था। सजा-धजा खाना बनाने और बन जाने के बाद नियम से 'छुही' मिट्टी से पोता हुआ। बस बीच वाले हिस्सों पर तेज़ आग के आघातों से दरारें पड़ गई थीं। फिर भी वह जीवन से भरा हुआ। दरारों के आसपास रंग आग-सा खिला हुआ था। बस ऊपरी हिस्से में कुछ 'करौंच' थी। मानो यह बताती कि वह कभी-कभी उदास भी हुआ होगा। बीचोबीच राख की छोटी सी ढेरी में शायद बची हुई आग थी। जिसे जर्मन की एक पुरानी रकाबी से ढक दिया गया था। इसलिए कि वह जीवन्त बनी रहे कि आग का बुझना एक अच्छा सगुन नहीं। चूल्हे से टिका एक 'कल्ला' रखा था जिस पर रोटियाँ उतरती थीं। उसी के पास टिककर 'चिमटा' खड़ा ऊँघ रहा था। या कहें कि कुछ सोच रहा था।

मैं उसकी सोच में शामिल होना चाहता था। कदाचित् वह अपने उस अग्रभाग के बारे में सोच रहा हो जिसमें फँसाकर ठीक आग की छाती से रोटियाँ उठाई जाती थीं। उस भाग का रंग उतर रहा था। उसके जीवन के इसी हिस्से को रोज़ आग से खेलना होता था। शायद वह उस खेल के बिना इस समय उदास हो। मैं उसके भीतर उतरने की इच्छा के बावजूद उतर न सका और बाईं तरफ़ मुड़ गया।

वे सामान न थे मेरे जीवन के अनमोल हीरे थे
उनकी चमक से रास्ते निकले
और हर मुश्किल आसान हुई
ख़्वाब सही लेकिन हक़ीक़त से कम नहीं।

समय की गति ने जिन चीज़ों को हमसे छीन लिया उनमें से एक हाथ चक्की अब भी वहाँ विराजी हुई थी। मज़बूत पत्थर की। किसी पूर्वज पहाड़ की भारी चट्टान से बिछड़ी हुई। तराश चुकने पर नये रूप को प्राप्त। दो पाटों के रूप में अलग-अलग फिर भी एक। बग़ैर एक के दूसरा अधूरा। अपने लिए और दुनिया के लिए भी। शायद इसीलिए जितना भी वे दोनों घुरते (घिसते) तो बराबर। इसीलिए बचे हुए। जाने किस कारीगर ने ऊपर के पाट के बीचोबीच लोहे के छेद वाली वह मज़बूत पट्टी लगाई होगी कि नीचे के पाट में लगी लोहे की बड़ी और मोटी कील छेद में आ बैठे और उतनी जगह बची रहे कि लकड़ी के 'मुठिये' के सहारे ऊपरी पाट को चलाते हुए कोई बाधा न हो। रहा होगा वह कारीगर कोई हमारा पूर्वज वैज्ञानिक। इसी विज्ञान से आगे बनी होगी पवनचक्की, बिजली चक्की या इधर के ग्राइंडर की शक़्ल में आई आधुनिक चक्की। मैं अतीत के सामने खड़ा एक रोमांचक कथा के पात्र की तरह एक साथ पीछे भी हूँ और आगे भी। सुदूर कल में और ठेठ आज में। इसे पूरी तरह भला 'लौटना' कैसे मान लूँ? मैं जहाँ पहुँचा हुआ हूँ, इस समय क्या वह सिर्फ़ मेरा बचपन है? क्या सिर्फ़ मेरा समय? बस मेरा अपना समाज?

यहाँ खड़ा अगर कुछ और सोचने लग जाऊँ तो आता हुआ जितना भी कुछ सामने है, खो जाएगा। जैसे इस चक्की के भीतर उतरने से मैं चूक गया। मुमकिन है कि मैं छेनियों की चोटों से होने वाले चक्की के भीतर पाटों के दर्द तक पहुँच पाता। सही पिसाई के लिए चक्की टाँकने वाला हर चार-छह माह में अपनी छेनी पर हथौड़ी के सन्तुलित प्रहार से छोटी-छोटी सी जगह बनाता था। जिसके बीच अन्न के दाने नाचते हुए पिसकर रोटी के लिए आटे के रूप में उतरते थे। मैं इस समय यहाँ खड़ा उन ध्वनियों में उतर रहा हूँ जो चक्की के भीतरी पाटों को टाँकने से आती थी और अन्न के उछलने-कूदने और चक्की के संगीत से। उनके साथ मैं वहाँ लौट सकता हूँ जहाँ एक कुशल कारीगर है। और एक अद्भुत स्त्री। वे दोनों मुझे किसी बड़ी और क्रूर चक्की के पाटों के बीच दिखाई पड़ते हैं। न जाने इस समय मैं किस चक्की की आवाज़ सुनने लगता हूँ। मैं उन्हें पुकारता हूँ और उन्हें ढूँढ़ता हूँ। वे इस समय यहाँ नहीं हैं। उनका होना कहीं और है। जो इस शताब्दी में मुझसे ढूँढ़ा नहीं जाता। मैं बस पुकारता हूँ और अपनी पुकार की अनुगूँज में उन्हें खोजता डूब जाता हूँ।

डूबना कितना कम वक़्त का। ठीक इसी समय चक्की के पास रखी छोटी अन्न कोठी में जैसे किसी के होने के अहसास से ध्यान टूटता है। माँ ने इसे ख़ुद बनाया था। एक कुम्हार से कहीं बेहतर और सुन्दर। मैं उधर बढ़ता हूँ। पहुँचकर पास उसे यादों में छूता हूँ। सचमुच जैसे उसमें भी प्राण। अपनी उँगलियों में उठी सिहरन से लगा जैसे वह सिहरी। मिट्टी के झड़ने की जगहों पर भूसे के तिनके दिखाई देते हुए। तिनके भरसक मिट्टी को थामे हुए और इस तरह अन्न कोठी को। शायद इस तरह समय और सभ्यता को। मैं मिट्टी का उस पर रखा 'ढकना' उठाता हूँ और भीतर झाँकता हूँ।

अँधेरा है ज़रूर, किन्तु उसे छत से उतरती प्रकाश रेखा उजाले से भरती हुई। देखता हूँ तो वहाँ चूहे का एक कुनबा है। जैसे प्रसन्न बहुत। उनकी चीं-चीं करती आवाज़ें। समय को अपनी तरह से कुतरतीं। कुतरती नहीं, बस जूझती हुई। साथ देने को कोठी की दीवार पर कुछ तिलचट्टे। कुछ ज्वार में लगे कीड़े भी ज़रूर रहे होंगे वहाँ 'ढकना' खुला छोड़ मैं याद करता हूँ ज्वार के टिक्कड़। एक ऊपर वाले पर रखी मिर्च और गुड़ का ढेला। और मेरी जीभ पर पानी के धारे छूटने लगते हैं। इधर अपने कमरे में, मैं भूखा नहीं और उधर जिधर खड़ा हूँ विचारों में मुझे भूख लग आती है। वैसी भूख जिससे लगभग रोज़ लड़ाई बनी रहती थी उन दिनों।

मुझे लगा यह भूख मुझे कमज़ोर कर देगी। सो मैंने न चाहते हुए 'ढकना' कोठी के खुले मुँह पर फिर रूपा (रख) दिया और दाहिने तरफ़ देखने लगा। कोने में मोटी लकड़ी का एक 'मूसल' रखा हुआ था। नीचे की तरफ़ हाथ समाकर पकड़ने की जगह थी। आगे बढ़कर पकड़ा तो वह भारी लगा। उस जगह माँ के कोमल स्पर्श छूटे हुए थे। और छूटी हुई थी उनकी हथेलियों की पसीने की गंध। सोचा कि होगा उस जगह माँ के हाथ का कोई छाला। दर्द से जिसके वह बाज़दफ़ा दाँत भींचकर सीत्कार कर उठती थी। तब-जब किसी छाले के सम्पर्क में कूटी जाने वाली मिर्ची का कोई कण आ बैठता था। छाला वहाँ नहीं था। माँ के साथ चला गया होगा। माँ कुछ मामलों में बेहद स्वार्थी थी। जैसे कि छाले, कष्ट, चुभन, दुख आदि। इन्हें वह अपने पास ही रखती रही। इन सबका मुसीबतों के साथ उनके पास जैसे एक ख़ज़ाना भरता गया। फिर उसकी चाबी कहीं रखकर वह भूल गई। न ख़ुद उसे खोलती है न किसी को खोलने की छूट है। उस ख़ज़ाने की एक झिरी, एक दरार है। जो मेरे बचपन में कहीं खुली हुई है। बस एक बेचैनी में वहाँ थोड़ा-सा झाँक आता हूँ। इस उम्मीद में कि कभी खुली मिले शायद।

हवा का कोई झोंका दरवाज़े पर आ गिरता है और वह भड़भड़ा उठता है। मैं चौंक जाता हूँ। ये गरमी के दिन हैं। पास के महुआर से बचपन में जैसे हवा के रेले उठते थे। शायद उन्हीं में एक कोई रहा हो जो मिलने चला आया। इस झुपड़िया की बनावट ऐसी थी कि सभी ऋतुओं का स्वागत था। कोई रोक नहीं। आँधी के समय दरवाज़े और छत के रास्ते धूल बरसती-नाचती थी। उसके जाते ही बुहारने पर सूपों में भर के धूल बाहर फेंकी जाती थी। इसलिए 'बुहारू' (झाड़ू) की बड़ी इज़्ज़त थी घर में। उसे 'लक्ष्मी' कहा जाता था। ठंड के दिनों में सतपुड़ा की घाटियों, उसकी नदी पेंच और 'कन्हान' और दूसरे नालों से कँपा देने वाली हवाएँ घर में मेहमान हो जाती थीं। इतनी उजड्ड कि कथरी के भीतर संग-साथ आ लेटती थी और हम काँपने का मज़ा लेने के अलावा कुछ और न कर पाते थे। बस सुबह और धूप का इन्तज़ार करते। और बारिश के क्या कहने। वह चौतरफ़ा से टूट पड़ती। जगह-जगह बौछार 'टपकों' का राज और पानी की उतरती धार।

जगह-जगह गंजी, बाल्टी, परात, लोटा, गिलास आदि। और उनमें उतरती बारिश। पूरा घर जैसे महीनों पानी की मार से जूझता उनींदा। सोने को तरसता। तब घर का हर प्राणी रास्ते चलते मिल गए टीन के टुकड़े, टूटे-फूटे कबेलू, प्लास्टिक की पन्नियों को बटोरता और छत पर छा देता। बारिश ढेर सी सक्रियता ला देती और ताक़त। कहीं वह मज़ा भी जो उससे खेलने-जूझने पर होता। बस 'पिता' का गरियाना उस मौसम में बेतरह बढ़ जाता। माँ के काम बढ़ जाते और वह बेहद थकी लगती किन्तु थकान चुप्पी में छुपाए रहती। इसी बीच दरवाज़ा फिर भड़भड़ाया। मैं जैसे कहीं जाते हुए फिर लौट आया और दरवाज़े की तरफ़ देखने लगा। वह अब भी धड़कन-सा काँप रहा था।

इस धरती या कहें उसके इस छोटे से टुकड़े पर (बमुश्किल 10×10 वर्ग फुट) कितना जीवन सम्भव था। कुल पाँच प्राणी माँ-पिता दो भाई और एक बहन तब। अपनी-अपनी ज़मीन या सब मिल के एक टुकड़ा। गुज़र-बसर के लिए कभी कम न रहा। चूल्हे के ठीक ऊपर कुछ मोटी कीलें। जिन पर सामान झोलों से भरा टँगा। एक सिल-बट्टा, चक्की के पास के बचे हिस्से में कुछ बर्तन। परात पीतल की, एक काँसे की थाली, दो बड़े लोटे, कुछ पीतल के गिलास। जर्मन की रकाबियाँ पाँच-छह। दो-एक पीतल की। पीतल के दो कुंड एक बड़ा, एक छोटा। दो-तीन लोहे की बाल्टियाँ। सारे बर्तन चक्की के आसपास ढंग से रखे। चक्की के पास इसलिए कि वह चूल्हे से इतनी दूरी पर कि जब चाहे हाथ बढ़ा उठा लो। परस की सुविधा। और दाएँ तरफ़ बची जगह में माँ की टीन की पेटी। अचरज का केन्द्र। जिसमें पुराने ज़माने का ताला। छेद वाली गोल चाबी। डालो तो भीतर एक उठी हुई कील में ठीक से जा मिले। कमाल यह कि दाईं तरफ़ घुमाने से न खुले और आप होते रहें हैरान-हलकान। बाईं तरफ़ जो घुमाओ तो झट से खुल जाए। इसी चाबी-ताले वाली पेटी में कुछ था रहस्यों से भरा हुआ। जिसे तब खोलना सम्भव न रहा हो कि उमर तब कितनी और कितनी उत्सुकता। उत्सुकता आज जब पेटी का कोई ताला नहीं। एक कुन्दे की शर्म से ढकी हुई। खुली हुई पेटी को खोलता हूँ तो उसमें बस आश्चर्य से भरा—पिता का एक अँगोछा, दो-एक जोड़ी बिछिया, पीतल का पुराना पानदान, गम्मू मामा के भेजे गए कुछ पोस्टकार्ड, माँ की एक साड़ी और दो-एक सालिगरामनुमा पत्थर। इन्हें ही छिपाती रही माँ। यही बहुत क़ीमती जो कुछ था। शायद इनमें जो मूल्यवान था, कहीं गिरवी पड़ा होगा। हाँ जामई वाले सोनी जी की दुकान पर। वरना बाजूबन्द, कंदोरा, तोड़ल के होने की बात जो सुनता था, ज़रूर होते यहाँ। मैं उन्हें प्राप्त करने के बारे में सोचता हूँ और भीतर से हँस उठता हूँ। बस चीज़ों को उलटता-पलटता हूँ। तो उनमें संघर्ष की आत्मीय गंध पाता हूँ। अनुपस्थित पिता के स्पर्श। उनके गमछे में सूख गए पसीने के कण। और उनमें लुकी-छिपी ऊष्मा। और यह सब करते हुए पीछे से आती आवाज़

'मुरहा जो का कर रओ...बामें कोई ख़ज़ानों थोड़ई है...मरूँ तो देख लइयो और कोसत रहियो।' सचमुच कुछ जो होता तो मुमकिन था, इस तरह लौटना न होता। मेरे लौटने में एक मनुष्य का होना, होके आगे बढ़ना है। मैं मनुष्य होने के लिए पीछे लौटता हूँ। आगे का सँकरा सही मेरा रास्ता यहाँ से होके जाता है। चीज़ें यहाँ मानवीय रंग, गंध, स्पर्श और ताप में डूबी हैं। यहाँ निर्जीवता में सजीवता है। राग में डूबी दुनिया। इसे छीनकर हमें जीता जा सकता था। वे हार गए।

मेरे उस घर में अब फ्रिज है। एक मिक्सर ग्राइंडर, एक टोस्टर, एक टी.वी., एक गैस चूल्हा और बहुत सारे उपकरण। पूरा घर ज़रूरत और समय के अनुसार उनका उपभोग करता है। पुराने सामानों का अब क्या काम। ज़्यादा धोने-पोछने की ज़रूरत नहीं सो छूने की भी नहीं। न उनसे किसी राग की। एक दिन वे बदल दिये जाएँगे। हम उन्हें भूल जाएँगे। जैसे भूल जाते हैं उन चीज़ों को जो साथ रहीं। यहाँ तक रिश्ते-नाते भी इसी दायरे में शुमार हैं अब।

मेरे बचपन में ऐसा नहीं था। चीज़ें टूट-फूट से बची हुई थीं। बदलाव तब भी थे लेकिन राग-जिजीविषा में एक आत्यंतिक पवित्र भाव था। मैं उसी का सताया 'लौटता' हूँ। बार-बार यह जानते हुए कि इधर 'लौटना' एक घिस चुका मुहावरा है या कि सिक्का, जिसकी इस बाज़ार में कोई क़ीमत शेष नहीं।

मैं एक-एक चीज़ को देखता हूँ—दर्पण, छाता, सुई-धागे का डिब्बा, शेर छाप दारू की ख़ाली बोतल, घड़ा, माचिस की ख़ाली डिब्बियाँ, ढिबरी, सलूका इत्यादि। मैं बाहर निकलने की सोचता हूँ। मैं भीतर से कितना बाहर हूँ। बाहर से सचमुच कितना भीतर। मैं ख़ुद आगे बढ़कर दर्पण में देखता हूँ। वहाँ जो दीख रहा है मेरा चेहरा नहीं। मेरे बचपन के खोये हुए अक़्स हैं जो धुँधले पड़ गए शीशे में पूरे नहीं दिखते। मैं पूरा बचपन देख नहीं पाता। न पूरा समय। मेरे अधूरे देख पाने में कभी पूरी हो सकने वाली अशेष कथा है। मैं लौटकर भी लौट नहीं पाता। मैं इस टुकड़खोर जीवन में यहाँ भी टुकड़ों में आता और आधा-अधूरा जिया जाता हूँ।

चार

विस्थापन से बड़ा दुख और कहीं नहीं
दर-ब-दर होने की कई करुण कथाएँ हैं
इतनी अधिक कि जीवन किसी एक ठौर को तरसता रहा
हमने कितनी झोपड़ियाँ खड़ी कीं, याद नहीं

वो एक मनहूस सुबह थी। रात भारी ज़रूर थी। कुछ अप्रिय होने की सम्भावना लग रही थी। घर में बड़े भाई चुप थे, पिता उदास, मझले भैया थे, जिनकी उम्र कोई दस साल रही होगी। मैं सात साल का यानी घर में जो घट रहा था, उससे हम नावाकिफ़ थे। बस कोई तनाव था। जिसे हम अनुभव कर रहे थे।

रात में क्या हुआ हमें मालूम नहीं। सुबह थोड़ा-सा सामान था। कोई चार-पाँच बर्तन, एक बाल्टी, सोने-बिछाने के पुराने कपड़े, एक कनस्तर में थोड़ा-सा आटा, कुछ और राशन के नाम पर, मसलन किलो-आधा किलो दाल, इतना ही चावल और काग़ज़ की पुड़ियों में मसाला। भाभी ने इतना कुछ आँगन में रख दिया। हम सब आँगन में निकले और दरवाज़ा बन्द हो गया। माँ रोई नहीं पिता कुछ बोले तो बस इतना—'मझली एक बार फिर वही कथा तीस साल पहले ऐसे ही बेघर हुए थे। मर-खप के जो घर बनाया, गृहस्थी जोड़ी, सब हाथ से गया।' माँ कुछ नहीं बोली सामान उठाया और ले जाकर वहाँ रखने लगी, जहाँ गाय बँधती थी। एक झोपड़ी जिसमें न दरवाज़ा था, न पूरी छत। गोबर और मूत्र में डूबी एक जगह थी बस। चौतरफ़ा गंध थी और गोबरमूत्र का गीलापन। पाँव रखने को कोई जगह नहीं। पिता देख रहे थे। जैसे कुछ सूझ न रहा हो। माँ ने गाय को सार से बाहर किया। उसके पाँव छुए, मानो माफ़ी माँगी हो। पिता जैसे चेते, वे माँ के साथ सफ़ाई के काम में जुट गए, फिर मझले भैया और मैं भी अन्दर थे। गोबर उठाना, तगाड़ी में भरना, पिछवाड़े पटकना, तगाड़ी में गोबर के अलावा मिट्टी थी जो मूत्र से बुरी तरह भीगी थी। जाने कब तक सफ़ाई होती रही। बस इतना याद है ज़मीन के नाम जो सूखापन दिखा, कहने भर को था। माँ के हाथ एकाएक रुक गए।

पहले कोयले की राख बिछाई गई ताकि नमी सूख सके। और झाड़ू के अभाव में खरेटा से झाड़ दिया गया। फिर लिपाई हुई। और सब बाहर। पिता ने छत पर लेंड़ी की हरी कच्च झाड़ियों की शाखाओं को उघरी जगह पर बिछाया बाद में पिछवाड़े पड़े टूटे-फूटे कवेलू छत पर इस तरह रख दिये कि हवा की मार से बच सकें। एक बोरे को उधेड़कर दरवाज़े पर टाँग दिया गया। अब गाय की सार एक घर के रूप में सामने थी। हमें यह सब एक खेल की तरह लग रहा था। हम बार-बार उस दरवाज़े की तरफ़ देखते, जो बन्द था और रात तक वह घर हमारा था।

इस नये घर में जो गाय की सार थी। हमारा साबका जिस गंध से हुआ वह पहले-पहल असहनीय थी। बाद में जैसे आत्मा में बस गई। बग़ैर उस गंध के नींद न आती। रात जब कभी जाड़ा तेज़ होता तो गाय को अन्दर ले आते। फिर एक और गंध होती गोबर-मूत्र से अलग जो मनुष्य की नहीं किन्तु उससे अधिक आत्मीय। गाय ने जैसे हमारी विपदा को भाँप लिया था। वह रात को सार में गन्दगी न करती। ज़रूरत होती तो गर्दन हिलाना शुरू कर देती और घंटी बज उठती या वह रँभाती। यह आवाज़ सामान्य रँभाने से अलग होती। और वह बाहर ले जाई जाती। तो इस तरह हमारा घर था। बचपन का घर गंध में नहाया, गाय के साथ एक नई रिश्तेदारी में उगता। जानवर और आदमी एक छत के नीचे रह सकते थे। यह हमने उस समय जाना जबकि एक परिवार में मनुष्यों के साथ रहना दूभर था। कोई 40 सालों के बाद यह सब एक करुण गाथा की तरह याद है। दुख तो माँ-पिता अधिक जानते रहे होंगे। लेकिन कभी कहानी की तरह भी दुहराया नहीं।

गाय की सार में बहुत सालों तक रहना सम्भव नहीं हुआ। पिता की सेहत भी जैसे कम साथ दे पा रही थी। खदान में अंडरग्राउंड काम पर जाते तो साँस की तकलीफ़ बढ़ जाती। माँ की अकेली कमाई घर ख़र्च के लिए नाकाफ़ी बनी रही। माँ के पास पूँजी के नाम पर 'कमर कड़डोरा' और कानों के कर्णफूल थे। शायद दो-एक सामान और रहे होंगे। माँ एक बार फिर पिता को दुकानदारी में लाना चाहती थी। लेकिन वह अब गाय की सार से सम्भव न थी। नई पिंजरे वाली खदान के पास एक जगह तलाशी गई। विशाल महुए के दरख़्त के नीचे एक झोपड़ी फिर खड़ी होने लगी।

जिसमें माँ की दोस्त 'अक्का' (जिन्हें हम अक्का माँ कहते थे) ने मदद की, अक्का के पति—'हिरैया' ने कुछ क़र्ज़ दिया। अक्का माँ और हिरैया दादा जिनके बच्चे नहीं थे। काफ़ी उदार थे। और घरेलू स्वभाव के। इस बीच हम भी दुनिया को उम्र बढ़ने के साथ समझने की कोशिश करने लगे थे। नई दुकान की जगह का काम रुक गया। हम लोगों के सिर पर कठिन समय गुज़रता रहा। इसी बीच जीजी का ब्याह हो चुका था और वह गाडरवारा अपने ससुराल जा चुकी थी। विवाह जिन स्थितियों में हुआ वह कम दुखद न था। किन्तु जैसे-तैसे ज़िम्मेदारी थी, जो पूरी हुई।

इसी बीच घर में एक सदस्य बढ़ा। हमारा छोटा भाई मुन्ना जिसका नाम ओमप्रकाश रखा गया। वह मानसिक रूप से विकलांग पैदा हुआ। इस घटना ने पूरे घर को हिलाकर रख दिया। जीजी के बाद घर की ज़िम्मेदारी का एक हिस्सा मझले भैया और मुझ पर आ गया। हमारा बाहरी जीवन जैसे थम गया। खेल-कूद, घूमना-फिरना आदि। दुकानदारी के लिए एक नई जगह में विस्थापित होने के अलावा और कोई विकल्प शेष न था। क्योंकि परिवार के लिए यह अपरिहार्य हो गया था।

नई झोपड़ी में कुल मिलाकर दो कमरे थे। सामने वाले में दुकान थी। और पीछे वाले में रहने-सोने से लेकर रसोई आदि। पिछवाड़े में 'सपन्ना' और दिशा-मैदान के लिए बाहर की दुनिया। एक परछत्ती सामने की तरफ़ जिसमें मिट्टी की एक भट्ठी बना दी गई। दुकान में मज़दूरों के लिए शुरुआत में सिर्फ़ चाय और मिसल, 'मिसल' यानी मसालेदार लुदबुदे चने। जिन पर बेसन की सेव डालकर दी जाती थी। दुकान चूँकि ठीक 'पिंजरे वाली' खदान के सामने थी। अत: कुछ चल निकली। चाय और मिसल की बिक्री ने कम-से-क़म पिता को एक गहरी सन्तुष्टि से नवाज़ा। मज़दूर उन्हें सेठ पुकारने लगे। पिता भी सुबह खदान की पहली पाली से रात की अन्तिम पाली (12 बजे रात) तक व्यस्त रहते। हम दोनों भाई स्थायी वेटर थे। मज़दूरों को चाय-मिसल देना। कप-प्लेट धोना हमारा काम हो गया। जब स्कूल में होते तो ज़रूर एक दिक़्क़त बनी रहती। ऐसे समय में माँ को अतिरिक्त काम पर जुट जाना पड़ता। उनकी जान पर और भी कई काम थे। छोटे भाई की देखरेख के अलावा घर के कामकाज और तिस पर दुकान का अतिरिक्त भार। माँ को एक हद तक राहत देने के लिए एक छोटी-सी कार्ययोजना दोनों भाइयों ने बनाई। पहली पारी (आठ बजे) के समय जब मज़दूरों की भीड़ होती थी, हम बारी-बारी से काम निपटाकर स्कूल जाते। अमूमन आधे-पौन घंटे का विलम्ब होता। हमें मार पड़ती। लेकिन हम चुप रहते। घर में इसका कोई ज़िक्र भी न करते। स्कूल सुबह 8 से शाम 4 का होता। इसी कारण चार की पाली के समय हममें से कोई न कोई भागकर घर पहुँच जाता और काम सँभाल लेता। कम उम्र में इतनी समझदारी के बीज अंकुरित हो चले थे। एक अदृश्य एहसास ज़िम्मेदारी का बना रहता। काम निपटाने के बाद ही होमवर्क करते। बाज़दफ़ा दुकान की भीड़-भाड़ में विलम्ब हो जाता और होमवर्क या तो देर से कर पाते या वह छूट जाता। किसी तरह मार से बचने के लिए या तो झूठ बोलना पड़ता या ख़ाली पीरियड मिल जाता तो कक्षा में ही होमवर्क पूरा कर लेते। दुकानदारी में रहते हुए हमने कई नये काम सीखे। सुबह भट्ठी के लिए खदान से सिर पर कोयला लाना। टेकरी पार से सूखी लकड़ियाँ इकट्ठा करना और खदान के पास डीजल भरे सूत के लच्छे बटोरना। इन लच्छों के कारण भट्ठी सुलगाना आसान हो जाता। घासलेट का ख़र्च बच जाता।

भट्ठी सुलगाने का काम मझले के जिम्मे था। जब चने बनने की प्रक्रिया शुरू होती तो मैं माँ के साथ होता। मुझे पकते हुए चनों की ख़ुशबू बहुत घेरती थी। इसमें मसाला पीसकर डाला जाता काली मिर्च, खसखस, अदरक, लहसुन आदि काटकर प्याज़ ख़ूब डाली जाती। फिर हरा धनियाँ। मसाले के भुन जाने पर माँ कटोरी में थोड़ा-सा निकालकर घर की तरकारी के लिए रख लेती। उन दिनों सालों-साल 'मिसल' के अलावा हमारा कोई और नाश्ता न होता। मिसल भारी होती। अत: भूख कम लगती। मज़दूरों को भी इसीलिए वह अधिक पसन्द थी। सस्ती भी और भूख से लड़ने वाली। बस हफ़्ते में शनिवार को पगार के दिन भजिए, बड़े व आलूबोंडे बनते। मज़दूर खाने के अलावा घर बाँधकर भी ले जाते। शनिवार को बिक्री अच्छी हो जाती। नक़द पैसे मिलते और हफ़्ते की उधारी भी वसूल होती। शनिवार की रकम के बाद के हफ़्ते के ख़र्चा-ब्यौअड़ का मीजान बिठाया जाता।

शारीरिक बढ़त के साथ मानसिक बढ़त का एक ग्राफ़ हमारे भीतर उग रहा था। हम घर के लिए कुछ करना चाहते थे। इसीलिए चोरी-छिपे कुछ न कुछ करते और हमें कोई शर्म पहले-पहले घेरती फिर उससे निजात मिल जाती। पड़ोस के लोगों का सौदा-सुलुफ ले आना। दाना पिसाने चले जाना। वक़्त-ज़रूरत पर पानी भर देना ऐसे ही काम थे। एक सामूहिकता में आपसी ज़िम्मेदारी की प्रक्रिया ने हमें मज़बूत किया। नर्स बाई, नज़ीर चाचा, श्रीवास्तव बाबू, अक्का माँ, शारदा तिवारी के घरों में काम करते हुए हमने कुछ न कुछ कमाया। पैसे-धेले से अधिक यह हमारे आत्मविश्वास और कुछ कर गुज़रने के साहस की शुरुआत थी। इसके पीछे माँ-पिता के संघर्ष ने ही चेतना का निर्माण किया। स्वाभिमान का प्रारम्भिक पाठ हमें छुटपन की इन्हीं स्थितियों में सीखने को मिला। पीछे मुड़कर देखता हूँ तो मुझे महुए के दरख़्त की छाँव में दो बच्चे अब भी कप-प्लेट धोते दिख पड़ते हैं। उनके चेहरों पर अब भी एक आभा है जो फूटती दिख पड़ती है।

पाँच

हमारे भीतर एक खदान थी
हम ही गुटके थे
हम ही डिटोनेटर
हम ही शाटफायरर
हमने अपने ही ब्लास्ट किये
हमारा कोयले खान की तरह
'चासनाला' हो जाना
किसी को न दिखा

हिरैया दादा के पास गुटके बनाने का ठेका था। मिट्टी के इन गुटकों को ब्लास्टिंग में उपयोग के लिए बनाया और सप्लाई किया जाता था। खदान की दीवारों में गहरा कोई दो इंच आकार का लम्बा छेद किया जाता था। इसमें भीतर की तरफ़ 'डिटोनेटर' बारूद रखा जाता था। जिसे 'टोपी' कहते थे। इससे जुड़ी लम्बी रस्सी सरीखा वायर होता। जिसकी पूँछ में दूर खड़े होकर आग लगाई जाती थी। इस टोपी के पीछे और आजू-बाजूँ मिट्टी के गुटके भरे जाते थे। इन्हीं गुटकों का ठेका हिरैया दादा के पास था। उनके पास कई महिलाएँ थीं जैसे लीला, मेसो, जानकी, झामो, ख़ुद अक्का माँ और मेरी माँ भी जो एकदम भोर में कुछ घंटों के लिए काम करती थी। एक हज़ार गुटकों के बदले में दो रुपये मिलते थे। गुटके कोई छह इंच के आकार के होते थे। दिखने में इतने छोटे किन्तु मेहनत भारी करनी पड़ती थी। सबसे पहले मिट्टी खोदो फिर कुंड या काँवड़ से पानी लाकर उसे भिगोओ। पाँवों से उसे खूँदो ताकि वह बेलने लायक हो सके। इस क्रिया में पूरे शरीर की ख़ासी खिंचाई हो जाती थी। तलुओं में कंकड़ों का चुभना, कई बार तार अथवा काँच के टुकड़ों का चुभना। पिंडलियों पर भार से नसों का उभर आना। गुटके बेलने से बाँहों का दुखना और खदान तक गुटके ढोके ले जाने में गर्दन और छाती में तकलीफ़ हो जाना। लेकिन ग़रीबी से लड़ने का कोई और विकल्प न था। मुश्किल से दो-ढाई हज़ार गुटके एक रोज़ में बनते। रोज़नदारी कभी चार, व साढ़े चार तो कभी पाँच रुपये।

उन स्त्रियों के बीच हम रहते। कभी मिट्टी तोड़ते, कभी छोटे कुंड से पानी भर लाते। मिट्टी खूँदते फिर नन्हे हाथों से गुटके बनाने का अभ्यास करते। गुटके पटिए पर बनाए जाते। जिसके बाजू में ढेर सी राख रखी जाती। राख में मिट्टी के लोंदे को घुमाते ताकि बेलते समय वह पटिए पर न चिपके साथ में लोहे की पट्टी होती। जिससे पटिए पर चिपकने वाली मिट्टी खुरची जाती। शाम गए उन गुटकों के सूखने पर हम उन्हें छोटी-छोटी टुकनियों में ढोते। गिनती के लिए कम-से-कम 25 गुटके ज़रूरी होते। 'हिरैया दादा' पढ़े-लिखे न थे उन्हें अपनी भाषा में गिनती आती थी। वे गिनते और हर मज़दूर के खाते में खड़ी पाई लगा देते। उनका खाता दीवार पर चलता। गिनती करते समय वे कुछ बोलते थे जो अभी तक स्मृति का हिस्सा है—वकट्टो, रंडों मूड़ो नालगू, अइदू ऐरऊ, आरऊ, ऐतोमी, तोमदी, पादि, पदकुंड...शायद यह एक से ग्यारह तक तेलुगू की संख्या थी। जब दादा बोलते तो जैसे संगीत के झरने-सी लय बह उठती। वह लय ही थी जिसकी वजह से ये संख्याएँ याद रह गईं।

इस काम में जुटने का हमारा दूसरा आकर्षण भी था जो आज समझ में आता है। वह था मज़दूरिन लीला का आकर्षण। उसकी उम्र कोई पचीसेक साल की रही होगी। क़द कम-से-कम पौने छह फुट, गेहुँआ रंग, बड़ी-बड़ी आँखें कमल की पंखुड़ियों सरीखे होंठ और उसका काम करते हुए लोकगीत गाना। कुछ टुकड़े आज भी याद में अटके हुए हैं।

दिन डूबे आ जइयौ रे छैला, दिन डूबे आ जइयौ, याकि दुपरिया में झगड़ा न डारो बालमा रे, दुपरिया में झगड़ा, और रात पिया के संग सोई ओढ़ के, रात पिया के संग अथवा मोरी कम्मर में उठ रई पीर बलमवा कम्मर में उठ रई पीर।

जब वह गाती तो साथ में काम करने वाली 'मेसो' पीपे (टिन के कनस्तर) पर ताल देने लग जाती और सुर मिलाती। कितनी सुन्दर संगत। लीला में ग़जब की फुर्ती थी। वह चार बजे सुबह आकर कुदाली उठा लेती और मिट्टी तोड़ना शुरू कर देती। बाक़ी मज़दूरिन उसके बाद पहुँचतीं। हम माँ के साथ जब पहुँचते तो वह मिट्टी तोड़ने का काम निपटाने के पास होती। हम देखते कि उसके गोरे हाथों में कुदाली ऐसे लगती मानो तलवार लिये कोई देवी। वह जल्दी से कुदाली ऊपर उठाती और पूरी ताक़त से धरती पर वार करती। उसके उठने और झुकने में जैसे धनुष की सी मुद्रा बनती। झुकते समय उसके गोल-मटोल स्तनों के ऊपरी हिस्सों पर पसीने की उभर आई बूँदें चिलकतीं। हालाँकि कम उजाले में वे बूँदें कम चमक पातीं लेकिन लगता वहाँ कई बूँदें थीं। साड़ी ऊपर तक खोंस लेने के कारण कम उजाले में भी पिंडलियाँ अलग से चमकतीं। हम उसे हरदम टकटकी बाँधकर देखते। कभी-कभार वह पल्ला ठीक करती हुई मुस्कराती और काम में जुट जाती। शायद कुदाल उठाने की हिम्मत लीला को देखते हुए हम भी करते जो बाद में हुनर में तब्दील हुई।

औरतों को मेहनत का इस तरह काम करना हमें दुगुनी ताक़त देने जैसा था। लगता जब औरतें ये सब कर सकती हैं तो हम क्यों नहीं? इसी विश्वास ने हमें मिट्टी तोड़ने, खूँदने, गुटके बनाने और ढोने में मज़बूत कर दिया था। हमने इस तरह सुबह दो-ढाई घंटे और शाम गए गुटके ढोने में एक-डेढ़ घंटे का वक़्त अपने को सौंपा। इस तरह हम तीनों जुटकर घर के दूसरे कामों के अलावा आराम से ढाई-तीन हज़ार गुटके ठोंक देते थे। छुटपन के इस काम ने आगे जाकर हमें खदान के ऊपर और अन्दर काम कर सकने का एक हौसला दिया। गुटकों की ध्वनि अब भी सिक्कों-सी सपनों में सुनाई पड़ जाती है।

छह

अगर मैं सतपुड़ा में पैदा न होता
न होता 'राग सतपुड़ा'
न होती भीतर 'एक बहोत कोमल तान'
मैं मजूर क्रोध में जनमा
यक़ीनन किसी अप्रत्याशित अपराध में
कोई दूसरा हुआ होता

ज़िला होशंगाबाद। इसके दो गाँव। उड़नी पिपरिया—जहाँ पिता और उनके पूर्वज जनमे। पचलावरा—जहाँ माँ और उनके पुरखों ने जन्म लिया। ये गाँव दोनों की साँसों में बसे रहे। होशंगाबाद ज़िला—उनकी स्मृतियों में कभी न रीत सका। नर्मदा माई। सतपुड़ा पालनहार—जिसकी गोद में स्थापन-विस्थापन और दो जून की रूखी-सूखी रोटी।

बचपन की जिन कहानियों को जगहों और व्यक्तियों के बारे में सुना, उन्हें देखने-जानने की इच्छा कभी पूरी हुई हो, ऐसा नहीं लगता। मसरूफ़ ज़माने की मारा-मारी ने एक अधूरेपन का भाव दिया। कुछ रीतापन है, सो सालता है। अपनी मातृभूमि से राग भले ही हो, उस तक न पहुँचने का दुख अधिक कचोटता है। लगता है मन का आकाश अदृश्य अँधेरे में रोशनी का तलबगार है। रूह की इच्छा क़तरा-क़तरा अपनी उस भूमि को जी लेने की। बचपन की आवारगी का जज़्बा भी है। फ़ाक़ामस्ती में सफ़र की दीवानगी भी। इसके बावजूद ग़रीबी के हालातों में दो जून की रोटी में अन्न न सही, नमक, गुड़ और कुटकी के लायक कमाने की फ़िक्र ने वो होने न दिया जो ज़रूरी था, लेकिन माँ-बाप और रोटी के लिए जो किया, उसकी बेइन्तहा ख़ुशी भी है। भविष्य के लिए जो निरस्त किया, उन्हें बाद में टुकड़ों में जीने के आख्यान हैं। वे उतने गहरे नहीं हो सके कि ज़िन्दगी ने पर्याप्त वक़्त न दिया। वे शरीक़े-ज़िन्दगी तो हुए मैं ही उतना शरीक़ न हो सका। इस तरह जो लिखा वो इतना ही महफ़ूज़ है। लफ़्ज़ों में आधी-अधूरी अमानत। और भी काम थे, जिनसे लड़ना और घर-परिवार के वास्ते जीतना ज़्यादा ज़रूरी था। बहरहाल वक़्त ने वक़्त दिया कुछ स्मृतियों को नवीन करने का, कुछ यात्राओं का और पुराने को नये सिरे से ही जोड़ने का।

स्कूल में हमने अपने ही सतपुड़ा के सिवनी ज़िले के पृष्ठभूमि में लिखी गई 'द जंगल बुक' के बहाने अद्भुत बच्चे 'मोगली' के बारे में सुन रखा था। जिसे भेड़ियों ने पाला-पोसा। पशु और मनुष्य के बीच की स्वर्गिक सच्ची कथा। यह किताब रूडयार्ड किपलिंग ने लिखी थी। यह हमें हाईस्कूल में मालूम हुआ। मिशन स्कूल, बड़कुई (छिंदवाड़ा) की लाइब्रेरी में यह किताब थी। अंग्रेज़ी में कमज़ोर होने के कारण वह तब कठिन लगी थी। हाँ मोगली का रेखांकन था साथ में भेड़िये, शेरखान और उस परिवार के अन्य पशु। एक पक्षी का रेखांकन भी था। धुँधली सी यह याद बाद में पीछा करती रही। सबसे पहले मोगली का ज़िक्र 1831 के विलियम स्लीमेन के वृत्तान्त में मिलता है ऐसा हमारे टीचर डेविड सर ने बताया था। इसी किताब में पेंच नदी का ज़िक्र है जो उत्तर से दक्षिण की तरफ़ बहती है। वह छिंदवाड़ा और सिवनी के बीच सीमा बनकर, अपनी पहचान के साथ आज भी क़ायम है। इसी नदी के दूसरी तरफ़ तोल्तादोह में मेघदूत बाँध है, जिसे अब तक देख न सका कि ऐसी हैरान ज़िन्दगी। सिवनी में वेनगंगा नदी है, इसका पता उसी किताब में चला। स्कूल में सतपुड़ा को अधिक जानने की जिज्ञासा में पूरा इतिहास सामने खुलता जा रहा था। जिसे इसी जीवन में देखने का सपना आकार ले रहा था।

मैं सतपुड़ा के बारे में माँ-पिता, चोखे कक्का, नुन्हारिया और सूर्यवंशी मास्साब, अनिल बाबू, डेविड सर, सरोज मैडम, डेनियल साब, मरकाम फ़ॉरेस्ट गार्ड आदि से पूछता और भूगोल का जानकारी जगत बढ़ाता। पहले उन गाँवों के बारे में मेरी दिलचस्पी बनी जो वन्य-जीवन के आकर्षण केन्द्र थे। वे मेरी कॉपी में जगह बनाते गए।

गाँव और प्रसिद्ध जगहें। जैसे एक तरफ़ बड़ा महादेव, चौड़ागढ़, छोटा महादेव, जटाशंकर, हांडीखोह, जमुना प्रताप, सुन्दरकुंड, धूपगढ़, पांडवनी गुफाएँ, रीछगढ़, धुआँधार, कैथोलिक चर्च, क्राइस्ट चर्च आदि। ये सब पचमढ़ी इलाक़े के स्थान हैं। बचपन यानी 12-13 की उम्र में बड़ा महादेव की यात्रा नसीब हुई और सतपुड़ा के जंगल से पहला सघन परिचय हुआ। उसी एक यात्रा ने सतपुड़ा को जानने के सपने को जागती आँखों में जगाया। छिंदवाड़ा के रास्ते होशंगाबाद जाते हुए तामिया, मटकुली, पातालकोट, धूपगढ़ की यात्रा की। पहले-पहल तामिया के रास्ते पातालकोट के गैलडुब्बा गाँव गया और भारिया आदिवासियों से मिला और उनका कठिन जीवन देखा। यह जगह समुद्र सतह से काफ़ी नीचे है। कारेआम गाँव तक तो दो हज़ार फुट से अधिक। स्कूल जीवन में आप अपने इतिहास को कम समझ पाते हैं। बस सुप्त कोई बलवती कामना होती है जो ज्ञान के रास्ते आपको अजाने सींचती है—प्रकृति के अबूझ रहस्यों की तरफ़। हाँ! आपके भीतर संवेदनशील आग का होना ज़रूरी है, जो सम्पर्क में जल उठे।

पेंच नदी हमारे स्कूल के रास्ते में पड़ती थी। इसमें बरसात के दिनों में डूबते-डूबते बचा। स्कूल हम पैदल जाया करते थे। नदी उफान पर थी। मैं कूदकर उस तरफ़ पहुँचने की बजाय नदी में था। सँकरी सी जगह थी जहाँ से दूसरे मित्र फ़ारूख़, प्रदीप, अनिल कूदकर निकल गए। मैं फिसलकर नदी में बहने लगा। दोस्तों ने मौत के जबड़े से खींच लिया। नदी का वह डरावना चेहरा अब भी सपने में पीछा करता है। इसी नदी के नाम पर अब पेंच टाइगर रिज़र्व है। एक राष्ट्रीय अभयारण्य। इस पार्क के प्रमुख गाँव हैं—अलिकत्ता, प्योरथाडी, चिंदीमाता, करमाझिरी, बोदानाला, छेदिया आदि। पेंच पार्क सागौन के पेड़ों से आच्छादित है। इसके अलावा धावड़ा, बीजा, तिंसा, साज, तेंदू के पेड़ बहुतायत में हैं। इसका एक हिस्सा गरारी प्रजाति की वनस्पति का है। नदी के किनारे पाए जाने वाले पेड़ हैं—अर्जुन, जामुन, पाकड़, आम आदि। नदी के तटीय इलाक़ों के ये पेड़ सदा हरे-भरे रहते हैं। इसके अलावा घास के मैदान हैं बड़े आकार के जिनमें चीतल और साँभर का भरण-पोषण होता है।

पेंच के दूसरी ओर मेघदूत बाँध है, जिसमें पाँच क़िस्म की मछलियाँ हैं। यहाँ प्रवासी पक्षी हर बरस आते हैं। मरकाम फ़ॉरेस्ट गार्ड का तबादला पेंच पार्क में होता रहा और वह चोखे कक्का का दोस्त होने के नाते हमारा गाइड था। उसके वाचिक आख्यान हमारे ज्ञान के प्रमुख स्रोत थे। सतपुड़ा का सपना एक तरह से उन्हीं कथाओं के ज़रिये परवान चढ़ा।

गाँव के पास जो जंगल था। बचपन में उन्हीं के साथ घूमा। हमारी पहचान बरगद से हुई। कोई 200 फुट तक ऊँचा। बारह महीने फूल। उसके फल गिलहरी को प्रिय। गिलहरी को इत्मीनान से फलों को कुतरते देखकर मैं हर्षित होता। उसकी कूद-फाँद धरती से पेड़ तक। ग़जब की फुर्ती। लय और गति का अद्भुत मेल। कुल्लू का पेड़। इससे गोंद मिलती। कुल्लू गोंद के नाम से बाज़ार में बिकती। मैंने जंगल में गूलर का पेड़ देखा। मरकाम चाचा ने बताया कि इसके फल लोमड़ी, चीतल, लंगूर और कई पक्षी खाते हैं। गिलहरी भी ख़ूब आनन्द के साथ जीमती है। उन्होंने अर्जुन का पेड़ दिखाया, जिससे दवाई बनती है। कहने को तो ये छोटे-मोटे अनुभव वृत्तान्त हैं। इन्हीं से लेकिन भीतर कुछ करवट ले रहा था। आँखों में कुछ अमिट दृश्य और छवियाँ अपना घर बना रहे थे। कुछ इन्द्रियों का जागरण हो रहा था चुपके-चुपके हौले-हौले।

सात

माँ-बाप पैदल पाँव सतपुड़ा आए थे
पेड़ों के नीचे आग जलाते
एक-दूजे की चौकीदारी करते
आधी-ऊदी नींद में
जंगल का अर्थ उनके लिए
भय में भरा जीवन था
सतपुड़ा उनका पुरखा था
पूजा के अटाले में
वह लोकदेवता के रूप में विराजमान रहा

माँ के लगाए पेड़-पौधे, पुदीना, हरी धनिया, तुलसी, अनार और अमरूद की सुगंध हमारी इन्द्रियों की पहली पाठशाला थी। इसका दूसरा सिरा जंगल से जुड़ता था। वहाँ हमारे गुरु थे चोखे कक्का, हिरैया दादा, अक्का माँ और मैसो डुकरिया। खेत-खलिहान से सघन परिचय इन्हीं ने कराया। ये सब आयुर्वेदिक इलाज पद्धति को मानते थे। ग़रीबी के कारण वे अपने शिल्प के वैद्य, प्रयोग के अनुभव से बने। इन्हीं के साथ हमने जंगल की यात्राएँ कीं। अमूमन सितम्बर-अक्टूबर के बीच जंगल जाना ज़रूर होता। चोखे कक्का नेतृत्व करते। सितम्बर आयुर्वेदिक वनस्पतियों के दिन होते। कक्का की टोली ने हमें कई वनस्पतियों से परिचय कराया। कोई 35 साल हो गए। स्मृति में अब भी उनके नाम, स्पर्श, गंध बचे हुए हैं गड्ड-मड्ड ही सही। बड़ी चन्द्रिका—जो मनोविकार में काम आती है। मरौद फल—पेट के रोगों में शर्तिया वनस्पति। गुड़मार—मधुमेह की दुश्मन। भारंगी (भोरमाल) कई रोगों की दवाई के योग में काम आने वाली। कुकरजिह्वा—इसका उपयोग कई दवाइयों के योग में मुआफ़िक़। छुईमुई—आयुर्वेदिक यौगिक। चिरायता—मलेरिया। कालीहरी—चर्मरोग व कैंसर। हरसिंगार—दमा व खाँसी। अपराजिता—कुष्ठरोग, खाँसी व मूत्र रोग। हमारे इलाक़े में न एलोपैथिक डॉक्टर थे। न अंग्रेज़ी दवाइयों की दुकान। बीमारियाँ थीं। ख़ास कर तरह-तरह के चर्मरोग, बुख़ार, टी.वी., मलेरिया,

पीलिया और असुरक्षित खान दुर्घटनाओं से मिले हड्डी रोग। यही हमारी मजूर बस्तियों के डॉक्टर थे। कोई इलाज के पैसे न लेता था। यह बड़े कुनबे की सेवा थी। तब उसूल बड़े थे, पैसा गौण। पिता का दमा, लकवा इन्हीं डॉक्टरों ने ठीक किया। महीनों के बाद सही वे उठ खड़े हुए। खान दुर्घटना में भाई की पसली और घुटनों की असहाय पीड़ा इन्हीं के प्रताप से दूर हुई। सोचता हूँ अगर सतपुड़ा और उसके दामन में ये वनस्पतियाँ, उनका चमत्कार न होता तो ग़रीब-गुरबों की हालत कितनी ख़राब होती। खान मालिकों ने अपनी तरफ़ से न अस्पताल बनाए, न डॉक्टर मुहैया कराए। उन प्रतिकूल स्थितियों में हमारे चिकित्सक, यही दयालु, धीर, सहृदय और सेवाभावी लोग थे। उन्हें याद करते हुए इस व्यावसायिक दुनिया के चोर-उचक्के पूँजी प्रेमी डॉक्टरों को मैं मन में कोसता हूँ और घृणा करता हूँ। बावजूद इसके इस नामुराद शहर में अंग्रेज़ी दवाओं के भरोसे जीवन उम्र बढ़ाने की जुगत में रहता हूँ। आयुर्वेदिक दवाई कम्पनियाँ भी कॉरपोरेट शिल्प में पैसा कमाने के धंधे में जी-जान से जुटी हैं। योग भी बाज़ार की शर्तों पर। बाबा रामदेव अब राजनीति की गोद में बैठकर योग गुरु की नाम प्रसिद्धि के बाद दौलत लूट रहे हैं। हम लुट रहे हैं खुलेआम...। इसी बीच कुछ वनस्पतियाँ जो पास-पड़ोस में मिल जाती हैं...उनका उपयोग करने का काम जारी है। बचपन में हमारे डॉक्टरों के पास औषधि निर्माण के लिए दो चीज़ें थीं—'सिलबट्टा' और 'खलबट्टा'। सिलबट्टे पर वनस्पतियाँ पीसी जाती थीं। और खलबट्टे पर सूखी साम्रगी जैसे बीज, सूखे फल, छाल आदि कूटे जाते थे। ये काम हमने भी किये। दोनों की ध्वनि, लय और संगीत ज़ेहन में बसे हैं। शहर में सिलबट्टा तो माँ तक रहा। अलबत्ता छोटा सा खलबट्टा है जिसमें कुछ कूट लिया है कभी-कभी। उसकी जगह मिक्सी के आते ही कबाड़ में बची रह गई। कितना कुछ खोता जा रहा है और हम अवाक्...। तब शीशियाँ ख़रीद की शक्ति से कोसों दूर थीं। हम महूल के पत्ते लाते जिनसे दोने, पत्तल सुन्दर शिल्प में बनते। कूट-पीस के दवाइयाँ पहले दोनों में रखी जातीं। जिनका रोज़ाना इस्तेमाल होता। ज़्यादा मात्रा में हो तो किनोट वाली पत्तल में। एक पत्तल को दूसरी पत्तल से ढाँक दिया जाता। उपयोग के बाद बची तो खुली गुल्लक या छोटे मटकों के हवाले। और अब प्लास्टिक की शीशियाँ-डिब्बे जिनमें दवाई का असर जाता रहता है। अन्य असरात भी मुमकिन हैं। आख़िर प्लास्टिक कैसे किन चीज़ों से, किस क्वालिटी का बनता है, सभी जानते हैं। प्लास्टिक के डिब्बे में माँ को मूल स्वाद और गंध कभी न मिलते और वो शिकायत करती रही।

आठ

मैंने तितलियों को स्मृतियों में बचाना चाहा
वे बची रहेंगी आगे मुझे सन्देह है
मैं उन्हें कैसे बचा पाऊँगा
सिवाय प्रेम के और क्या है मेरे पास?
इस निष्ठुर ज़माने में
बच्चों के तितलियों के पीछे दौड़ने में
एक उम्मीद में शामिल हो जाता हूँ

वन्य-जीवन के सजीव स्मरणीय चित्र हैं। तितलियाँ, मोर, बाघ, बर्र, आबी परिंदा, घरेलू मक्खी, चीतल, गौरैया, कौवे, तीतर, दीमक, भालू, भेड़िया, आदि के साथ ही वनस्पतियाँ और प्रकृति की विस्मृत होती छवियाँ। सतपुड़ा ने मुझे लेखक बनाया, मैं उसका ऋणी हूँ। इसके पीछे दादा भवानी प्रसाद मिश्र की सीख थी। एक भेंट में उन्होंने कहा था—'सतपुड़ा को जियो, सतपुड़ा को पढ़ो और लिखो।' मैंने एक हद तक यही किया। यात्राओं में सतपुड़ा बार-बार लौटा। वहाँ मुझे अनेक तितलियाँ मिलीं। सौन्दर्य की अवर्णनीय रंग कृतियाँ। मैंने उनके नाम जानने के लिए बड़ी मशक़्क़त की। अधिकांश अंग्रेज़ी नाम। कुछ ही याद आते हैं—लाइम बटरफ्लाई, क्रिमसन रोज़, ब्लू पेन्सी, ग्रे पेन्सी, कॉमन ग्रास येलो, डॉर्कब्रैंड बुश ब्राउन आदि। हमारे इलाक़े में शिक्षा बेहाल थी। पेड़ों के नीचे स्कूल था जो किसी तरह आठवीं तक हुआ। पढ़े-लिखे लोग कम थे। किसी पहेली में उलझ जाता तो शिक्षकों की तरफ़ भागता। जैसे मैं तितलियों के नामों के लिए भागा और नतीजा सिफ़र। फ़ॉरेस्ट गार्ड मरकाम अपने साहब के पास ले गया और उन्होंने एक रिपोर्ट से पढ़कर कुछ नाम बताए। तब मैं हायर सेकेंडरी की ग्यारहवीं कक्षा में था। उन्हीं से पता चला कि भारत में 1400 के आसपास तितलियों की प्रजातियाँ हैं जिनमें से 51 सतपुड़ा के पेंच बाघ अभयारण्य में तब पाई जाती थीं। अब तो जंगल का हाल बुरा है जाने कितनी प्रजाति शेष होंगी। मैं सिर्फ़ उनकी रंगीन स्मृतियों के साथ हूँ। इसी तरह का स्मृति जगत मछलियों को लेकर है। उनके रंग—लाल, सुनहरा, रजत, कृष्ण, पीला, हरा, सफ़ेद आदि।

सपने में हम उनके साथ तब तैरा करते। उन्हें छूने की स्पर्श अनुभूति। हाथ में आने, छूट जाने की याद। हम दो-चार फिर भी अँगोछे से अबेरकर बोतल में भरकर घर ले आते और डाँट खाते, लेकिन जुनून था उन्हें साथ रखने और जीने का। उन्हें हम आटा खिलाते कि वहीं घर में होता। वे ज़्यादा जी न पातीं और मैं रोता।

जंगल में हमें मेढक मिलते। उनके नाम भी अंग्रेज़ी में। जीव विज्ञानियों ने हिन्दी में नाम सोचे ही नहीं। कुछ जो नाम लिख लिये जाने की वजह से बच गए—इंडियन बुल फ्रॉग, क्रिकेट फ्रॉग, बरोईन फ्रॉग और कॉमन बरोईन फ्रॉग। कई तरह के मेढक थे लेकिन नाम विहीन। जैसे साँप के नाम पर हम कोबरा और अजगर से परिचित थे। बाक़ी सब साँप थे। आदिवासियों के बीच अंग्रेज़ी नाम न थे। मैं उन्हें याद करने में ज़्यादा ज़ोर नहीं लगाता और वे जैसे सामने बैठे मिलते हैं—पन कौव्वा, किलचिया, बड़ा बगुला, अंधा बगुला, सुरखाब, जलमुर्गी इन्हें पेंच नदी के किनारे देखा और चील, बाज, राजहंस, सारस, तीतर, मोर, गौरैया, चिट्ठा, किलकिला, कोयल, तोता, नीलकंठ, कबूतर, मैना, कठफोड़वा, बुलबुल, चकदिल और कोटवार आदि। मैं सोचता हूँ हम सरीखों का बचपन ग़रीबी में भी कितना अमीर था। हमारी आँखों में रंगों का विविध संसार था। कानों में कितनी मृदुल आवाज़ें। सुरों में विहँसता मन। स्पर्श में पक्षियों के कोमल अहसास। वनस्पतियों की अबूझ लेकिन मोहक सुंगधों का परिवेश। अनेक ध्वनियाँ जो सतपुड़ा में नदी, हवा, पेड़-पौधों, बादलों से झरतीं। वे मन को विरल उल्लास से भर देतीं। हाँ...भयानक और डरावनी आवाज़ों का भी संसार था। सतपुड़ा के पशुओं में बाघ, तेंदुआ, भेड़िया, जंगली सूअर, रीछ, सियार आदि थे। इनकी आवाज़ों से हम भय से काँप जाते। झोपड़ी में रहने के कारण हम सुरक्षित न थे। कई खूँख्वार जानवर खेतों में चक्कर लगाते और गाँवों में घुस जाते। हम घरों में उनकी आवाज़ के डर से दुबक जाते। हमने उन्हें दूर से देखा भी। कई प्रिय जानवर थे जैसे चीतल, साँभर, नीलगाय, चौसिंगा, लोमड़ी, चिंकारा, ख़रगोश, बन्दर, लंगूर और गिलहरी जिनसे डर न लगता बल्कि दोस्ती करने का मन होता। ये सब ग्यारहवीं कक्षा तक मिले जंगल के सबक थे। इन्हें ही जीवन में पढ़ने का संकल्प लिये, मैं अब तक भटक रहा हूँ। बार-बार टुकड़ों में ही सही लौटता हूँ और डायरी में नया जोड़ता हूँ। कई डायरियाँ हैं आधी-अधूरी जिन्हें फिर से देखना है। उम्मीद है सतपुड़ा मुझे वो समय देगा, जो छूट गया है।

उम्र के इस पड़ाव पर अभिव्यक्ति के जो रंग सतपुड़ा में मिले और अब भी उपस्थित हैं, उनके तईं लौटता हूँ। दूर से देखने पर विशाल हरा कैनवस है पहाड़ों को अपने रंग से भरता। पार्श्व में चट्टानें सूरज की रोशनी में झिलमिलातीं कभी धूप रंग में तो कभी सूरज के बादलों से एकाएक ढक जाने पर धूसर। हरे के बीच भी उनका होना पता चलता। नज़दीक से रेड सेंड स्टोन (लाल रेतीला पत्थर) मनोहारी लगता और बोलता अपनी रंग भाषा में। दूर के पास जाने पर झरनों का संगीत कान

में रस घोलता जिसमें चिड़ियों के सुहाने बोल माधुर्य को दुगना करते। शाम गए तो ईश्वर की आराधना में व्योम को आलोकित करता हवेली संगीत याद आता। साथ ही, अलस्सुबह प्रसाद की कविता का भाष्य मूर्त होता है बिना व्याख्या के—'बीती विभावरी जाग री। अम्बर पनघट में डुबो रही। तारा पनघट उषा नागरी। खग कुल-कुल सा बोल रहा। किसलय का आँचल डोल रहा। लो यह लतिका भी भर लाई। मधु-मुकुल नवल रस गागरी। अधरों में राग अमंद पिए। अलकों में मलयज बन्द किये तू अब तक सोई है आली आँखों में भरे विहाग री।' इसी समय में कहीं रेडियो से गूँजती उस्ताद बिस्मिल्लाह खाँ की जागती शहनाई से उभरती मंगल ध्वनि फ़िज़ा में संगीत रस घोलती सुनाई पड़ती और लोग दीवाने हो उठते हैं। हर सिम्त प्रकृति का जलवा बिखरता दिखाई देता। कहीं कोयल का गाना। कहीं मोर का नृत्य। तो कहीं पक्षियों का आकाश में नृत्य, आपको जीवन के तनावों से एक झटके में मुक्त कर देता है। लोग मुझसे पूछते हैं कि मेरे लिखे में प्रकृति की इतनी छवियों का राज क्या है? मैं मन-ही-मन कहता हूँ मेरा सतपुड़ा और उसकी गूँज-अनुगूँज से काव्य मानस दीप्त हो उठता है और मैं हरसिंगार की सुगंध सा एकदम ताज़ा हो उठता हूँ। इसमें राज़ है भी नहीं भी। राज़ उनके वास्ते जो अपने पर्वतराज से महरूम। आबाद वे जो पुरखे पहाड़ को भूले नहीं। मैं याद नहीं करता। अपितु उसे जीने की कोशिश करता हूँ। इस जीने को लिखना आज भी सबसे मुश्किल काम बना हुआ है।

नौ

हम क्या थे यह स्कूल में पता चला
ग़रीब, दलित या आदिवासी
हमारे काम जात से तय हुए
मन में क्रोध किसी संकल्प की शक्ल में बना
हमने चट्टानों पर भविष्य के चित्र उकेरे
हमारे बनाए वानस्पतिक रंग कभी फीके न पड़े

कोयला खदान मालिक मजूरों के बच्चों के लिए स्कूल को ज़रूरी न समझते थे। शिक्षा को वह राज्य का मामला मानते थे। राज्य सरकार ने इस क्षेत्र में शुरुआती काम के लिए भी कोई जगह मुहैया नहीं कराई। अत: जब तक इमारत का निर्माण न हो स्कूल पेड़ों के नीचे शुरू हुआ। कुल जमा दो मास्टर थे। नुन्हारिया मास्साब और डेहरिया मास्साब। उन्हीं के कन्धों पर स्कूल शुरू करने का दायित्व था। स्कूल के लिए कोई चपरासी, कोई बाबू तक न था। उन्हें लगा पेड़ों के नीचे स्कूल खोलना ही अन्तिम विकल्प था। फिर यह ज़िम्मेदारी कि बच्चे स्कूल में दाख़िला लें। इसके लिए उन्हें मजूर बस्तियों में जाकर वातावरण निर्माण भी करना था। सो उसमें ही काफ़ी समय निकल जाता।

स्कूल शुरू करने में कई दिक़्क़तें। मसलन स्कूल की जगह को साफ़ कौन करे। चूँकि स्कूल अमराई में शुरू हुआ था। अत: वह गाय, बैल, बकरियों की भी जगह थी। वे उसको गन्दा करने के लिए स्वतंत्र थे। यहाँ तक कुत्तों को घूमने के लिए वह आज़ाद जगह थी। सो यह काम तो मजूर बस्तियों के ग़रीब बच्चे ही कर सकते थे। कुछ बच्चे तो जाति से साफ़-सफ़ाई की शानदार परम्परा वाले घरों से आए थे। जिनसे गोबर मल-मूत्र की सफ़ाई का काम लिया जाने लगा। बाक़ी मजूर परिवारों के बच्चे हरी-हरी पतली शाखाओं से झाड़ू बनाते या कि खरेटा और स्कूल की चिन्हित जगह की सफ़ाई शुरू कर देते। बाद में पास के नाले से पानी लाके छिड़काव करते। आधा दिन इसी में निकल जाता। सालों-साल यह क्रम बदस्तूर चलता रहा। जिन बच्चों ने साफ़-सफ़ाई के काम को हाथ में लिया जैसे वह उनका स्थायी काम हो गया।

बस बाबू कॉलोनी के बच्चों को इस तरह के काम से मास्साबों ने डर के मारे मुक्त रखा। इस तरह ग़रीब-अमीर सा एक विभाजन स्कूल में होता गया।

स्कूल में सरकार से आने वाली सुविधाएँ इतनी मरियल गति से आतीं कि तब तक वैकल्पिक व्यवस्थाएँ ज़रूरी हो उठतीं। धरती पर बैठकर पढ़ना एक समस्या थी। अत: सहयोग और दान की गुहार स्वाभाविक थी। कुछ लोगों से चन्दा उगाहने के लिए बच्चों की ज़रूरत थी सो हमारा इस्तेमाल होने लगा। नुन्हारिया मास्साब साधारण और ग़रीब दिखने वाले बच्चों का समूह लेके खदान मालिकों और अफ़सरों के दफ़्तर जाते। हम दफ़्तर के सामने याचक की तरह खड़े रहते। स्कूल के लिए ब्लैक बोर्ड, टाट-पट्टी, घंटा, किताबें, कॉपियाँ, रजिस्टर, जैसी बहुत सी चीज़ों की दरकार थी। मास्साब कुछ न कुछ पाने में सफल हो जाते। उनका नाम एक अच्छे इनसान के रूप में बजने लगा और वे ख़ुश थे।

सबसे पहले कुछ टाट-पट्टियाँ मिलीं। जब कक्षाएँ शुरू हुईं तो उसमें बाबू कॉलोनी और बड़े घरों के बच्चे बैठ गए। उनका एक बार बैठना जैसे उनकी मिल्कियत हो गई। हम लोगों को पीछे और पीछे सरकाते रहने का क्रम बना। और यह क्रम वहाँ जाकर ही रुका जहाँ तक नंगी धरती शुरू होती। हमारा इस तरह टाट-पट्टी पर बैठने का अधिकार छिन गया। हम सबमें एक ग़ुस्सा था। एक घृणा। यह उपहास का सिलसिला कभी थमा नहीं। साफ़-सफ़ाई के बाद टाट-पट्टी बिछाना हमारा काम हो गया और उसपे बैठना दूसरे बच्चों का। मास्साब इस बारे में कुछ बोलने की हिम्मत न कर पाते कि स्कूल के लिए सुविधाएँ बड़े घर वालों की कृपा से ही आतीं। सो हमें घरों से बोरे लाने के लिए कहा गया ताकि हम उस पर बैठ सकें। इस तरह हमारी जगह कक्षा में एकदम पीछे बोरों पर बनी। झोले में स्लेट पट्टी के साथ हम बोरे का एक टुकड़ा भी लाते जिसपे हमें बैठना होता।

दिलचस्प यह था कि बोरे के टुकड़ों पर बैठने वालों के लिए धीरे-धीरे एक दूसरा व्यवहार आकार लेने लगा। मास्साब भी उससे अछूते न थे। टाट-पट्टी पे बैठने वालों से आत्मीयता से बातें होतीं। उनकी बात सुनी जाती। उन्हें ध्यान देकर समझाया जाता। उनकी शैतानियों को नज़रअन्दाज़ किया जाता। उन्हें मारने के बारे में कभी सोचा न जाता। लेकिन मजूर बच्चों के लिए भाषा भी अलग थी। सज़ाएँ भी और व्यवहार एकदम भिन्न। सवाल पूछने पर डाँट पड़ती। उनके फटे और मैले कपड़ों पर टीका-टिप्पणी। और अमूमन हथेलियों और पीठ पे छड़ियों की मार। घुटने पर खड़े रहने की सज़ा, मुर्ग़ा बनाना, कक्षा में चारों तरफ़ दौड़ाना और दूसरे दिन आ के सफ़ाई का काम करने का दंड एक आम बात थी। इस कुटिल विभाजन ने हमारे भीतर एक तरह की हिंसात्मक प्रवृत्ति को जन्म दिया। जब कभी भी ग़रीबी अथवा जाति को लेके उपहास होता। हम मारपीट में न चाहते हुए भी शामिल हो जाते। घर में शिकायतें होतीं। हम यहाँ भी पिटते और स्कूल में भी।

स्कूल हमें यातनागृह की तरह लगते। लेकिन हमारे लिए घर की हिदायतें थीं। और समझाइशें। हमें भविष्य के सपने दिखाये जाते। कहा जाता कि जहाँ आज बड़े लोग पहुँचे या बैठे थे। यदि वहाँ पहुँचना है तो पढ़ना ही अन्तिम रास्ता था सो ज़िद में हमने उपहास, मारकुटाई और अनिच्छाओं के बावजूद पढ़ना जारी रखा।

हमारे पास स्कूल ड्रेस न थी। न बस्ता, न किताबें-कॉपी। बस एक अदद स्लेट पट्टी थी कि जब तक तीसरी कक्षा की पढ़ाई पास की। आत्मग्लानि, शर्म, फिकरे और रोज़-रोज़ की डाँट के बीच टूटते, ग़ुस्साते, लड़ते हुए हमने पढ़ने का सिलसिला जारी रखा। जहाँ मन उखड़ता माँ का चेहरा घूम जाता। पिता सामने आ खड़े होते और थेगड़े लगे पैंट-क़मीज़ के भीतर भी विश्वास पा लेते। इस विश्वास ने हमें जीत लेने का एक मुद्दा दिया। पीठ में पड़ती छड़ियों, आसपास उठती हँसी, फिकरे और तानों के बीच जाने किस ताक़त के सहारे पढ़ते हुए आगे निकलते रहे। हमारे भीतर हमारी असहायताओं ने जो स्वप्न बोया, वह जागृत रहा। और बाक़ी चीज़ें छोटी पड़ती गईं सिवाय उस मंज़िल के जो माँ-बाप की आँखों में हम देखते थे। पाँव के नीचे ज़मीन न थी। देह पर हो सकने वाले कपड़े न थे। खाने को भूख भर रोटी न थी। हाथ में झाड़ू थी और पीठ पर उमचती बेंत से निकलती चीख़ों में मजूर माँ-बाप का सपना था। और मुट्ठियाँ भिंची थीं।

मैं स्कूल से जंगल निकल जाता था
वहाँ शाम की भूख का
नि:शुल्क इन्तज़ाम हुआ करता था
मैं जंगल में निकलता था जैसे दुनिया में
'अमर घर चल' एक ग़लत पाठ था
यह हमने टाट-पट्टी से दूर
ज़मीन पर बैठकर जान लिया था

प्राथमिक विद्यालय में कक्षा में एक पाठ था—'अमर घर चल।' इस पाठ का भावार्थ यही था इधर-उधर घूमने या घर से बाहर खेल-कूद या अन्य किसी गतिविधि में होने की जगह 'अमर' घर चल। इस पाठ से मेरी असहमति बनी रही। जो प्रकृति के साथ सीखा जा सकता था, वह घर में नहीं। मैं पेड़-पौधों, जीव-जन्तुओं, नदी-नालों और गाँव के लोगों में बसी संस्कृति और मूल्यों के साथ रहना चाहता था। मैं जीवन से सीखने में आनन्द का अनुभव करना चाहता था। भले ही छोटी-मोटी दुर्घटनाओं से ही क्यूँ न सीखूँ। गाना गुनगुनाना और बोलना-बतियाना मैंने गाँव की चौपाल से सीखा। लोकगीतों में बहती लय और उनमें बसा अर्थसंसार मुझे उनको सुनते हुए बाहर मिला। कहावतों और सूक्तियों का अर्थ भी घर के बाहर मिला। बारिश का अनुभव और संगीत बाहर था। हवाओं की बदलती स्वभाव कथा और स्पर्श की बातें बाहर थीं।

पक्षियों का सांगीतिक कलरव बाहर था। खेल के मैदान में मुझे अपनी देह शक्ति का आभास हुआ। मैंने अपने सौन्दर्यबोध के अनेक पाठ घर से बाहर पढ़े, जिसमें रस, रंग, स्वाद, गंध, स्पर्श से लेकर कामानुभूति से मेरा परिचय। मैं 'अमर' नहीं होना चाहता था। मुझे लगा मैंने 'अमर घर चल' को अपनी तरह से पढ़ा, जो ठीक था। आज तो बच्चे घर के भीतर कम्प्यूटर, लैपटॉप और टैबलेट-मोबाइल में डूबे हैं जहाँ सृष्टि की छवियाँ तो हैं लेकिन सृष्टि के यथार्थ अनुभव नहीं। न उनके पास वो माता-पिता, शिक्षक या पालक हैं जो उन्हें सृष्टि से जोड़ सकें। वक़्त की इतनी तंगी या फिर प्रतियोगी युग में स्कूल, ट्यूशन और घर। यानी होमवर्क स्थल। अर्थात इतना कर बस 'अमर घर चल'। आज के बच्चों के पास सृष्टि की स्मृतियाँ इतनी कम और अपने जन्म की भाषा से इतनी दूरी पर और अंग्रेज़ी भी तो उनकी अपनी भाषा नहीं, न ही उसका साहित्य ऐसा कि स्थानीयता से मेल खा सके। सो विदेशी भाषा में पढ़े ऐसे अनुभव जिनका इस ज़मीन से कोई राग नहीं, सो रटना शेष। अर्थ तो वही होगा जिसकी सीमा शिक्षक तय कर दें। या जो सीमा बच्चों की हो। ऐसा नहीं कि प्रौद्योगिकी से बच्चों को कुछ न मिला हो। वह मिला है और मिलता रहेगा। दुनिया की तमाम खिड़कियाँ खुली हैं ज्ञान के साथ। उनके यथार्थ और सौन्दर्यबोध की भी खिड़की खुली रहे ताकि ऐन्द्रिय व्यवस्था जीवन्त बनी रहे। हमारा पढ़ना पेड़ों के नीचे था। जो जंगल में हमें मिला, वह अमोल है और हमसे अधिक मालामाल कोई और न हुआ होगा कि शहर के बच्चों के भीतर तो बस कंक्रीट का जंगल... जिसमें न स्वाद है, न रंग, न स्पर्श की कथाएँ और न ख़ुशबुओं का संसार। जो हमारे कानों ने उसकी ध्वनि, लय और संगीत सुना वो इधर कहाँ...। जंगल एक खुला मंच है, खुली रंगशाला, जहाँ हर पल कोई न कोई सच्चा ड्रामा चलता है और उसके हमसफ़र हो जाते हैं...सतपुड़ा अभी ख़त्म नहीं हुआ, उसकी रंगदृष्टि नवाचारों के साथ हस्बमामूल है।

दस

हमारे पाठ्यक्रम में भूगोल था
भूगोल की किताब ख़रीदने को पैसे न थे
हमने जंगल के पन्ने खोले
वहाँ स्थिर चित्रों का गतिशील यथार्थ आश्चर्य था
कण-कण में जीवन्त रंगीन भूगोल

बचपन की कथाओं में हम सुनते थे कि लोमड़ी बहुत चालाक जानवर है। सारे जानवरों के बीच शातिर। लेकिन मनुष्यों में किसके बराबर शातिर हम जान न सके। इसका सवाल आज भी अनुत्तरित। कोई ब्राह्मण का उदाहरण देता तो कोई कायस्थ का। कुछ नाई जाति की तरफ़ इशारा करते।

बहरहाल...मेरी दिलचस्पी तो कान्हा के जंगल में इस प्राणी को देखने की थी। अप्रैल का माह था लोमड़ी का प्रजनन काल। मैं उसे पिछले दो दिन से ढूँढ़ रहा था। इस खोज में मेरी मुलाक़ात जाने कितने सलोने पशुओं से हुई। भालू को शान से गुज़रते देखा। उसका काला रंग सारे दूसरे रंगों पर भारी था। बन्दर तो हर मोड़ पर पेड़ों को लाँघते और ग़ायब होते। शेर राजसी ठाठ में बहुत दूर टहलता व आसमान से आँखें मिलाता और धरती की तरफ़ सिर को हल्के से झुकाता। चीता था लम्बी छलाँग लगाकर घास में ग़ायब होता। एक भूरा नेवला देखा मिट्टी में मुँह घुसाये। जंगली भैंसा मदमस्त चाल में जैसे अभी-अभी तृप्त होकर किसी इलाक़े से इस तरफ़ निकला। गाइड ने कहा, इसे देखें और पहचानें जो हमारे लिए मुश्किल था। उसने कहा—ऊद बिलाव। मैं आश्चर्य में डूबे उसे निहारता रहा। वह बिलकुल शान्त चित्त लगा। हमारी आहट से बेचैन न हुआ। साँभर का एक जोड़ा था सामने। मुँह को एक-दूसरे की गर्दन पर रगड़ते। उनके भीतर मानो कुछ जाग रहा हो। एकाएक काला हिरण सामने से भागा और मैं हतप्रभ कि ये भला कैसे? इतना रोमांच था कि कहना मुश्किल।

लोमड़ी मेरी चेतना को कुरेद रही थी जिसे मैं विशेष रूप से बहुत क़रीब से देखना चाहता था। गाइड ने कहा, आइए उस पहाड़ी की तरफ़। उसके पीछे वे अक्सर दिखती हैं। कोई 20 मिनट बाद पहाड़ी के उस तरफ़ एक लोमड़ी अपने

चार बच्चों के साथ सामने थी। मैंने इस दृश्य की कल्पना न की थी। माँ छरहरी थी और सुन्दर देह वाली। बच्चे उसके पाँवों से चिमटे थे। प्रजनन के बाद का यह दृश्य पूरी प्रकृति पर भारी था। इतना अनुपम दृश्य कि मैं देर तक उसे देखता रहा। वहाँ कोई चालाकी न थी। वो किसी झाड़ी से लटकती फलियों को जतन से तोड़कर उसे छौनों को सुँघाने या खिलाने के प्रयास में थी। वह कीड़ों को भी मुँह में भर लेती जो उसका भोजन था।

किसी फ़िल्म में उड़ती दीमकों को उछलकर मुँह से पकड़ने का एक दृश्य मेरी स्मृति में बसा हुआ था। तब उछलती पूँछ स्थिर सी लगती। उछलने के बाद जब धरती पर आती तो उसकी आँखों में गहरा सन्तोष का भाव होता। आज जब वह सजीव सामने है तो मैं उसके शातिर होने को अफ़वाह की तरह लेने पर विवश हूँ। वह धीरे-धीरे अपने बच्चों को सँभाले हुए दृश्य से दूर जा रही है। मेरी आँखों के लेंस उसे पकड़ नहीं पा रहे। मैं उसके साथ ज़्यादा समय बिताने की इच्छा लिये यहाँ था। मुमकिन है कल फिर कहीं भेंट हो।

मैं उसे जी भरकर देखने के ख़याल लिये लौट रहा हूँ कि अब सूरज डूबने को है। यह जंगल का भी घर लौटने का समय होगा। अपने एकान्त में बतियाने या आराम का। मैं कुछ दिनों तक उसके घर में हूँ। मुझे इस घर को बचाना चाहिए।

बचपन में आँखों में जो बस गए दृश्य
रंग और ध्वनियों सहित ज़िन्दा है
उनका होना कितना और कब तक बचा रहेगा
यह सोचता हूँ और डर जाता हूँ

छुटपन में जंगल हमारा समानान्तर स्कूल था। जहाँ शिक्षक नहीं थे। ख़ुद को महुआर में तैयार करना, घूमना, खेलना, देखना और अपनी सुरक्षा आप करना। जीव-जन्तुओं के साथ रहना। मास्साब के न आने तक या न आने पर पेड़ों के साथ जीव-जन्तुओं को ध्यान से पढ़ना हमारा रोज़ का काम था। इस पढ़ाई में न तो पास होना था न फेल। बस पढ़ना था।

बहुत से ऐसे पेड़ होते थे जिनके तने में कोई और पौधा उग आता था। कभी कोई जोड़ पर। कभी किसी पेड़ के बन गए किसी खोखल में। या फिर जहाँ कोई एक जगह सूख सी रही हो वहाँ। ऐसे पेड़ और उसमें उग आया कोई पौधा हमें अजूबा लगता या फिर पेड़ की नई सन्तान। जब हम पेड़ के उस हिस्से तक पहुँचते तो पाते कि उस पौधे में चींटियों का बसेरा है। हम कल्पना करते कि धरती पर कोई पौधा होता। उसे कोई खूँद सकता है, चर सकता है या फिर उखाड़ सकता है। उसका जीवन कितना होगा कहना मुश्किल। और भी ख़तरे उसकी जान को हो सकते हैं आग-हवा का बेरहम झोंका या आँधी। यही संकट चींटी की जान को होता है।

अपने लिए भोजन जुटाने का कष्ट अलग, लेकिन यहाँ पौधे को सुरक्षित घर मिला है, वहीं चींटियों को भी। और कितना सुन्दर और आरामदेह घर। क्या इस रिश्ते का कोई गणित है। आख़िरकार यह जो आपसदारी है उसका कोई राज़ होगा। एक तो पौधे में जो पराग बनता होगा फूलों या पत्तियों के अलावा नई फूटती कोमल शाखाओं में, चींटियों का वह भोजन होगा। दरअसल फूलों के आसपास की नमी और कोमल जगहों में वे अधिक दिखाई देती थीं। अब वे पेड़ पर ऐसे पौधों के पास रहती हैं और भीतर से इतनी सक्षम हैं कि जीने के लिए ख़ुद अपना भोजन जुटाती हैं। कितनी अद्‌भुत बात है कि धरती में न होने से पौधों की जड़ें पेड़ पर हैं। कह सकते हैं इनका जीवन विराट हुआ। ऐसे कई ख़याल मन को घेरते। ऐसे विराट परिवेश में तो इन्हें तिनके का सहारा भी बड़ी बात होगी। फिर झट से यह बात आती कि चींटियाँ इनका सहारा होंगी या यह भी कह सकते हैं कि दोनों एक दूसरे पर आश्रित हैं, इसीलिए ख़ून के रिश्तों से ज़्यादा सगे। सवाल उठता कि पौधे के पास तो पराग है, कोमल पत्तियाँ हैं, उन पर लगने वाली फफूँद या ऐसी ही कोई मुलायम या सख़्त कोई चीज़ जो चींटियों का भोजन हो सकता है, लेकिन चींटियाँ पौधे के किस काम आती होंगी। बस एक ही समझ मोटी बुद्धि में आती कि कुछ ऐसा जो पौधे को बीमार करता हो। चींटियाँ उसे भोजन के रूप में खाती होंगी। तो पौधे को जीवन मिलता होगा। यह भी कि अन्य जीवों-प्रजातियों की तरह चींटियाँ हिंसक न हों। अब अगर इन पौधों में उसका घर है तो वे चाहकर भी आक्रामक नहीं हो सकतीं। इस नातेदारी में ज़रूर कुछ अनोखा और मानवीय होगा।

हम जब कभी इन पौधों को छेड़ते तो चींटियों का आक्रमण हो जाता। यह आक्रमण अपने, अपने घर यानी पौधे को बचाने के लिए होता होगा। बाल बुद्धि यही कहती और हम कभी ऐसे पौधों को न छेड़ते। एक बड़े पेड़ की देह पर बैठकर हम फल कुतरते या पक्षियों को चीन्हते और उन्हें सुनते। ध्यान किन्तु पौधे और चींटियों पर होता। वे पेड़ से नीचे की तरफ़ उतरती और चढ़ती हुई दीखतीं मानो घर के लिए ज़रूरी रसद लाने में मशगूल। मैं अब भी सपने में पौधे और चींटियों की पारिवारिकता को देखता हूँ, सोचता हूँ कि यह सम्बन्ध मनुष्य से तो लाख गुना बेहतर है।

ग्यारह

प्रकृति ग़रीबों के बारे में अधिक सोचती है
उसके भरोसे, लोग मुसीबतों से ताउम्र लड़ते हैं
बचपन के आमों के बारे में याद करता हूँ
और जंगल के उपहारों को सजीव पाता हूँ
उसके प्रणाम में झुका माथ अब तक उठा नहीं

जीवन का पहला परिचय ग़रीबों का, फल के आकर्षण में जंगली आम से होता है। सो वहीं से यह जीवन में दाख़िल हुआ। तब कैरियों यानी कच्चे आम पर टूट पड़ने का समय था। नमक की पुड़िया सदा जेब में रहती। तब हमें आम सिर्फ़ आम लगते थे। क़िस्मों का कोई चक्कर न था। पेट की आग जंगली आम भी बड़े हद तक मिटा देता था। भले ही कुछ समय के लिए। बस जीभ में पानी की धारें छूटती थीं। खाने के बाद तो बस खट-मिट्ठे चटखारे। उन दिनों हमारे इतवारी बाज़ार में सिर्फ़ 'तोतापरी' आम आता था। जिसे कभी-कभार ख़रीदने की स्थिति होती थी। उसे खाकर कभी न लगा कि आम 'फलों का राजा' कहाता है। उससे अच्छा तो पकने पर जंगल का चुसनिया आम। पकने पर बटोरी या तोड़ लाओ और मिट्टी के कुंडे में पानी भरके रख दो। ठंडे होने पर घर के पिछवाड़े बैठकर चूसो। काट के खाने में वो आनन्द कहाँ जो चूसकर रस की एक बूँद गुटकने और गूदे को आनन्द के साथ खाने में है।

आम से रिश्ते का एक और कारण था धार्मिक। इसकी लकड़ी लाने जाना पड़ता जो हवन या यज्ञ में काम आतीं। पत्तियों को पानी भरे लोटे में पूजा के समय रखते और देवताओं को उन्हीं पत्तियों से सांकेतिक स्नान कराते। इसकी मंजरियों का उपयोग भी पूजा में होता है।

बचपन में एक कहावत प्रचलित थी—'आम के आम और गुठलियों के दाम'। पिता कहते बड़े काम का है आम का पेड़। खाने और पूजा के अलावा आम की लकड़ी के तख्ते बनाए जाते हैं। वह किवाड़, अलमारी, चौकियाँ बनाने में काम आता है। इसकी गुठली से दवाएँ बनती हैं। पके आम के रस से अमावट बनता है।

अचार और मुरब्बे बनते हैं। 'अमरस' तो घरों-घर बनता है इसे भात के साथ खाओ या पूड़ी के साथ—दुर्लभ स्वाद। 'लू' में इसका 'पना' तो अमृत-औषधि है। हमने पिता और उनके दोस्तों से आमों की क़िस्मों के बारे में जानना चाहा। इस इलाक़े में उनका ज्ञान सीमित था, लेकिन फिर भी उनकी जानकारी में लँगड़ा, दशहरी, कलमी, बीजू, आलदह, बम्बइया, अलफांजो, सफ़ेदा, चौंसा, रामभोग और तोतापरी आम थे। उन्होंने कहा, मुसलमान बादशाह आम के बड़े शौक़ीन थे। बाग लगवाते थे। आम पार्टी करते थे। तरह-तरह के पकवान बनते थे। बाग के आमों को भेंट में भेजा करते थे। इतना स्वाद और रस किसी और फल में नहीं इसीलिए 'फलों का राजा' यही फल हुआ। ग़रीबों के बाग नहीं लेकिन जंगल के आम हमारे हैं। भगवान की भेंट। हमारा भाग्य कम नहीं। यह 'फलों का राजा' हमारा तो पहले है न!

बेर तक जटाजूट शिव ले गए
खेत की मेड़ और महुआर में
काँटों से जूझते-रक्त की बूँदों के बीच
उसका हरा, लाल और भड़पक रंग
गंध-सुगंध और चिक्क छुअन में कुछ ऐसा था
कि शिव के पहले भूखों की पेट-पूजा हो जाती

प्रकृति से अधिक उदार कोई और नहीं। सभी के लिए उसके पास कुछ-न-कुछ ऐसा है, जो पूर्णत: नि:शुल्क है। जिनके पास पैसा नहीं, जो बेरोज़गार और ग़रीब हैं उनके लिए सदैव मौसम के अनुसार उपहार मौजूद हैं।

हमारे गाँव में सभी विस्थापित। सभी रोजनदारी के मजूर। कोयलाखान इलाक़ों में रोजी-रोटी के तलाश में पहुँचे। यह आज का वेस्टर्न कोल्ड फील्ड। छिंदवाड़ा और दमुआ। हमारा गाँव—गुढ़ी-पालाचौरई। सतपुड़ा की तलहटी में बसा। मजूर के पास न घर, न पक्की नौकरी। जो अपने राज्य छोड़कर या फिर मध्य प्रदेश के किसी ज़िले से आए, उनके वापसी के रास्ते बन्द। सो प्रकृति थी। झोपड़ियों के लिए जंगल की लकड़ियाँ थीं, मिट्टी थी। पानी के लिए नाला, नदी और कुआँ। छत के लिए घास थी। सो अपनी मेहनत, लगन और साहस से झोपड़ियाँ खड़ी हुईं।

जंगल में आम, जामुन, महुआ, अमरूद, बेर, बेल, आँवला, गूलर, इमली, कटहल, रेठू, सहजन, नीम, बरगद आदि थे। इन्हीं पेड़ों के फलों ने ग़रीबी में साथ दिया।

कुछ झाड़ियाँ हैं कुछ छोटे पेड़ कुछ बड़े उनके पास हमारी भूख के उत्तर हैं, वे सगामन हैं।

यहाँ मैं प्रिय पेड़ बेर की बात कर रहा हूँ। पेड़ जो जंगल में थे, हमारी पहुँच से बाहर थे। हम उन झाड़ियों तक पहुँचते जिन पर जंगली बेर फलते। उसकी शाखें कँटीली और उसमें से झाँकते खट्टे बेर। कुछ-कुछ मीठे भी। हम बच्चे इन्हें तोड़ने अमूमन पहुँचते। सभी इसी फेर में रहते कि हरे की जगह पके (लाल) बेर तोड़ या बटोर सकें। काँटों का चुभना भी था लेकिन भूख और ग़रीबी के दबाव में ये तकलीफ़ भूले रहते। एक उत्साह होता कि डाली को पकड़ते, झटके से नीचे लाते। काँटे चुभे लेकिन शाख हाथ से न छूटे। बेर तोड़ते। खाते। फिर तोड़ते। यानी पहले पेट की आग बुझाने का काम। भूख के कम होने पर झोली-बस्ता भरने का। बेर के फूलों की गंध अच्छी नहीं होती। याद है कि फूल बारिश के बाद के समय में आते और फल जाड़ों में। हम फूलों का खिलना भी देखते और फलों का पकना भी। पके बेर को सुखाया जाता। उससे 'बेरचुन' बनता और उबालकर 'लब्दो' बनाई जाती। 'लब्दो' पर नमक-मिर्च भुरककर खाया जाता। लड़कियाँ 'लब्दो' की दीवानी होतीं कि इनका इतना अद्‌भुत खट-मिट्‌ठा स्वाद।

यही बेर भगवान शंकर को प्रिय। शिवरात्रि की पूजा इनके बिना असम्भव। सो बेर तोड़कर लाने की सहज छूट। हाँ आम, इमली, जामुन के लिए टोका-टोकी होती क्योंकि पेड़ से गिरने का डर। चोरी-छिपे सारे पेड़ों पर चढ़ने की कला बचपन से ही हासिल थी। रही बात बेर की तो पेड़ नहीं झाड़ियाँ थीं। स्कूल में 'शबरी के बेर' वाली कहानी सुनी सो मामला धार्मिक मान्यता का था। कोई बन्दिश नहीं। हम भी शबरी की तरह बेर चखते जो मीठा होता उन्हें दोस्तों को खिलाते। न कुछ तब झूठा था न जात-पात का झमेला। वह एक उदाहरण था जिसने जूठा होने के अर्थ को पवित्र कर दिया था। मैं शहर में हूँ। यहाँ बड़े-बड़े बेर बाज़ार में उपलब्ध हैं। मीठे और रसीले। जिन्हें खाता तो हूँ पर याद करने पर जीभ पर कोई पानी नहीं तैरता। लगता है छोटे आकार के सेब खा रहे हैं।

जंगली बेर को ज्यों ही याद किया, मुँह के भीतर अपने आप पानी भर उठा। खट-मिट्‌ठे स्वाद की याद कितनी तीव्र कि जीभ बेक़ाबू और चेतना में जंगली बेर के अलावा कुछ और नहीं।

शरीफ़ा एक शब्द भर न था
वह एक नई चाहत थी जंगल के मुहाने पर
इस एक शब्द में एक दरवाज़ा खुला उर्दू में
जिसमें शरीफ़े जैसी रूहानी मिठास थी
जिसे भाषा में मूर्त करना
नामुमकिन बना हुआ है

हमारे गाँव के अधिकांश लोग सीताफल पुकारते थे। और मुस्लिम शरीफ़ा। दोनों ही नाम कितने सुन्दर हैं। यह हमारे बचपन की मीठी याद है। स्कूल से लगी टेकड़ी के पीछे ढलानों वाला जंगल। हम खाने की छुट्टी या स्कूल के बाद इन ढलानों में उतर जाते। मझोले क़द का यह वृक्ष बच्चों की पहुँच में होता। उसमें हरे रंग के फूल खिलते। काली-भूरे देह में हरे फूल सुन्दर लगते। इनमें आमतौर पर तीन पंखुड़ियाँ दिखतीं...कमाल कि चौथी होती ही नहीं। इन्हीं के बीच गोल-गोल आकार के कई पराग केसर...। प्रकृति को ध्यान से देखने की आदत मानो बचपन से। दरअसल बुज़ुर्ग अपने क़िस्सों में कई डर और सावधानी का उल्लेख करते। जैसे इस वृक्ष के बीजों का रस इतना हानिकारक कि आँख में पड़ जाए तो अंधे भी हो सकते हो। इसमें एक तरह का विष होता है। हम इन बातों को सुनकर डर जाते। सीताफल के आकर्षण में उन तक जाना न रुकता। हमारी पहली कोशिश पके फलों को अबेरने की होती। अर्थात जो पकी अवस्था में धरती पर मिल जाएँ। उसके बाद डालियों पर पके फलों की तलाश। फिर अधपके फल जिनसे डंठल हटाकर माँ उनका यह हिस्सा चूने से भर देती। चूना खाने वाला। फिर अधपके फल कोठार के दाने के भीतर रख दिये जाते, जहाँ वे पकते। अगर खाने में कुछ न हुआ या देर हो तो कोठार से शरीफ़ा निकालते और दिव्य स्वाद में डूब जाते। सुगंधित और मीठा गूदा, काले बीजों से लिपटा। हम बीजों से लिपटे गूदे को सावधानी से खाते। दिमाग़ में बड़ों की चेतावनी होती...। और हम बीजों को चबाने से बचते। हमें एक सूत्र दिया गया था कि अगर इसकी पंखुड़ियाँ अपने-आप गिरतीं या अलग होती दिखें तो समझो कि सीताफल पक गया। सो हम इस बात का ख़ास ध्यान रखते।

स्कूल के पीछे जंगल में हमने शरीफ़ों की दोस्ती में फल ही नहीं, उस जंगल से भी दोस्ती की। अब जाता हूँ तो जंगल उजड़ गया और शरीफ़े का कोई पेड़ दिख जाए तो बहोत। अपने जीवन के इस उजाड़ को देखकर आँखें नम हो उठती हैं।

इमली फ़िल्मी मोहब्बत की पहली बादान थी
यहीं से एक से दूसरा और सोलहवाँ सपना जुड़ता था
हमने इमली के बहाने सम्भावित प्रेमिकाओं के
चेहरे पर ऐसा सजीव भाव हुस्न देखा
जो कोई कथक सम्राट न कर सका

हमारे खान इलाक़ों में क़व्वाली के प्रोग्राम होते थे। ख़ास कर सालाना उर्स के मौक़े पर या खदान मालिकों द्वारा त्योहार के पहले ताकि मनोरंजन के साथ उनका मान भी बढ़े। क़व्वाली में दो पार्टियाँ बुलाई जातीं। दोनों के बीच शायरी की लड़ंत-भिड़ंत होती। एक पुरुष और दूसरी महिला क़व्वाल पार्टी। बचपन में क़व्वाली के माध्यम से कैफ़-भोपाली का ये शेर सुनने में आया--

तुमसे मिलके इमली मीठी लगती है,
तुमसे बिछड़के शहर भी खारा लगता है

इसे सुनकर इमली के पेड़ की इज़्ज़त हमारे भीतर बढ़ गई। याद है हमारे बचपन की साथी जया, रज्जो, कस्तूरी को इमली बहुत पसन्द थी। ख़ास कर पेड़ से तोड़ी गई एकदम ताज़ा। इमली का नाम सुनते ही उनके मुँह में पानी आ जाता। हम इमली तोड़कर लाते और उन्हें देने में नखरे करते। वे पीछे-पीछे भागतीं, चिरौरी करतीं। उनकी जीभों से तब तक धारें फूट चुकी होतीं। इमली पाते ही वे जैसे सब भूल जातीं। खाते हुए अति खट्टेपन के कारण उनका आँखें मूँदना और खट्टी स्वाद अनुभूति पर कुछ ख़ास ढंग की आवाज़, 'अ-हा-ओ-ए-ई' जैसा निकलना आज भी याद है। इमली स्वाद के साथ ही नहीं, किन अदाओं से खाई जा सकती है, यह उनसे जाना। इमली ने इस तरह हमें उनके क़रीब लाया, जिसका भी एक स्वाद था।

इमली के वृक्ष से हमारी दोस्ती दूसरे वृक्षों की तुलना में बेहद अलग और ख़ास थी। बचपन की इन दोस्तों में इमली-सा आकर्षण था। तीनों श्यामल थीं... लेकिन उनके चेहरे अलोने (नमकहीन) नहीं थे। उनके लिए हमने स्कूल से बड़ी दूरी पर उपस्थित पेड़ की खोज की। वह सचमुच अपनी बड़ी डालियों के कारण चित्ताकर्षक था। भव्य और ऊँचा था। इसके फूलों में लाल-पीले रंगों की जुगलबन्दी होती है। इसकी पत्तियाँ पतली होती हैं। और फल खट-मिट्ठा। बीज-एक से लेकर दस तक आकार के मुताबिक़। इन बीज़ों को बचपन के खेलों में गिनती के लिए उपयोग लाते थे। इन बीजों के खेल का नाम 'चियाँ' होता था।

हमारी खदानों में दक्षिण भारत के मजूर भी थे। उन्हें बहुत इमली की दरकार थी। उनका खाना इमली के बिना सम्भव न था। सो हम पकी इमली उनके लिए लाते। वे हमें कभी चवन्नी तो कभी-कभी ख़ुश होकर अठन्नी दे देते। यह बड़ी रकम होती। हालाँकि इमली के पेड़ को शुभ नहीं माना जाता। उसकी लकड़ियों को जलाकर रोटी नहीं बनाई जाती। हाँ...लकड़ियों से मेज़, कुर्सी, कपड़े कूटने की मूँगरी या बैलगाड़ी का पहिया आदि बनाए जाते हैं। परसादी के घर में यह काम होता था सो हमने ये सामान बनते देखा।

इमली की याद सबसे तीव्र है। बाक़ी फलों के स्वाद की याद बिसर जाती है पर इमली की नहीं। इमली के साथ हम कुछ और याद करते हैं...वह सचमुच सबसे भिन्न आस्वाद में मीठी लगती है...।

बारह

वो घरों का एक बड़ा घर है
जंगल का घर
जीव-जन्तुओं का
मनुष्यों का खुला घर
प्रेम का उदार ठिया
इसमें कभी किसी ने आपस में
ऊँची आवाज़ में बात न की

मैं एक पेड़ के सामने नहीं, एक आश्चर्य या कहें करिश्मे के सामने हूँ। इतना भरा-भरा सघन और जटाजूटधारी कि ऊपर आसमान दिखना मुश्किल। यह स्मृति तबकी है जब मैं ग्यारहवीं कक्षा में था। छिंदवाड़ा ज़िले का बड़चिचोली गाँव। हाँ! यही नाम। इसकी बड़ी चर्चा थी। कल्पना नहीं कर पाता कि लगभग आधा एकड़ में एक पेड़। जी हाँ! बरगद। एक के पास दो-तीन पेड़ मानो उसी की सन्तान, आपस में जुड़े। गर्मियों के दिन और इसकी विशाल छाँह में शीतल बयार। 'पकुहा' (फल) चारों तरफ़ ज़मीन पर बिखरे हुए। पके-अधपके। इस वृक्ष पर हारिल, तोते, कोयल, पपीहे और पंडक सहित न जाने कितने पक्षियों का बसेरा। वह पेड़ नहीं आवाज़ों के कारण एक चिड़ियाखाना हो उठता था। मैं उनके अधकतरे फलों को खाने के लिए लपकता और उसमें कीड़ों के दर्शन होते। मैं डर और संकोच से भर उठता। उस गाँव का एक परिचित दोस्त कहता साबुत फल खाओ और कीड़ों को बिसरा दो। सिर्फ़ स्वाद पर ध्यान दो। उसने तुरत-फुरत दो-तीन साबुत फल एक के बाद एक खाये और हमारे भीतर के संकोच को भगाया। मुझे गूलर के फल को इसी तरह खाने की याद आई और मैंने भी कई फल खाए। मीठा स्वाद जीभ को भाता गया। भूख के मद्धिम होने पर मैंने करिश्मे को करीने से देखना शुरू किया। बरगद की डालियाँ दूर-दूर तक फैली थीं। एक पूरा चक्कर लगाने में कोई आधा-एक घंटा भर लगता कि थमते हुए भीतर पहुँच जाना। फिर बाहर आकर चक्कर लगाना। वह पेड़ नहीं घर था। वहाँ गाँव के लोग बैठकर गप्प मार रहे थे। कुछ लेटे-अधलेटे।

कुछ चहलक़दमी करते हुए। भीतर पक्षियों का शोर था। पेड़ से लटकी जटाओं पर मैं दौड़कर लगातार झूलता रहा। जटाओं को 'बरोह' कहते हैं। कई बरोह ज़मीन पर नीचे उतर गईं यानी धरती के भीतर। यह एक अचम्भा था। 'बरोह' का धरती में जड़ जमा लेना और इस तरह फैलते जाना। पेड़ का तना एक। उससे निकलते बरोह के धड़े। इनके कारण पेड़ एक खोह की तरह लगता है। क़ुदरती खोह का अनूठा शिल्प। यह पेड़ कहीं भी उग आता है। दूसरे पेड़ पर। घर की दीवार पर या वहाँ से दूर कहीं। चिड़िया की बीट में इसके बीज का कहीं गिरना इसके उगने की आसान शर्त है। कहते हैं कि चिड़िया के पेट में इस बीज को अकुंरित होने की जो ताक़त मिलती है वैसे और किसी प्रविधि से सम्भव नहीं। यह बात मुझे ग्रामीण ने बताई। शायद वह गोंड था। पहरावे से ऐसा ही भान हुआ। उसने बरगद के नये उगे ललाई लिये पत्तों के बारे में बताया कि घाव हो जाने पर हम इसी का रस निकालकर लेप कर लेते हैं। दूर-दूर तक अस्पताल नहीं, न ही डाकदर (डॉक्टर) सो ये पेड़-पौधे ही हमारे डाकदर हैं। कुछ रोगों में इसी का रस लगाने से आराम मिलता है। फिर उसने बरगद की भूरी छाल का गुण बताया। उसके अर्क से गाँव के लोग मधुमेह का इलाज करते हैं। मैंने बरगद को श्रद्धा से देखा और मन-ही-मन नमन किया।

उसका क़िस्सा जारी था। वह मेरे साथियों से मुख़ातिब था अपने ज्ञान के साथ। उसने कहा बरगद में फूल नहीं सीधे फल उगते हैं। हमने पूछा फूल के बग़ैर फल तो होता नहीं फिर ये कैसे सम्भव? उसने सिर खुजाते हुए कुछ याद किया और बोला—'हमारे पुरखे कहते थे कि गूलर और बरगद के फलों के भीतर ही फूल उगते हैं। इसलिए दिखाई में नहीं आते।' हमने यह बात सुन ली लेकिन भरोसा नहीं बना। फिर हम पेड़ का चक्कर पूरा करने लगे। इसकी लकड़ी में सूक्ष्म छेद होते हैं। बरगद के फलों के कीड़े निकलकर दूसरे फलों में प्रवेश कर जाते हैं और उन्हें पकाते हैं। अधकुतरे फलों को ध्यान से देखो तो कीड़े फड़फड़ाते हुए उड़कर दूसरे लगे हुए फलों पर बैठते हैं और देह में प्रवेश कर जाते हैं। इसकी जटाओं से दातून की जाती है जो दाँतों को निरोगी बनाती है। हमने सोचा कि सावित्री की पूजा के लिए स्त्रियाँ जब आती होंगी तो परकम्मा कितनी देर में करती होंगी और अगर चारों तरफ़ मन्नत वाला सूत बाँधना हो तो? ख़ैर...इस बरगद के साथ तो यह कल्पनातीत है। हम इस कल्पनातीत आकार के बरगद को अब तक स्मृति में सँजोये हैं 35 साल पूर्व देखा यह करिश्मा तो अब महाकरिश्मा हो गया होगा।

बरगद नहीं हमने एक जीता-जागता सपना देखा, जो अब भी पूरा नहीं। मैं उसे जान लेने के लिए अब भी अधूरा हूँ। मैं जाने कबसे उस तक लौटने के इन्तज़ार में हूँ। वह कबसे मेरे लौटने का इन्तज़ार पकी उम्र के बुज़ुर्ग की तरह कर रहा है।

जंगल में सब कुछ था
कच्चे आम और पके जामुन को
भूख में भकोसने के लिए नमक था
घर में चीनी कभी होती न थी
गुड़ पगार के दिन आता था
सिर्फ़ नमक था जो कभी कम न हुआ

हमारा गाँव सतपुड़ा की घाटियों के बीच है। वर्षा ऋतु के आरम्भ से ही जामुन के पेड़ आकर्षण का केन्द्र हो जाते थे। हालाँकि हम लोगों के लिए गर्मी के उतरते दिनों से ही वे हमारी आँखों में बस जाते। ऊँचे-ऊँचे पेड़। पत्तियों से भरे-पूरे। इनकी शाखाएँ कमज़ोर होतीं। अत: सँभलकर चढ़ना और जामुन तोड़ना।

माँ हमें बड़े-बड़े और दागरहित जामुन लाने को बोलती। हम झोले ले जाते और भर लाते। माँ जब जामुन परात में पलटके चुनना शुरू करतीं तो धीरे-धीरे उनका चेहरा खिल उठता और आँखें चमकने लगतीं। अपनी पसन्द के जामुन चुन लिये जाने के बाद वे मटका उठातीं। छोटे आकार का और उसमें भरना शुरू कर देतीं। मटके के भर जाने पर जामुन पे कुटा हुआ नमक छिड़कतीं। फिर एक साफ़ कपड़े से घड़े का मुँह बाँध देतीं और पिछवाड़े धूप में रख देतीं। हम रोज़ घड़े के पास जाते। उससे सुगंध उठती। खट-मिट्ठी। कोई सप्ताह भर बाद मटका खोला जाता। साफ़ कपड़े से घुले-अधघुले जामुनों को गुठलियों के साथ उलटके एक बर्तन में छान लिया जाता। यह जो रस तैयार होता इसे माँ कभी सलाद, कभी सब्ज़ी में डालके एक अद्भुत स्वाद का सृजन करतीं। कभी मूली, तो कभी गाजर में इसे डालतीं और सब्ज़ियों के अभाव वाले दिनों से लड़तीं। उनका ग़रीबी से लड़ने का अपना तरीक़ा था।

जंगल से मुफ़्त मिलने वाली वस्तुओं से वे जैसे चुपके-चुपके एक तैयारी करतीं। हालाँकि उन्हें और हमें यह मालूम न था कि वह तैयार रस सिरका था। जामुन का सिरका जो इधर अत्यन्त गुणकारी माना जाता है। और महँगे दामों में उपलब्ध था।

माँ जामुन की गुठलियों को सुखा लेतीं। खलबट्टे में पीसतीं। चूर्ण बनातीं। और शीशी में रख लेतीं। फोड़े-फुंसी निकलने पे दूध में मिला के लेप बनातीं और उनपे लगा देतीं। फोड़े-फुंसी ग़ायब। इस चूर्ण को वे पिताजी को भी खिलातीं। क्यों? मालूम नहीं। लेकिन वे इस तरह किसी आगत बीमारी से युद्ध की तैयारी करती। माँ इस तरह दूर की सोचती और आने वाले दिनों के लिए लड़ाई के साधन जुटाती। उनका जीवन दरअसल लड़ने और न हारने का दूसरा नाम था।

किसान और मछुवारों से सगामन कोई और न थे
गुरु और पालक
जो खेतों, तालाबों और नदियों में था
वो सब बिना अनुमति और सस्नेह हमारे नाम था
हमारे रक्त में उनका भी रक्त दौड़ता है
यह इस उम्र में बेहतर समझ आया

बचपन में नदी, तालाब और नालों के साथ एक गहरा रिश्ता रहा। बनी-मजूरी के चक्कर में खेतों में माँ ने काफ़ी काम किया। जहाँ आसपास छोटे तालाब और बहते हुए नाले हुआ करते थे। इन्हीं के किनारे हम दिन गुज़ारा करते थे। बाद में कभी-कभी पूर्वज गाँव उड़नी पिपरिया जाते हुए पचलावरा, सोहागपुर, होशंगाबाद की यात्राओं का अवसर मिला जहाँ नर्मदा से साक्षात्कार हुआ। नदी के किनारे रेत पर घरघूले बनाना और खेती आदि देखना एक रोमांचक काम था। मल्लाह, धीमर, कीर समुदाय के लोगों से एक संवाद बना। ये ही लोग खेती करते थे—खरबूजा, ककड़ी और अन्य सब्ज़ियाँ। इन्हीं लोगों से बाद में बड़े होने पर भी यात्राओं के दौरान संवाद बना रहा। उनकी दुनिया आत्मीय ऊष्मा प्रेम और सहकार की भावना से भरी हुई थी, इसी क्रम में सिंघाड़े की तैरती बेल से मेरा परिचय हुआ। मुझे बचपन में गहरा आश्चर्य हुआ करता था। इस चमत्कार पर कि बेल पानी के ऊपर और फल पानी के नीचे। त्रिकोण के आकार के पत्ते। इसमें प्राय: दोपहर के बाद सफ़ेद रंग का फूल खिलता था। जिसके खिलने का हम इन्तज़ार करते थे पानी में उतरके। जल-सतह पे तैरता यह फूल मनोहारी लगता था।

सिंघाड़े जब पानी से निकाले जाते थे तो हम उनकी संरचना में डूब जाते थे। बाहरी आवरण कठोर। हरा त्रिकोणाकार। ऊपरी दो सिरों पे दो बड़े काँटे। इसके बाहरी आवरण को हटाने पर भीतर स्वादिष्ट सफ़ेद रंग का बीज निकलता जिसे भूख के मारे हम खाते। किसानों में हम लोगों के लिए प्रेम और दया अपूर्व थी। उन्होंने न केवल सिंघाड़े बल्कि अन्य फलों के लिए भी छूट दे रखी थी। यही वजह थी कि हम माँ के साथ अमूमन भागकर खेत के किनारे आते। आज स्मृतियाँ गड्डमड्ड हैं। स्मृतियों के सही सिरे नहीं मिलते।

तब गाँव में अस्पताल न था
लेकिन हर घर में एक वैद्य था
आज अस्पताल कई हैं
कोई ऐसा वैद्य नहीं
जो बीमारी के न होने का उपचार करता हो
जिसके होने मात्र से आधी बीमारी भाग जाती हो

बचपन से मुझे सूखी खाँसी की शिकायत है। साल में एक बार आक्रमण ज़रूर होता है। इन दिनों मैं फिर उसकी गिरफ़्त में था। माँ का प्रिय पेड़ अनार। घर के पिछवाड़े वह आज भी है। अनार के छिलकों को माँ सुखाकर रखतीं और खाँसी उठने पर खीसे (जेब) में टुकड़े भरकर रोजनदारी पर निकल जातीं। मैं छिलकों को दिनभर खाँसी आने पर चूसता रहता। अनार तीन प्रकार के होते हैं—मीठे, खट-मिट्ठे और खट्टे। हमारा अनार दूसरी तरह का था और उसका स्वाद मुझे प्रिय भी था। मैं खाँसी न होने पर भी नाटक करता और गाहे-बगाहे छिलकों की माँग और ज़िद तक।

माँ ने न आयुर्वेद की शिक्षा ली थी और न ही यूनानी चिकित्सा की। उसके पास बुज़ुर्गों से आया ज्ञान था। वह तीनों प्रकार के अनारों की ख़ूबियाँ जानती थी। उसे मालूम था उसकी छाल और जड़ पेट के कीड़ों और अतिसार से लड़ने के काम आते हैं।

नाक से ख़ून आने पर वह उसके फूलों को देर तक सुँघाती थीं और ख़ून बन्द। प्यास, शरीर की जलन, गले की बीमारियों और चेहरे की सूजन के वक़्त वह पका फल खिलाती थीं। बड़े जतन से ख़ूबसूरत लाल दानों को निकालना कि रस बचा रहे। लाल दानों के भीतर शान्त सफ़ेद रंग का दिखना। दोनों का युगल, अद्भुत सौन्दर्य। वह सिखाती थी हिचकी आने पर खट-मिट्ठा अनार कारगर है। ख़ून बढ़ाना हो तो मीठा अनार पेट को मुलायम रखता है। ज़्यादा पेशाब को रोकने में भी इसका कमाल देखा जा सकता है। माँ मानती थीं कि धरती के हर पेड़-पौधे और फल का कुछ न कुछ उपयोग ज़रूर है जैसे लोग खट्टा अनार कम पसन्द करते हैं। लेकिन वह सीने की जलन और गरमी को शान्त करने में जादू की तरह काम करता है। उल्टी रोकने में भी उसका उपयोग होता है।

मृदु दानों वाला अनार सर्वश्रेष्ठ होता है इसे बेदाना अनार कहते हैं। हमारे घर का एक अनार इसी श्रेणी में आता है वह क़रीब दस फुट ऊँचा है। इसकी पत्तियाँ छोटी और हरी। इसमें लाल फूल आते थे। सितम्बर से फरवरी के बीच यह फलों से लदा रहता। संस्कृत के 'दाड़िम' शब्द के सौन्दर्य को मैं बचपन से पिछवाड़े के अनार में देखता आ रहा हूँ। इतना सुन्दर अनार कि जितना सुन्दर कभी-कभार सतपुड़ा की पहाड़ियों के पीछें मुस्कराता मद्धिम लाल और कामोद्दीपक सूर्य-फल सुबह का।

जब-जब अनार को देखता हूँ तो माँ सामने आ खड़ी होती है और उसका ज्ञान भी। मैं उसके ज्ञान को बच्चों को सौंपना चाहता हूँ किन्तु उनका बचपन पेड़-पौधों से महरूम है। फलों में दिलचस्पी कम है। मैं जाने कितने फलों-सब्ज़ियों के बारे में माँ की बातों को याद करता हूँ। और बच्चों को इनके अनुकूल करने की कोशिश में रोज़ हारता हूँ।

अमरूद वो फल था
जो हमारे भीतर हँसता
उसके बीजों में हम दाँतों के सौन्दर्य
और ललछौंह रंग में गालों की कल्पना करते

हमारे देश में सबसे अधिक अमरूद होते हैं। जाने कितने भारतीयों को यह सस्ता फल बीमारियों से बचाता है। और मुसीबतों से भी। यह आपको लगभग हर गाँव-घर में मिल जाएगा। वह होली का दिन था। जब बड़े भैया को किसी ने भाँग पिला दी थी। भैया उस रोज आँखें चढ़ाये घर आए और रोने लगे। रोने का जैसे नशा हो सिर पर। बस रोये जा रहे थे। माँ तुरन्त बाड़ी की तरफ़ दौड़ीं और दो-तीन अमरूद ले आई। भैया को कहा—'भूख लगी होगी खा ले।'

उन्होंने तीनों अमरूद फटाफट खा लिये। उन्हें लिटा दिया गया और सोने को कहा गया। वह सो गए और जब दो घंटे के बाद उठे तो भाँग का नशा ग़ायब। माँ हँस पड़ीं उन्होंने कहा, 'बिही डॉक्टर ने यह सब किया। माँ उसे अमरूद की जगह 'जामफल' या बिही पुकारती। वह बताती कि इसमें अनेक गुण हैं। पहला तो यही कि ग़रीबों का डॉक्टर है। स्वाद में लाजवाब। खट-मिट्ठा और मीठा भी। भीतर से हल्का सफ़ेद और सुर्ख़ लाल भी। पौष्टिकता से भरपूर। हाँ, इसे चाकू से काटकर नहीं खाना चाहिए वरना इसके गुणों में कमी हो जाती है। पुराने ज़ुकाम के रोगी के लिए तो यह फल अमृत है। क़ब्ज़ में असरकारक। गरम तेज आग में भूनकर खाओ तो खाँसी में आराम मिलता है। माँ विटामिन-सी के बारे में तो नहीं जानती थीं, लेकिन यह कहती हुई ख़ुश होती थीं कि इस फल में एक जादू है। जो दाँतों और मसूढ़ों को मज़बूत रखता है। जोड़ों के दर्द में जादुई ढंग से काम करता है। और भोजन के बाद खाने पर पाचन क्रिया ठीक करता है। इसके बीजों को ख़ूब चबाकर खाने से हड्डियाँ मज़बूत बनती हैं। जाने किसने उन्हें बताया कि अमरूद 'अमृतफल' है। इसके सेवन से मलेरिया, बवासीर, पागलपन, और आधी शीशी (माइग्रेन) हमेशा दूर भागते हैं। अब मालूम नहीं यह कितना सही है कितना ग़लत लेकिन अमरूद ने हमारे परिवार को और हम सरीखे परिवारों को कई बीमारियों से ज़रूर बचाया।

इन दाँतों के आज तक मज़बूत बने रहने में टूथपेस्ट की कोई भूमिका नहीं है। वैसे भी पेस्ट से दाँत साफ़ करना दरअसल उन्हें केमिकल से साफ़ करना है। यदि चाँदी के जेवर साफ़ करने हैं तो किसी भी टूथपेस्ट से करें वे चमचमा उठेंगे। टूथब्रश अनेक क़िस्म के। अनेक ख़ूबियों के विज्ञापनों पर सवार लेकिन मूल विज्ञान तो दातून बनाने, करने की कला पर ही आधारित है।

पेड़ पर चढ़ना। दातून के लायक टहनियाँ चुनना। उन्हें हँसिये से छीलना। दोनों तरफ़ के सिरों की सेहत को कूँची बन जाने की भीतरी पूँजी के लायक चीन्ह लेने में एक वैज्ञानिक समझ की दरकार होती है। नीम पर चढ़कर या बबूल की टहनी को काँटों के बीच दाँत के लिए चुनना एक कला-बोध के बिना सम्भव नहीं। इसके आगे रास्ते और हैं। लेकिन यह आसान नहीं। धीरज बहुत चाहिए।

दातून को पहले भीतरी दाँतों से इस एहतियात से चबाना कि ऊपरी सिरे से निकलते रेशे, बरबाद न हों। कोशिश यह भी कि एक-एक रेशा खिल उठे। उससे निकलते रस से एक राग पैदा करना। यह राग सेहत के लिए बेहद प्रभावकारी।

एक चित्रकार की कूँची की तरह दाँतों से इसे बनाना धैर्य का काम है। और इसमें एक कलाकार का मन ज़रूरी है। एक लम्बा अभ्यास कि कूँची रेशम-सी कोमल लगे दाँतों और मसूढ़ों को। स्वाद में कसैला होने के बावजूद एक जुदा अनुभव। दातून की कूँची को दाँतों या मसूढ़ों पर फेरने में भी एक हुनर की ज़रूरत। जैसे बच्चे के गालों पर एक माँ अँगुलियाँ फेरे ठीक वैसे दाँतों और मसूढ़ों पर कूँची का इधर-उधर घूमना एक विरल आनन्द से भरता है और आप बबूल या नीम के कसैलेपन को भूल जाते हैं।

'ब्रश' की दाँतों पर होने वाली क्रिया एक निर्जीव क्रिया है—मशीनी जबकि दातूनी क्रिया सजीव है। इसमें रोज़ दातून बनाने से लेकर उसके आत्मीय उपयोग का एक नियमित चक्र है। कोई कलाकार जो ब्रश से रोज़ खेलता है और कैनवस पर एक अनोखी दुनिया खड़ी कर देता है वह कूँची (दातून) के इतिहास को जानता होगा।

मैं स्थापित चित्रकार नहीं लेकिन बचपन से दातून और उसकी कूँची बनाने की कला से वाक़िफ़ हूँ। हालाँकि दातून से कुछ तो चित्रकारी की थी। मैं अपने गाँव, अपने जंगल, अपने नीम-बबूल और माँ को याद करता हूँ कि उन्होंने मुझे मज़बूत दाँत व मसूढ़े दिये और दातून बनाने और करने की कला। साथ में दातून करने के फ़ायदे बताए। इससे पहला फ़ायदा तो ये है कि दातून बनाने और करने के बीच दातून चलाने के अभ्यास से जबड़े मज़बूत होते हैं। पायरिया कभी नहीं होता। दाँत के सम्भावित दर्द से निजात। कीड़ों से मुक्ति। साथ ही इसके (दातून) रस के पेट में पहुँचने से पेट के कीड़ों से भी मुक्ति मिलती है और आँतें मुलायम होती हैं।

टूथपेस्ट के ये सारे फ़ायदे नहीं हैं। फिर भी दातून क्यों नहीं करता? न सही दातून, मंजन ही सही। कितना अवश हूँ मैं बाज़ार के सामने? कितना असहाय हूँ समाज में कि अगर किसी ने दातून करते देख लिया तो मुझे असभ्य या पिछड़ा घोषित कर दिया जाएगा। मैं एक कमज़ोर व्यक्ति। बाज़ार और समाज के 'रिमोट कंट्रोल' से संचालित एक डरा हुआ आदमी किन्तु कुशल उपभोक्ता।

तेरह

न था खेल का मैदान
न बल्ला, न बाल
लेकिन हमारे ईज़ाद किये
खेल के मैदान और खेल दोनों थे
हमने कभी खेलना बन्द न किया
हमने कभी हार न मानी

शॉवेलेस के बाद वह एन.एच. ओझा कम्पनी का ज़माना था। प्राइवेट कम्पनी होने के कारण मजूरों को कोई सुविधा देने का प्रश्न न था। इतनी चेतना मजूरों में थी। उन्हें बस काम चाहिए था और काम के बदले इतने पैसे कि घर चला सकें। बच्चों के लिए खेल-कूद मनोरंजन जैसा कुछ न था। यहाँ तक मजूर वर्ग के लोगों का जीवन भी इन चीज़ों से मानो दूर था। शाम से देशी शराब। गाली-गलौच, मारपीट और कभी-कभार त्योहारों पर गाना-बजाना।

बच्चों के लिए कोई सोच ही नहीं थी। फिर हमारे अपने कुछ खेल थे। घर में लुका-छिपी। बाहर लकड़ी उछाल। चार-पाँच बच्चों के हाथ में कोई दो-तीन फीट की लकड़ी होती। पहले चित-पट यानी सिक्के से यह तय करना शुरू कौन करेगा। यह तय हो जाने के बाद खेल के नियम। लकड़ी को उछालने के बाद तुरन्त किसी पत्थर पर अपनी लकड़ी को रखना होगा। अन्यथा कोई भी देख लेने पर छूकर आउट कर सकता था। लकड़ी उछालते हुए हम खेलते हुए जंगल में प्रवेश कर जाते थे। खेलने वालों में मेरे अलावा मझले भैया, परसादी, जुग्गी और भुप्पी होते। छोटा होने से मैं हार जाता। हारने वालों को बाक़ी लोगों की फ़रमाइश पूरी करना होता। कोई घर वापस दौड़ाता। कोई पानी लाने को कहता और कोई अंट-शंट फ़रमाइश करता। जैसे रोओ या कि हँसो। अर्थात हारता मैं ही। हारने के बाद किये जाने वाले कामों के लिए शब्द था—'पदना'। सो मैं पदता ही रहा।

लकड़ी उछाल के इस खेल की अगली कड़ी थी गिल्ली-डंडा। परसादी का काम था गिल्ली-डंडा बनाकर लाना। उसके पिता लकड़ी का काम जानते थे।

सो उसे यह महारत हासिल थी। वह घर में चुपके से बना लेता और हम घर से भाग जाते। भागना बिन बताए हुए। गिल्ली-डंडा हमारा क्रिकेट था। लेकिन गिल्ली को ज़मीन पर रखने के बाद रूलनुमा डंडे से नोक की तरफ़ चोट कर उछाला जाता। गिल्ली के दोनों तरफ़ नोक होती, जो बसूले से छील के बनाई जाती। गिल्ली की लम्बाई छह इंच के आसपास। तो डंडे से नोक पर चोट की जाती। गिल्ली उछलती और डंडे से बीच हवा में मारकर उसे दूर उड़ाया जाता। अब बीच में किसी ने लपक लिया तो आउट। जितनी अधिक बार बिना लपके आप खेलते रहे, यही आधार जीत का था। इस खेल का हीरो परसादी। एक बार उसकी बारी आती तो मुश्किल से जाती। वह इतनी दूर तक उछालता कि पहुँचना मुश्किल होता। हम उससे कभी न जीत सके। इसलिए एक आरोप ढूँढ़ लिया कि चूँकि वह ख़ुद गिल्ली-डंडा बनाता है। इसलिए उसने बनाते हुए ही अपने पिता से उछालने का गुर सीख लिया है। और हमें सिखाने वाला घर में कोई नहीं। वरना वह क्या जीतता? एक और खेल था। सुनने में अजीब। उसका नाम ही ऐसा था—'मूत अटोनी'। एक साथ कुछ लड़के टेकड़ी की चट्टान पर एक पंक्ति में खड़े होकर पूरी ताक़त से पेशाब की धार को नीचे की तरफ़ फेंकते। जिसकी धार जितनी दूर तक जाएगी तो यह माना जाएगा कि वह 'मूत अटोनी' में (अर्थात प्रतियोगिता) सबसे आगे है। सबसे तेज़ धार वाला। इस दिलचस्प खेल में सब अपनी नुन्नू में पकड़ तकनीक ढूँढ़ते कि उसे किस बिन्दु पर दबाएँ कि बारीक धार निकले और दबाव से दूर तक पहुँचे। कुछ मूत अटोनी के खेल के पहले ख़ूब पानी पीते और पेशाब रोके रहते। कुछ चोरी-छिपे नुन्नू को खड़े करने और लम्बा करने के तरीक़े सोचते। इस खेल में बड़ा मज़ा होता। एक साथ पाँच-छह बच्चों के मूत की धार हवा में उड़ती। उस पर सूरज की किरणें पड़तीं, तो इंद्रधनुष के रंग से बनते हुए दिखते। हवा होती तो धार दूर जाने के बाद लौटकर बच्चों को ही भिगो जाती। जो जीतता सब उसकी नुन्नू देखते और पता करते कि लम्बी होने की वजह से तो जीत नहीं हुई। लेकिन यह सच न था। क्योंकि कई बार मैं ख़ुद जीत जाता और कारण पता करता और हँस पड़ता। नुन्नू को पकड़ना उसको जिताने के लिए पटाना तभी से शुरू हो गया। एक भाव जो बचपन से गंदगी और घृणा का होता है, वह नहीं रहा।

बाबुओं के बच्चों के पास गेंद थी और फुटबाल भी। इन्हें हम हसरत से देखते। हम उनके खेल में शामिल नहीं किये जाते। न हमारे पास कपड़े के जूते थे। न अच्छे कपड़े। हमारे शरीर से उन्हें सरसों के तेल और पसीने की दुर्गंध आती थी। हमारे कपड़े धुलते रहने से, उनके रंग फीके पड़ जाते थे। फटी जगहों पर ख़ास कर काँख के नीचे क़मीज़ बार-बार उधड़ जाने के कारण बार-बार सिली होती और पैंट पीछे से। हमारा वर्गीकरण उस समाज में मजूर और बाबू वर्ग का अधिक था। उनके बीच हम अस्पृश्य थे तो इसी आधार पर अधिक। जातिगत अस्पृश्यता सिर्फ़ मैला

ढोने वालों, मांग जाति (शादी, ब्याह, मृत्यु पर ढोल, तुतरू, तासा बजाने वालों) को लेकर अधिक थी। उन्हें दूर से खाना, चाय या पैसे दिये जाते। लेकिन वे हमारे वर्ग में आते और खेलते थे। गेंद हमारे लिए आकर्षण का केन्द्र होती और शायद घृणा का भी।

लेकिन घरों में इसका तोड़ ढूँढ़ा जा रहा था। घर के फ़ालतू कपड़ों के बीच गोल पत्थर रखकर एक बॉल सिली जा रही थी। कपड़ों के कई टुकड़े हैं, कई सतह लिये वह गोल आकार में सिली जा रही थी। भीतर कुछ भी लेकिन ऊपरी परत रंगीन कपड़े की। सुन्दर और मज़बूत। वह उछलती तो न थी लेकिन दूर तक लुढ़क सकती थी। अन्दर पत्थर होने से उसमें एक सन्तुलन भी होता और वज़न भी। इस गेंद को माँ ने जीजी के साथ, हमारे टिप्पू या 'सितोलिया' के खेल के लिए तैयार किया था। अब हमारे पास एक गेंद थी और हम जीजी के साथ घर में टिप्पू खेल सकते थे। टिप्पू के खेल में गेंद को सात पतले और लगभग चौकोर पत्थरों को एक के ऊपर एक रखे हुए निशाना साधकर मारा जाता। यह निशानेबाज़ी हमारी चेतना में अर्जुन के लक्ष्य भेदन की तरह था और जीतने के हौसले को पाने की तरह। हम चारों में टिप्पू के खेल से बहुत हद तक अपने लक्ष्य को हासिल करने की चेतना को पाना शुरू कर दिया।

उस समय आसान था बाँस की खपच्ची से धनुष बनाना और उसी से तीर बना लेना। कभी-कभार पतंग तैयार करने में कमचियों को तराशना। पिता इसमें मदद करते। लेकिन पतंग बनाने के लिए 'ताव' के काग़ज़ की जगह अख़बार का पन्ना या कि पुरानी किताब के काग़ज़ सही। वह पतंग की तरह नहीं उड़ सकती थी। जैसे बाबू टेकरी की पतंगें। लेकिन पतंगें तो हमारी भी थीं और वे कम दूर तक ही सही मगर उड़ती थीं। वे दूसरी पतंगों को काट नहीं सकती थीं। उनकी तरह आसमान नाप नहीं सकती थीं कि उतना धागा न होता। होता तो शायद नापतीं भी। वे हमारी आर्थिक स्थितियों का दर्पण थीं इसलिए हमारी तरह उनकी भी सीमाएँ थीं। पर वे थीं जैसे कि हम थे। वे उड़ती थीं उतना कि हम उन्हें उड़ा पाते। उतना साथ देतीं जितना कि हम उनका दे पाते। लेकिन हमने उड़ना-उड़ाना सीखा। धागे वाली घिर्री की जगह किसी डिब्बे या लकड़ी में बाँधा धागा जो उँगलियों के स्पर्श से घूमता था तो हमें लगता हमारी उँगलियाँ अधिक सधी हैं। वे बिना घिर्री के भी पतंग उड़ाने में अधिक सक्षम हैं। आज न पतंग है न धनुषबाण लेकिन उँगलियों में हरकत का कला संसार है जो गाहे-बगाहे जाग उठता है और दूसरी जगह काम आ जाता है।

रही धनुष-बाण की बात तो उसमें ख़तरा अधिक था। किसी की आँख में, नाक में या कहीं और चुभ जाने और झगड़ा हो जाने का भय। तो वे हमारी रुचि से उतरते गए। लेकिन कभी फिर चलाना पड़े तो ऐसा भी नहीं कि निशाना साधने में चूक हो।

चौदह

वह अपढ़ माँ-बाप की भीगती ख़ुशी थी
या कोई दूर टिमटिमाता सपना
कहना मेरे लिए मुश्किल
बस उन आँखों के अर्थ पाने की कोशिश में
मेरी आँखें पानियों से भरी थीं

कभी बस्ता नहीं। कभी किताब का अभाव। बस्ते की जगह झोला। किताब की जगह किसी के टीपे हुए नोट्स। किसी की रिटायर्ड कर दी गई कलम में नई निब और वह आपकी दोस्त। कभी स्कूल ड्रेस के नाम पर एक अदद ड्रेस। फट जाए तो थिगड़े लगाके उसी से काम लेने की मजबूरी। ऐसी कई दिक़्क़तें और रोज़-ब-रोज़ की मुसीबतों के बीच भी जब आठवीं का रिजल्ट आया तो क्लास में अव्वल 82.5 प्रतिशत। साकल्ले मास्साब बेहद ख़ुश। पूरे स्कूल के सामने तारीफ़। यहाँ तक कि पिताजी को बुलाकर यह ख़ुशी ज़ाहिर की गई। साकल्ले मास्साब ने पिताजी से कहा—'ये लड़का ज़रूर बड़ा होके आपका नाम बढ़ाएगा। इसे आगे पढ़ने दो। जामई या बड़कुई पढ़ने के लिए भेजो। पिता चुप थे लेकिन उनकी आँखों में एक उमड़ आई तरलता थी। वे ज़रूर ख़ुश थे लेकिन चुप इसलिए कि आगे पढ़ाने की उनकी ताक़त न थी। ख़ुद अस्वस्थ। घर का अधिकतर भार माँ पर। बड़े भैया अलग हो गए थे। और उनसे कोई आर्थिक सहायता मिलती न थी। मैं ही था जो मझले भाई के साथ माँ के काम में हाथ बटाता था। इतनी सारी समस्याओं के बीच मेरे गाँव से पाँच-छह मील रोज़ दूर पैदल आना-जाना और घर के हालात—पिताजी को दिमाग़ी रूप से परेशान करने के लिए काफ़ी थे। वे मेरी इस सफलता पर न खुलके प्रसन्न हो सकते थे न घर की स्थितियों पर रो सकते थे। साकल्ले मास्साब को हाथ जोड़ के नमस्ते करते हुए वे थके-थके से घर लौट पड़े। मोटर स्टैंड पे जेब टटोली और एक चवन्नी की गुड़पट्टी ख़रीदी। वहीं सुखई सेठ की बेंच पर बैठके मुझे प्यार से गुड़पट्टी खिलाते बीच-बीच में जाने क्यूँ अपनी आँखें पोंछते। मेरे बड़े मनाने पे गुड़पट्टी का एक टुकड़ा मुँह में डाल लिया और उसे चबाना तक भूल गए।

मुझे दो-तीन बार उन्हें याद दिलाना पड़ा। बीच-बीच में किसी की राम-राम की आवाज़ सुनाई पड़ती और उनका हाथ गिरता-पड़ता रहा। उनकी चुप्पी को मोटर स्टैंड में छायी गहमा-गहमी किंचित प्रभावित न कर सकी। काफ़ी देर के इन्तज़ार के बाद मुझे ही उन्हें घर की याद दिलानी पड़ी। जैसे उनकी चेतना लौटी और उठ खड़े हुए। सुखई सेठ की पीछे से आवाज़ भी आई—'अरे लछमन चाय तैयार है। पीके जाना।' पिताजी ने जैसे सुना नहीं और चले तो चलते गए। मैं उनकी दाहिनी तरफ़। उनका क़द साढ़े छह फुट। मैं उन दिनों बमुश्किल तीन-साढ़े तीन फुट। मैं उनकी आँखों को पढ़ना चाहता था ताकि उनके मन का पता चले। लेकिन ये मुश्किल बहुत था। वे जाने कहाँ खोये थे। बार-बार आसमान की तरफ़ चेहरा उठाते मानो कुछ ढूँढ़ते आसमान में या फिर ऊपर वालों से जो कि कई होंगे किसी एक को ढूँढ़ते। इसी तरह चलते-चलते कब बड़िया वाली खदान आ गई। कब वह महुए का पेड़ और कब घर, पता ही नहीं चला।

महुए के पेड़ की उत्तर दिशा में जो अकेली झोपड़ी थी, वह हमारा घर था। पिताजी के क़दम अपने आप उधर पड़ रहे थे। हालाँकि लगता है कि वे अब भी खोये हुए थे। घर के दरवाज़े पर पहुँचते हुए, जैसे चमत्कार हुआ हो ये वो तो बिलकुल न थे, जो कोई पिछले दो घंटों से मेरे साथ थे। 'मझली-मझली', उन्होंने ज़ोर से आवाज़ दी। अरे कहाँ गई। अरे देख तेरा 'मोड़ा' (बेटे) ने का करौ। माँ हड़बड़ा के दरवाज़े पर आ गईं और प्रश्नवाचक (डरी-डरी) निगाहों से उन्हें देखने लगीं। पिता चुप। मैं भी चुप। हम तीनों के बीच सन्नाटा कुछ देर को पसरा रहा। फिर उनकी आवाज़—'अरे मझली' तेरो जो मोड़ा बड़ो आदमी बनेगो। किलास में पहला नम्बर पास भओ है। आगे पढ़ेगो तो कलिक्टर, कप्तान बन सकत है—'मास्साब बता रए थे।' और माँ का चेहरा ताकने लगे। माँ को एकाएक समझ नहीं आ रहा था कि क्या कहे? वो जैसे एक अविश्वास में मुझे और पिताजी को देख रही थी। पिताजी उनकी स्थिति को भाँपते हुए बोले—'मैं झूठ नई कह रऔ। मास्साब कह रये थे कि जो बड़ो आदमी बनेगो। ऐहे आगे पढ़ाबो चाइए।' और माँ ने मुझे छाती से लिपटा लिया। बस वह कभी माथे, कभी गाल पे चूम रही थी। इतनी ज़्यादा कि लगा जैसे मैंने कोई बड़ा काम कर दिखाया था। जो कभी किसी ने किया न हो। माँ ने सिर्फ़ एक वाक्य कहा—'जाने मोरे दूध की लाज रख लई।' मैं तो मानो आसमान में पेंगे लगा रहा था। बहुत ख़ुश। मुझे पहली बार लगा कि जैसे मैं कुछ हूँ। कुछ अच्छा कर या हो सकता हूँ। साकल्ले मास्साब ने कुछ ज़रूर देखा होगा। जो ऐसा कहा। मैं अपने माँ-बाप की ख़ुशी और मास्साब की बात दोस्तों को बताने भागना चाहता था। मैं भागता भी लेकिन जाने क्या सोच के मैं घर के भीतर था। माँ और पिताजी आपस में कुछ बतिया रहे थे। दोनों के बीच बोलने का अन्तराल लम्बा होता था। मैं उनकी चुप्पी और उनके बोलने को पकड़ना चाहता था। मैं पकड़ नहीं पा रहा था।

वहाँ ख़ुशी थी कि कोई उदासी, मैं समझ नहीं पा रहा था। मुझे तब ज़ोरों की भूख लग रही थी और मैं बोल नहीं पा रहा था। तब भी मैं उस समय उनकी बात सुन लेना चाहता था। मैं सुन न सका। बस इन्तज़ार था कि वे बात समाप्त कर मुझसे कुछ कहें। पिता ने पलटकर देखा। माँ आँसू पोंछ रही थीं। दोनों के हाथ मेरे सर पर थे। मुझे भला लगा। मैं माँ से लिपट गया।

पन्द्रह

वे हमारी पढ़ाई-लिखाई सख़्त नापसन्द करते थे
इसे केवल अपनी मिल्कियत मानते थे
तरह-तरह के हथकंडे अपनाते
वे हमारी हत्या कर देना चाहते थे

मैं जिस कबीर समाज से था उसके ख़िलाफ़ सवर्ण समाज था। गाँव के सरपंच पांडे पिता को हतोत्साहित करते कि बच्चों को न पढ़ाएँ। कक्षा में कभी फ़ारूख़ तो कभी मैं रिजल्ट में अव्वल होते। उन्हें इससे कोफ़्त होती। जिसे वे बातचीत में कहते। मास्टर को बुलाकर कहते कि वे ऊँची जात के बच्चों को ठीक से नहीं पढ़ाते। यह बात वे नुन्हारिया और डेहरिया मास्साब से डाँटकर कहते। दोनों दलित थे लेकिन पढ़े-लिखे थे। आन गाँव से आए थे तो उन्हें सरपंच की बात सुननी पड़ती। उनका भतीजा (बिहार से) जिसे उन्होंने अपने पास बुला लिया था, पढ़ने-लिखने में कमज़ोर था। स्कूल में सरपंची मुद्रा में रहता। कम नम्बर मिलने पर मास्टरों से झगड़ना और धमकी देना आम बात थी। फ़ारूख़ पहलवानी करता तो उससे सीधे न भिड़ता था। मेरे प्रति वह बेहद घृणा से भरा हुआ था। हमेशा आते-जाते हुए कभी टँगड़ी अड़ा देता। कभी पीछे से मुक्का मार देता। मैं भी क्रोध में भिड़ जाता। मास्साब उससे दूर रहने की बात करते या कहते अपने दोस्त फ़ारूख़ के साथ रहो। अनिल और प्रदीप के साथ रहो। दो प्रदीप थे। एक ठाकुर था। वे उसके लिए इशारा करते मैं तब उनका मंतव्य न समझ पाता था। यह भी सम्भव न था कि हर वक़्त वे साथ रहें। अकेले पड़ने पर वह कहता—"पढ़ाई में अव्वल आता है न एक दिन कहीं घुसेड़ दूँगा।" जब वह थर्ड डिवीजन में पास होता तो नीच जात कहकर गालियाँ देता। मारपीट को उकसाता।

मैं दोस्तों को साथ लेकर मैदान में उतर जाता। वह देखकर सहम जाता और भागते हुए धमकाता—"छोड़ूँगा नहीं। एक दिन निपटा दूँगा।" उसकी नफ़रत बढ़ती जाती। टेस्ट में नम्बर कम आते और वह बिफर जाता। मास्टर भी सहम जाते। स्कूल के बाहर सवर्ण साम्राज्य था जो भीतर ही भीतर नीची जातियों के प्रति ग़ुस्से से भरा

रहता था। यह हम सभी जानते थे। वे ही बड़े पदों पर बैठे थे ऑफ़िस से लेकर पंचायत और थाने तक। एक अघोषित डर था। नौकरियाँ कच्ची थीं। नौकरी पर रोज़ रखने, न रखने वाले उन्हीं के लोग थे। सो विरोध-प्रतिरोध का सवाल न था। दाँतों के बीच जीभ की तरह बचते-बचाते रहने को हम सीख रहे थे। अन्याय के सजीव उदाहरण रोज़ हमारे सामने घटित होते। विस्थापित बेरोजगारों के निम्नवर्गीय लोग थे। जो इस पीड़ा से असहाय गुज़रते रहते थे।

रिजल्ट आया। मैं सबसे अधिक नम्बर के साथ अव्वल था। मेरे दोस्त फ़ारूख़, अनिल और दोनों प्रदीप भी, मेरे बाद के अव्वल क्रम में थे। मास्साब ख़ुशी से भर उठे। जैसे उनका सोचा सच हुआ हो। सरपंच का भतीजा तीसरी श्रेणी में भी नीचे था। यह रिजल्ट सवर्ण अपमान के लिए चुभने वाला था। वह गरियाता स्कूल से निकल गया। वह बड़बड़ा रहा था—"अब और बर्दाश्त नहीं। देख लूँगा। छोड़ूँगा नहीं।" यह बात कुछ दोस्तों ने बताई, जो उसके साथ लौट रहे थे।

अच्छे रिजल्ट की ख़ुशी में हमने फ़िल्म देखने का मन बनाया। जुन्नारदेव तहसील की अकेली टाकीज़ में राजेश खन्ना की 'सफ़र' चल रही थी। दो शो चल रहे थे। शाम छह और नौ बजे के। हमने एक दिन बाद छह बजे का शो देखना तय किया। सभी ख़ास दोस्तों से पूछा। सिर्फ़ अनिल और प्रदीप ने हामी भरी। हम तीन दोस्त। दो साइकिल। जुन्नारदेव पाँच मील दूर था। हम चार बजे निकल गए। बीच में पाँजरा का जंगल पड़ता। हम वहाँ रुककर थोड़ा सुस्ताये और जंगल के किनारे थोड़ी देर तक घूम लिये। गर्मी का मौसम था सो आम मिल गए। पक्षियों के कुतरे हुए और धरती पर पड़े। हमने जितना जेब और हाथों में रख सकते थे, बटोर लिये। उन्हें धोने के लिये पानी न था तो क़मीज़ के भीतरी हिस्से से आम पोछे और पेड़ के नीचे खाने बैठ गए। आम मीठे थे और चूसने में रस गले से उतरता, हमें आनन्द से भर रहा था जो मिठास के कारण था। इसके बाद साइकिलें उठाईं और जुन्नारदेव की यात्रा पर निकल पड़े। मस्ती का आलम था। सुकरी अस्पताल रास्ते में पड़ता था। उसके सामने चर्च था। अस्पताल से सीधी सड़क दमुआ ज़िले को जाती थी और बाईं जुन्नारदेव को। हम बाईं तरफ़ मुड़ गए। ढलान थी और साइकिलें अपने आप दौड़ रही थीं। ढलान के बाद चढ़ाई थी जो रेलवे लाइन पर ख़त्म हो गई। रेलवे फाटक खुला हुआ था और तहसील में प्रवेश कर गए। नन्दलाल सूद हाईस्कूल की इमारत हमारे दाईं तरफ़ थी। वह हमारी पढ़ाई का हो सकने वाला अगला स्कूल था। हमने उसे प्यार से निहारा। आगे बस स्टैंड था। लगा-लगा बाज़ार था। उसे पार करते हुए हम टॉकीज़ पहुँचे। सामने पोस्टर पर राजेश खन्ना के उड़ते बालों वाली फ़ोटो थी साथ में शर्मिला टैगोर थी और दाहिने कोने में फ़िरोज़ ख़ान थे। इसके निर्देशक असित सेन थे। इसमें अशोक कुमार भी थे। यह एक गम्भीर करुण फ़िल्म थी। राजेश खन्ना इसमें ऐसे किरदार थे जो ऐसी बीमारी के शिकार थे, जिसमें मृत्यु तय थी।

शर्मिला टैगोर से प्रेम था। लेकिन दोनों एक न हो सकते थे। राजेश खन्ना बीमारी की वजह से शर्मिला से दूर हो जाते हैं। कल्याण जी आनन्द जी फ़िल्म के संगीतकार थे। इसके सारे गाने हिट थे—

—ज़िदगी का सफ़र है ये कैसा सफ़र

—जीवन से भरी तेरी आँखें

—हम थे जिनके सहारे

—नदिया चले, चले रे धारा

—जो तुमको हो पसन्द...

फ़िल्म का दर्दीला प्रभाव मन पर था। गीतों का अधिक। हम उदास हो गए थे। 'ज़िन्दगी का सफ़र है ये कैसा सफ़र' हमारे साथ-साथ साइकिलों पर चल रहा था। कानों में गूँजता। पाँजरा जंगल की चढ़ाई पैदल पार कर रहे थे। वह चढ़ाई जमकुंडा गाँव से लगी हुई थी। अचानक मैं चीख़ा। एक गाली उभरी—'भोसड़ी के, ले फ़र्स्ट आने का फल'। मेरी बाईं पसली में छुरा घुस चुका था। वह पांडे महाराज का भतीजा था। छुरा निकालकर वह भाग चुका था। दोस्तों ने क़मीज़ उतारकर कमर से बाँधी और तेज़ी से साइकिल चलाते घर ले गए। ख़ून बहा जा रहा था। मैं अचेत-सा हो गया। उस रात क्या हुआ मालूम नहीं सिवाय इसके कि दूसरे दिन होश आने पर मैं छिंदवाड़ा के सरकारी अस्पताल में था। पुलिस केस बन गया। मैं एक हफ़्ते बाद घर लौटा। घृणा की इस वारदात से घर में यह तय हो गया कि मैं अब इस गाँव में न रहूँगा। ग़रीबी में केस लड़ना कठिन था। पुलिस और सरकारी वकील की साँठ-गाँठ में वह छूट गया। और सीना चौड़ा कर गर्राने लगा। देश में बहुत कुछ बदला, यह गर्राना कभी कम न हुआ।

सोलह

सबसे अधिक पसीना बहाने वाली देह
जिस अनिर्वचनीय मौलिक गंध में होती है
वह माँ-पिता से हमारे भीतर बस गई
दुनिया की कोई कम्पनी इसका विकल्प न खोज सकी

बचपन की तार पर सूखती साड़ियों की सघन स्मृतियाँ हैं और पिता के लम्बे कुर्ते और धोतियाँ। हवा में फड़फड़ातीं। पसीने के धुलने के बाद भी इतनी जीवित कि आप माँ के पसीने की गंध को सहज पहचान लें। फिर माँ की साड़ियाँ अमूमन डीजल और घासलेट में खान की अंडरग्राउंड नौकरी में भीगी हुईं। जिन्हें धोना एक चुनौती था। साड़ियों में अनेक सूराख हो जाएँ लेकिन दाग की चुनौतियाँ मौजूद। माँ को लगता कि गिनी-चुनी 3-4 साड़ियाँ, घर में पहनो तो खान में दिक़्क़त सो उन्होंने घर की शर्म को आले पर धर दिया और खान में ठीक-ठीक साबुत साड़ियों से अपने को भरसक छुपाया। घनघोर गर्मी के बावजूद लम्बी बाँहों का पोलका (ब्लाउज) जिसका गला ऊपर तक सिला होता था। एक मज़दूरिन काम करते हुए उन तमाम जगहों पर पहले काम करती हैं जहाँ भूखी नज़रें कार्रवाई में सक्रिय होती हैं। माँ भरपूर पसीने में ऊभ-चूभ लौटती थी। और उस पसीने की गंध में वह माँ लगती थी अपनी गंध के कारण अधिक, देह के कारण कम।

माँ की गंध इतनी अलग होती थी कि हम पहचानने में कोई दिक़्क़त अनुभव नहीं करते थे। पिता के पसीने की गंध उनके कुर्ते और धोती में होती जो एकदम भिन्न थी। इस फ़र्क़ को शब्दों में अभिव्यक्त करना असम्भव। फिर भी इस फ़र्क़ को हमारी घ्राणेन्द्रिय व्यवस्था जैसे अलग से पहचान लेती थी। उसके बारे में सोचता हूँ और सुखद आश्चर्य से घिर उठता हूँ।

सत्रह

वह हमारे जीवन में पहली दोस्त थी
पहली कामगार लड़ाकू साथी
उसमें हम दोस्तों ने
अपने सपनों की पहली प्रेमिका देखी
मेरे सपनों में उस सी समझती-बतियाती कोई और नहीं

हमारी टोली में हमारी हमउम्र थी रज्जो। वो लड़कों की तरह रहती थी। हॉफ पैंट क़मीज़ पहनती थी। उसके कपड़ों के लिए एक शब्द था 'उतरन' अर्थात दूसरों के बेकार कपड़े, जो फेंके जाने की जगह उसके बदन पर आ जाते। उसके पिता पागल, (कहते हैं नौकरी से निकाल दिये जाने पर उनका ये हाल हुआ था) घर में कोई और कमैया (कमाई करने वाला) नहीं रहा तो रज्जो की माँ निकल पड़ी। लोगों के घरों में पानी भरती और चौका-बासन करती। घर गुजराती बाबुओं के या फिर ओवरमेन, शॉटफायरर के। ऐसे घर आर्थिक रूप से मज़बूत थे। रज्जो भी उन घरों में अपनी माँ के साथ जाती और कामों में हाथ बँटाती।

रज्जो का रंग खुला हुआ था यानी गोरे और साँवले के बीच। आँखें बड़ी, नाक नुकीली और होंठ अपेक्षाकृत बड़े थे। सन्तरे की फाँक से। उसे एक काम में आनन्द मिलता। लोगों के घरों का अनाज पिसाने के लिए चक्की जाना। उन दिनों एक ही चक्की थी। अंबाड़ा कॉलरी में तिवारी महाराज की। जब भी वह पिसान के लिए पीपा, जर्मन का डिब्बा या फिर छोटी बोरी लेकर निकलती, आवाज़ देना न भूलती। सुनते ही मैं चुपके से भाग खड़ा होता। कोई एक मील दूर तो चक्की रही होगी। हम जाते और अंबाड़ा की टेकरी पर सुस्ताने के बहाने रुकते। रज्जो फिर पीपा या डिब्बा खोलती और बिना इन्तज़ार किये पिसान के चने या दाने खाने बैठ जाती। वह इतनी तेज़ी से चबाती कि लगता बड़ी भूखी थी। मुझे भी खाने को आमंत्रित करती। मैं उस सरीखा खाने की कोशिश करता और दाढ़ें दुखने लगतीं। और वह थी कि बेपरवाह ढंग से खाती रहती। लोगों का कहना है कि उसके घर भूख नाचा करती थी। रज्जो इस तरह उससे जीतती थी। खा चुकने के बाद वह कहना न चूकती—

'भाजी, बेर, अमरूद, गन्ना तो हम खेत से चुराके खाते हुए मज़े करते हैं और मैं तो डिब्बे से भी हाथ साफ़ करने में नहीं चूकती, चोरी तो चोरी है' मुझे लगता यह डाका है, लेकिन इसे वह अपना हक़ मानती।

पिसान के लिए जब हम उठते तो सीधे चक्की पर जाके दम लेते। पिसाई के बाद रज्जो की आँखों में एक विरल चमक होती, जिसे मैं जानता था। वैसी चमक कभी और उसकी आँखों में न होती। उसकी चाल में जैसे एक भिन्न गति और लय होती। वह तेज़ पाँव फिर उसी टेकरी पर जाती और बिना किसी डर से चने अथवा उसकी दाल के आटे को मुट्ठी भर-भर फक्का मारने लगती। पिसे हुए आटे की महक जैसे उसे पागल बना डालती। उसका मुँह जगह-जगह आटे से भर जाता और वह बेफिकर। यह भूख थी या कुछ और कहना मुश्किल लेकिन उस तरह मैंने किसी और को आटा फाँकते नहीं देखा। मैंने खाने की कई बार कोशिश की, गंध और ताज़े पिसान की गरमाहट ज़रूर मुझे घेर लेती थी जैसे आज भी, लेकिन उसे रज्जो की तरह सिर्फ़ वही खा सकती थी, मैं नहीं। उसे खाते हुए देख मुझे कभी उस पर दया नहीं आई, बस प्रेम उगड़ता रहा। हमारी टोली में एकदम अलग तरह की चोर थी, जिसे मैं चाहता था। रज्जो के कारण ही मैंने ताज़ा पिसान की गरमाहट और मोहक गंध को जाना।

अट्ठारह

महुआ पहला रस भरा फूल था
जिसे बटोर और बेचकर हमने कठिन दिनों में
पहली कमाई की
उसके फूल से उतरी शराब को छुप-छुप कर
मज़ूरों को बेचा और पुलिस की बेंतें पुट्ठों पर खाईं
दर्द भूलने को उसकी बूँदें हलक़ को चीरती दर्द से लड़ने लगीं
दुनिया में अकेली फूल की शराब के मुक़ाबले अब भी कोई और नहीं

परसादी हम सबमें फ़ारूख़ के बाद लम्बा था। उसके पिता बढ़ईगिरी के अलावा महुए की शराब उतारने का काम करते थे। चोरी-छिपे। महुआर के दक्षिण की तरफ़ एक नाला था। वहाँ हम लोग जाते थे। वह श्मशान के आगे पड़ता था। उन दिनों जंगल घना था। सो डर जानवरों का। सतपुड़ा के इस जंगल में चीते और तेंदुए उन दिनों हुआ करते थे। लेकिन परसादी का अपने पिता के साथ वहाँ आना-जाना था। वह कभी महुए की बोरी लेके जाता और कभी मटके लेकर।

डर के बावजूद मन में यह इच्छा तो रहती ही थी कि जंगल जाएँ लेकिन घर में सख़्त मनाही थी। फिर परसादी का पटाना मुझे और भुप्पी को बार-बार। सो हम कभी-कभार चले जाते। हमें डर लगता कि कहीं पकड़ न लिये जाएँ। ऐसा हुआ नहीं।

नाले के किनारे हमने देखा, रेत के बने हुए पानी कुंड जिसमें महुए सड़ाए जाते थे। कम-से-कम तीन कुंड। एक अजीब सी दुर्गंध। महुओं में कीड़े बिलबिलाते। एक अजीब सी घृणा मन में घर करती। फिर वहाँ बड़े-बड़े पत्थरों से बने दो चूल्हे। एक चूल्हे पर एक बड़ा सा मटका जिसमें परसादी कुशलता से सड़े हुए महुओं को भरता। उस पर एक ढकना रखा जाता छेद वाला। फिर मटके का मुँह गीली मिट्टी से बन्द कर दिया जाता और छेद में एक हरी सी पोली नर्म डंडी फँसा दी जाती। वह किसी लता से काट के लाई हुई होती। गीली मिट्टी उस छेद पर लगाई जाती कि कहीं से भाप न निकले। यह परसादी के पिता की देखरेख में वह करता।

उसके पिता को हम कक्का पुकारते। फिर दूसरा मटका चूल्हे पर रुपाया जाता। एकदम ख़ाली। उसका मुँह भी ढकने से बन्द किया जाता। ढकने के छेद में वह पोली डंडी अन्दर की जाती और गीली मिट्टी से छबाई होती। तब तक परसादी के पिता चूल्हे में मोटी-मोटी सूखी लकड़ियाँ जला चुके होते। आग अपना चमत्कार शुरू करती और सड़े हुए महुओं वाले मटके से आवाज़ें आने लगतीं। कक्का फिर हमको जंगल घुमाने ले जाते। जंगल में बन्दर बहुत होते सो हम उन्हें देखते-चिढ़ाते और खेल में रम जाते। जंगल में हमें मकोई और अचार (चिरोंजी) मिलते। हम तोड़ते-खाते और मन होता तो नंग-धड़ंग नाले में नहाते। सबसे पहले तैरने का अभ्यास इसी नाले में हुआ। जंगल में आदिवासियों की छोटी-छोटी दो-तीन बस्तियाँ। वहाँ औरतें नहाने व कपड़े धोने आतीं। पहली बार हमने उन्हें लगभग अर्धवस्त्रों में नहाते देखा...सुन्दर गुदनों से भरी उनकी बाँहें...ठोड़ी और नाक पर गुदने और पिंडलियों में भी। वे हमें आश्चर्य की तरह लगतीं। समझ न होने के कारण लगता वे गुदनों सहित पैदा हुई होंगी। उनके बदन ठोस होते जैसे काम करने वाले मर्दों के। जब वे नहातीं तो पाँव के तोड़ल बजते और हाथों में गिलट वाली दोहरी...। उस संगीत में एक जादू था। पानी की बहती धार में उनकी पिंडलियाँ चमकतीं जैसे पिंडलियाँ नहीं बड़ी सी दो मछलियाँ मस्ता रही हों। उनके बदन पर पोलका नहीं होता। बस साड़ी बदन से कसी हुई जो भीगने पर कहीं गुम हो जाती और सुन्दर छातियों को देखने का दृश्य सम्भव था। शायद यह दृश्य भी एक कारण रहा हो जिसके कारण हम जंगल चोरी-छिपे जाते।

शाम होने के पहले तक हम इधर-उधर डोलते और फिर घर की तरफ़ भागने का मन होता। तब तक महुए की दारू उतर चुकी होती। कक्का उस मटके को नाख़ूनों से बजा के देखते और समझ लेते कि कितनी उतरनी थी। अब ढकने की मिट्टी हटती और एक उत्तेजक गंध चारों तरफ़ खुल के नाचने लगती। मटके को पोली डंडी सहित उतार दिया जाता। रेत में उसे रूपा के मिट्टी में दबी हिरण और शेर छाप की ख़ाली बोतलें अजूबे की तरह निकलतीं। फिर उस पोली डंडी में मुँह लगा के दारू खींची जाती और बोतल हिलगाके उसे भरा जाता। जब-जब डंडी को मुँह लगा के कक्का खींचते, उनका चेहरा देखने लायक रहता। जैसे उनकी जीभ आग के गोले पर आ गई हो। एक के बाद एक बोतलें भरती जातीं और उन्हें रेत में अलग-अलग और दूरी पर दबा दिया जाता। अन्त में झोले में दो बोतलें डालके वे उस इलाक़े को छोड़ देते। बस हम छूट गई चार-पाँच बोतलों के बारे में सोचते रहते। और कक्का की मस्त झूमती चाल के बारे में।

इस खेल में शामिल होते-होते कब वह पोली डंडी मुँह में आई, कब गला आग से चिरता चला गया, पता नहीं चला, लेकिन कक्का की पीठ पीछे चोरी से कुछेक बूँदों को गटकना, झूमना, हमने, बहुत बचपन में जान लिया था।

कुछ बूँदों की वह चोरी भुप्पी, परसादी और मेरे हिस्से कैसे आई, बुरी थी या भली कह नहीं सकते। लेकिन कुछ था जो जंगल की तरफ़ खींचता था। ये और बात है कि कभी-कभार का यह सिलसिला लत नहीं बना बस कुछ बूँदों का मज़ेदार खेल था। मज़ेदार चोरी (बड़े होके किसी ने बताया दुनिया में एक ही शराब फूल की होती है और वह है 'महुआ' बाक़ी तो फलों से बनती है।) सो बचपन की पहली शराब का स्वाद इस तरह महुए यानी फूल का और फूल तो फूल है सुन्दर और उसका रस भी होगा। तो फूल की महक हमारे भीतर विराजमान है...। वह महक अभी तक घेरती है।

उन्नीस

उस घर में जो अलग था
वह भाषा के अलावा जीने का बिंदास अन्दाज़ था
अम्मी के हाथों में स्वाद का शफ़ा था
और दुआओं का ख़ज़ाना
हमारी लड़ाइयों में उन दुआओं की ताक़त थी

कक्षा में सात दोस्त थे। फ़ारूख़, भुप्पी, जुग्गू, अनिल, प्रदीप, प्रकाश और परसादी। फ़ारूख़ बचपन से ही बेहद धार्मिक था। इतना अधिक कि लोग कठमुल्ला कहते। पढ़ने में तेज़। कुशाग्र बुद्धि और स्वस्थ देह। उससे सब डरते थे। वह पहलवानी भी करता था। चूँकि हम दोनों के बीच पढ़ाई के क्षेत्र में स्वस्थ, प्रतिद्वंद्विता थी, इसलिए वह मेरा घनिष्ठ दोस्त था। कभी वह अव्वल होता कभी मैं। ज़्यादा बाजियाँ मैं जीतता। उसके घर मेरा आना-जाना था। उसकी माँ मुझे बेहद प्यार करती। इतना कि मुझे लगता जैसे फ़ारूख़ के बराबर और कभी-कभी उससे ज़्यादा। स्कूल से लौटते समय मैं उन्हें सलाम करने ज़रूर जाता और वह दुआएँ देतीं। कभी तावीज़ बाँध देतीं तो कभी कुछ पढ़कर सिर से बलाएँ उतारतीं। माँ सुनती तो ख़ुश होती और कभी-कभी डरती। फ़ारूख़ भी हमारे घर शाम तक एकाध चक्कर लगाता। उसे भी वही प्यार मिलता। कितना बराबर या अधिक, मैंने कभी पूछा नहीं।

फ़ारूख़ के घर जर्मन की रकाबी में मुझे मसाले वाला गोश्त या तरी वाली सब्ज़ी मिलते। कभी न पहुँच पाने पर उस दिन का हिस्सा रखा रहता और वह हिस्सा किसी और को, यहाँ तक फ़ारूख़ को न मिलता। दूसरे दिन मुझे जाना ही होता। फ़ारूख़ के घर की दाल मुझे भाती। अरहर के बड़े दाने वाली दाल। ख़ूब लच्छेदार कटी हुई प्याज का मसालेदार छौंक। तेल ऊपर तैरता दिखता और गाढ़ा। ऐसी दाल को मैंने न केवल खाना बल्कि पकाना भी फ़ारूख़ की अम्मी से सीखा। जब कभी अब भी रसोई में होता हूँ, वैसी ही लच्छेदार प्याज़ काटता हूँ। कली-कली खिल उठती है। तरकारियों को कलात्मक ढंग से काटना। उन्हें धोना-बघारना और विरल गंध के लिए पकाने में धैर्य अबेरना। मद्धिम आँच में प्याज़ का धीरे-धीरे भूरे रंग में पकना।

मसालों का महक छोड़ते हुए भुनना और तेल का तरकारी की सतह पर मसाले के रंग सहित उभरना। यह सब उन अभाव के दिनों में कभी सम्भव नहीं हुआ। अब, जब कि यह सब सम्भव है, मैं बचपन में सीखे हुए को मूर्त करता हूँ। मन होता है दौड़कर फ़ारूख़ की अम्मी तक जाऊँ और पूछूँ, 'अम्मी देखो यह दाल ठीक वैसी ही बनी है। जैसी तुमने सिखाई थी।' लेकिन पाँव ठिठक जाते हैं, न अम्मी है, न अब्बू और फ़ारूख़ दूर गाँव में बैठा एक छोटी सी दुकान चला रहा है। वह 11वीं के बाद पढ़ न सका। उसके मज़बूत पहलवानी कन्धे घर के बोझ से इतने झुक गए कि जैसे हैंगर पर लटके क़मीज़ के बाज़ू। आँखें अन्दर को धँस गई हैं। और बचपन के गुम गए कंचों की याद दिलाती हैं। बेतरतीब खिचड़ी दाढ़ी। ढीला-ढाला पाजामा और लम्बी शर्ट। ज़्यादा तो सिर्फ़ लुंगी में दिखता है। वह इधर राजनीति से जुड़ गया है और कांग्रेस और भाजपा के बीच मुस्लिम वोटों की दलाली के दबाव का नया छुटभैया नेता है। अपनी पहचान उसने जैसे इसी तात्कालिक महत्त्वाकांक्षा के लिए बना ली है। लेकिल हमेशा गरियाता हुआ मिलता है। उसे किसी भी पार्टी में अपना भविष्य सुरक्षित नहीं दिखता।

एक अंधी राजनीतिक खोह में उसकी अज़ान की गूँजें लगातार खो रही हैं। वह न अब वैसा धार्मिक है न वैसा दोस्त, लेकिन बचपन में जब कभी लौटता हूँ मैं चिल्लाते हुए दौड़ता हूँ—फ़ारूख़।

हम उसकी तन्हाई के स्याह रंग को जानते थे
हम उसे अकेला न होने देते
हम उसके अँधेरों को हँसी और ठहाकों से भर देते
इसके लिए शेरछाप दुखों में सेंधमारी करती रही
और हमारी आदतों में शुमार हो गई
वह हँसी की लौ तेज़ कर दिया करती थी

मिर्ज़ा हासम बेग हमारी टोली का ख़ुशमिज़ाज इनसान। सिवनी ज़िले से काम काज की खोज में आया था। इंटक के नेता सहाबुद्दीन की जान-पहचान में उनका परिवार था, सो उसे मिट्टी के ठेकेदार के पास काम मिल गया। वह मिट्टी काटने-ढोने वाले बच्चों का हिसाब रखता। मैं भी उन बच्चों में एक था। मिर्ज़ा बाद में गहरा दोस्त बन गया।

तब उसकी शादी न हुई थी। उसका घर आना-जाना हो गया। वह घर का सदस्य हो गया। उसका एकाकीपन घर आकर कम हो जाता। वह अपनी माँ, अब्बू और भाई-बहनों को याद करता और उदास हो जाता। उसकी उदासी हमसे देखी न जाती। अनिल, प्रदीप, प्रकाश और मैं अब उसके साथ अधिक रहते। घर के लिए कम उम्र में विस्थापित होना और अनजान गाँव में कमाने की जुगत का वह एक उदाहरण था।

हम उसके अकेलेपन की उदासी को नहीं जानते थे लेकिन हम उसके प्रति उदासीन नहीं थे। हम उसे शाम को अकेला नहीं रहने देते। शाम को अक्सर हम जुट जाते और उसके कमरे पर खाना बनाते। सामान मिल-जुलकर ख़रीदते। मुस्लिम होने के कारण नॉनवेज़ उसे प्रिय था। नॉनवेज़ में उसके छूट गए घर की यादें थीं। हमारे पास पैसे कम होते तो हम एक पाव से अधिक मटन न ख़रीद पाते अत: आलू-मटन हमारी पसन्दीदा डिश होती। वह एक नायाब कुक था। हम शोरबे वाला मटन बनाते। आधा सेर प्याज, 4 लहसुन खड़ी और ढेर सा अदरक मटन में होता। छौंक में जीरा और काली-मिर्च। हम प्याज़, आलू और अदरक काट देते। सिगड़ी में कोयला जला देते। जब वह ठीक से जल उठती और धुआँ दब जाता, वह आलू-मटन बनाने में जुट जाता। उसके हाथ में शफ़ा था। मटन बनाना उसने अपनी अम्मी से सीखा होगा। वह देर तक प्याज़ भूनता मगन रहता और किन्हीं यादों में खो जाता। शायद अपने सिवनी के घर की खाने की याद या फिर परिवार के लोगों के चेहरों की याद। हम उसे देखते तो चुपके-चुपके आँसू पोंछते। शायद हम सबके घरू हालात एक जैसे थे, लेकिन हम अपने परिवार के साथ थे और वह दूर। इस दर्द को हम समझते थे।

प्रकाश हमारे बीच एक कॉमेडी ऐक्टर था। उसके पास हँसी का ख़ज़ाना था। वह कुछ न कुछ ऐसा करता होता हँसाने के लिए। सुनाते हुए वह गम्भीर रहता। उसने कुछ शुद्ध कठिन हिन्दी के शब्दों का संग्रह कर रखा था जो देर से समझ आते और हम उसे याद करते देर तक दोहराते हुए हँसते-हँसते दोहरे हो जाते। माहौल इस विधि हल्का हो जाता। तब तक आलू मटन की सुगंध पूरे घर में फैल चुकी होती। इस बीच हम मिलकर आटा गूँथ चुके होते। मेरा काम रोटी बेलना होता। वे तरह-तरह के आकार में होतीं। मोटी, आड़ी-तिरछी और तरह-तरह के नक़्शे के रूप में, वे बनतीं और हँसी का कारण होतीं। लेकिन आलू-मटन के अद्भुत स्वाद में कभी कमी न होती और रोटियों का अड़बड़पन शोरबे में डूबकर स्वादिष्ट हो जाता। साथ में देसी शेरछाप दारू का अद्धा होता। शराब अंबरी चूरा (पान मसाले) के डिब्बा में ढाली जाती। उसकी मीठी महक शराब के कड़वे-कसैले स्वाद को कम कर देती। इतवार की ऐसी शामों में हम हफ़्ते भर की थकाऊ और दुख देने वाली स्मृतियों को भुला देते।

प्रकाश अपने अटपटे हास्य प्रसंगों के साथ समा बाँध देता। मटन पार्टी के बाद का एक प्रसंग याद आता है। प्रकाश ने गाँव के सरपंच पांडे जी महाराज का क़िस्सा सुनाया। महाराज गाँव के ब्राह्मण और धार्मिक कर्म कांड करवाने वाले अकेले व्यक्ति। उनके बिना कोई काम न होता और वे पैसे कबाड़ने के नये-नये हथकंडे अपनाते। और प्रकाश क्लिष्ट हिन्दी के हथियार से उन्हें खिजाता, मज़े लेता। क़िस्सा कुछ इस तरह याद आता है। गुढ़ी के बस स्टैंड पर महाराज अपने ज्ञान प्रदर्शन में व्यस्त थे कि प्रकाश ने महाराज जी से कहा। हमें संस्कृत वाली हिन्दी कठिन जान पड़ती है।

हमें समझाइए। महाराज हाँ-हाँ पूछो। प्रकाश ने बड़ी मासूमियत से पूछा। पंडित जी यह बताइए कि भंगोष्ठा (योनि) का अर्थ क्या है और आपने कितनों के दर्शन प्राप्त किये हैं। महाराज बोले, भंगोष्ठा जैसा शब्द हमने नहीं पढ़ा। प्रकाश ने कहा आप विद्वान हैं। पता करके आइएगा। हम कल फिर आएँगे। उसके बाद पंडित कुछ दिनों तक बस स्टैंड की तरफ़ न फटकते। हम भी इस शब्द को न जानते थे। जब वह अर्थ बताता तो हम चौबे महाराज की फ़ज़ीहत को याद करते हुए हँसते-हँसते बेहाल हो जाते। जब कभी महाराज जी रास्ते में दिख जाते हम पालागी उचारते और कहते, महाराज जी भंगोष्ठा का अर्थ कब बताएँगे। और इसके पहले कि उन्हें देख हँसी फूटे, हम फूट लेते और हँसते रहते।

बीस

इनसानों से अलग
एक और अनूठी दुनिया थी
उसमें मुझे ले जाने का काम
कुछ इस तरह हुआ
कि मैं एक दूसरा हो गया

मैं सोते हुए जागता हूँ। जागते हुए सोचता हूँ उनके बारे में जो ज़िन्दगी में अहम हैं। हालाँकि उनसे मिले या बात करे शायद 40 साल हो गए। नहीं जानता वो कहाँ हैं? हैं भी कि नहीं। जुग्गू की याद आ रही है। उसके साथ गायें चराने जाता था। बहुत सारे गाय-बैल को लेकर जाओ तो उनके समूह के लिए एक शब्द था—बर्दी।

जुग्गू हम सबमें सबसे सीधा था। खेती-बाड़ी में कुशल। गाय-भैंसों का दुलारा। एक आवाज़ देता और सब गायें और बर्दी के जानवर आवाज़ देके अपने होने का पता बताते। मैं उसकी तरह पुकारता। और नक़ल में चूक जाता। उनके रँभाने की आवाज़ न आती। वो जुग्गू को जानती थीं, उसके प्यार-मनुहार को और उस आवाज़ को, जिसमें वह सालों से पुकारता रहा है। पुकारने के नाम रँभाने की नक़ल, टिटकारी जैसा स्वर गले से पैदा करना आदि।

मैं देखता रहा हूँ जुग्गू को कि वो उनमें कितना रमा था। उनकी आवाज़ से उनकी भूख और किसी अदृश्य दुख को जान लेता था और कई आवाज़ों के बीच उसी एक तक दौड़कर जाकर, उसे सहलाने लगता था। उसकी माँ कहती, ये अब सिर्फ़ जुग्गू को बुलाती हैं, मुझे नहीं।

मैंने सोचा अगर माँ की जगह वे जुग्गू को अधिक पसन्द करती हैं तो यह जुग्गू के भीतर मातृत्व की सघन पवित्रता को संकेतित करता है। जुग्गू उनके लिए सुबह से कर्बी काटने का काम करता। खली के साथ भूसी मिलाकर किसको कितना किस नाँद में डालकर खिलाना है। उनके बछड़ों और बछियाओं को दूध दुहने के पहले उनकी माँओं तक ले जाना, उन्हें दूध पीने देना।

जब गायें देखतीं कि उनके बच्चों ने अपने मुँह थनों से हटा लिये हैं। तब वे बिना किसी हील-हुज्जत के इत्मीनान से जुग्गू के बर्तनों को लबालब भर देतीं। जुग्गू हमें भी एक-एक गिलास ताज़ा दूध देता। हम एक गिलास दूध के लिए सुबह-सुबह पहुँच जाते। कभी भुप्पी तो कभी परसादी साथ होता और कभी गनपत।

हमारी कुछ गहरी जान-पहचान गायों से होती गई। उनके नाम जुग्गू ने रखे थे। जो उसके नाम के पहले अक्षर पर ही रखे थे—जुग्गी, जम्मी, जोगिया, जुस्सी, जोगी आदि।

जुग्गू को सारे नाम याद होने ही थे। हम भूल जाते। उच्चारण में गड़बड़ी होती। और गाय हमारी पुकार न सुनतीं। जुग्गू की आवाज़ पहचानतीं और दौड़ी चली आतीं। जुग्गू उच्चारण सहित बोलना सिखाता। जिन नामों की पुकारने की स्टाइल कॉपी कर लेते वे रिस्पांस करतीं, जो विस्मयपूर्ण था।

हम जानना चाहते कि ये गोवंश किस प्रदेश के हैं। उनकी विशेषताएँ क्या हैं? उन्हें पहचानने की तरक़ीब क्या हैं। हम देखकर बस इतना ही समझ पाते कि जुग्गू के घर जो गायें थीं उनके रंग थे—लाल, सफ़ेद धब्बे वाली, ख़ाकी, बड़े गलकंबल वाली, दो-एक ढीली त्वचा वाली। जुग्गू को प्रजातियों के बारे में जानकारी न थी। हम जानना चाहते उनके बारे में। ये सीमित ही सही जुग्गू के दादा की जानकारी में था। वे ही ख़रीदने जाते थे।

जुग्गू उन्हीं के पास ले जाता। अब याद में निमाड़ी, मालवी, गावलाव, केनवारिया, खिल्लारी नाम याद हैं जो मध्य प्रदेश, उत्तर प्रदेश व महाराष्ट्र से हैं। हमने सबसे अच्छी गायों के बारे में पूछा तो दो नाम साहीवाल और गिर। दोनों महँगी होती हैं। एक साहीवाल है उनके पास। उसके पास ले गए। रंग लाल। देह बड़ी। मुँह छोटा। आँखें छोटी। वो सबसे अधिक दूध देती थी और साल में 8-10 महीने। जुग्गू उसका ख़ूब ख़याल रखता। उसका नाम जोगिया था।

एक बार महुआर से लौटते हुए देखा उसके दाहिने पाँव में चोट लगी है और वह लँगड़ा रही है। जुग्गू उसे देखकर रोने लगा। मैं भी रुआँसा हो गया। घर पहुँचे और दद्दा को बताया। उन्होंने देखा और जड़ी-बूटी, छाल और कुछ पत्तियाँ लाए और खलबट्टे में कूटने लगे। फिर उसे निकालकर लेप किया। और साफ़ सफ़ेद कपड़े से बाँध दिया। बाद में हल्दी के पानी में कुछ डालकर उबाला और एक बाल्टी में निकालकर पीने के लिए उसके पास रखा। जो वह बाद में ठंडा होने पर पीती रही।

मैंने और जुग्गू ने बाद में उसकी सेवा का जिम्मा उठा लिया। रोज़ सुबह मिलकर दवाई लगाने व पट्टी बाँधने का काम करने लगे। वह हमारे चेहरे को चाटती। वह गर्म स्पर्श का झोंका सा होता और अच्छा लगता। हम चेहरा उसके सामने न पोंछते। यह उससे चोरी-छिपे करते। उसे ठीक होने में लगभग 3 हफ़्ते लगे होंगे। अब जुग्गू की तरह मेरी भी जोगिया से दोस्ती हो गई। वह मुझे देखकर भी रँभाने लगी। मैं भी जुग्गू के साथ दूध दुह सकता था।

जोगिया से इस दोस्ती ने बाद में मुझे दूसरे जीव-जन्तुओं ने आकर्षित किया। उनसे प्यार करना सिखाया। मैं इस वजह से अपने दोस्तों से अलग था।

जुग्गू न होता तो मैं कुछ और होता। कम-अज-कम जानवरों से प्यार करने का सलीका न आता। यह उसके साथ जंगल जाने से हुआ।

जो बन्दर, हिरण, मोर, ख़रगोश, नीलकंठ और चिड़ियाएँ दूर के पशु-पक्षी थे, धीरे-धीरे ज़िन्दगी के आत्मीय हिस्से बनते गए। मैं उन्हें ध्यान से देखने-सुनने लगा। मैं उनको पहचानने लगा। उन्हें प्यार करने लगा। वो भी पास आते तो लगता उन्हें भी मुझसे प्यार हो रहा है।

उस दुनिया में सिर्फ़ रिश्तों का महत्त्व था
एक समझदारी का आकाश था
और मूल्य जिसमें ऊँच-नीच न थी
छोटी-छोटी कमियाँ और बेईमानियों में
एक-दूसरे को सहारा देने की इबारतें थीं

जुग्गू मेरे घर के सबसे निकट रहने वाला दोस्त। पढ़ना उसके भाग्य में कम रहा। मुश्किल से 3-4 जमात। उसके घर में गायें थीं जाति का ग्वाला। सो पैतृक व्यवसाय दूध बेचने निकलना। कुछ ऐसे घर जहाँ 'बँधोड़ी' थी यानी रोज़ का बँधा घर, जहाँ निश्चित मात्रा में दूध पहुँचाना होता। और कुछ खुदरा बिक्री। वह रोज़ आवाज़ देता और हम निकल पड़ते कि वह मेरा दोस्त था। और मुझे सुबह घूमने की छूट थी। अब दूध का एक पात्र मेरे हाथ में। आकर्षण का केन्द्र। उन दिनों हमारे घर में काली चाय का चलन था। गुड़ की चाय। फूलछाप वाली 10 पैसे या चार आने वाली चायपत्ती पुड़िया जो आले में होती और जर्मन का एक पुराना डिब्बा जिसमें गुड़ होता जिसे हम चुराकर खाते थे कि वह अकेली मीठी वस्तु थी, माँ (अन्नपूर्णा) के रसोई संसार में।

दूध का डिब्बा उठाए हम चुने हुए घरों में जाते। जुग्गू के घर में काफ़ी दूध होता सो उसके लिए वह एक काम था बस लेकिन मेरे लिए वह आश्चर्य लोक था। डिब्बे में ऊपर दूध का झाग जैसा सपने में दीखता था, जब परी आसमान से उतरती होती दूध के झाग-सा धुआँ मेरे मन में ख़याल आता कि वह दूध परी थी शायद दूध के झाग पर बैठकर आती हुई बच्चों को दूध बाँटने निकली। मैं जब दूध का डिब्बा उठाए चलता तो लगता मैं दूध परी का बेटा हूँ।

दूध पीने की हुलस जागती जो पूरा होना सम्भव न थी। मैं उँगली में झाग उठाता और चोरी-छिपे जीभ पर बसा लेता। यह गाय के ताज़े दूध की पहली चोरी थी या पहला स्वाद कह नहीं सकता लेकिन वह अद्वितीय था। एकदम कुनकुना मीठा लेकिन एकदम अनूठा। बचपन में माँ के आँचल से उतरे और पोलका (ब्लाउज) में फैलकर स्मृति में मीठी गंध से सराबोर जैसा। वह स्वाद जो जीभ की गहराइयों में बचा हुआ।

जुग्गू जब कभी झाग चुराते देखता तो हँस उठता और बाल-बुद्धि से सही कुछ समझ लेता।

मेरे पास जो डिब्बा होता उसमें से बाँटने का काम मैं ख़ुद करता। एक पाव भर डिब्बे के सहारे। वह अक्सर पूरा भरता सो डिब्बा ख़ाली हो उठता बस कभी-कभार ही तल में थोड़ा-सा बचता जिसे मैं अन्तिम 'बँधोड़ी' में पूरा डाल देता। खुदरा बिक्री वाला डिब्बा जुग्गू के पास होता क्योंकि रोज़ के पैसों का हिसाब उसे रखना होता। सो वह कोशिश करता कि आँख बचाकर दूध कम डाल सके। यानी वह थोड़ा बचाने की जुगत में रहता। मैं कुछ ही दिनों में इसे समझने लगा था। घर लौटते समय उसके डिब्बे में थोड़ा दूध सदैव बचा रहता। फिर रोज़ एक ठिया होता—एक पेड़। जिसके नीचे सुस्ताने के बहाने वह रुकता। फिर कहता, 'लो आज फिर इतना बच गया अम्मा ने नाप से अधिक दिया था। अगर वापस ले गया तो डाँटकर कहेगी कम नापने को मना किया था न और कान खींचेगी।' यह वह जानबूझकर करता था ताकि उतना दूध मेरे हिस्से में आ सके। फिर वह ख़ुद पीने का नाटक करते हुए एक-आध घूँट पीकर डिब्बा मेरे हाथ में थमा देता और बोलता, 'अगर तू नहीं चाहता कि मैं डाँट खाऊँ तो पी ले।' मन में ललक तो वैसे ही थी सो झिझकते-सकुचाते मैं दूध के अतीव स्वाद में डूबते हुए भूल जाता कि वैसा करने में कुछ ग़लत था या नहीं।

अपने घरों से छुपाते हुए यह हमारी पहली बेईमानी थी, चोरी थी या दोस्ती का नया रूप कह नहीं सकता। लेकिन जुग्गू को याद करता हूँ तो समझ पाता हूँ कि दोष उन स्थितियों का था जिसे वह बचपन में ही जान गया था। ऐसी उम्र न थी, लेकिन उसकी बाल-बुद्धि इतनी छोटी भी न थी कि कम-से-कम आज सोचते हुए बड़ी न लगे कि उस दोस्ती को मैं इस तरह याद न करूँ। इधर दोस्तों के मुक़ाबले वह अधिक दोस्त लगता है। उसकी अधिक याद आती है। वह अब इस दुनिया में नहीं लेकिन एक दोस्त की यादों में दूध के पवित्र झाग-सा अमर है।

भुप्पी के घर पर ढोल था जिसे उसके पिता नाचते हुए बजाते थे। बड़ा सा ढोल। जब बजता तो बस्ती से दूर महुआर में उसकी प्रतिध्वनि सुनाई पड़ती। एक शाम हम महुआर में थे। मैं और जुग्गू गाय चराकर लौटने को तत्पर कि ढोल बज उठा। हमने देखा कि गाय सहसा थम गईं और इधर-उधर सिर घुमाकर कुछ ढूँढ़ने लगीं। शायद उस प्रतिध्वनि को। जुग्गू के हकालने पर भी वे कभी इधर मुड़ जातीं कभी उधर और ढोल था कि बज ही रहा था। उसकी ताल कुछ-कुछ वैसी थी जब दीवाली के बाद गायों-बैलों को सजाकर निकालते हुए ग्वाले नाचते-गाते और 'दिवारी' माँगते थे। ढोल तब कुछ ऐसे ही बजते थे। वे दिन भी दीवाली के कुछ पहले के थे। भुप्पी के पिता ग्वालों की टोली में ढोल बजाते थे। सो जुग्गू समझ गया और मैं समझने का यत्न कर रहा था। लगा गायों की स्मृति कितनी सघन। उस ढोल से उठती ताल को चीन्हती हुई। उस दिन हम घर देर से लौटे लेकिन कहीं जंगल में छूट गए थे।

इक्कीस

हमारे देवी-देवता भव्य-दिव्य न थे
वे हमारी तरह थे, वे अनुभवों से बने थे
ग़रीब-गुरबों के पुरखों के भीतर से जन्मे
उन्हें न कुछ चाहिए, न उनके कोई पंडे-पुरोहित हैं
बस वे हमारे जैसे थे, हैं।

बचपन जिन कारणों से याद आता है, उसमें कई तरह की बातें हैं, जो लोग या परिवार मुसीबतों में घिरे होते हैं, वे कुछ सहारे ढूँढ़ लेते हैं जिनमें लोक देवी-देवता और पूजा-आंजी, टोने-टोटके, ओझा-गुनिया, जड़ी-बूटियाँ आदि जैसी चीज़ें प्रमुख हो उठती हैं।

हमारे घर में ब्रह्मा, विष्णु, महेश, राम-कृष्ण या दुर्गा, काली, सरस्वती आदि नहीं थे। इनकी जगह दूल्हा देव, कंकाली माता, झिरिया माता, मरही माता, पंडा दादा और बाहरी माता थे। न कोई मूर्ति न तसवीर। बस चैत्र और क्वार की अष्टमी में इन लोक देवी-देवताओं की पूजा नियमपूर्वक होती थी। दीवाली पे बस सिन्दूर से इनके नाम लेके अँगुली के पोर से गोल निशान बना दिये जाते थे। और स्थापना मान ली जाती थी। दिवाले पे 'बाहरी माता' का निशान भर नहीं बनाया जाता था। और 'पंडा दादा' सभी पूर्वजों के प्रतीक थे। अत: उनकी जगह मुख्य लोक देवी-देवताओं से हटके दाईं तरफ़ होती थी। इनके चढ़ावे दिलचस्प थे। मुख्य देवी-देवता को जोड़े चढ़ते थे। पूड़ियों के जोड़े। इन पे भजिये, बड़े को खोंट के (तोड़ के) रख दिया जाता था। और उसपे आटे की लप्सी (गीला हलुआ) साथ में नीबू काटकर चढ़ाया जाता था। मुझे ये सब आश्चर्यजनक लगता था। और मैं इनके रहस्यों तक पहुँचना चाहता था।

उम्र की सीढ़ियाँ चढ़ते हुए कई रहस्य खुलते गए। जैसे 'झिरिया माता' का रहस्य यह पता चला कि जब माँ-पिता के पैतृक गाँव में अकाल पड़ा, पानी के स्रोत कुएँ, बावड़ी आदि सब सूख गए और पानी की किल्लत में लोग यहाँ-वहाँ भटकने लगे तो उन्हें पास के जंगल में पानी का एक कुंड मिला।

उसमें पानी झिर-झिर के इकट्ठा होता रहता था। पानी उसमें कभी सूखता न था। इसलिए उसका नाम झिरने की अनवरतता के कारण 'झिरिया' हो गया। अकाल के दिनों में उस झिरिया ने पूरे गाँव को पानी की कमी महसूस न होने दी। विपरीत परिस्थितियों और जल संसाधनों के अभाव में 'झिरिया' से पानी का मिलना मानो कोई चमत्कार था। अत: उसे 'झिरिया माता' का सम्मान मिला और वह कुल देवी हो गई। विपदा में 'झिरिया माता' की उस सहायता और आशीर्वाद के कारण वो लोक विश्वास पे आरूढ़ हो पूजा घर की दीवारों पे आ विराजी। पीढ़ियों से उससे एक ऐसा रिश्ता बना कि न सही हम, हमारे कुटुम्ब में गाँव में छूट गए लोग-बाग आज भी अष्टमी में उसे पूजने जाते हैं।

माँ बताती है कि कुल 8 पुत्र और 2 पुत्रियों ने उनकी कोख से जन्म लिया। जिसमें हम तीन भाई और दो बहनें ही जीवित बचे। पाँच भाइयों की मृत्यु हो गई। वे पैदा होने के बाद ज़्यादा नहीं जिये। उनकी देह कंकाल सरीखी थी। वे स्वस्थ न रह सके। बीमारियों की आवक सदा बनी रही। भूख और अभाव कदाचित ऐसे कारण थे जिसकी वजह से उनका इलाज न हो सका। माँ-पिता इसे किसी देवी-देवता का प्रकोप ही मान सकते थे। सो मानते रहे। जाने किसकी सलाह पे दोनों ने किसी अदृश्य कंकाली देवी को मानना शुरू कर दिया। दोनों को यही विश्वास बना रहा कि 'कंकाली माता' की कृपा से हम पाँचों भाई-बहिन बचे रहे। चूँकि हमारा जीवन कंकाली देवी का उपहार है सो उन्होंने भी दिवाले पर जगह बना ली। मैं सोचता रहा कि अगर वे सगुण होतीं तो कैसे दिखतीं—कंकाल जैसी अथवा स्वस्थ सुन्दर। वह आज भी मेरी कल्पना में कंकाल सरीखी हैं, जाने क्यूँ कह नहीं सकता।

घर के भीतर कंकाली माता तो घर के बाहर 'बाहरी माता' थी। जिसे अष्टमी के रोज़ घर के पिछवाड़े दीया बारके पूजा जाता था। उसकी भूमिका पहरेदार की मानी गई। भूत-प्रेत, बुरी आत्माएँ, बाहरी संकट से वह हम सबकी रक्षा करने के लिए अदृश्य विराजती है। जब कभी किसी अनिष्ट की बाहर से आशंका होती। माँ उन्हें दीया बारके याद करतीं।

'दूल्हा देव' के लिए मान्यता बड़ी मांगलिक थी। वह शादी-ब्याह के लिए आशीष देता है। उसकी तय जोड़ियाँ आजीवन साथ रहती हैं। वह विवाह के माध्यम से समाज में परिवार को सामाजिक प्रतिष्ठा का वरदान देता है और पति-पत्नी में अखंड प्रेम की सीख भी वही भरता है। जहाँ तक मरही माता का प्रश्न है तो वह असामयिक मृत्यु से परिवार की रक्षा के लिए हमारे कुटुम्ब में चली आई। शायद उनका आना इसलिए भी हुआ हो कि खदान असामयिक मृत्यु का स्वाभाविक केन्द्र है। रोज़ कोई दुर्घटना। ज़हरीली गैस का रिसाव। खदान से आने वाली टी.बी., अस्थमा आदि। मुझे याद है कि रात पाली में जब पिता खदान जाते थे तो माँ मरही माता को कई दफ़ा याद करती थीं।

जहाँ तक पंडा देव की बात है। तो वे कोई लोक देव नहीं थे। वे दरअसल कोई नामी पूर्वज थे। उन्हीं में एक-एक कर सारे पूर्वज आ मिलते हैं, तो विश्वास में उनकी भी जगह दिवाले पर देवी-देवियों की बाईं तरफ़ हो गई। वैसे उन्हें पंडा देव से अधिक पंडा दादा के नाम से याद किया जाता है। जाने कितनी पीढ़ियों के पूर्वज उनमें समाहित हैं। विश्वास है कि वे पीढ़ियों से कुटुम्ब की रक्षा के लिए हैं।

बचपन या कहें पीढ़ियों से यही घर के स्थायी देवी-देवता हैं। दिवाले पे कोई और देवता न राम, न श्याम, न शिव, न लक्ष्मी, न काली, न विष्णु—कोई नहीं आ सका और यह मुझे सोचने पर विवश करता रहा है। कोई मूर्त देवी-देवता नहीं है दिवाले पर तो वे बाहर भी अपनी राजनीति कर नहीं पाते। हमारा कुटुम्ब देवी-देवताओं की उपस्थिति से होने वाली अशान्ति से बचा हुआ है, और यह कम महत्त्वपूर्ण नहीं।

मैं आस्तिक नहीं हूँ लेकिन लोक देवी-देवताओं के प्रति गहरी रुचि और सम्मान की भावना है। आज के दौर में उनका होना, इधर के चर्चित-प्रचारित ईश्वरों से बेहतर लगता है। वे हमें कम-से-कम साम्प्रदायिक नहीं बनाते।

बाईस

हमने जिन पाँवों, हथेलियों, सीनों और पीठों को देखा
वे छालों, चकत्तों और ज़ख़्मों से भरे होते
माँ और पिता की पीड़ाओं के हम चश्मदीद गवाह हैं
घावों से वे कभी घबराए नहीं
हमने रोते हुए नहीं, उन्हें लड़ते हुए पाया
हम कब लड़ाई में शामिल हो गए, हमें पता न चला

देखना सुख से भरता है। पीड़ा से भी। उम्र के बढ़ने के साथ चीज़ें अधिक स्पष्ट होती हैं। उनका अर्थ खुलता है। खुलने पर आत्मा वह नहीं होती। जीव जगत को समझने के साथ जो भीतर बदलता है; वह भीतर पहले वाले से भिन्न है। कहीं ज़्यादा ठोस। कहीं ज़्यादा उर्वर। तब मैं कोई 6-7 बरस का था। माँ-पिता दोनों काम की तलाश में थे। फ़ाक़ामस्ती के दिन थे। भूखे उठते थे। कभी कुछ होता। कभी नहीं भी। पिता के पाँव चाइयों से भरे थे। चलना उनके लिए जैसे तीव्र पीड़ा में सिसकारना था। फिर चीख़ को गले में रोकना। लेकिन वे घर के हालातों में रुक नहीं सकते थे। सुबह-सुबह हम महुए के बड़े-बड़े पत्ते लाते या महुल के। जो उनके पाँव के आकार के होते। माँ सुतली से उनके पाँवों में उनकी तह बनाकर बाँधती। कुछ इस तरह से कि पत्थर या कुछ और चुभे न। पिता के पास न चप्पलें थीं, न जूते। हम समझते पत्ते दवाई की जगह बाँधे जा रहे हैं या फिर देसी इलाज रहा हो। काश ऐसा होता। पिता के पाँव अभाव से बँधे थे और हमारे भूख से। ऐसे में उनके लिए थे तो बस हम और माँ जिनसे बल मिलता। होश सँभालने पर हमने देखा। पिता रोज़ चाइयाँ ब्लेड से काटते थे। ख़ून नहीं टपकता था। लेकिन माँ की आँखों से झर-झर आँसू बहते थे।

माँ नाटी थीं। कोई चार फुट। उनमें बला की शक्ति थी। साँवली और सुन्दर। गाँव के लोग काम में उनकी फुर्ती को देख उन्हें हिरनिया कहते। घर का काम वे पलों में निपटातीं। फिर पिता के साथ काम की तलाश में निकल जातीं। घर छोड़ते वक़्त 'पंडा दादा' के सामने सिर नवातीं और विनती करतीं—"बाबा! बच्चों को छोड़े जा रही हूँ।" हम दिन भर माँ का इन्तज़ार करते। माँ दिन भर हमारे इन्तज़ार में रहती थी।

पिता को हम दद्दा पुकारते थे। वे पढ़े-लिखे न थे। उन दिनों या तो कोयला खदान में कोयला तोड़ने की मजूरी मिलती। या बोइया में कोयला ढोने की। पिता कोयला खोदते तो उनका ओहदा होता खुदैया। यह एक मेहनत और थका देने वाला काम था। खुली खदान में या धरती के भीतर। जिसकी खुदाई में गैंती या सब्बल उपयोग में आते। प्राइवेट कम्पनी का ज़माना था सो हाड़ तोड़ने का अथक काम। पिता कोयला खोदते। माँ दिन भर उसे सर पर ढोतीं। काम का आकार ढेरी के रूप में तय होता। मुकद्दम की तेज़ निगाह। ढेरी पोली न हो। उसकी गणित के अनुसार ढेरियाँ सही होने पर रोज़ के चार आने। दो माँ के दो पिता के। सुबह से निकले दोनों सूरज डूबने पर लौटते।

उनके हाथों में शाम के लिए राशन होता। लेकिन जिस थकान को लेकर घर में घुसते, वह स्मृति आज भी ताज़ा है। पिता के हाथों में लाल चकत्ते अर्थात् छाले। माँ की छाती और पिंडलियों में दर्द। दोनों तिस पर जुटे रहते। बच्चों के संग हँसते। कहानियाँ सुनाते।

रात गए माँ दो ईंटें उठाती। चूल्हे की मद्धिम आँच में गर्म करती। और पिता के साथ अपनी छाती और पिंडलियाँ सेंकती। चीभती-पिराती रात से इस तरह दोनों लड़ते। दूसरे दिन के लिए ताक़त जुटाने के फेर में।

पिता के हाथों पर गर्म पानी का रोज़ का सेंक और देह पर घूमती ईंटें अब भी याद आती हैं। पिता अब नहीं हैं। माँ का साया है। जो अब भी ईंटों के लिए स्वप्न में दौड़ती है। रात अब भी देह चीभती-पिराती है। जब कभी माँ किसी ईंट की तरफ़ चुपके से उठती है और छत को भेदती आसमान में कुछ ताकने लगती है, मैं तब सोने का अभिनय करता हूँ। कुछ और करना आसमान से उनके बनते रिश्ते को तोड़ना है, जो मैं कभी कर न सका।

माँ-पिता जिन दिनों की भुगतमान में थे, वे संघर्ष भरे थे जटिल। अधिक ताक़त की माँग करते थे और धैर्य की। स्थितियों का दबाव हम सब पर था। जीजी जिसकी उम्र 12-13 बरस थी। एकाएक बड़ी हो गई थी। मेरी और मझले भैया के लिए, वे जीजी से अधिक माँ थी। नहलाना-धुलाना। खाना पकाना-खिलाना। घर की सँभार। साथ में बड़े भैया और ख़ुद को स्कूल के लिए तैयार करना याकि तैयारी करना ऐसे हालात में, मैं घर पर या तो अकेला होता। या फिर स्कूल साथ चला जाता और पेड़ के नीचे घंटों बैठा रहता। वहाँ बैठकर मैंने अ, आ, इ, ई, गिनती और बहुत कुछ सीखना शुरू कर दिया था। पढ़ने के संस्कार मेरे भीतर उसी वक़्त पड़ गए थे, जब मेरा दाख़िला नहीं हुआ था।

चार पीरियड के बाद खाने की छुट्टी होती। बच्चे खाने पर टूट पड़ते। सब के डिब्बे में कुछ न कुछ होता। स्वादिष्ट पराँठे-पूड़ियाँ। सब्ज़ी-अचार। कुछ डिब्बों में हलुआ। कुछ में मिठाइयाँ। हम लोगों के पास डिब्बा न था। पुटरिया होती कपड़े की जिसमें कभी चने, कभी ज्वार की रोटियाँ। अमरीकी लाल ज्वार जो उन दिनों

सरकारी दुकान पर मिलती थी। ज्वार की रोटियों के साथ माँ रोज़ गुड़ रखा करती। वही हमारे लिए मिठाई थी। गुड़ का स्वाद अब तक ज़ुबान पर तैरता है। एक ढेला या टुकड़ा हाथ पर अब भी पड़ने पर स्वादेन्द्रियाँ इस तरह जागती हैं, जैसे चन्द्रमा हँस पड़ा हो आसमान पर। तारे छिटक पड़े हों। हवाएँ बहने लगी हों और दूर बैठी माँ की लोरी आत्मा में गूँज उठी हो दिग्दिगंत में। स्वाद की इस स्मृति से आज भी हर मिठाई हमेशा हार जाती है।

इतवार को हम लोगों के काम बँटे हुए थे। बड़े भैया खदान से सिर पर कोयला लाते। जीजी गोबर लाती। उपले थापती। मझले भैया और मैं छुही लाने जाते। छुही से घर की दीवारें लीपी जातीं और ढिग लगतीं। छुही सफ़ेद सी कोमल और चिकनी मिट्टी, इसमें सोंधा सा स्वाद होता और गंध भी। हम इसे चुपके-चुपके खाते। पकड़ लिये जाते तो माँ की डाँट पड़ती। कभी-कभार पिटाई होती।

छुही को इतवार के रोज़ भिगोया जाता। फिर पुराने कपड़े को पोतना बनाया जाता। माँ और जीजी दीवारें पहले पोततीं। फिर गोबर से अन्दर की ज़मीन लीपी जाती। बाद में चारों कोनों में छुही की ढिग लगती। एक कोने से दूसरे कोने को मिलाती हुई—समानान्तर। इसमें एक कला की ज़रूरत होती। ढिग का सुन्दर लगना कमाल की सुन्दरता से घर को भर देता। जीजी ने कम उम्र में इस कला में परिपक्वता हासिल कर ली थी। जब दूसरी लड़कियाँ टिप्पू खेलतीं, जीजी घर में काम करती होती। ऐसा था उनका बचपन। कामों से भरा। खेल-कूद से दूर। उनका बचपन खो रहा था। हम जानते थे। बचपन का बेतरह खोना हमें आज भी सालता है।

जीजी ने गोबर लीपने और ढिग लगाने को खेल की तरह जिया। हम सब की चेतना में गोबर और छुही की गंध भीतर तक छायी है। शायद जीजी में अधिक और हमारे भीतर बनिस्बत कम। लेकिन यह जो कम है इतनी तीव्र है कि पीछे भागती है और हम गाँव की तरफ़। वहाँ गंध और स्वाद की अक्षय पूँजी। माँ ने घर में जो अब बड़ा और बेहतर है, उसमें रसोई के अलावा अपने कमरे को ऐसा ही छोड़ रखा है जिसमें गोबर और छुही का अक्षत साम्राज्य है। हम उसी में लौटते बार-बार। वहाँ न होने पर भी माँ है, और जीजी। उस गंध में जो बरसों से है।

माँ एक कहनात बार-बार दोहराती—'छे मईना की नई, बारा मईना की सोच होबे चइये।' इसीलिए वह संकटों को पहले से बूझ लेती थी। शायद उसकी छठी इन्द्रिय हमसे बहुत पहले जागती थी। वह सिर्फ़ माँ की चेतना में थी। वह सबके लिए ऐसे काम सौंपती जिनका मूल्य बाद में समझ आता।

पीछे लौटकर देखता हूँ तो देखना कितनी दूर से है और वह भी कितने सालों बाद। न अब वो धरती है, न आकाश। न उस मिट्टी के लोग। न उनसे पानीदार ठोस चेहरे। यहाँ उन दिनों के छुटपन से अबेरे गए कुछेक धूसर चित्र हैं। कुछ हैं जो चमकते जुगनू हैं या फिर कुछ चिंगारियाँ।

हमारा गाँव हरे-भरे सतपुड़ा की घाटियों में था। चारों तरफ़ पहाड़ियाँ और जंगल। घर के कोई एक फ़र्लांग से दूर उसकी सरहद थी। सरहद पर महुआर। अर्थात् महुओं के साथ कई और पेड़। जैसे आम, जामुन, अचार आदि के। महुआर में हम चोरी-छिपे अक्सर जाते। ख़ास कर आम, जामुन और अचार के मौसम में। पेड़ों पर चढ़ते। आम-जामुन तोड़ते। और अचार जो छोटे-छोटे हरे फलों से लदा होता। पकने पर फल काले होते। जिसके बीजों से चिरौंजी निकलती। हमारा पेड़ों के पास जाना भूख के कारण होता। माँ यह जानती थी। उसे दुख होता। उसने हमारी दिशा को नया कोण देना शुरू किया।

अलस्सुबह वह टुकनियाँ देती। काम होता महुआ और मौसमी फल बीन लाने का। यह हमारे लिए उत्साह का विषय था। उमंग से भरे हम महुआर जाते और महुए बीन लाते। महुए बीनने में एक आनन्द था। रस और गंध का। महुओं का टपकना देखना। उसका सुनहरा झक्क रंग। रस का महुओं से झरना। अँगुलियों के पोरों पर बस जाना। उसे चाटना। पसन्द के महुओं का रस चूसना। महुए कुछ पेड़ों के इतने मीठे होते कि हम उन्हीं पेड़ों के नीचे घंटों रुकते। रसभीने महुओं को चूसना हमारा उन दिनों का अनिवार्य नाश्ता था या कहें लत। इसके साथ मौसमी फल। वे धरती पर टपके मिलते।

माँ महुओं को बोरों पर धूप में फैला देती। कोई तीन-चार रोज़ की धूप खाकर वे कत्थई हो उठते। रस सूरज पी जाता। या फिर हवा। हमें यह अच्छा न लगता। रस को निकालने या एकत्र करने की कोई विधि होती, तो हम उन्हें कभी न सुखाते। लेकिन वे सूखते और मिट्टी के घड़ों में भरे जाते। मौसमी फलों में कुछ चटनी में काम आ जाते। उनमें एक करौंदे जैसा। खट्टा।

जिन महुओं को मटकों में जगह न मिलती, उन्हें महुओं की दारू उतारने वाले घर से ख़रीद ले जाते। अब सोचकर लगता है, माँ कितनी दूर का सोचती थी। महुओं की बिक्री हमारे जीवन की पहली कमाई थी। वह कमाई हमारे स्कूल के ख़र्चों में काम आती। माँ उन पैसों को सदा गुल्लक में रखा करती कि हम याद रख सकें, अपनी मेहनत और उसका स्वाद। उसे अब हम समझते हैं अमोल-अविस्मरणीय। माँ की दी गई वह शिक्षा भी थी। लड़ने की ताक़त। रस और गंध की सीधी पढ़ाई जिसका सौन्दर्य अब कहीं समझ में आया है।

हमारे घर के पिछवाड़े थोड़ी-सी ज़मीन थी। बालकराम के खेत से लगी। माँ ने छूटी हुई ज़मीन को घेर दिया था। उसे हम बाड़ी कहते। बाड़ी में अमरूद, नीबू, पपीते के अलावा कुम्हड़ा, सेम, भटे, टमाटर, पोई, तुरई और मिर्ची के पौधे उगाये जाते। कुम्हड़ा, सेम और तुरई की बेल बागड़ पर चढ़ा दी जाती। ज़मीन ऊसर थी और फल कम आते। लेकिन कुछ न होने पर भी उनका अपना स्थान था। माँ सब छोड़ आई थी। मायका और ससुराल। रिश्ते-नाते। इस अनजान गाँव की धरती,

उसकी माँ भी थी और पिता। उसके पास अभाव से लड़ने के गाने थे। हिम्मत थी। और एक ऐसी समझ जो बुरे वक़्त का सटीक जवाब होती। हमने उसकी पाठशाला में जो सीखा, वो किताबों में न था।

घर में जब कोई सब्ज़ी न होती। न ख़रीदने के लिए पैसा। ऐसे में भी माँ न हारती। वह भटे, टमाटर, कुम्हड़ा, सेम, पोई के कोमल पत्तों को चुन लेती। हरी मिर्च खोंट लेती। और रसोई में पहुँच जाती। बटलोई में पानी उबालने रखती। उबलने का इन्तज़ार करती। फिर चुनी गई भाजियों को बटलोई में डाल देती। साथ में नमक-हल्दी अगर हुई तो और खोंटी हुई हरी मिर्च। माँ इसे पंचमेल भाजी पुकारती। उबलकर पक जाने पर बाहर निकालकर हथेलियों से दबाती हुई पानी निथारती। बाद में गोल आकार देती, जैसे हरे लड्डू। इन लड्डुओं को थाली में परोस देती। उनका स्वाद वर्णनातीत होता। जीवन भर उन्हें कहीं और नहीं पाया। वे लड्डू थे और नहीं भी। पंचमेल भाजी होकर भी भाजी न थी। लेकिन उसमें एक साथ कुम्हड़े, भाजी, सेम, पोई, टमाटर और तुरई की मिश्रित ख़ुशबू थी। बहुत सूक्ष्म जिसे जीभ के रास्ते चेतना में, हमने क़ैद कर रखा है और हाँ! बटलोई में बचा तरल हरा पानी सूप था जीवन का पहला सूप। ताज़गी के गुणों से भरा। भूख को कुछ हद तक कम करता। स्वादेन्द्रिय को हुलसाता। चेतना पर अमिट छाप छोड़ता।

पिता के बीमार होने और माँ का पिता को छोड़ काम पर न निकलने पर, वे दिन अभाव के होते। हमें अपनी ग़रीबी का अहसास होता। बड़े भैया ग़ुस्सैल थे। वे भगवान को कोसते। जीजी में समझ थी। वह हमें बातों में उलझाए रहती। माँ-पिता की सेवा करती। हमारी भूख उन्हें चिन्ता में डाले रहती। माँ की बुद्धि प्रतिकूलताओं में अद्‌भुत रूप से जागती। सच कहा गया है कि ग़रीबी में कई विधियाँ सूझती हैं। चीज़ें नये रूप धरतीं। स्वाद में नये अर्थ बनते। नई परिभाषाएँ।

हमने जिन महुओं को चुना था और जो मटकों में बन्द रखे थे। माँ ने ऐसे ही आड़े वक़्त के लिए, उन्हें रख छोड़ा था। उनको बाहर निकालने का समय होता। अमूमन ऐसे दिन बरसात के होते। जब काम भी न मिलता, बचा-खुचा राशन उन्हीं दिनों की भेंट चढ़ता।

माँ महुओं को निकालती। पानी में इस हद तक उबालती कि महुओं का छिपा रस उतरने लगता। घर एक आत्मीय विरल मीठी और उत्तेजक गंध से भर उठता। महुओं के उतरते रस से पानी धीरे-धीरे गाढ़ा होता। इतना गाढ़ा कि जितना गुड़ या चीनी को उबालने से होता लेकिन माँ उसे कुछ पतला रखती। अब इस मीठे पानी में आटे को मिलाने का क्रम शुरू होता। इसके लिए वह एक करछुल इस्तेमाल करती। वह एक गीला सा तरल पदार्थ बन जाता। कारण आटा कम होता और रस की मात्रा अधिक।

माँ अब कंडे की राख उठाती। महीन बुने कपड़े पर रखकर, उसे छानती। सामने महीन राख होती। आटे के समान। उसे गीला करती और तवे पर पोत देती। तवा अब चूल्हे पर होता। राख सूखते ही वह तरल पदार्थ तवे पर फैल जाता। राख की वह परत तेल की जगह थी। ताकि उस पर पकता तरल पदार्थ चिपके न। कहीं से टूट न सके। माँ इन्हें 'चीला' के नाम से पुकारती। औरों के घर वे बेसन या बढ़िया अन्न के आटे से बनते। हमारे घर महुआ से। महुआ चीनी और गुड़ की कमी पूरा करते। फिर तेल के न होने के अभाव से बचत। हमारे लिए तो वह दिव्य व्यंजन था। छप्पन व्यंजनों के स्वाद से अधिक बढ़िया। मौलिक और आदिम भी।

माँ के हिस्से आने वाले रोज़गारों में एक था फ़सल काटना। दिन भर की कटाई के बाद दो पाई अन्न मिलता था। साथ में चने की भाजी खोटने की छूट होती (अगर कटाई से समय बचता तो)। कटाई के बाद सीला बीनने का भी अतिरिक्त आकर्षण था। घर से कोई चार-पाँच कोस के इलाक़े में जाना होता था।

माँ जहाँ से गुज़रती आसपास निगाह फेंकती चलती। कभी सूखी लकड़ियों की जगह देखती। कभी पेड़ों के फल। कुछ न सही बच्चों के लिए बेर। इसी देखा-देखी में उसने एक पेड़ ढूँढ़ लिया। अगले दिन मझले भैया और मैं साथ थे। उस पेड़ के नीचे पहुँचकर माँ ने ऊपर देखने को कहा। पेड़ डगालों से भरा था। शाखाएँ मज़बूत थीं। जगह-जगह डगालों पर छोटे-छोटे से फल थे। ख़ूब लदे हुए। मकोई के दानों के आकार के। माँ ने हमें दो थैलियाँ सौंपीं और फल तोड़ लाने के लिए कहा। आम और जामुन तोड़ने का अभ्यास वहाँ काम आया। दोनों भाई पेड़ पर थे। नाजुक डगालों से बचते हुए लेकिन उन्हें पहुँच में रखते हुए। फलों को चखकर देखा। कोई कच्चा स्वाद था या कहें बेस्वाद। लेकिन हमने फलों को तोड़कर थैलियाँ भर लीं। फिर नीचे उतर आए। माँ ने हमें घर की तरफ़ रवाना कर दिया।

शाम गए माँ लौटी। हमें उन फलों से होने वाले चमत्कार की प्रतीक्षा थी। माँ पड़ोस में हिरैया दादा के घर गई। वहाँ से कुछ लेकर लौटी। हमने देखा वह बेसन था। माँ अब रसोई में थी। फलों को बटलोई में उबलने के लिए रखा जा चुका था। पकने के बाद वे बटलोई से बाहर थे। अब बेसन की बारी थी जो भूना जा रहा था। मद्धिम आँच में। और ख़ुशबू उठने लगी थी। भुनने पर माँ ने उसमें नमक, पिसी मिर्च और धनिया पत्तों को डाल दिया था। फलों को मसला गया। फिर बेसन में मिला दिया गया। बाद में अन्दाज़ से पानी। पानी इतना था कि पकता हुआ पदार्थ इतना गीला रहे कि उसे थाली में ढाला जा सके। थाली में महीन राख बिछाई गई। फिर वह पदार्थ थाली में फैला दिया गया। थोड़े से इन्तज़ार के बाद उसे नमकीन बर्फी की तरह, माँ ने काट दिया। हम एक अनोखे स्वाद में डूबे थे। स्वाद की भाषा होती, तो शायद उसका सटीक वर्णन सम्भव था। लेकिन इस बर्फी के लिए मेरे पास न कोई उपमा है, न वैसे अर्थगर्भित शब्द। भाषा यहाँ लँगड़ी होती है या उसकी अक्षमता का भाव कोसता है।

बाद में माँ ने बताया वह पेड़ रेठू का था। प्रचलित बड़े आकार के फलों वाले रेठू से अलग इस पेड़ को उसने तब देखा था जब पिता के साथ काम की तलाश में उन्होंने कोई 18 बरस पहले घर छोड़ा था। यानी ससुराल जो उड़नी पिपरिया में थी। दोनों सतपुड़ा की पहाड़ियों को पैदल लाँघकर वहाँ पहुँचे, जिसे हम आज कोलिया के नाम से जानते हैं। जो दमुआ ज़िले में है। वहाँ कोयले की खदान का काम शुरू हुआ था और दोनों ने पहले-पहल वहाँ मज़दूरी शुरू की थी। यह पेड़ रास्ते में पहचान आया था।

रेठू के फलों की तरकारी भी बनती है जिसका स्वाद अंडे की तरकारी जैसा होता है। उस पेड़ ने कठिन दिनों में हमारा बहुत साथ दिया। मानो कोई सगा हो। रक्त के सम्बन्धों से अधिक सगा। जितनी याद उस पेड़ की है, उतना कोई दोस्त या नातेदार भी याद नहीं आता। कइयों ने धीरे-धीरे साथ छोड़ दिया। एक वह पेड़ था जो ग़रीबी में साथ रहा। अपना सब कुछ सौंपता...अपनों से ज़्यादा सगा। वक़्त के साथ बने सम्बन्धों से अधिक पवित्र और ठोस...। वह पेड़ स्मृतियों में कभी सूखा नहीं।

तेईस

'पीर घनेरी' यह हमारी मजूर बस्ती का नाम था
कैसे और किसने रखा मालूम नहीं
हम बचपन से इस नाम के साथ जिये
पीर को कहीं भीतर तक जानते थे
जो हमने देखा-सहा
उसे सबक़ की तरह याद रखा
लेकिन यह नाम दुनिया के मज़दूरों के सन्दर्भ में
न हम भूलना चाहते थे, न भूल सके

अम्मा (माँ) व दद्दा (पिता) दोनों निरक्षर थे। पढ़ने-लिखने के प्रसंग आने पर सदैव बोलते 'कारौ अच्छर भैंस बरोबर।' लेकिन यह सच न था। उनकी बातों में हमेशा कुछ ऐसा होता कि हम सोचते रहते और अर्थ समझ न आते। यही बात बस्ती के अन्य बुज़ुर्गों में भी थी। कुछेक कहावतों का अर्थ तो अब समझ आ सका। हम कबीरपंथी हैं। सो घर में कबीर गायन की परम्परा है। पिता कबीर साब की पीठ पर भी यदा-कदा जाते। वे सोहागपुर को याद करते जहाँ बनारस से कबीर साब के अनुयायी आते और प्रवास करते। उनकी बातों में छत्तीसगढ़ व मऊरानीपुर-छतरपुर की भी यादें थीं, जहाँ कबीर साब पर सालाना आयोजन होते थे। बचपन में हम कबीर साब को भगवान समझते। पूछते उनकी पूजा घर में क्यों नहीं होती, जबकि सुबह-शाम उनके पदों का गायन या चर्चा होती। पिता के पास एक तंबूरा भी था। जब वे गाते तो पावन अनुभूति होती। पिता गाते पर कबीर की पूजा के बारे में चुप रहते। ज़्यादा पूछने पर एक पद दोहराते—

कबीर को गाओ,
अँधेरा छँटेगा,
कबीर को पूजो,
अँधेरा बढ़ेगा।

वे कुछ भी पूछने पर ऐसा कुछ बोलते और चुपा जाते। अम्मा का स्वभाव भी कुछ ऐसा। जब कुछ बोलतीं तो कहावतों में। कम शब्दों में भी ऐसा जादू होता कि बस उसके आकर्षण में फँस जाओ। अर्थ ढूँढ़ो या शान्त हो जाओ, लेकिन शान्ति मिलती कहाँ? घर की आर्थिक हालत सदा ग़रीबी में रही। काम मिल जाए तो ठीक से खाना न मिले, मिले, रूखा-सूखा। इस बारे में कोई सवाल भी न था। बस एक जिज्ञासा भाव रहता। माँ हमारी जिज्ञासा को समझती थी लेकिन कुछ न कहती। बस काम में लगी रहती।

पिता भी कम बोलते। उनसे भय होता तो एक दूरी भी थी, लेकिन जब वे अच्छे मूड में होते तो ख़ूब प्रेम से बात करते। ऐसा अमूमन तब अधिक होता जब उनके दोस्त दमड़ू कक्का, चोखे कक्का या अंबाड़ा वाले लछमन राय (किराना सेठ) आते। उनकी बातें होतीं और हम उन्हें पकड़ने के फेर में होते। अम्मा भी कभी-कभार उनकी बातचीत में शामिल हो जाती। एक रोज़ राजनीतिक दलों पर बात चल रही थी। बीच-बीच में गांधी, नेहरू, सुभाष या भगतसिंह का प्रशंसात्मक ज़िक्र। और बाद में स्थानीय नेताओं पर नाख़ुशी का इज़हार। माँ भी कुछ कहती और काम-काज में डूब जाती। राजनीति की बातें कहते हुए वे एक पद हँसते हुए दोहराते जो किसी जुगत स्मृति में रह गया—

अम्मा की कहन सुनो धना,
एकई घाँई सब जहाँपना,
आँधड़ी घोड़ी को सड़े चना,
घोड़ी पादे चनई चना।

इस पद की अर्थ गम्भीरता तब उतनी समझ न आती सिवाय घोड़ी के पादने के सन्दर्भ को छोड़कर और हम भी खिलखिलाकर हँस पड़ते। ऐसे सटीक पदों में छिपी वक्रता और गहरे अर्थ को कहीं अब समझने की मानसिक स्थिति बनी है। कदाचित् इसी तरह हमारी समझ का एक आधार बना। जाने कितने विषय थे। जिन पर संवाद होते। कितनी तरह से विषयों पर विचार होता। आपसी हस्तक्षेप और एक स्वस्थ पर्यावरण चिन्तन-आत्ममंथन का।

वे दिन कठिन थे। अकाल की स्थिति थी। विदेश से अनाज मँगाया जा रहा था। हमें याद है। उन दिनों अमेरिकी लाल गेहूँ और लाल ज्वार लेने के लिए सरकारी कंट्रोल की दुकानों पर लाइन लगती थी। यह 60 के आसपास की बात होगी। हम झोला या बोरी लिये सुबह से अपना नम्बर लिये बैठ जाते थे। इसे हम 'जगह रोकना' कहते थे। अपनी बोरी बिछाई और झोला रख दिया तो वह आपका नम्बर हुआ। कोई अगर लाइन तोड़ना चाहे तो झगड़ा या मार-पीट। यह क्रम अनाज आते ही शुरू होता और लोग टूट पड़ते। स्थानीय कांग्रेसी नेता आ पहुँचते।

उन्हें भी चोरी-छिपे अधिक अन्न की ज़रूरत होती। वे दबाव बनाते और अपना उल्लू सीधा करने की फ़िराक़ में होते लेकिन ग़रीब मजूर और आदिवासी भी लड़ने से पीछे न हटते। हम भी लाइन टूटने पर चीख़-पुकार करते। नम्बर आता और जितना अनाज मिलना होता उससे कम मिलता। तरह-तरह के बहाने माल पूरा नहीं आया। बाद में मिलेगा। एक-दो किलो की भांजी (कट) दुकानदार हर किसी के साथ मार देता और कार्ड में भी दर्ज न करता। फिर क्या, चिक-चिक और झंझट। नेता खड़े होकर तमाशा देखते या दुकानदार के पक्ष में बोलते। हम जानते हैं कि अँधेरे में आकर भांजी से बचा अनाज नेताओं के घरों में ब्लैक के लिए सरक जाएगा। ये सब—पिता, दमड़ू कक्का, चोखे कक्का समझते और गरियाते। गरियाना तभी होता, जब लछमन राय न हों। सुना था कि अनाज उनकी दुकान पर भी पहुँचता और ज़्यादा भाव में चोरी-छिपे बिकता। अकाल में भूख से मज़े-मज़े लड़ते पिता सिर्फ़ एक ही पद पहले दोहराते—'ऐसा बुरो समैया (समय) आओ। भटा भात भी खा नै पाओ।' इस पर चोखे कक्का अपनी टिप्पणी जोड़ते और कहते—'भाई यह समय गुड़ भरा है हँसिया है, न लीलने का, न उगलने का।' रसोई से माँ की या तो आह सुनाई देती या हाय (कोसना)। वे अपनी हाय में दुकानदार, नेता, सरकार सभी को बददुआएँ देती। कहती—'कीड़े पड़हैं नासपीटों के।' लेकिन किसी को कभी न तो कीड़े पड़े, न कोई दुख हुआ, न बीमारी। जो कुछ होता बुरा तो बस्ती के लोगों का। माँ सब के हाल पर कहती—'उगलत-लीलत पीर घनेरी।' इस तरह हमने अपनी बस्ती का नाम रख दिया—'पीर घनेरी'।

पीर घनेरी में बेरोज़गार अधिक थे। बच्चे थे लेकिन स्कूल न जाने वालों की संख्या उनसे अधिक थी। वे अधिक समय घर के बाहर रहते। कुएँ के पास या अमराई के नाले के क़रीब। घर वालों ने उम्र के हिसाब से बच्चों को कुछ काम सौंप दिये थे। बड़े यानी 15-16 साल के बच्चे काँवड़ में कनस्तर फँसाये लोगों के घरों में पानी पहुँचाते। उनका चलन में नाम होता—'पानी वाले श्रवण कुमार'। श्रवण शब्द उच्चारण में ठीक न आता तो वह सरवन हो जाता। तो सरवन कुमार सुबह और शाम दो वक़्त पानी भरने की रोज़नदारी से घर के लिए कमाते। यह काम बड़े और मझले भाई के हिस्से में आया। इसी उम्र की लड़कियाँ खेतों में निकल जातीं और सीला बीनने का काम करतीं। अकाल के दिनों में जब सीला बीनने का काम न होता तो वे नाले के किनारे उगी जंगली भाजियाँ, बेर और रेठू तोड़ने जातीं या बाबू लोगों के घरों में झाड़ू-पोंछा करतीं और बासन माँजतीं। लौटते में बासी खाने में से कुछ मिल जाता तो ले आतीं और भूख में उसी भोजन का उत्सव होता। कुछ बच्चे मौसम के अनुसार आम, जामुन, महुआ, चिरौंजी आदि तोड़ने-जुटाने में कुशल हो गए थे। जब कुछ न होता तो महुआर से सूख रहे या सूख चुके गोबर के थक्के बटोरते और इतवारी बाज़ार के दिन बेचने का धंधा करने की नाकाम कोशिश में जुटे रहते।

यह न होता तो इतवार के रोज़ किसी दुकानदार के यहाँ कप-प्लेट धोने, सब्ज़ी या गुड़ बेचने में लग जाते। गरज यह कि घर में कहीं न कहीं से पैसा आए। तो इस माफ़िक 'पीर घनेरी' बस्ती की अनेक मार्मिक कथाएँ हैं और कहावतें हैं। ऐसी ही ज़िन्दगी के लिए हमारे पड़ोस के 'खटमल' उर्फ डेहरिया, जो मानसिक रूप से विक्षिप्त हो गए थे—बार-बार एक ही शब्द दोहराते—'घिस्सू' अर्थात् घिसते रहना। कोई पूछता क्या कर रहे हो। और वे कहते—'घिस रहे हैं।' अच्छा फलाने क्या कर रहे हैं—'घिस रहे हैं।' यही वे कहते। और वो ढिकाने का क्या है? तो बोलते 'वो भी घिस्सू हैं।' जब मज़ाक़ या जिज्ञासा में घिस्सू का अर्थ पूछो तो हँसते हुए बताते—'गँड़ घिस्सू'। इस तरह उनके हिसाब से गाँव में सभी लोग छोटे-बड़े बस एक ही तरह से घिस रहे थे।

चौबीस

बहोत दुख थे
बहोत घाव
हमारे गाँव में पर कोई छाती कूटा न था

हमारी बस्ती में एक थे सुखई सेठ। मशहूर बहोत। मजूर उनके बनाए पकवानों के मुरीद थे। इसके साथ ही उनके हाथ की बनी बर्फी बड़ी मशहूर थी। दरअसल वे सुबह से पीने लगते थे और काम में डूब जाते थे। एक-एक पकवान पर समय लगाते। हमेशा मद्धिम आँच पे उन्हें सेंकते। और उभर रही गंध के सहारे स्वाद की महिमा को जान लेते। उनके यहाँ शाम को चोरी से देसी शराब भी बिकती। मजूरों की शाम वे उधारी में भी रोशन किये रहते इसलिए वहाँ एक भीड़ बनी रहती।

देशी शराब का ठेका वहाँ से 8 किलोमीटर दूर भाजीपानी में था। शराब वहीं से मँगानी पड़ती। इसके लिए हम सरीखे बच्चों की सेवाएँ लेते, कोई और काम न होने पर हम उनकी खटारा साइकिल उठाते और एक-डेढ़ घंटे में कम-से-कम दो बोतलें पैंट में (पेट की तरफ़) छुपाकर ले आते। हमें मजूरी में प्रति बोतल एक अठन्नी मिलती और दुकान से नाश्ता। कई बार रास्ते में पुलिस वाले पकड़ लेते। वे बोतलें अपने पास रख लेते और हमें छोड़ देते। यह बड़ी राहत थी और कृपा भी कि हम लोगों के ख़िलाफ़ उन्होंने कोई कार्रवाई नहीं की। बस डाँटते या कभी-कभार अपनी बेंत से पुट्ठे पर ठुकाई कर देते लेकिन ज़ोर से नहीं। वे भी बच्चों की मजबूरी जानते थे। सुखई सेठ भी हमें कुछ न कहते, बस पुलिस वालों को झूठा-मूठा गरिया देते और हस्बमामूल हमारा नाश्ता प्लेट में लगा देते। हम बच्चों को पैसे न मिलते लेकिन खाने को मिल जाता। बस हम 'खटमल' की भाषा में कहते 'भई आज तो सही में घिस गई।' लेकिन ये पुलिस वालों की घिसाई भी वाह और हँस पड़ते। इस तरह हमने अपनी घिसाई के लिए कई विकल्प खोल रखे थे कि पैसों की या खाने की आवक जितनी भी सम्भव हो बनी रहे। ये और बात है अधिकांश बच्चे स्कूल नहीं जा पा रहे थे। या पढ़ाई बीच में छोड़ने को विवश हो रहे थे। लेकिन इस तकलीफ़ को निरक्षर माता-पिता समझते थे।

और दुख भी मनाते थे। चोखे कक्का बात-बात में कहते—'दुब्बर लू दो असाढ़।' अर्थात् एक तो (आदमी) दुबला और भूखा तिस पर दो आषाढ़ एक साथ। इसके बाद वे गर्व से कहते—'फिर भी हमारे यहाँ कोई छाती कूटा नहीं।' यानी कोई दुख मानता, रोता-झींकता नहीं मिलता। उलट समय में भी मस्ती के कण बिखरते रहते। मुझे याद है कि इसी दौरान उन्होंने कहा था—'भई बीड़ी-वीड़ी हो जाए कुछ।' तब पिताजी दुख में बोलते थे। 'आज तो हुक्का औंधे मुँह पड़ा है।' और सब ठठाकर हँस पड़ते थे। हाँ पीछे से माँ की आवाज़ गूँजती थी—'इत्ते भी बुरे दिन नईं आए। बीड़ी को बंडल मँगाओ है। मोड़ा (लड़का) ला रओ है। और चाय सोई आ रही है।' इतना सुन एक बार फिर सब हँस पड़ते। अर्थ को उसी रूप और गहनता में न समझते हुए हम इतना जान पाते कि मस्ती के पल हैं, तो, सब ठीक है।

बस्ती के स्वभाव में एक तरफ़ जीवट था, इतना कि किसी भी हालात से लड़ा जा सकता था, दूसरी तरफ़ दुखों में एक साथ खड़े होने का गुण था। दुर्घटना हो या शादी-ब्यांह, मृत्यु हो या जन्म। यदि किसी तरह की अपेक्षा या ज़रूरत काका को पता चलती तो पेट काटकर भी वे मदद करते। इस प्रतिनिधि स्वभाव में बावजूद कुछेक में थोड़ी-बहोत कमीनगी, ईर्ष्या या भेदभाव के कोई गिरावट दर्ज नहीं हुई। पूँजी न होने से, पूँजी से उत्पन्न होने वाले संकट बस्ती के लोगों में न पनप सके। यह एक ताक़त थी। संत कवियों के दोहों-चौपाइयों से निकलती अक्षय ऊर्जा ने जैसे सब कुछ सँभाल रखा था।

वे पढ़े-लिखे न थे। उनका शुमार निम्न वर्ग में ही बना रहा। सभी विस्थापित थे। और दो रोटी के आसरे बँधे चले आए थे। खाई और खंदक जैसे जीवन के बाद सबके भीतर निर्मल जल था। और उजास का भरोसा। वे लड़ रहे थे। हँसते-खेलते, मस्त-अलमस्त-बदमस्त। उन्हें सिद्ध करना था कि 'पीर घनेरी' बस्ती में उनका होना भर नये जीवन की तरफ़ उठता क़दम था, जो सूर्योदय था।

मैं अपने बारे में सोचता हूँ। तो उस बस्ती से सदैव जुड़ा पाता हूँ। कोयले की धूल से रँगा-पुता या डूबा हुआ बाल मजूर। मैं सिर्फ़ काले में, काले से ही झरती रोशनी अनुभव करता हूँ। इस रोशनी में नहाता, मैं बस्ती के लोगों की ऊर्जा भरी गाथाओं को याद करता हूँ। अपना नहीं उन्हीं का किया-धरा बार-बार दुहराता हूँ।

अब जाकर इस वय में समझ आता है कि हमारी बस्ती कितनी आधुनिक सोच तले जीती थी। उनका जीवन अभावों के ऐन बीच में ख़ुशी का सहज उद्घोष था और घर को जैसे कबीर से ताक़त मिली लड़ने की, उसी तरह 'पीर घनेरी बस्ती' को संत और लोक कवियों ने हर पल संघर्ष का पाठ सिखाया।

पच्चीस

उसके लिए चिट्ठियाँ
भाषा के बन्द दरवाज़ों को
खोलती गईं
दरवाज़ा खुला-अधखुला रह गया
बन्द हो गया चिट्ठियों का दरवाज़ा

तब गाँव में घर कम थे। कोयला खदानों का उतना विस्तार नहीं था। इनी-गिनी खदानें थीं—जमकुंडा, सुकरी, बड़ियावाली, मोहन कॉलरी। थोड़ा आगे निकल जाओ तो जाटाछापर, रावनबाड़ा और पश्चिम की तरफ़ डुंगरिया और दमुआ। और भी कुछ रही होंगी लेकिन नाम इन्हीं के बजते थे। पोस्ट ऑफ़िस जुन्नारदेव, चाँदामेटा और परासिया में थे। टेलीफ़ोन के बारे में हमें जानकारी न थी। पैंतालीस पार करने के बाद अब बहुत कुछ बदल गया है कि पुराने दोस्तों को ढूँढ़ पाना दूभर है। इतने अधिक नये चेहरे कि पुरानों को पहचानने में दिक़्क़त पेश आती है। जो ढूँढ़ लो तो उन्हें देखते ही गहरा दुख और आश्चर्य। वर्तमान इतना क्रूर कि हँसी-मुस्कुराहट बमुश्किल चेहरे पर लौटती। फिर इन वर्षों में संवाद ही छूट गया। चिट्ठी-पत्री तभी तक थी कि जब तक नौकरी न थी। शायद नौकरी लगने के एक-डेढ़ साल बाद तक। लौटता हूँ तो कोशिश होती है कि कोई मिल जाए। शायद अपने ही अकेलेपन को पाटने की कोई जुगत हो यह।

इस बार छिंदवाड़ा उतर के एक मिनी बस से गाँव पहुँचता हूँ, जो अब तक एक क़स्बा भी नहीं है। बस में उससे भेंट हो जाती है। तब उसकी उम्र अठारह रही होगी। हमसे पाँच-छह साल अधिक। उसकी नौकरी लग चुकी थी। वह गाँव का लाड़ला था। आठवीं तक ही पढ़ पाया था कि घर के हालात ने उसे पढ़ाई छोड़ने पर विवश कर दिया था। गाँव में दोपहर से उसकी प्रतीक्षा शुरू हो जाती थी। उसे दफ़्तर से एक साइकिल मिली थी जिस पर चढ़कर रोज़ बीस-बाईस मील उसे घूमना होता था। इसमें आसपास के गाँव जाना शामिल था। उसकी साइकिल की घंटी पर घरों के द्वार खुल उठते थे। ख़ास कर वे घर जो बाहर से आकर बसे मजूरों के थे।

उत्तर प्रदेश, बिहार और महाराष्ट्र के लोग। वह उनके लिए बहुत से नातों में बँधा था। किसी का भतीजा, किसी का भानजा, किसी का बेटा सा। और जाने क्या-क्या। उसे देखकर इच्छा होती थी कि बड़ा होकर उस जैसा बनूँ जिसे सब प्यार करें। इन्तज़ार करें। उसकी आहट पर दरवाज़ा खोल दें।

वह उन लोगों तक 'राजी-ख़ुशी' को लेकर आता था। हँसी, मुस्कुराहट, शान्ति और दूर-दराज़ के सन्देशे। जो मजूर पढ़े-लिखे न थे वह उन्हें पढ़कर सुनाता था। कुछ पंक्तियाँ अब तक याद हैं—'सिद्धिश्री सर्वोपरि जोगलिखी कि प्रभु की कृपा से यहाँ सब कुशल है। प्रार्थना करते हैं कि वहाँ भी सब कुशल होवे। इधर इस बरस खेती रिसा (रूठ) गई है। रमुआ, को निमोनिया हो गया है। दादी की आँखों को चश्मा लगेगा डागदर बाबू कह रहे थे। और सब ठीक है। आप चिन्ता न करें। थोड़ा लिखा ज़्यादा समझना।' और सान्त्वना देता। और लोग कि उसे पास बिठाते। आशीष देते। कभी-कभी वह कुछ घरों तक जाने में ठिठकता। शायद न जाना चाहता। ख़ास कर तब, जब पोस्टकार्ड का कोना फटा होता। लेकिन उसे जाना पड़ता। वह चिट्ठी थमाता। रोना-धोना सुनता। अपने को थामता और ढाढ़स बँधाता। पता चला वह अब उसी नौकरी से कुछ विमुख-विरक्त लगा। मैंने टटोलने की कोशिश की। कई सवाल पूछे। मानो अपना डाकथैला पलट दिया हो। बातों का सार था कि अब व्यक्तिगत चिट्ठियाँ इतनी कम हो गई हैं कि उन्हें खोजना पड़ता है। व्यावसायिक पत्र ही अधिक आते हैं इन दिनों। पहले वह पत्रों को बाँचता था तो उनमें भावना, दर्शन, हँसी-ठिठोली-मनुहार और रिश्तों की गंध होती थी। अच्छी लिखावट। लिखने वाले का मन पढ़ा जा सकता था। भाषा सीखी जा सकती थी। और इधर कोई अब पत्रों का इन्तज़ार नहीं करता। आहट होने पर कोई दरवाज़ा नहीं खोलता। बस कभी-कभार दूर के गाँवों में जाता हूँ तो मन को अच्छा लगता है क्योंकि वहाँ घर के बाहर चिट्ठी डालने वाले नाम-पते के बॉक्स नहीं हैं। वहाँ चिट्ठियाँ हाथ में जब देते हैं तो एक रिश्ता होता है। एक भावना। बाक़ी तो हम दरवाज़ों को खटखटाने की जगह चिट्ठियाँ नीचे से सरका देते हैं या फिर बॉक्स में डाल देते हैं, जिनसे हमारा रिश्ता कब का ख़त्म हो चुका है। उसकी आवाज़ में कोई ऐसा दुख था, जिसे मैं समझ रहा था लेकिन असहाय था।

उसके उतरने की जगह या कहें स्टैंड पहले था। वह कुछ कहना चाहता था जिसे मैं समझ रहा था। मैं उसके साथ उतरा। उसका घर एक कच्ची बस्ती में था। स्टैंड से कोई डेढ़ेक फ़र्लांग। मैं उसके साथ था। उसे अच्छा लगा। घर में पत्नी, दो बच्चे और बूढ़ी माँ। पिता खदान की भेंट चढ़ चुके थे। और यह मुझे मालूम न था। यह मेरे लिए एक भारी क्षण था। मुझे कोई पहचान न रहा था। सिवाय उस साइकिल और झोले के जिन्हें मैं बचपन में कई बार छू चुका था। साइकिल टुटही थी। झोला बदल चुका था। मैंने दोनों को निहारा और छुआ। बच्चे मेरे समीप आ गए थे।

मैं उनसे मिलने-पहचान क़ायम करने की कोशिश कर रहा था। और मैं उसके इन्तज़ार में था। वह आया। उसके पास एक झोला था। वह पत्रों का बंडल निकाल रहा था। उसे थाम, उसने एक अन्तर्देशीय निकाला और मेरे हाथ में रख दिया। मैंने उसे खोला। तिथि थी 25.7.78। मेरा ही लिखा पत्र था। लिखावट बदली हुई थी। वह शायद कहना चाहता था कि इक्कीस साल हो गए पत्र लिखे। मैं जैसे कठघरे में था। मुझे बस में हुई बातचीत के टुकड़े याद आए। उसका विराग-विरक्ति। पत्रों के साथ जुड़ा उसका जीवन और भीतरी स्तर पर घेर रहा मरण। मरण अक्षरों, पंक्तियों, भावनाओं और उस भाषा का, जो उसे जोड़ती और जीवन देती थी। और उसको भी जो पत्र लिखा, और जो सामने था उसमें हमारे सम्बन्ध की उष्मा खोने की पीड़ा थी। मैंने अनुभव किया कि मेरे भीतर का एक कोना मर चुका है। और उसके कारण जाने और कितने कोने। मैंने याद किया कि कितने अभिन्न लोगों को मैंने चिट्ठियाँ नहीं लिखीं। मैंने बहुत से दोस्तों, नातेदारों को सम्बन्ध, भाषा और उसके इतिहास में खो दिया। घर लौटा था तो फ़ोन बज रहा था, जिसे छूते हुए कोई झिझक हुई। फिर मैं बतियाने लगा। वह एक कृत्रिम भाषा थी जिसमें मैं बोल रहा था।

छब्बीस

पिता का जीवन उस दुख और शर्म से
कभी मुक्त न हो सका
कि उन्हें पक्की नौकरी न मिल सकी
कि माँ को ताउम्र काम करना पड़ा
कि वे सतपुड़ा से फोकटिया चीज़ें
इच्छा के विरुद्ध माँगने को अभिशप्त हुए?

माँ पखवाड़े, माह और दिनों के साथ चीज़ों को याद रखती थी। हालाँकि अंग्रेज़ी कैलेंडर से वह अनजान थी। और बनी रही। उसके लिए लालाराम एंड संस वाला पंचांग ही भरोसेमन्द था। नये साल को वे 31 दिसम्बर की रात से जोड़कर कभी न देख पाई। कैसा नया साल का मौसम कि फ़सल, जंगल, नदी, तालाब में कोई बदलाव ही नहीं दिखे। वह कहती हमारा नया साल तो मकर संक्रान्ति से होता है। अपने-आप प्रकृति बदलने का पता चलता है। बदलाव प्रकृति में हो तो मन में होता है। नहीं तो ढम-ढमा-ढम। वह चैत, बैसाख से क्रमवार महीनों को याद रखती और बताती जेठ के महीने प्रकृति फलाँ तरह से होगी और सावन में फलाँ तरह से बदल जाएगी। इस तरह उसका जीवन बारामास के चक्र से बँधा था। और हर माह के मौसम, फल-फूल से जोड़कर वह जीवन को एक रूप देती और उत्सव में बदल देती थी।

पिता भी प्रकृति के अद्‌भुत प्रेमी थे और जंगल घूमने के शौक़ीन। वे अपने किसान दोस्तों के खेतों में जाते और ना-नुकुर के बाद मित्र प्रेम में उनके खेत से सब्ज़ी-भाजी, फल आदि लेकर आते। अभाव वाले घर में यह एक तरह की फोकटिया संस्कृति भी थी। चटोरे स्वभाव के पिता बाज़ार से तो चीज़ें ख़रीद न पाते थे। ख़ास कर मसाले सो मुफ़्त में मिल जाएँ तो क्या हर्ज़। इतना समझौता स्वाभिमान के साथ सहज था। और उस वक़्त तक तो कि जब तक मित्र इसे पहचान न लें।

मुझे याद है कि अमूमन वे कुछ पौधों, बीजों, पत्तियों को लेकर घर लौटा करते थे। कन्धे की सुआपी यदि हाथ में हो तो कोई अनोखी और ज़रूरी चीज़ों का होना

लाजिमी था। उस सुआपी में तरह-तरह की अचीन्ही और उत्तेजक गंध होती थी। जो अन्तरालों में आती और बस जाती थी। मसलन पिता पीलापन लिए भूरे बीज लेकर आते तो घर में उसकी तीखी सी गंध फैल जाती। बीजों को जीभ पर रखें तो वे चरपरे लगते। बच्चे मीठी चीज़ों को ललकते, लेकिन उनका आना और खाना उतना सहज याद नहीं आता जितना तीखा, कड़वा जैसे पिता द्वारा लाए गए वे अजवाइन के बीज। नीम का कड़वापन शायद इसीलिए ज़्यादा याद रहता है कि वह पिछवाड़े अवस्थित पेड़ था। और दातून के लिए सदा उपस्थित।

पिता के लिए संग्रहण ज़रूरी था। इसे लेकिन वे बताते न थे। लेकिन माँ से पता चल जाता था कि पिता का उद्द्देश्य क्या होता था। अजवाइन प्रेम इसलिए अधिक था कि वह गैस, अपच, शूल, पेटदर्द के अलावा चर्मरोग और गठिया में उनकी ज़रूरत थी। वह अपने ढंग की वैद्यगिरी किया करते थे और इलाज में हो सकने वाले सम्भावित ख़र्च को बचा लेते थे। 'अजवाइन सत' नामक दवाई बाज़ार में उपलब्ध थी पर पैसे न थे। सो अजवाइन जहाँ एक ओर माँ की रसोई का हिस्सा हो जाती। साथ ही पिता की दवाई का काम भी हो जाता। वे अजवाइन के पत्तों को पेट के कीड़े मारने के लिए हमें यदा-कदा देते। पेट के रोग के लिए पत्तों को नमक मिला के एक कप पानी के साथ उसे खिलाते। वे दमा के रोगी थे। इसीलिए अजवाइन की गर्म पोटली से अपना सीना सेंकते। जिससे उन्हें आराम मिलता। माँ के लिए यह बहुमूल्य मसाला था और साथ में वनरक्षक औषधि। हमारे लिए वह स्वाद और गंध की स्मृति अब जीवन का अभिन्न अंग है और क्या संयोग है कि पत्नी और बेटी की रसोई में वह शान से उपस्थित है। और अपच के इस मरीज की दवा सूची में भी अनिवार्य औषधि है। अब देह की ज़रूरत में शामिल यह अजवाइन तीखी लगती है न चरपरी। मानो तीखा और चरपरापन जीभ संग प्रेम में डूबे हैं।

याद करता हूँ तो माँ की कई बातें याद आती हैं। वो हमेशा आम के दिनों में जब आँधी चलती तो हमें कैरी (कच्चे आम) बटोरने भेज देतीं। हम झोले में देसी कच्चे आम लिये लौटते। उनका तुरन्त उपयोग माँ चटनी में करती और उबालकर गुड़ के साथ 'पना' बनातीं, जो हमारे स्वाद में अमोल रंग भरते। फिर कच्चे आमों को छीलकर उसके गूदे को फाँकों की शक़्ल में सुखाने डाल देती। सूखने पर खलबट्टे में डालकर उन्हें कूट लेते और अमचूर तैयार। ज़रा सी मेहनत और चटोरेपन के लिए रसोई में फोकटिया मसाला या कहें वस्तु। जाने कितने व्यंजनों में यह अमचूर साल भर साथ देता और ग़रीबी से लड़ने की ऐसी ताक़त जो वैसे शायद सम्भव न होती। माँ-पिता पालक थे इसलिए याद आते हों ऐसा मानना सच नहीं। उनके उपाय, जुगत और संघर्ष की वे तरक़ीबें अधिक स्मृति में हैं कि फ़ाक़ामस्ती में भी उन्होंने स्वाद, गंध की ऐसी दुनिया सिरजी, जिसमें इन्द्रियाँ जागृत बनी रहीं और लड़ने की ताक़त के साथ सोच-समझ का माद्‌दा बना और चढ़ा। जैसे कभी-कभार टमाटर और प्याज़

की सलाद में सौंफ के पत्ते जादुई ढंग से मुफ़्त में अवतरित होकर सुगंध का नया संसार रच देते। पूछने पर पता चला कि वे लखनऊ सौंफ के पत्ते हैं। पिता के किसान दोस्त शौक़ से सिर्फ़ अपने खाने के लिए उसे उगाते थे। सौंफ का पानी बच्चों को भी पिलाया जाता था। ताकि वे वायु विकार से लड़ सकें। पिता बताते ग्राइपवाटर में भी इसका उपयोग होता है। सो ग्राइपवाटर पर पैसे ख़र्च करने की जगह सौंफ का पानी इस्तेमाल हो तो ग़रीबों पर पैसे का बोझ कम होगा। पिता मज़े-मज़े में मुस्कराते हुए सौंफ की शराब की चर्चा करते जो हमारे ज्ञान के बाहर की बात होती। बस माँ कहतीं—हाँ! हाँ! कभी पैसे हुए तो मँगवा लेंगे। इतने टंडीले दिन भी नहीं कि इतनी सी इच्छा न पूरी हो। और दोनों हँस देते। हम भी साथ-साथ हँसते लेकिन बिना जाने कि हँसने का राज़ क्या है लेकिन वो समवेत हँसी आज भी पीछा करती है।

सत्ताईस

सबसे बुरा होता है क़र्ज़ का जीवन
एक सीमा के बाद
घर में कुछ लोग प्रवेश कर जाते हैं
वे क़र्ज़ देकर आपको ख़रीद लेना चाहते हैं
ब्याज न चुका पाने के भय में जीवन अशान्त हो उठता है
हमने क़र्ज़ लिया और ज़मीर को बचाकर क़र्ज़ चुकाया

तब हमारी कोयला खानों के मजूरों के जीवन संघर्ष बड़े तिर्यक थे। खदान मालिक बनिये थे। और 'अधिक काम कम दाम' उनकी नीति थी। मजूर यूनियनें बिकी हुई थीं। ख़ास कर इंटक यूनियन। ऐसे में क़र्ज़ देने वाले लोगों ने मजूरों को घेर रखा था। पठान (अफ़गानी) सूद का धन्धा करते थे। उधार रुपया देते और वसूली निर्ममता से करते। उनका सूद ख़त्म ही न होता। मजूर उनसे डरते। देखते ही छिपते या बहाना करते। पठानी सूट और साफ़े वाली पगड़ी में ये एक और बात के लिए याद आते वे अपने साथ में 'हींग' लेकर आते।

पठान अच्छी तनख़्वाह वाले कामगारों को थोड़ी सी हींग भेंट करते और दाल में छौंकने की सलाह देते। जिस घर में हींग से दाल बघारी जाती। उसकी सुगंध पूरे मोहल्ले को घेर लेती। यह सबके लिए 'फोकटिया' माल तो था नहीं सो हमारे घर में आमद कभी-कभार ही होती और कृपाभाव में ही। पठानी हींग शुद्ध होती थी। यही उसका मानक था। पठानी हींग को 'हड्डा हींग' के नाम से पुकारा जाता। हड्डा हींग यानी शुद्ध हींग। वरना हींग की जगह कम क़ीमत वाली 'हींगडा' भी लिये हुए लोग घूमते। उसमें वो सुगंध ही न होती जो 'हड्डा हींग' में थी। यही एक मसाला था जिसके लिए पिता ने क़र्ज़ लिया लेकिन सुगंध की ग़ुलामी ही इसका कारण न था। अभाव में क़र्ज़ लिया तो हींग भी चली आई। बहाना पठान की सलाह कि हींग पिता के दमे के लिए अचूक दवाई थी। सूद चुकाने के साथ-साथ इस तरह वह घर आ गई और बस गई अपनी महक के साथ। पिता को आराम हींग से ही लगा हो कहना मुश्किल लेकिन उनके इस भ्रम ने हींग का उन्हें दास बना दिया।

आज पिता नहीं हैं। हींग है और बिना हींग के अब दाल तो बिलकुल नहीं भाती। लेकिन अब वो 'हड्डा हींग' कहाँ और वो पठान भी नहीं आते। आती हैं तो बस महकती यादें माँ की रसोई की और पिता के वे दृश्य जो 'हड्डा हींग' के साथ जीवित हैं। चाहे भोजन के बहाने, चाहे दमा दवा के रूप में अपनी गंध के साथ। इस जीवित स्मृति में कितना कुछ जीवित और सुगंधित है, मैं जानता हूँ।

बार-बार एक ख़याल मेरे मन में उठता है कि हम तरह-तरह के क़र्ज़ों की बात करते हैं। बनिये का, पठान का, ज़मींदार का, बैंक का यहाँ तक खदान मालिकों का। हर क़र्ज़ चुकाना ही पड़ता है सूद सहित। माँ कहा करती थी, 'बेटा उस क़र्ज़ के बारे में सोचो जो धरती का है, आसमान का है, जल और जंगल का है, चाँद और सूरज का है और हवा का है।' हम क़र्ज़ चुकाने की जगह बस उसका दोहन कर रहे हैं। इस लूटपाट में सारे रसूखदार शामिल हैं। व्यापारी से लेकर सरकार तक। पुलिस से लेकर क़ानून के रखवाले तक। माँ की बात ज़ेहन में घूमती है और सवाल करती है। उसने एक दिन तुलसी का पौधा रोपते हुए कहा था। यह सिर्फ़ आस्था के लिए नहीं। इसमें जीवन की पद्धति भी है। इसीलिए हर घर में मिलता है। सिर्फ़ पूजा का हिस्सा नहीं है। इस तुलसी में अनेक गुण हैं। मैंने सवाल में आँखें स्थिर कर लीं। माँ ने आँखों पर हल्के से अँगुलियाँ फेरीं और कहा, "बेटा इसकी गंध सूँघो। यह भीनी और मधुर है। इसकी पत्तियों में सुगंधित तेल बसा होता है। इसकी सुगंध पुदीना परिवार से सम्बन्ध रखती है। एक बार बताया था तुम्हें, याद करो। अब इसकी पत्ती खाओ इसमें कुछ अलग तरह का मोहक तीखापन है। इसकी खेती की जाती है। एक एकड़ में 30 से 40 सेर तेल लायक पौधे उगते हैं। अमीर लोग इसके तेल का मांस-मछली से लेकर शाकाहारी पकवानों में उपयोग करते हैं। जैसे हम भी इसे सब्ज़ी में डालते हैं। इसे मिठाइयों में डालते हैं। सुगंध के लिए। इसमें जो औषध गुण हैं उससे बुख़ार ठीक होता है। खाँसी और दमा ठीक होते हैं। कान और दाँत के दर्द का इलाज होता है। घाव में इसको बाँधने से आराम मिलता है। क़ब्ज़ और बवासीर में भी इसकी बनी दवा काम की है। इसके पत्ते, फूल, जड़ सब काम के हैं। तुलसी इतने सारे रोगों में काम आती है तो इसका क़र्ज़ कितना होगा। ज़रा सोचो! इतना कहकर माँ अपने काम में लग गई। मैं सोचता रहा। माँ की बातों को। सोचने से क़र्ज़ इतना बढ़ गया कि इसे भरसक बचाने के बारे में अब माँ की तरह सोचता हूँ। मैं माँ नहीं हो पाता। माँ होना ही शायद सृष्टि को बचाने का अचूक उपाय है। हम कितना कम सोचते हैं सृष्टि के बारे में। अगर माँओं की तरह सोचा होता तो कितनी सुन्दर होती यह दुनिया। माँ को इतना ज्ञान कहाँ से मिला, कभी जान न सका।

अट्ठाईस

उनके पास देहशोषण के लिए
वो सब था जो हम सोच न सकते थे
उन्होंने हमारा सब लूटा
स्त्रियों को भी

बचपन में कई लोग मिले जो प्रकृति से प्राप्त निःशुल्क फल-फूल, सब्ज़ी-भाजी, मसाले का निर्मम उपयोग करते थे। बाज-दफा गुण धर्म जाने बिना ही अधिक उपयोग की भी स्मृतियाँ हैं। कुछ लोग सचेत होते हैं। जो सेहत के लिए सोचा-समझा इस्तेमाल करते हैं। गाँव में एक पंडित थे। गेहुँआ रंग सधी हुई काठी। हरदम चेहरे पर तेज़। लोग आश्चर्य में कि पंडित का ऐसा क्या दिव्य खान-पान होगा। लोग कहते दूध, घी का तगड़ा सेवन करते होंगे। उनकी सेहत और रूप की चर्चा स्त्रियों में अकसर होती। पिता के दोस्त थे दमड़ू नाई। पूजा-पाठ के व्यवसायी पंडित का एक नाई होता है जिसका काम पूजा सामग्री को जुटाना होता है। पंडित के साथ वह भी दक्षिणा और नेग का हक़दार होता है। सो दमड़ू नाई के अलावा पंडित की दमदमाती सेहत का राज़ और कौन बता सकता था। दमड़ू ने बताया, 'पंडित जी' रोज़ सुबह बादाम और पूरी लहसुन की पोथियाँ खाते हैं। एक गिलास अनार का जूस। नाश्ते में भिगोई हुई मेथी और दूध में केसर डालकर पीते हैं। मौसमी फलों का सेवन ज़्यादा करते हैं। आगे दमड़ू ने कहा—पंडित होकर लहसुन खाने और वो भी ख़ाली पेट और मेथी को नाश्ते में लेना विचित्र है लेकिन राज़ इसी में है। पंडित जी तो लँगोट में भी कमाल की ताक़त रखते हैं। सो इसी खान-पान में ही सेहत का राज़ छिपा है। इतना कहकर दमड़ू के साथ सभी हँस पड़े। मैं इस राज़ का मतलब तब न समझ सका। कह सकते हैं समझ अनुभव के साथ परिपक्व होती है। याद करके मैं तबकी छूटी हँसी को पकड़ता हूँ। और अमूमन उसमें वो रंग नहीं आता। लेकिन बादाम, लहसुन, मेथी, अनार, केसर की महिमा को अब कुछ-कुछ जानता हूँ। मैंने इस बारे में न केवल पढ़ा बल्कि पंडित जी की तरह कई और किरदारों से मिला और वैद्य तथा हकीमों से भी बात की। मैं इसी नतीजे पर पहुँचा कि आधुनिक दवाइयों के

त्वरित नतीजे की जगह आयुर्वेद के धीमे लेकिन अन्तिम असर वाले नुस्ख़े ज़्यादा कारगर हैं। अगर गाँव की स्त्रियाँ अपने अनुभव से इसकी ताकीद करती हैं तो दमड़ू नाई की बात सच बैठती है। अब इस सच को पंडित जी के सन्दर्भ में स्त्रियों की बातों को भला कैसे कोई झूठ कहें। यदि यह सच है तो पंडित जी के खान-पान से उत्पन्न वो ताक़त भी सच ही मानी जाएगी। ख़ैर...वो पंडित मुझे कभी न अच्छा लगा, न सुन्दर। वह मुझे स्त्री देह का मंधोरी लगता था। श्मशान में बैठे अघोरी की यादें दिलाता जो माँस भक्षण में आनन्दित होता और हमें घृणा होती है।

मैं यहाँ उन यादों में हूँ। जो माँ-पिता के ज़रिये ज़िन्दगी का सबक़ बनीं। मेरे सौन्दर्यबोध को पल्लवित और विकसित करने में जिनका अभूतपूर्व योगदान है। जब-जब मैं अमचूर खाता हूँ। अनारदाना की याद आती है यह फल यूँ तो ड्राई फ्रूट्स की तुलना में सम्पन्नता का सूचक नहीं है। अनार वहाँ भी उग आता है, जहाँ गरमी का मौसम लम्बा और ख़ुश्क़ हो और सर्दी भी पड़ती हो। सो सतपुड़ा में यह मज़े से पनपता है। हमारे घर के पीछे भी इसके दो-तीन पेड़ थे। गूदे समेत अनार के चमकीले लाल, पीले या सफ़ेद बीजों को सुखाकर अनारदाना बनाते हैं। और अमचूर की तरह भोजन में खट-मिट्ठे स्वाद के लिए उपयोग में लाते हैं। माँ के अनुसार अनारदाना भूख बढ़ाता है। इसका गूदा दिल को मज़बूत करता है। और माँ कहती—"जिसका दिल मज़बूत हो वो कोई भी लड़ाई जीत लेता है। लो अनारदाना खाओ और जीतने के लिए मैदान में उतर जाओ।" आज सोचने पर कितनी सही सीख लगती है। पर हम सब अब बाज़ार में हैं और इन अमोल शिक्षाओं से वंचित। अब हमारे लिए जीरा, तेजपत्ता, दालचीनी, लौंग, जावित्री, जायफल, सरसों, हल्दी आदि बाज़ार से प्राप्त उपभोक्ता वस्तुएँ हैं। इनका भी खड़े मसालों के रूप में इस्तेमाल कहाँ होता है। अब तरह-तरह के पाउडर हैं—मटन, चिकन, मछली से लेकर शाकाहारी पाउडर तक मसालों के नाम पर। गंध-सुगंध खड़े मसालों से कितनी पास या दूर कोई आधुनिक अन्नपूर्णा भी बता न सके। वह यह भी शायद ही बता सके कि जायफल और जावित्री की सुगंध और स्वाद में क्या अन्तर है। करी पाउडर के इस ज़माने में प्रकृति के पास जाना तो दूर हुआ ही, उससे प्रेम भी जैसे ख़त्म हुआ।

अब कौन स्त्रियों के लिए 'केसर काया' या 'केसर रंग' जैसी उपमाओं का प्रयोग करता है। कौन उन्हें लाल मिर्च कहता है या कौन उन्हें तुलसी या जावित्री के नाम से पुकारता है। मूल सुगंध को पहचाने या स्वाद को चखे बिना लौंग, इलायची, सौंफ का गुणधर्म, गंधसहित जानने के दिन अतीत हुए। आज की स्वाद गंध से उद्विग्न होने वाला रोमांस भी कहाँ? और यह सब कितना ख़तरनाक है कि आज की पीढ़ी की इन्द्रियाँ वस्तुओं को स्वाद, गंध, स्पर्श से नहीं पहचानतीं। उनके सौन्दर्यबोध से किस क़दर दूर हो चलीं। मूल वस्तुओं का लोप, एक दिन पूरी तरह बाज़ार के क़ब्ज़े में होगा।

वे मिलावटों के ज़रिये एक ऐसा भ्रम बेचेंगे जो यथार्थ से न केवल दूर होगा अपितु यथार्थ ही न होगा।

गाँव के पंडित के खान-पान से उत्पन्न सेक्स बल के बारे में कहा जा सकता है कि जो था वह नियमित और प्रकृत वस्तुओं के सेवन से था, न कि शिलाजीत और एलोपैथिक कामोत्तेजक गोलियों के भरोसे। यह बात बार-बार कौंधती है कि हम अपने शरीर को कुछ तो प्राकृतिक वस्तुओं के उपभोग से ठीक रख सकते थे। मजूरों ने अपने जीवन को जंगल से मिल रही जड़ी-बूटियों और फलों के माध्यम से कुछ अधिक बना रखा था।

उनतीस

एक अपूर्व रिश्ता
अपने होने को भूलता
सिर्फ़ लोक गीत में बचा लें
उसे गाने वाले नहीं हैं

उस दिन बूँदाबाँदी थी। जुलाई का अन्तिम हफ़्ता था। बूँदाबाँदी को छत से उतरते हुए सुन रहा था। देसी कबेलूवाले घरों में प्रकृति को गहरे तक अनुभव किया जा सकता है। इन घरों में हवा, बारिश, धूप की बेरोक आवाजाही होती है। मौसम अतिथि की तरह होता है, जिसका लोग गाँव में भरपूर स्वागत करते हैं। एक उत्साह चेहरों पर दीखता है। पहले वह घर में दिखा। उसे अचरज से देखता हुआ मैं बाहर निकल आया। मौसम का पहला स्पर्श चेहरे पर उतर आया।

ठीक इसी समय एक धुन लहराती हुई मेरे कानों में रस घोलने लगी। धुन के पीछे स्त्रियों का समवेत स्वर था। मैं उस गीत की पंक्तियों को पकड़ने की चेष्टा करने लगा। शब्द बुन्देली के थे और मैं उन्हें पंक्तियों में गूँथ रहा था। पीछे से बड़ी भौजी की आवाज़ सुनाई दी, 'लाला काँ पौंच गए?' मैंने कहा, 'पहुँचा कहीं नहीं। पहुँचने की कोशिश में हूँ, उस गीत तक जो औरतें गा रही हैं।' उन्होंने कहा, तो हम बताए देत हैं, सुनो—'ऊपर बदर घुमड़ाय री गोरी धना पनिया खों निकरी।' जब मैंने गीत गाये जाने के कारण के बारे में पूछा तो भौजी ने बताया कि वह कुआँ पूजन का गीत है। गाँव की बहू माँ बनी है। महीना हो गया। महीने-भर के बाद बहू घर से पहली बार देहरी के बाहर पाँव रख रही है। वह अपनी सखियों के साथ कुआँ पूजन को जा रही है। मैं समझ न पाया। आगे उन्होंने कहा, 'ऐसा करौं के तुमई सो देख आओ कुअला पे।' सकुचाते हुए मैं उस ओर निकल पड़ा। कुएँ के पास एक पेड़ के नीचे जा बैठा। स्त्रियाँ वही गीत गाते हुए आ रही थीं। कपड़े चमकदार थे। सिर पर मिट्टी के घड़े। एक स्त्री के हाथों में बाल्टी और डोर। एक और स्त्री के हाथों में सूप में कुछ सामान। गीत रुक गया था और वे कुएँ की जगत पर आकर घड़े उतार रही थीं। एक अधिक उम्र की स्त्री थी।

उसने गोबर से पानी भरने की जगह के नीचे वाले स्थान को लीपा। फिर आटे से चौक पूरा। पूजा के लिए सामान सजाया। शायद हल्दी, चावल और गुड़ जिसका रिवाज है। गीत फिर से शुरू हुआ : 'गर्रा पे डोर डार गुइयाँ।' और गाँव की बहू ने बाल्टी को, जो डोर से बँधी थी, कुएँ में छोड़ दिया। बाल्टी के साथ उसकी चूड़ियों की खनक घुल-मिल रही थीं। बीच-बीच में हँसी के स्वर आसपास को स्निग्ध और जीवन्त कर रहे थे। बहू ने एक-एक कर कई घड़े भरे कि कल से फिर यही जीवनक्रम होगा।

लेकिन उसके बाद एक और दृश्य था। अविस्मरणीय। स्त्रियाँ गीत में एक प्रार्थना कर रही थीं। बहू अपने आँचल का दूध कुएँ में गिरा रही थी और प्रार्थना का भाव था कि 'हे कुआँ महाराज, जैसे तुम जल से भरे-पूरे हो। तुम्हारे पास से कोई प्यासा नहीं लौटता। आशीर्वाद दो कि एक माँ का आँचल भी दूध से भरा-पूरा बना रहे कि उसका बच्चा कभी भूखा न रहे।' इस संस्कार ने जैसे मुझे आज के सामने ला खड़ा कर दिया। आज की कुछेक स्त्रियाँ (महानगर की हो क्यों, नगरों की स्त्रियाँ) बच्चों के लिए दूध की कामना तो दूर, अधिक दूध उतर आने से भयभीत। उन्हें अपने शरीर के सौन्दर्य का अजाना भय। स्मृति में एक-एक कर विज्ञापन दौड़ते हैं। दूध के डिब्बे। उनकी प्रतियोगिता। गुणों का बखान। बच्चों के उत्तम स्वास्थ्य की गारंटी, इत्यादि। अगर नहीं सुन पड़ता तो अपने दूध के लिए प्रार्थना का कोई स्वर। घड़े, कुएँ और स्त्रियों के बीच कोई रिश्ता नहीं दिखता। आज के किसी गीत में वह पंक्ति नहीं दिखती कि ऊपर बादल घिर रहे हैं। स्त्रियाँ बूँदाबाँदी के बीच गाते हुए निकल रही हैं। उनके गीत में तमाम रिश्तों का ज़िक्र। सास-ससुर, देवर-देवरानी, ननद-भौजाई और अपने सजन। और उनसे अटूट आत्मीय सम्बन्ध। और इन सम्बन्धों का जहाँ अस्तित्व है, वहीं है बची हुई प्रार्थना और उसका रागात्मक मर्म। जिसमें बची है एक माँ। उसकी अक्षुण्ण नातेदारियाँ। प्रार्थना में अपने लिए दूध कि वह उसके बच्चे के सेहतमन्द और शक्तिशाली होने की गारंटी। चिकित्सा विज्ञान का एक सिद्धान्त है मरीज की इच्छाशक्ति। जो मनवांछित परिणामों को आश्चर्य से भरती है। भरती रहेगी।

इस विरल दृश्य में, उसकी प्रार्थना में मैं अपना एक स्वर मिलाना चाहता हूँ। स्वर इसलिए भी कि वह नगरों-महानगरों की माँओं तक पहुँच सके कि बचा रहे उनके आँचल में दूध। कि बच्चे को मिले इतना दूध, जिसका वह हक़दार है। दुग्धपान का यह अतीव रिश्ता ही दुनिया को सम्बन्धों में विकसित करने और बचाने की अकेली गारंटी है।

तीस

सबके अपने जलावतन होने के क़िस्से थे
जिनमें छूट गए जीवन के त्रासद पते-ठिकाने थे
हम विस्थापितों के दुखों के रंग जानते थे
स्याह और कोयले की गहरी छवियों में आकंठ डूबे
हमने इन रंगों को कभी मद्धिम होते न देखा

छिंदवाड़ा, सतपुड़ा की पहाड़ियों के बीच बसा ऐसा भूक्षेत्र, जो ऊपर से पेड़-पौधों और वनस्पतियों से आच्छादित था। जहाँ जीव-जन्तुओं के लिए भी जीवन जीने की स्पेस थी।

आदिवासियों की भारिया, कोरकू और गोंड जनजाति। उनका प्रकृति आधारित जीवन। इसके अलावा अन्य जातियाँ, जो मूलत: खेती पर आधारित। इन जातियों में कुछ महाराष्ट्र से आकर बसीं। कुछ अन्य में 'पवार' जो पशुपालन प्रेमी। दूध उन्हीं के घरों से मोहल्लों में अधिक आता। काष्ठ कर्म के लिए मशहूर अपने को विश्वकर्मा पुकारते थे। अन्य जातियों में जो और लोग, कहाँ से आए कहना मुश्किल।

छिंदवाड़ा ज़िला पश्चिम कोयला क्षेत्र में अधिसूचित है और रावनवाड़ा, परासिया से लेकर राखीकोल, नन्दन, तक खदानों की लम्बी श्रृंखला है। जिसमें अन्य हैं चांदामेटा, बड़कुई, भाजीपानी, जाटाछापर, इकलहरा, मोहन कोलियरी, जमकुंडा, नजरपुर, सुकरी, डुँगरिया आदि। इनमें कई चालू हैं, कई बन्द। बस भीतर ही भीतर खोखली सुरंगें हैं। पानी कहीं बहुत गहरे रसातल में। जहाँ कोयला मिला वहाँ 'ओपनकास्ट' या 'अंडरग्राउंड' बस खुदाई और काले हीरे का व्यापार।

इस काम को अंजाम देने मध्य प्रदेश के अलावा छत्तीसगढ़, उत्तर प्रदेश, बिहार, महाराष्ट्र, कर्नाटक और आंध्र प्रदेश से मज़दूर और कामगार आए। गुजरात से जो लोग आए वे मालिक के माध्यम से यानी एन. एच. ओझा और उसके पहले (शॉ वैलेस) कम्पनी के माध्यम से। ये मैनेजर से लेकर बड़े बाबू और छोटे बाबू थे। कुछ दक्षिणी भारत के पढ़े-लिखे लोग ख़ास कर अंग्रेज़ी के जानकार, जो अच्छे पदों पर क़ाबिज़ हुए। बाक़ी का शुमार लोडर, बंसमेन, केरियर, लाइटमेन, खुदैया

और जनरल मज़दूर आदि कम वेतनभोगियों में हुआ। काम करने वाले और मरने वालों में यही थे। काला हीरा मिट्टी के मोल सौंपने वालों में यही थे। अपनी-अपनी संस्कृति के साथ आए इन्हीं लोगों ने समावेशी समाज की रचना की। इनके अपने धर्म थे। अपना संगीत। अपना साहित्य। अपने रीति-रिवाज जो समय के साथ एक दूसरे में जज़्ब होते गए। एक अद्‌भुत मिश्रित संस्कृति। जहाँ कट्टरताएँ तिरोहित होती गईं और संस्कृति की समरसता अपना स्थान बनाती रही।

छिंदवाड़ा ज़िले में असमताओं, प्रतिकूलताओं, संकट और संघर्षों की लम्बी प्रक्रिया चलती रही लेकिन आज भी, न तो अनुकूल शिक्षा के साधन हैं न ही आवागमन के लिए त्वरित संसाधन। राजनीतिक रूप से जागरूकता भी कम है ख़ास कर गाँवों में। अब विस्थापित होकर यहाँ आए लोग, इस धरती को छोड़कर जा रहे हैं बेहतर जीवन की तलाश में। एक और विस्थापन। सतपुड़ा भी उनके साथ अब दूर हो रहा है, शनैः-शनैः जैसे विस्थापित। अब वह हमारे भीतर रोज़ कम होता हुआ। मैं लौटता हूँ, लौटता रहूँगा कि मेरे भीतर उसका कम होना, मेरा भी कम होना है...।

इसी कोशिश में बेर-अबेर लौटना और सतपुड़ा का ज़रा सा कुछ अबेर लेना है। अब अबेरने की लाख कोशिशों के बावजूद न वो सतपुड़ा है, न खदानें और न वे लोग-बाग। जो हैं वे मेरे बचपन में, न थे। कितना कुछ खो गया, यहाँ तक वो जंगल, पशु-पक्षी और उनके मनोरम दृश्य। उजड़ने में 40 साल से अधिक न लगे।

कुछ रेखाएँ, कुछ स्केच और कुछ जलीय चित्र
उपहार में तल को छूते आईल पेंट की डिब्बियाँ
मोटे काग़ज़ की कुछ त्याज्य शीट
जीवन जी चुके ब्रश
यही बचपन की चित्रकला को उपहार के रूप में
एक अद्‌भुत सरमाया मिला
इनमें इतना ही शेष सामान था
कि हक़ीक़त से अधिक सपनों में चित्र बना करते थे

हमारे गाँव में एक चित्रकार थे महताब। गाँव के आसपास जितनी दुकानें थीं, उनके बोर्ड बनाते थे यानी उस दुकान के नाम को सुन्दर अक्षरों में लिखते थे। उनका रंग बोध भला लगता था। तब बोर्ड अधिकतर किफ़ायती होते थे। टीन की सीट पर। पहले कोई बेस कलर का चुनाव करते। उसके रिवर्स रंग में अक्षरों को लिखते। वे इसके लिए आईल पेंट का इस्तेमाल करते। इसके अलावा काग़ज़ की शीट पर वाटर कलर से लैंडस्केप बनाते और पोर्ट्रेट भी। मैं उनका एकलव्य था। चोरी-चोरी उनकी नक़ल करता। मुझे उनके उपयोग से बचे रंग और काग़ज़ मिल जाते।

एक नशा सा तारी रहता कुछ बनाने का। मैगज़ीन में छपे रेखांकनों की कॉपी करता और रेखाओं की लय को पकड़ता। मेरे दोस्त देखते तो ख़ुश होते। महताब मास्साब सब इसी नाम से पुकारते। मैं मास्साब बुलाता। वे मझले भाई के गहरे दोस्त थे। उनकी आपस में अच्छी छनती थी। वे घर आते तो मेरे काम को देखते। आगे क्या सीखना-करना चाहिए, इसकी सलाह देते। रेखाओं के काम पर ज़ोर देते। काग़ज़ पर रेखाएँ खींचकर बताते। रंगों के बारे में समझाते। प्राइमरी रंगों के बारे में बताते। दो या तीन रंगों के योग से नये रंग के बनने की प्रक्रिया बताते। वे रंगों के संसार में ले जाते। तब समझ न आता। वह सही-ग़लत के अभ्यास से समझ आता। वे मुझे पक्षियों के पंख भेंट के समय ज़रूर देते। कहते इन पंखों के रंगों को पढ़ो। और सोचो रंग का नाम क्या होगा। इन्हें बार-बार देखने से तुम्हारे भीतर रंगों से प्रेम करना शुरू होगा। ये पंख कितने कोमल हैं। उसी तरह हर रंग का एक स्वभाव होता है। ये पंख भर नहीं इनमें चित्रकारी के सुन्दर पाठ हैं। मैं पंखों पर चित्रित रंगों को आश्चर्य की तरह देखता था। और कोशिश करता कि वाटर कलर में उन रंगों को बनाने की। वे कुछ पत्तियाँ तोड़ते और उनके रंगों को देखने का रियाज़ कराते। कभी कोई फूल लाते और पूछते उसमें कौन-कौन से रंग हैं। मैं बताने में सभी रंग तक पहुँच न पाता। तब वे उसका नाम बताते। वे हर बार मुझे रंगों के रहस्यलोक में ले जाते और छोड़कर चले जाते। वे बहुत सुन्दर थे। उनका रंग गुलाबी के आसपास का था। उनके साथ उनके रिश्तेदार चंचलेश मास्टर आते। वे भी चित्रकार थे। छिंदवाड़ा में रहते थे। वे नामी चित्रकार थे। उनके बनाए चित्र महताब मास्साब के यहाँ देखे थे। उनसे मिलकर मैं बहुत प्रसन्न हुआ। वे भी महताब मास्साब की तरह सुन्दर थे। मुझे जाने क्यों ऐसा लगा कि सुन्दर लोग ही चित्रकार हो सकते हैं। यह बाद में मेरे एक जिज्ञासा भरे सवाल के उत्तर में मास्साब ने बताया। सुन्दरता आँखों और मन की होती है। यह बात मेरे मन को भा गई। मैं अपनी आँखों को सुन्दर देखने, कानों को ध्वनि और संगीत के भीतर ले जाने और मन को रंगों की तरफ़ ले जाने के बारे में सोचने लगा। परिवार के अभाव सामने थे। संसाधन न थे। मैं उन्हें घर से बाहर ढूँढ़ता, जो न के बराबर थे। महताब मास्साब जब छिंदवाड़ा जाते तो कभी-कभी साथ ले जाते। अपने ख़र्च से मैं जा न सकता था, वे जानते थे। छिंदवाड़ा हम चंचलेश मास्टर के घर जाते। मास्साब उनकी नई पेंटिंग्स देखने जाते। वे चित्रों की बात करते, मैं ध्यान लगाकर सुनता। मास्साब अमूर्त चित्रों के बारे में पूछते। चंचलेश जी जो बताते, मेरे सिर के ऊपर से निकल जाता। बस एक बात याद रहती कि यह प्रकृति अमूर्त है प्रकृति के बाशिंदे चाहे पेड़-पौधे, परिंदे, पशु और जीव जगत। मैं मूर्त को शायद कुछ-कुछ समझ रहा था लेकिन अमूर्त का अर्थ स्कूल की भाषा में 'निल बटे सन्नाटा' था।

बस मेरे भीतर प्रकृति के प्रति गहरा राग ज़रूर पैदा हुआ। तबसे मैं प्रकृति के रंगों, उसके तत्त्वों में रेखाओं, आकारों-प्रकारों, ध्वनियों और दृश्यों को ग़ौर से देखने-सुनने लगा। और कभी एक तो कभी कुछ पंक्तियों को नोट बुक में लिखने लगा। इस तरह लिखना मुझे वैसा ही भला लगने लगा जैसे चित्र बनाना।

मैं जब प्रकृति को देखने-सुनने के समय में होता हूँ तो गोया मास्साब और मास्टर के साथ होता हूँ। उन दिनों कुछ लिखी पंक्तियाँ याद आती हैं आधी-अधूरी, बिखरी और बेमानी सी—

—बादलों आओ। नदी का नीला सूखने लगा है।

—गाँव को भूलना पाप है। वहाँ माँ-बाप रहते हैं।

—पेड़ की छाल मत उतारो, उसे पीड़ा होगी।

—इस चट्टान पर धूप के हीरे चमकते हैं।

—शाम को लौटती बर्दी के पाँवों से उठती धूल में सूरज महाराज डूब गए।

—जो माँ की लोरी को याद कर गुनगुनाएगा, एक दिन गायक बन जाएगा।

—पंखों में सपनों के रंग होते हैं।

ये पंक्तियाँ पहले ऐसे न थीं। स्मृति में भाव हैं। नोटबुक गुम गई। पंक्तियाँ याद रहीं। इनकी बचपन वाली भाषा खो गई। आज की भाषा में भाव रूपान्तरण है। कितना मूल खोता जाता है हम उसका भावानुवाद करते रह जाते हैं।

वे सिर्फ़ पंख न थे
उनमें रंगों की दौलत थी
उन्हें छूते हुए हम
अदृश्य रंग लोक में पहुँच जाते थे

बचपन में जिस एक पक्षी को खोजने के बहाने महुआर में निकल जाने की छूट थी। वह 'नीलकंठ' था फ़िरोज़ी रंग में डूबा। डैने और पूँछ की वह सुन्दरता। पंखों के बीच गहरा बादामी रंग। आँखों के ठीक नीचे भूरा रंग जो पीठ पर दूर तक फैला हुआ। गले पर सफ़ेद धारियाँ। कितना कम दिखाई देता था वो। दूर जंगल में निकल जाने के बाद भी उसकी अनुपस्थिति से परेशान हम और दशहरे के समय उसका न दिखना जैसे एक अपशकुन। लेकिन कई दिनों की मशक़्क़त के बाद, जब वह अपनी प्रेयसी के साथ दीख जाता। मानो कोई ख़ज़ाना आपके हिस्से। झूमता हुआ वह उसके आसपास नृत्य करता। अनेक कलाबाजियाँ। हवा में ऊपर उठना दूर तक और तेज़ डाइव। आसपास उसके पंखों को फड़फड़ाकर ध्यान आकर्षण की जुगत। एक मीठी-सी आवाज़ से उसके आसपास को भर देने का संकल्प। किसी और पक्षी की उपस्थिति बर्दाश्त नहीं। बस वह तो 'सखी प्रेम' में बदमस्त। जिसे हम तब समझ न पाते। हमें तो घर के लिए उसे देख लेने के

मंगल का आकर्षण अधिक था कि माँ ख़ुश होगी। आश्चर्य कुछ और भी था जो हुआ भीतर। जिसे जाना हमने कई सालों बाद। हम उन पक्षियों से बेहतर नहीं हुए।

दिन में उड़ते पक्षियों के बारे में बुद्धि कहती थी कि वे सूर्य के उजाले में उड़ते हैं। रात में चन्द्रमा के उजाले में। लेकिन जो पक्षी अँधेरी रातों में उड़ते हैं वे किस उजाले से दिशा उड़ान तय करते हैं? अन्तत: उन्हें अपनी मंज़िल पर पहुँचना है। वे एकदम सही पहुँचते हैं। तो क्या अँधेरा ही उनका उजाला है, क्या वे दिन का उजाला आँखों में इतना बटोर लेते हैं कि उससे रात में यात्रा कर लेते हैं और यदि रास्ता घने बादलों से ढका हो तब। एक साथ दो सघन अन्धकार। क्या वे नक्षत्रों से दिशा पाते हैं? वे रात में समूह में क्यों उड़ते हैं। उड़ते हुए बारिश में पंखों के भीगने पर क्या उनकी उड़ान गति बाधित होती है। ये सवाल अब तक अनुत्तरित हैं। बचपन से साथ चली आई जिज्ञासा अब भी बनी है। मैं आज भी काली रातों में, वर्षा में, बादलों भरे समय में उड़ते पक्षी के झुंडों को खोजता हूँ। वे अब भी मिल जाते हैं, उत्तर नहीं मिलता।

बचपन में मेरी रुचियों में पक्षियों के पंख इकट्ठा करना शामिल था। कोमल बालों वाले सुन्दर पंख। एक पंख में अनेक रंग। ऊपर से देखो तो दो-तीन प्रमुख रंग, लेकिन गौर से अँगुली घुमाकर ढूँढ़ो तो कई रंगों का संसार मिलेगा। पंखों में एक ही रंग के अनेक शेड्स। लाल, नीले, हरे, काले, पीले के गाढ़े-हल्के या मिलते जुलते शेड्स। मैं तरह-तरह के पंख अपनी कॉपियों में रखता। मैं उनके रंगों को सही-सही लिखने के लिए शब्द ढूँढ़ता या बड़ों से पूछता। बता पाना सबके लिए कठिन होता। मेरा पूछना तब भी बन्द न होता। मैं आज भी रंगों को सही नामों से पुकारना चाहता हूँ।

मैं जानना चाहता कि जो पंख धरती पर मिले, किसी ने नोचे तो नहीं या पत्थर मारने से तो नहीं टूटे। मेरे इस प्रश्न को कोई जवाब न मिलता। सब कहते पक्षियों के साथ स्वाभाविक रूप से ऐसा होता होगा। सिर्फ़ एक बार हमारे मास्साब चौरसिया जी ने कहीं से पढ़कर बताया कि पक्षी अधिकतर शीत ऋतु में हर साल पंख त्यागते हैं। कुछ पक्षी प्रजनन के बाद त्यागते हैं ख़ास कर मादा पक्षी। इनके पंख त्यागने के अलग-अलग तरीक़े होते हैं। कुछ पक्षी लम्बी प्रवास यात्रा के पहले पंख त्यागते हैं और नये पंखों के साथ यात्रा करते हैं। सारे पंख एक साथ नहीं झरते। यह एक निश्चित क्रम में होता है। सिर्फ़ सारस, गूँज, बतख़ और गोताखोर पक्षी एक साथ पंख त्याग करते हैं। इस दौरान अपनी सुरक्षा के लिए वे सुरक्षित जगह में चले जाते हैं। बस इतनी जानकारी से मैं आश्वस्त हुआ। फिर भी कहीं और अधिक जानने की इच्छा में हूँ।

यह जानना मेरे लिए रोमांचकारी था। मैंने कई-कई पंख बटोरे। कई पक्षियों को जान सका। कई रंगों से मिला। स्पर्श की सूक्ष्म संवेदना को जान सका।

और पंखों की उस कोमलता को जिससे अधिक कोमल स्पर्श जीवन में दूसरा नहीं आया। मैं उस स्पर्श को लिखना चाहता हूँ किन्तु कभी भी उपयुक्त शब्द अभिव्यक्ति के लिए नहीं मिले। मैं आज भी शब्द और अभिव्यक्ति के लिए तरस रहा हूँ। क्या मेरी यह तरस कभी ख़त्म होगी?

सामान्यत: बच्चों में पंख बटोरने और स्कूल की किताबों या कॉपियों में रखने की आदत से अधिक शौक़ होता है। हमारा स्कूल पेड़ों के नीचे था सो मेरे दोस्तों में यह शौक़ प्रतियोगिता की हद तक था। हमारे दोस्तों में पंखों को लेकर दो अनुभूतियाँ प्रमुख थीं—स्पर्श और रंग। पंखों में कोमलता लाजवाब थी। हम उन्हें बार-बार स्पर्श करते और आनन्द से भर उठते। रंगों का प्रभाव भी कोमल था और इतने सारे रंगों को नाम के साथ पहचानना कठिन था। हम आपस में रंगों के नामों को जानते, पूछते और खोजने का यत्न करते। यह सिलसिला अपने तईं अब तक क़ायम है। प्रकृति के बीच होना और रंगों की दुनिया किन्तु भाषा और शब्द-सम्पदा सदैव कम बनी रही। यह और बात है कि पंखों की संख्या बढ़ती रही और रंगों को जानने का जुनून भी। एक पंख में ढेर से रंग होते हैं। और यदि पूरे पक्षी को नज़दीक से देखो तो पूँछ से लेकर चोंच तक, पंजों से लेकर पीठ के पंखों तक रंगों का भरा-पूरा ख़ज़ाना। एक पक्षी को पकड़कर पढ़ना तो सम्भव न था। जितना समय पक्षी अपने फुदकने तक आँखों को दे सके ग़नीमत। हर उड़ान के साथ स्मृति में रंगों के नाम मद्धिम होते और खो जाते। दूसरी-तीसरी बार वह चिड़िया तो न मिलती लेकिन कोई और चिड़िया होती जो दूसरे रंगों के साथ होती। हम कॉपी में पंखों के साथ उन रंगों को लिखते ताकि भविष्य में पंखों को पाने या पक्षी को निहारते हुए उनसे मेल कर पाते। इस प्रक्रिया में पंखों का पास होना नियामत थी।

इकतीस

सतपुड़ा के जंगल में
नाना प्रकार के जीव-जन्तु थे
और परिंदे
हमने उनके पंखों के रंगों में
चित्रों का संसार बूझा

मैं तो नीम बेहोशी में बढ़ती बेख़ुदी के बीच कुछ सतरें यहाँ के आलम-ए-हुस्न पर लिखने की अब भी अजनबी हिमाकत कर रहा हूँ।

यह रंग बोध का सफ़र बेहद आकर्षक और उत्तेजक था। जैसे हम अपने तईं इम्तहान दे रहे थे। सभी साथी जब स्कूल जाते तो पंखों के रंगों की शिनाख़्त करते और दूसरे दिन बताते। इस तरह रंगों के नामों का एक छोटा सा संग्रह बनता और फिर बढ़ता। दिक़्क़त आती तो एक कि पंखों में रंग थे लेकिन पंखों से पक्षी का नाम जान लेना कठिन था। दरअसल पक्षी हमारी पहुँच में होकर भी दूर थे। सारे रंगों के नाम जो दोस्तों की कॉपियों में थे। हमारी चेतना में घर बनाते रहे। वह एकदम सही शब्द हों ज़रूरी नहीं किन्तु रंग नाम के आसपास ज़रूर थे।

कॉपियों में दर्ज इन नामों को यहाँ लिखते हुए, वे सिर्फ़ अब शब्द नहीं जीवन्त रंग हैं। इन रंगों में पक्षियों की गड्डमड्ड स्मृतियाँ हैं। कॉपियों से आए ये रंग बाद में कुछ और स्पष्ट हुए। उनकी आभा के रंग रहस्य उजागर हुए। मैं इन्हें एक लम्बी जीवन यात्रा में पा सका सो अब यहाँ जस का तस रख देता हूँ ताकि कोई और बच्चा या कोई और अपने देखे पंखों का अवलोकन करते हुए कोई सही नाम दे सके। काश वे तमाम पंख, जो बटोरे थे आज सामने होते तो मुमकिन था कुछ अधिक सटीक रंग व्याख्या का अवसर मिलता। फ़िलहाल तो इन रंगों से प्राप्त कुछ शब्द नाम दर्ज करता हूँ। जो बचपन के स्कूल की कॉपियों में बच गए—

बादामी (गहरा, काला, सलेटी), भूरा, गेहुँआ, काला, सफ़ेद, हल्का पीला। कुटकी रंग। छैना सफ़ेद। दाल रंग। बाजरा। कत्थई धारियाँ सफ़ेद युक्त, लाल और पीली नारंगी लकीरें और घेरे जो उस एक पंख में थे।

—सिलवर, चाकलेटी, भूरा, हल्का पीला, बताशा रंग।

—गुलाबी, हल्का नीला आसमानी, गहरा पीला।

—पीलिया बीमारी का रंग सा, काला-भूरा, रूखा सफ़ेद, चितकबरा, नारंगी हल्का और गहरा भूरा।

—केंचुआ रंग। साँवला भूरा। पीला-नांरगी साथ, आयरिश पीला, पीला के साथ बर्फ़ सफ़ेद शाहबलूती। चटकीला हरा, सन्तरा रंग, मैरून, कपासी।

—अँधेरा रंग (गहरा, मद्धिम), राख रंग सा, लाल मणि सा चमकदार, काफ़ी रंग सरीखा।

—जैतूनी, जैतूनी भूरा, मटमैला, मिट्टी सा।

—भूरा सफ़ेद, नारंगी-गुलाबी, पुआल रंग, दालचीनी जैसा, जंग लगे लोहे जैसा रंग।

—चमकीला काला, शाम का सूरजी, चमकदार ललामी राख धूसर, बैगनी नीला मखमली।

—लोहा (नीला, भूरा) कांस्य (चमकीला, मद्धिम, हल्का) हरा गहरा, जामुनी, सलेटी नीला, भूरा गुलाबी।

—ईंट रंग (लाल, गुलाबी), अंगूरी पीला, क्रीम रंग, गोबरी, ललछौंह, निलछौंह।

—अखरोटी, किसमिसी, जेब्रा (धारियाँ) साँवला, मलाईदार लाल, घास रंग।

—कत्थई, किरमिजी, रोटी रंग, जैतूनी रंग, जैतूनी हरा, खोपड़ी रंग, रेतीला, मटर रंग।

दोस्ती के साथ इन रंगों को पाने पर आज एक सुखद आश्चर्य बना हुआ है। रंगों के इस ज्ञान में परिवार के बड़ों ने अपनी तरह से मदद की। आज भी कम-अज-कम सुबह और शाम की सैर में मिलता हूँ और रंग सौन्दर्य में डूब जाता हूँ। अब भी गिरा पंख उठाकर रंग के अनूठे जगत में खो जाता हूँ। ये रंग मेरे लिखे में उस तरह नहीं आते। पक्षी आते हैं लेकिन उनका देखते-देखते उड़ जाना स्मृति को सही रंगों तक पहुँचने में बाधित करता है। कोई चित्रकार इन रंगों को बख़ूबी चीन्ह लेता होगा। क्या वह पक्षियों में उपस्थित रंगों को आत्मसात करके अपने रंग तैयार करता होगा। यह मैं सोचता हूँ। प्रकृति से बड़ा कोई कलाकार इस सृष्टि में होगा—शायद नहीं। क्या पक्षी विशेषज्ञ मुझे सही रंगों की पहचान करा सकता है, तमाम उम्र मैं इसी उधेड़बुन में रहा हूँ। मैं रंगों को ठीक-ठीक लिखने में हार रहा हूँ। मैं सिर्फ़ अभ्यास में हूँ। मैं यह काम किसी और को सौंपना चाहता हूँ।

बत्तीस

मैं संगतकार हूँ।
मूल गायक तो सतपुड़ा है
मैंने उसके सौन्दर्य की संगति में सीखा
जो था उससे मैं कला अनुरागी हुआ

जब मैं 9-10 साल का था तब मुझे पढ़ाया जाता था कि मुनि कुश घास पर अपनी तपस्या करते थे। इस बात को सुनकर मैं उस साल की उम्र की स्मृति में लौट गया। खेत में माँ का फ़सल काटने के काम का दृश्य। एक बोरे के टुकड़े पर मुझे लिटा दिया जाता घास पर। मुझे उसकी सुगंध खींचती और बोरे के टुकड़े से घास पर खिसक जाता। कहते हैं कि मैं घास की नमी और सुगंध में ख़ुश रहता था। माँ डरती कहीं कोई कीड़ा न काट ले। वो मुझे फिर बोरे पर डाँटकर लिटा जाती और मैं फिर घास की सुगंध में लौटता। मैं बोरे के उस टुकड़े की जगह घास में सो जाता। आज भी घास पर लेटने में मुझे नींद तो नहीं झपकी ज़रूर आ जाती है।

सतपुड़ा की तलहटी में जब घास की कटाई आदिवासी करते तो उसकी सुगंध जंगल के उस टुकड़े को घेर लेती। मैं वहाँ देर तक उसकी सुगंध में खोया रहता। आसमान की तरफ़ सूँघता हुआ, यह पता लगाता कि वह सुगंध ऊपर तक फैली है या नहीं। मैं पाता कि हवा पर सवार उसने अच्छी-ख़ासी ऊँचाई तक आसमान को घेर लिया है। दूर घूमती गायों को मैंने सुगंध की सिम्त लौटते देखा है। उसके दूध में घास की सुगंध से मैं रिश्ता खोजने की कोशिश करता। दूध का रंग सफ़ेद की जगह हरा क्यूँ नहीं होता, मैं सोचता। हाँ, गाय के मूत्र में वह गंध मैं ज़रूर अनुभव करता।

जब घर आते तो वह सुगंध चली आती पाहुना सी। माँ के कपड़ों में वह अक्सर होती और मैं उनसे लिपटा रहता। माँ की साड़ी पर सोने पर मुझे झट से नींद आ जाती।

माँ के साथ वह सुगंध भी जाती रही। वह अपने साथ नींद भी लेती गई। मैं बेकल सा उस घास के पास लौटता हूँ कि कभी सुकून भर नींद पा सकूँ।

जब पाँचवीं कक्षा में था। तब की एक याद है सवाल की तरह। हमारे गाँव में शहद बेचने वाले आदिवासी चक्कर लगाते थे—'शहद ले लो' पुकारते हुए। हम उनको घेर लेते थे। लोहे की बाल्टियों में ताज़े शहद के सबूत में वे उसका छत्ता डालकर लाते थे। साथ में शहद की कुछ मक्खियाँ भी। शायद उनके शहद को सच्चा न मानने के भय से। वे हमें कुछ बूँद चखने के लिए ज़रूर देते ताकि हम ज़िद करके उनकी शहद बिकवा सकें। कोई न कोई बच्चा ज़िद्दी होता कि माँ-बाप को शहद ख़रीदना पड़ता। वह औषधि भी थी, मिष्टान्न भी और शहद से स्वाद जुड़ाव का एक बहाना भी।

हमने बाल्टियों में मक्खियाँ देखीं। ज़्यादा बड़ा तो उसका आकार नहीं होता हम सोचते, शहद में डूबे छत्ते की रचना के बारे में शहद के अप्रतिम स्वाद के बारे में, मक्खी यानी मधुमक्खी के जादू के बारे में सिर्फ़ उसमें ही ऐसा क्या विशेष कि शहद बनाने में अन्य मक्खियाँ नाकाम। उनके आक्रमण के अनेक क़िस्से। फिर आदिवासी किस तरह उनके दोस्त? या फिर उनके पास कोई जादू मक्खियों को वश में करने का। अनेक सवाल थे जिन्हें लेकर अगले कई सालों तक उलझे रहे। कक्षा के गुरुजी के उत्तर अधूरे थे या फिर सन्तुष्ट करने वाले कम।

एक सवाल यदि अटक जाए दिमाग़ में तो आसानी से पीछा कहाँ छोड़ता है। कभी-कभार मिल ही जाता है कोई गुरु जिसके पास सन्तुष्ट करने वाले उत्तर होते हैं। परासिया ज़िला छिंदवाड़ा में वन विभाग में एक उइके जी थे, सतपुड़ा के जंगलों में ज़िन्दगी भर काम किया। वे हमारे लिए जानकारी यानी ज्ञान के मास्टर थे। उनके पास हर चीज़ का जवाब होता। उनके दफ़्तर में हमें चौरसिया मास्साब ले जाया करते थे। ज्ञान के लिए उन्हें विद्वान की शरण में जाने की झिझक न थी। उइके जी प्रसन्न हुए। उन्होंने अपने एक कर्मचारी को बुलाया और कान में कुछ कहा। इस बीच वे मास्साब से गुठियाने—यानी बात करने लगे। कुछ देर बाद एक परात में मधुछत्ता था। उसमें शहद और मधुमक्खियाँ भी थीं। एक चार्ट के सहारे उन्होंने शहद बनाने की प्रक्रिया मक्खियों का काम और स्वभाव, उनका शहद के लिए प्रेम और आक्रमण, मनुष्य का लोभ आदि के बारे में बताया। बस दो बातें याद रहीं थोड़े विस्तार के साथ।

मधुमक्खी साधारण मक्खी नहीं। वह अकारण हमला नहीं करती। फूलों से उनका प्रेम अनूठा है। वह फूलों के पराग और मकरंद पर आश्रित, इसीलिए बिना उन्हें प्रेम किये वह पराग और मकरंद हड़प लेती हो, ऐसा नहीं, उसका प्राकृतिक राग है। वह अकेली पराग और मकरंद से शहद रूप की पुनर्रचना कर सकती है, इसे फूल ज़रूर जानते होंगे। यह भी कि शहद आदिवासी के जीवन में उत्सव के दिन का अकेला मीठा आस्वाद सुख है। वे जो अपने साथ मरकंद लाती हैं उससे एक हिस्सा छत्तों में जमा करती हैं। शहद बनने में लम्बा समय लगता है।

वे छत्ते में बनते शहद की रक्षा करती हैं। वात्सल्य भाव की प्रगाढ़ता में होती हैं। कोई इसे छीने-तोड़े, उन्हें कैसे मंजूर हो सकता है। क्या हम अपनी सम्पत्ति के लिए मार-पिटाई, हमला-हत्या तक नहीं उतर जाते। ये उनकी कमाई हुई पूँजी है। फिर भी वे उसे छोड़कर नई शहद के सृजन में लग जाती हैं। यदि छत्ते की शहद ठीक से पकी न हो और कोई तोड़ने पर आमादा हो तो वे आक्रमण करेंगी। उनकी कला अधूरी रहे, उन्हें मंजूर नहीं। तर्क से परे होकर भी यह तर्कातीत न था। हमने उनके मृत शरीर शहद की बाल्टी में देखे थे जो बर्बरता से ही मुमकिन था। शहद के छत्ते तोड़ने वाले की निर्ममता, लूट-खसोट सिर्फ़ मनुष्य के खाते में ही होते हैं।

उसे प्रेम में देखा
उनका प्रेम
मनुष्य दम्पती हेतु
शुभ मंगलकारी है
ये सिर्फ़
आदिवासी जानते हैं
हम वो जान सके
हम वो हो न सके।

वह सभी पक्षियों में सबसे ऊँचा, उसका सलेटी रंग मेरी आँखों में उतरकर जाग उठा। उसकी टाँगों का रंग लाल है। जैसे लम्बी टाँगों पर बहती लाल रेखा। क़ुदरत का करिश्मा देखिए यही लाल रंग टाँगों के बाद गर्दन और सिर पर सोहता। मानो किसी ईश्वर की अनोखी रचना। नीचे और ऊपर लाल, बीच में सलेटी रंग योजना का आश्चर्य।

पानी के पास जब खड़ा होता है तो मानो अन्य पक्षियों के बीच उसका ठाठ अलग से दृश्य में और इतना धैर्यवान कि उसका पुकारना बमुश्किल सुनाई देता हौले-हौले। कोई चीख़ नहीं।

पानी के पास उसका मन अधिक सुकून पाता। ऐसा नहीं कि वह हरदम वहीं डेरा डालकर पड़ा रहता जब उड़ता तो जंगल के रनवे पर पहले दौड़ लगाता दूर तक और फिर अपने पंखों को एक गति में खोलता, फिर फड़फड़ाता। गर्दन स्थिर हो जाती और टाँगें एक निश्चित गति में। वह चूँकि बहुत ऊपर नहीं उड़ता तो आप उसकी गतिविधियों को पढ़ सकते हैं। मैंने कई बार उसके करतब देखे।

कान्हा के वनवासी इन्हें प्यार करते हैं। वे इन्हें दाम्पत्य जीवन के लिए शुभ मानते हैं। प्रेम का सगुन इन्हीं को जोड़े में देखकर विचार करते हैं। वह दिशा शुभ होती है जहाँ जोड़ा दिखाई दे। इसकी पुकार को अच्छा सगुन माना जाता है। कान्हा में लोग अपने आप को भाग्यशाली मानते हैं जब कोई जोड़ा एक साथ बोल उठे।

ये आवाज़ सुरीली होती है और जंगल में इसकी अनुगूँज कुछ समय तक बनी रहती है। जैसे इस समय वह मेरी चेतना पर है। उसे बचपन में पेंच नदी के किनारे देखा और उसकी याद लिए बाद में कान्हा के जंगल में। कई बार देखने से आँखों में गोया एक फ़िल्म बन जाती है।

प्रेम के दिनों में इनका नृत्य काममय होता है। ये अपनी साथी को आकर्षित करने के लिए नृत्य करते हैं। इनके बड़े पंख अनोखी आकृति में डोलते हैं। एक वृत्त में साथी के आसपास डोलना। पाँवों और गर्दन का तालबद्ध झूमना। ऐसा लगता है मानो प्रेम प्रसंगों की विशेष कोरियोग्राफ़ी की परम्परा का इन्हें ज्ञान हो। शायद उससे अधिक कि नृत्य में नवाचार भी होता होगा प्रिय के स्वभाव के अनुसार। मैं रोज़ सुबह 9 बजे जलाशय पहुँच जाता। इन्तज़ार करता प्रकृति की इन अनुपम रचनाओं की। पक्षी विज्ञान भीतर कहीं होगा कि इतने ध्यान से देखने को मन विकल।

मैं उनके साथ रहने का स्वप्न पालता हूँ। मैं उन सा सरल प्रेमी होने की कल्पना करता हूँ, मैं पुनर्जन्म में विश्वास नहीं करता। किन्तु 'सारस' का एक जीवन जीने की कामना करता हूँ। मनुष्य जीवन में सन्देह और धोखों के बीच इतना निश्चल निष्कलुष प्रेम कहाँ? वह तो इतना निर्मम कि जंगल में उन्हें देखने नहीं, शिकार करने आता है। मैं गोली की आवाज़ सुनता और काँप जाया करता था।

तैंतीस

मन में कभी कभी
सिर्फ़ उसकी ध्वनियाँ होती हैं
कुछ ठहरे पल
कुछ दृश्य
कुछ कितना अधिक होता है
गोया यादों का रिसाला

सपने के भीतर एक और सपना है सतपुड़ा का। जहाँ छूट गई ध्वनियों का वाद्यवृंद बजता रहता है मद्धिम-मद्धिम, किरनों की साँझ ढले की कुनमुन-रुनझुन करती एक बच्ची की सी पाजेब। पौधों से जल में टपकती बूँदों की टिप-टिप, बिछड़ के फिर से मिले पांखियों की किलक-किल। अलस्सुबह बहती हवा की सुरीली धुन, अब तक सो रहे लोगों के नथुनों से निकलती निद्रालस आवाज़ें और बिस्मिल्लाह खाँ की शहनाई की भैरवी के सुर। प्रकृति जैसी किसी पनिहारिन के गले से फूटता कातिक गीत जाने कितने बीते पलों की झाँझन में सन-सन करता गुज़रता एक झोंका कि कँवलों की अनोखी सिहरन और यह हिचकी जो उसकी याद में उठी। उस छब में डूबा तो शीरीं अहा-अहा वो एक भँवर थी, जिसमें डूबने की कोमल याद भर। जैसे देह में गुनगुनाती सब्ज़ बहार, जैसे दरिया में उठती बेताब लहर। कोई बात नहीं फिर भी अहम बातें तो हैं। पत्ते-पत्ते मचलकर उन पर ठहरी बूँदों को किस अदा से नचाते छम्म। मानो वो उनके पसीने के क़ीमती कण, जिनका मिलन हुआ धूप की शरारत से और टहनियों की कलाइयाँ हल्दी हुईं।

मैं हूँ कि ख़्वाब की उँगली थामे एक दुआ में उठाए हाथ अपने बुदबुदाता हूँ। ये आलम ज़िन्दगी है। इसे थामो, इसे गह लो, इसे बस प्यार करो। ये सब दिलकश आवाज़ें हैं, नेमत है बहोत क़ीमती। हम सब हैं इनके क़र्ज़दार। बिन इसके तन्हाई का तसव्वुर करो। तुम अजाने ख़ौफ़ के दरिया में चीख़-चीख़ रह जाओगे। पुकारोगे बादलों को और वे न बरसेंगे। न मुलाक़ात होगी तुम्हारी रंगों से। महरूम हो जाओगे। अनेक सुगंधों से। ग़र्द में डूब जाएगा सूरज। चाँद रातों में खो जाएगा

सुनते हुए दरख़्तों की बाँसुरी। और वो उजाला, वो फूल वो पनियों की चमक। कैसे बदल रही है काँटों में चुभन यकसां और ये सुनसान फ़िज़ा। ये तेज़ गर्म हवा। ये बेनूर गुज़रगाह सी। ये गुल से जुदा होती ख़ुशबुएँ एकाएक। ये दिन की बेकली कि हादसा कोई घटने को है। मैं चौंककर सपने से बाहर आता हूँ देखता हूँ तो आलम दूसरे रंग में है। इतना जो ख़ुशनुमा सा मंज़र था, चेतावनी देता बोल रहा। इन प्यारी कूजों के पीछे दुख का समंदर भी है। दुख में एक दिन डूब न जाए सब। रोने की आवाज़ सुनो कुछ। हँसता-हँसाता सपना था वो रोता-रोता ये राग सुना। बचा सको तो बचा लो धरती। कौन मिटा रहा उसके गीत। कोई तो है कि जंगल इस क़दर हलकान, सपने का दूसरा हिस्सा बिलावजह तो इतना ख़ौफ़नाक नहीं।

हम घुमक्कड़ थे
हमने घूमते हुए प्रकृति से
जो सीखा वह कहीं और न था

गर्मी की शाम। जीप पर सवार चार बचपन के दोस्त। एक उम्र के बाद साथ। मैं सामने वाली सीट पर। मैंने अनुभव किया जीप नहीं, सड़क दौड़ रही थी संग-साथ और पेड़ जिनकी अन्तहीन क़तार थी। गति में हवा की सुगंध का इस तरह नथुनों में दौड़ना विरल था। जीवन में पीछे दोस्तों की हँसी लतीफ़ों पे सवार थी। पुरानी जीप डीजल की गंध को फेंकती बीच-बीच में सुगंध से हाथापाई कर रही थी।

रोशनी कम हो रही थी। शाम के माहौल में खुनक का कोमल एहसास बादल के टुकड़ों पर सवार था। प्रकृति का रंग दिन भर दौड़ते ट्रकों, बसों और जीपों से उठी ग़र्द से कुछ मटमैला हो उठा था। खेत भागती जीप से कुछ धुँधले दिखाई दे रहे थे। यात्रा के बीच पड़ते गाँवों में बत्तियाँ टिमटिमाने लगी थीं। हम मटकुली पहुँच गए थे। रास्ते की दुकान से मुंगोड़ों की सुगंध ऐसी थी कि आप उसे खा सकते थे। एकाएक झटके के साथ जीप मुंगोड़ों के आकर्षण में रुक गई थी।

पेड़ों के बीच एक छोटी सी दुकान और गर्म-गर्म मुंगोड़े पुकारता एक लड़का सामने हाज़िर। हरी तीखी चटनी की गंध ने 5 लोगों के लिए 10 प्लेट मुंगोड़ों के ऑर्डर को मजबूर किया। गोल-गोल भूरे मुंगोड़ों ने कढ़ाई में नाचना शुरू किया और भूख ने कमसिन अँगड़ाई ली। पानी के बोतलों में से एक में फूल रस था। न-न फूल आग थी। दूर-दूर तक कोई ख़ाकी वर्दी वाला नहीं था। मुंगोड़े थे, हरी चटनी थी और फूल आग।

पेड़ पर चिड़ियों का गान था सुहाना। भावपूर्ण तानों में मानो बागेश्री की विलम्बित एक ताल। एक अबूझ राग फूल रस के साथ भीतर आकार ले रहा था जो तीन ताल में सफ़र करने को था। हम चार आवारा बातचीत में बचपन को मेज़ पर हाथ से ताल देते गाने की बेसुरी कोशिश में थे। मैं इस चर्चा में कम शरीक था।

मैं शाम के धुँधलके में गाती चिड़ियाओं को खोज रहा था। उस एक को ख़ास कर, जो उनमें सबसे अधिक मधुर थी। मैं उसे ढूँढ़ रहा था या कि कुछ और मैं याद कर रहा था और दोस्तों के बीच से ग़ायब हो गया था।

मुझे याद हो आई बड़े गुलाम अली की ठुमरी जैसे उसने इसी समय लगाई हो घर में 'याद पिया की आए'। मैं उसे घर पर छोड़ आने पर ख़ुद को कोस रहा हूँ। यह जानते हुए कि वह उसके गिरधर का घर नहीं। मैं उसे खट्टी इमली खाते घर छोड़ आया था।

ठुमरी की लहरों का वेग नीचे उतरकर भँवरे की तरह अपने मद में वक्राकार घूम रहा है। उसमें से छिटकते कणों को सहवास के दृश्यों की तरह याद करता हूँ। जैसे एक खिला वह रूप स्त्री का तब हो उठता है, वह यहाँ मानो साक्षात् है। मैं जल सुहाग की छवियों को क़ैद करने में चूक रहा हूँ। एक अधूरे प्रयत्न में, मैं जो लिखने की चेष्टा में हूँ वो इतना नाकाफ़ी है कि लगभग सिफर। इस शाश्वत साँझ कँवल की हया को, मौज को, काम-मद को लिखना नामुमकिन। एक कवि के सीने में इतना ख़्वाब भी पलना मुश्किल कि इस रसीले मंज़र को बयान कर सके। इस धुआँ-धुआँ शाम के हुस्न के किसी एक लम्हे को पकड़कर रोशन करने वाले अल्फ़ाज़ कहाँ?

चौंतीस

बचपन सुनहरे सपनों का होता है
हमारे पास भय और मृत्यु के डरावने सपने थे
हम खदान में मरते कामगारों की इतनी मौतें देख चुके थे
कि रात में चीख़कर उठ बैठते
हम माँ और पिता को खदान में उतरते देखते तो काँप उठते
हमारा ध्यान सिर्फ़ उनके सही-सलामत लौट आने पर बना रहता

दक्षिण दिशा के प्रति एक भ्रम बैठा हुआ है। बचपन में इसी दिशा में मरघट था। इसी दिशा में घर के दरवाज़े खुलते थे। ठीक सामने से गुज़रती अर्थियाँ। रोते-पीटते और 'रामनाम सत्त' है के आत्मा को छीलते उच्चारण। दूर मरघट से उठता धुआँ और आग। प्रेतात्माओं के क़िस्से। दक्षिण में ही जंगल। पशु-पक्षी। आम-आँवला, जामुन-अचार, हर्र-बहेड़ा, महुआ और जलाऊ लकड़ियाँ सो उस दिशा में जाए बग़ैर गुज़ारा नहीं।

इसी दिशा में थी वह खदान। दूर पहाड़ी के बीच से काटकर बनाई गई। मुहाने पर ही था 'बड़' (बरगद) का विशाल दरख़्त जिसमें जोगी की जटाओं सरीखी झूलती जड़ें धरती को चूमतीं, फैली हुई थीं। लोग उन्हें जटाजूट पुकारते थे। बच्चे इन्हें पकड़कर झूला करते थे। और खदान में उतरते अपने परिवार और बस्ती के मजूरों को देखा करते थे। मैं उनमें से एक था और दक्षिण दिशा को याद करता था। आज भी याद से पीछा छूटा नहीं। बड़े बरगद की वजह से इस खदान का नाम हुआ 'बड़िया वाली'।

खदान में तीन पालियों में काम होता था। सुबह छह बजे से दो बजे, दो बजे दोपहर से रात दस बजे तक और आख़िरी पाली रात दस बजे से सुबह छह बजे तक। पिता को रात पाली पसन्द थी और माँ को दोपहर की। दोनों को इस तरह घर के काम-काज के अलावा आराम का समय मिल जाता और हम लोगों की देखभाल का।

उन दिनों बिजली पहुँची न थी। लालटेन का चलन शुरू न हुआ था और बैटरी से जलने वाली टॉर्च चर्चा से दूर थी। टेमे थे नंगे जिसमें घासलेट भरा जाता था और

मोटे सूत की बँटी हुई बत्तियाँ थीं। जिन्हें टेमे के मुँह पर फँसाकर नीचे घासलेट में लटका दिया जाता था। भीगने पर तेल ऊपर चढ़ता था और वे जल उठते थे। इन्हीं के सहारे मजूर खदान की अँधेरी यात्रा करते थे। रात की पाली में जब हम पिता के साथ खदान के मुहाने तक जाते तो उन्हें खदान में उतरते देख सिहर उठते।

बड़ के पास खड़े हम अँधेरों में होते। एक-एक कर टेमे थामे मजूर गुज़रते। उनके कन्धों पर कुदाल या कि फावड़ा जिनकी आपस में टकरा जाने की आवाज़ें। बीच में कहीं खड़े मुकद्दम की दी जाने वाली हिदायतें, जो वहीं कहीं होता और दिखाई न देता। हमारी आँखों के सामने ठीक उस समय जबकि हम विदा करते, एक पूरा आदमी होता। पूरा पिता। पूरा मामा या कि पड़ोसी। जैसे ही टेमा थामे बड़ के नीचे के रास्ते से वह आगे बढ़ता, हम देखते कि उसका सिर ग़ायब और वह कन्धों तक दीख रहा था। कि टेमों का उजाला सिर्फ़ वहाँ तक पहुँचता। टेमे की पहुँच में कुदाल पर रोशनी का कोई टुकड़ा चमकता और डूब जाता। ठीक ऐसे ही पहले बातचीत की आवाज़ें साफ़ होतीं फिर अस्पष्ट होने लगतीं। इस तरह आदमी को हम कटते हुए देखते। टेमा नीचे को लटका होता तो धीरे-धीरे दूर जाने पर आदमी के हिस्से—पहले सिर, फिर कन्धा, फिर पेट, फिर कमर को अँधेरा जैसा लीलता जाता और दक्षिण दिशा में खदान होने का भय गहराता जाता। लगता जो इस खदान में जा रहा था न लौटने के लिए।

टेमे की रोशनी में चलते हुए पिता या उसके दोस्त इस तरह पहले मनुष्य, फिर छाया, फिर धूमिल बिम्ब और अन्त से सिर्फ़ टाँगों पर जाता धब्बा दीखते। टेमे की रोशनी में सिर्फ़ दो अस्पष्ट टाँगें खदान के भीतर उतरने के पहले दीखतीं। यह दृश्य मेरी चेतना में ऐसा घुसा कि फिर निकला नहीं। सिर्फ़ दो टाँगों पर खदान में उतरता आदमी जिसका चेहरा, धड़, कमर, हाथ सब ग़ायब हो जाते। असमान रोशनी के वृत्त के बाहर अँधेरा और अस्पष्ट सी आवाज़ें। मेरे सपनों में फिर इन दो टाँगों का भयावह बिम्ब जैसे स्थायी हो गया। सालों तक तो मैं इन टाँगों को प्राय: देखता रहा। जब वह दृश्य में आता तो मेरी आवाज़ न फूटती मानो घिग्घी बँध जाती और मैं पसीने-पसीने हो उठता। मुझे रह-रहकर दक्षिण दिशा याद आती और याद आतीं कटी हुई टाँगें।

हमारी बस्ती में एक भद्दू काका थे कुबड़े। लोग उन्हें गुनिया कहते थे। वह सपनों को गुनते थे। भूत-प्रेत उतारते थे। अमावस में मरघट में रात-रात भर रहते, लोग ऐसा कहा करते थे। मैं सोचता उनसे पूछूँ दक्षिण दिशा के भय का कारण लेकिन कोई डर था कि पूछ न सका। कभी-कभार जब लोग अपने सपने गुनवाने आते तो उनमें मैं अपना सपना ढूँढ़ता। वह कभी न होता। मुझे लगता वह दूसरे सपनों से ज़्यादा कठिन और उलझा हुआ इसलिए किसी और से मेल नहीं खाता।

फिर उन टाँगों को, जिन्हें मैंने खदान में ग़ुम होते देखा था, अब सपने में वहाँ बाहर निकलते दीखने लगीं। उनकी धमक सुनाई पड़ती। बाहर आकर वे बड़ के दरख़्त पर चढ़ती हुई दीखतीं और पत्तियों में कहीं खो जातीं। मैंने दिन में भी पेड़ की तरफ़ से निकलना बन्द कर दिया। मुझे लगता वे उजाले में उतरकर मेरे साथ हो लेंगी। तब क्या होगा? इस डर ने मेरी चेतना में क्रमश: गहरी जगह बनाना शुरू कर दिया। कभी मुझे लगता वे टाँगें पेड़ से उतरकर बस्ती की तरफ़ आ रही हैं। कभी कुएँ में उतर रही हैं। तो कभी झोपड़ी के ऊपर टहल रही हैं। यह सब सपनों में लगातार बना रहता है और मैं डर में चुप्पी में घिरा रहता।

डर में सिहरन नाभि में उठती। पेट में एक अजब सी बेचैनी और बार-बार पेशाब आने का अहसास। मुझे लगता डर पेशाब के रास्ते निकल सकता था और मैं वही कोशिश करता। डर था कि और सघन होता जाता। घर के पिछवाड़े माँ ने एक पौधा लगाया था जिसमें तेज़ गंध उठती थी। इतनी तेज़ की बकरी और गाय तक उससे दूर रहतीं। वह 'सेताब' था जो कई सालों का था। जो कई सालों में घनी झाड़ी हो गया था। माँ कहती थी इस पौधे के रहते हुए भूत-प्रेत घर में नहीं आ सकते। उसकी गंध से भी यही लगता था। सो मैं अकेला होने पर 'सेताब' के पास जा बैठता और भयमुक्त होने का विश्वास पालता, लेकिन रात वही सपना, वही टाँगें, उनका डोलना सालों तक जारी था। फिर बड़िया वाली खदान बन्द हो गई। बस्ती उजड़ी और हम वहाँ से 'पिंजरे वाली' खदान के इलाक़े में जा बसे। 'पिंजरेवाली' अर्थात गहरे कुएँ के अन्दर खदान जिसमें मजूर लोहे के बने पिंजरे में बैठकर नीचे उतरते थे। एक नई जगह, एक नई बस्ती थी। मैं पुरानी को भूल रहा था और उस सपने को। वह कम होता गया। बस दक्षिण दिशा की याद तब भी घेरती। नई खदानें पूरब में थीं और यह मुझे अच्छा लग रहा था।

पैंतीस

मैं माँ को श्रृंगार करते और सुन्दर रूप में
देखना चाहता था, जो कभी हो न सका
वह मुँहबोली चाची रोज़ श्रृंगार कर सामने प्रकट होती
उसी में माँ को देखने की आदत पड़ गई
मुझमें उसका न पैदा हुआ बेटा था
और एक ऐसी ममता जो शब्दों से परे थी

पाँवों पर आलता और त्योहारों पर मेहँदी। वह उस रंग-रूप में सुन्दर दीखती क्योंकि मजूर बस्ती में वह पहली स्त्री थी जिसके पास सजने-सँवरने का अवसर था। उस घर में मेरे आने-जाने को वह पसन्द करती थी। मैं तब भी वहाँ हो सकता था जब वह 'सपरने' (नहाने की जगह) में होती। मैंने मग्गे से उसकी स्वस्थ देह पर पानी गिरने की आवाज़ सुनी और उसका गुनगुनाना। लाड़ में अक्सर वह मुझे गोद में उठा लेती। छाती से लगाती और माथे को चूमती। उसका अपना कोई बच्चा न था। मैं उसके स्तनों की गर्मी अनुभव करता और सोचता वहाँ दूध की नदियाँ होंगी। मुझे अपनी माँ की याद आती। और मैं अपनी एक-डेढ़ साल की उम्र में पहुँच जाना चाहता।

ऐक्टर चाचा इस बात को जानते थे और वह भी। उनकी अपनी कोई सन्तान नहीं हुई, लेकिन गोद में उठाने की उसकी इच्छा ख़त्म नहीं हुई और कभी किसी भावदशा में अंक में भरना कई सालों तक जारी रहा। उस अनोखी गर्मी का अहसास अब तक जागा हुआ है। शायद इसलिए मुझे साँवली और स्वस्थ स्त्रियाँ भली लगती हैं और अपनी-सी। उसकी याद इतनी उम्र में भी जाती नहीं।

तब हमारी दुनिया भेदभाव के बिना
प्रेम के रिश्तों में हुआ करती थी
हर घर में माँ, पापा और भाई-बहन हुआ करते थे
हमने आपस में कोई बुरी लड़ाई होते न देखी
हमारी प्यार की ज़मीन पर कभी विष की बूँदें न पड़ीं

अनिल और प्रदीप डेनियल। हम सबकी एक-सी उम्र। खेल की जगह एक लेकिन हम सब में वे दिखने में जुदा थे कि उनके पास सुन्दर कपड़े थे। उनके पास कई ड्रेसें थीं। जूते और मोजे और पाँव में स्पीलर थीं। कपड़े भी चमकदार और महँगे थे। ठीक से धुले और इस्तिरी किये हुए। मेरे पास एक ड्रेस बमुश्किल तमाम। जूते नहीं थे तो मोजे की दरकार न थी। सस्ती चप्पलें थीं घर से जिन्हें निकलने पर हम पहनते रहते थे यानी मैं और मझले भैया की वे 'टू इन वन' की थ्योरी पर कुछ बड़ी होती थीं।

अनिल का घर कम्पनी से मिला था तो सुन्दर था। उसके पिता बाबू थे एन.एच. ओझा कम्पनी में। माँ भी काम करती थीं। वे खदान में उतरने वाली कामकाजी महिलाओं के नन्हे बच्चों की देखभाल करती थीं। सो सब उन्हें 'नर्सबाई' कहते थे हालाँकि नर्स का कोई काम करते हुए शायद किसी ने देखा हो।

मेरा उनके घर जाना होता था। ठीक दरवाज़े पर यीशु मसीह की तसवीर के ठीक नीचे एक तख्ती में, सुन्दर अक्षरों में एक इबारत कुछ इस तरह से लिखी थीं—'यीशु इस घर का मुखिया है। हर अजनबी अतिथि का इस घर में स्वागत है।' इस इबारत को मैं नहीं समझता था। लेकिन वहाँ आत्मीय स्वागत होता था।

मैं उनकी चीज़ों को ढूँढ़ सकता था और खेलने की छूट थी। क्रिसमस में बच्चे विशिष्ट मेहमान होते थे। सो एक जमावड़ा होता था। 'नर्सबाई' को भी सभी माँ जी पुकारते थे। वह बच्चों के मनोविज्ञान को समझती थीं। इसीलिए एक सहज ममत्व उनके चेहरे पर होता। फिर उनका क़द चार-सवा चार फुट और उनके पति छह फुटा थे। ठीक वैसे ही जैसे मेरे माता-पिता तो एक साम्य था, जो भीतर बना रहता। फिर उस महत्त्वपूर्ण व्यवहार से एक सुविधा थी खुलने की, सो मैं खुलने लगा था।

उस घर में लोहे की एक हल्की और सपाट 'इस्तिरी' थी। उसमें कोयला भरने की जगह न थी और हैंडिल भी लोहे का था। उसे देखने पर उसके उपयोग को समझना आसान न था। एक रोज़ उसे 'सिगड़ी' पर गर्म होते देखा। फिर कपड़े से उठाकर पोशाकों पर उसे फेरते हुए। वह मेरे लिए एक जादुई करामात की तरह थी। अनिल-प्रदीप के चमक और बिना सलों (सलवटों) वाली पोशाकों का रहस्य तब समझ में आया। मैंने उसका उल्लेख घर में किया तो माँ को विज्ञान समझने में देरी न लगी। तब माँ ने हमारे मनोविज्ञान को समझते हुए एक युक्ति निकाली। पीतल के बड़े और वज़नदार लोटे में उसने आग के टुकड़े भर दिये और कपड़ों पर इस्तिरी करके दिखाने लगीं। हम चमत्कृत थे उस दिन से लोटा, उसमें आग और इकलौती पोशाक में चमक खिलने लगी। हम भीतर से अपने को अच्छा अनुभव करने लगे।

वह घर एक पाठशाला थी जहाँ बहुत कुछ आधुनिक था। अनिल का परिवार जमशेदपुर टाटा से यहाँ पहुँचा था सो जीवन भी भिन्न था और समझ भी। वह घर प्रार्थनाओं का था। कुछ प्रार्थनाएँ गाने के लिए थीं, जो किताब में न थीं, कुछ मन में पढ़ने के लिए जो वे शाम को आँखें बन्द कर बुदबुदाते थे। एक और प्रार्थना थी जो वे बोलकर खाने के पूर्व पढ़ते थे। उनके घर में एक मेज़ थी और चार कुर्सियाँ जिन्हें हमने पहली दफ़ा देखा। खाना मेज़ पर लगता था। और वे कुर्सियों पर बैठकर खाते थे। मैं इस तरह पहली बार किसी मेज़ के सामने कुर्सी पर बैठा। मैंने अपने भीतर कुछ बदलाव देखा। मेज़ पर रकाबियाँ जिनमें छोटी-छोटी गोल देगचियों से खाना परोसा जा रहा था। दाल, चावल, सब्ज़ी और पराँठे। रकाबियों में खाना उतरने के बाद वे ज़ोर-ज़ोर से कुछ बोल रहे थे और उनकी आँखें बन्द थीं। इस प्रार्थना को कई बार सुना सो भाव जो अंकित हुआ कुछ इस तरह था—'हे प्रभु तू जो स्वर्ग में है। तेरा नाम अमर हो। तूने दिन भर के काम के बाद जो रोटी दी। हम तेरा शुक्रिया अदा करते हैं।' बाद में ज़ोर से एक शब्द सबके मुँह से निकलता—'आमीन।'

इस प्रार्थना के बीच मैं चुपके से रोटी का छोटा सा टुकड़ा तोड़ता और दाल या सब्ज़ी में भिगोकर थाली के किनारे रख देता। जैसा कि पिताजी करते थे लेकिन यह डर बना रहता कि कोई देख न ले। आँखें बन्द होने से मैं ऐसा करने में हर बार सफल हो जाता और ख़ुश होता। ख़ुशी किस बात की होती तब समझ से बाहर था, लेकिन कोई प्रसन्न भाव था कि मैं सोचता देखो आज फिर मैं ऐसा कर पाया। मैं जीत गया।

छत्तीस

दोस्त दो-एक ही होते हैं
वह उनमें एक था
अब उसका काँधा खो गया

भुप्पी का पूरा नाम भोपाल सिंह था। 'भोपाल' को मैं बड़े शहर के रूप में जानता था। उसका मन था कि वह जाएगा वहाँ एक दिन। वह पढ़ न सका। घर के हालात न थे। वह बस भोपाल की जगह जंगल में जाता रहा। अपने पिता के साथ कभी महुआ बटोरने, कभी हर्र-बहेड़ा, कभी जामुन तो कभी अचार। अधिकतर लकड़ियों के गट्ठर उसके हिस्से में आ गए। वह मिलता लेकिन कम बोलने लगा था। उसके साथ हमेशा परसादी होता। क्योंकि अब परसादी के पिता थे साथ में जंगल जाते हुए।

परसादी और भुप्पी को पेड़ पर चढ़ने में महारत हासिल थी। वे एक बन्दर की तरह चढ़ते और मज़े से उन पर बैठे रहते। इतवार के रोज़ मैं उनके साथ 'महुआर' भाग जाता और पेड़ पर चढ़ना सीखता। पेड़ को दोनों हाथों से बाँहों में भरना फिर हथेलियों की पकड़ बनाना। पाँव के तलुओं को कुछ तिरछा रखना और उन पर वज़न छोड़ना। फिर एक हाथ ऊपर ले जाना। और दूसरी दिशा का दूसरा पाँव फिर नीचे बचा हाथ फिर पाँव। यह शुरुआती अभ्यास था। फिर जैसे-तैसे पेड़ पर चढ़ना सीख लिया। एक शाखा से दूसरी पर पहुँचने का गुर सीखा और कैसे उस पर टँगे रहने का कौशल भीतर उतरा, पता ही न चला।

पेड़ पर चढ़ने की इस कला ने हमें 'अमरूद', 'आम' और 'जामुन' के पेड़ों पर चोरी से चढ़ने और फल तोड़ लाने का हुनर दिया। पकड़े जाने पर बाहर पिटाई होती और पता चलने पर घर में भी, लेकिन लत ऐसी कि पेड़ देखते और ना-नुकर के बाद चढ़ जाते। ठीक वैसे ही जैसे कलारी के सामने से गुज़रते कुछ लोग जैसे रुच्चा, कत्वारु और सुक्का के बारे में मशहूर था कि लाख घर की लड़ाई-झगड़े के बावजूद वे कलारी में ख़ुद-ब-ख़ुद खिंचे-बँधे पहुँच जाते थे और झूमते हुए घर लौटते। हम भी बच जाने पर झूमते और फलों को जुग्गू की 'सार' (गाय बाँधने की जगह) में छुपा देते। और अगले एक-दो दिन तक खाते रहते। हम ऐसा क्यों करते थे?

पिटते हुए भी किन कारणों से, उस समय समझ न आता था। आज पलटकर देखता हूँ तो पाता हूँ उन सभी घरों में एक ऐसा अँधेरा था। वह आँखों तक में कि हम कुछ माँगने की बजाय कहीं से कुछ पा लेने की मंशा अधिक रखते थे। क्योंकि चोरी सम्भव थी छीनना नहीं वरना हम कुछ और करके कुछ और बने होते।

हमने निछावर के पैसों के लिए
रक्त में नहाती अँगुलियों को देखा
हमने अपने दोस्त के लिए
नाचने में कोई शर्म महसूस नहीं की।

हम सबके बीच गनपत था। दुबला-पतला। उसकी हड्डियाँ गिन लो। वह 'तुतरु' बजाता था। उसके परिवार का यही पेशा था। जन्म के संस्कार हों अथवा शादी-ब्याह के। वह सब के घरों में जाकर अपने पिता और भाइयों के साथ 'तुतरु' बजाता था। उसकी 'तुतरु' सबसे छोटी थी। छोटे-छोटे छेद। पीछे की तरफ़ एक रस्सी बँधी हुई चार-पाँच पत्तियों में गुँथी हुई; होंठों में दबाकर बजाने वाली ठीक वैसी वस्तु जो शहनाई वादकों के पास होती है लगभग शहनाई की तरह। जब वे सब बजाते तो नाचने का मन होता। विशेषकर गोंड नृत्यों की तीव्र धुनों पर और हम नाचते। वह ठुमक-ठुमक के बजाता। लोग निछावर के रूप में नाचने वालों के सिरों पर सिक्के घुमाकर हवा में उछालते और बजाने वाले बजाना भूलकर उन्हें बटोरने लगते। गनपत भी यही करता। उसका पैसों पर झपटना। किसी के पाँव के नीचे उसका हाथ आ जाना। फिर सिसकते हुए उसका रो पड़ना यह आम दृश्य था।

हम दौड़ पड़ते और उसकी तुतरु सँभालते। उसे जबरन बाहर घसीट लाते चुप कराते। सिक्कों के फेंके जाने पर वह था कि दौड़-दौड़ पड़ता। उसके सिक्के उठाने खुँदते जाने, रोने और हमारे रोकने का दृश्य अब भी सपने में भूले-भटके आ टपकता है, तब मैं सोचता हूँ इस दृश्य से मैं या कोई और कहाँ अलग हैं। हम सब अपनी-अपनी 'तुतरु' बजा रहे हैं। कोई सिक्के फेंक रहा है। हम दौड़ रहे हैं। हम किन्हीं पाँवों के नीचे हैं। हमारी हथेलियाँ अपने ही ख़ून में नहा रही हैं।

यात्रा की शुरुआत
बड़ा महादेव से हुई
जो ले गई दुनिया के
कई देशों में
अब बेटा उसकी शरण में
हिमालय में घूमता है

हमारी तहसील के पास प्रसिद्ध धार्मिक स्थल था। बड़ा महादेव। सुविधा के लिए कहें पचमढ़ी से जुड़ी सतपुड़ा में प्रसिद्ध जगह। महाराष्ट्र से पैदल यात्री हमारे घर के सामने से जुन्नारदेव (तहसील) जाते थे और जो भीतर एक छोर से शुरू होता था। यानी बड़ा महादेव का पहाड़। मान्यता वाले यात्री बड़े-बड़े त्रिशूल लेकर चलते थे।

मैं सिर्फ़ एक बार जा सका। तब मैं स्कूल का छात्र था। माँ-पिता के साथ मैं पड़ोसी परिवार के साथ था। पैदल चलने का पहला अनुभव था अर्थात इतनी लम्बी यात्रा पैदल। रास्ते में रुकना, पत्थरों के चूल्हों पर बनते हुए खाने की सुगंध के बीच अपने पकाने के लिए सूखी लकड़ियाँ बटोरना। पास से पानी लाना। झरना कोई न कोई पास होता। उसी में नहाने का निर्मल सुख कि थकान छूमंतर हो जाती। यात्रा की हिम्मत 'जय बड़ा महादेव' के जयकारे से होती। स्त्री, पुरुष, बच्चों की अपनी-अपनी टोलियाँ। धर्म को जानना उस उम्र में सम्भव नहीं, न ही पर्यटन का अर्थ समझ आता था। बस...एक कठिन लेकिन ताक़त से मुठभेड़ करती यात्रा। कोई पक्का रास्ता नहीं। पहाड़ के बीच पगडंडी और वह भी प्राकृतिक पहाड़ी रास्ते की तरह। कहीं पत्थर पर पाँव तो कहीं पत्थरों के बीच मिट्टी वाली धरती। कहीं रास्ते में झूलती बाँस की शाखाएँ तो कहीं झाड़ियाँ। कहीं काँटेदार वनस्पति। यात्रियों के कुर्ते, क़मीज़ व साड़ियाँ उनमें फँसते। पीछे का यात्री बिनबोले फँसे वस्त्रों को निकालता।

चने-मुर्रे और मूँगफलियाँ झोले में कि बच्चे को बहला-फुसला के यात्रा करवा सकें। थकान को दूर करने के लिए पीठ चट्टानों या पेड़ के तनों से सुस्ताती हुई। हम लेटकर दिन और रात में आसमान को ताकते। जंगल की आवाज़ें भय से सिहरन पैदा करतीं। हम बड़े-बूढ़ों की गोदियों में अपने को छुपा लेते। हिरन, ख़रगोश के अलावा जैसे प्राणियों को हम यात्रा में देख चुके थे। भय लकड़बग्घों, तेंदुओं और चीतों का था। जिनके आक्रमण के क़िस्से हमने सुन रखे थे। माँ जय महादेव का तब गुंजार करती, जब हमें भय लगता। इसके साथ ही यात्री साथी गुंजार कर उठते। रात में जहाँ डेरा पड़ता। वहाँ भोलेनाथ के भजन शुरू हो जाते। यह भक्ति में होता या नहीं कह नहीं सकते लेकिन लोग ज़ोर-ज़ोर से मजीरे बजाते-गाते। हम सभी महादेव के भरोसे इस तरह दिन और रात के समय को पार करते। कोई ढाई दिन की यात्रा होती।

इस अकेली यात्रा में मैंने महादेव को तो नहीं। प्रकृति को जाना। तरह-तरह की वनस्पतियाँ। उनके अनेक रंग। पत्तियों का संगीत। पाँखियों की मधुर बोलियाँ। जानवरों की डराने वाली आवाज़ें। मैंने अपने भय को जाना और साहस को। रास्ते में भुनते आलू भटे की सुगंध को जाना और बासी पूड़ियों का स्वाद जिन्हें ज़रूरत के मुताबिक आपातस्थिति के लिए बना लिया गया था। मैंने झरने में नहाते हुए जलधाराओं का संगीत सुना और उसकी निर्मल कोमलता को अनुभव किया।

जलधाराओं के संगीत में रेडियो पर सुने 'अहीर भैरव' की याद, लिखते हुए हो आई। मराठी यात्रियों के सत्संग में 'पूरनपूड़ी' का मीठा स्वाद पाया और बासी रोटियों को मीसकर बनाया गया 'रोटी पोहे' को खाकर जाना कि बची रोटियों से कितना अच्छा कलेवा बन सकता है। बिना दूध की चाय को पीते हुए चाय पत्ती के फ्लेवर से पहली बार परिचय हुआ जो अब ज़रूरत बन उठी है।

इस तरह 'बड़े महादेव' की यात्रा में किसको महादेव मिले कह नहीं सकते। मुझे उनके बहाने घुमक्कड़ी का आनन्द मिला और यात्रा में जीने का लुत्फ़। मैं तबसे उस पहली यात्रा की स्मृति में इतनी यात्राएँ कर चुका हूँ कि स्मरण नहीं। बस एक ही बात की सीख मिली कि यात्राएँ घर नहीं होतीं।

सैंतीस

कुछ के लिए अधिक से अधिक था
कुछ के लिए कुछ भी न था
लेकिन उनके इरादों में बेहतर करने की चिंगारियाँ थीं
उन्होंने मिलकर चूल्हे जलाए
और आग को कभी बुझने न दिया

नजरपुर, मोहन, जमकुंडा, मोहन कॉलरी, बड़िया वाली आदि खदानें आसपास थीं और उनकी मजूर बस्तियाँ। पानी, सड़क, बिजली, दवाख़ाना, खेल-कूद, मनोरंजन, स्कूल जैसी सुविधाओं से पूरी तरह महरूम। इक्का-दुक्का सरकारी बसें और मालिकों की कुछेक गाड़ियाँ बस। इन बस्तियों में मजूर मूलत: बिहार, मध्य प्रदेश, छत्तीसगढ़ व उत्तर प्रदेश के थे। बिहार के लोग अपेक्षाकृत वर्चस्वशाली थे। उन्होंने दफ़्तर व खदान की बड़ी नौकरियाँ कबाड़ रखी थीं। वे ज़्यादा एका में थे। उत्तर प्रदेश से मुख्यत: गोरखपुर से ज़्यादा मजूर थे जिन्हें गोरखपुरिया पुकारा जाता था। मालिकों के नज़दीक थे गुजराती। एन.एच. ओझा कम्पनी के पास ये खदानें थीं और गुजराती लोग मूलत: दफ़्तर सँभालते थे। सब कुछ उन्हीं की कृपा पर निर्भर था। नौकरी दिलाने से लेकर मजूरी देने तक का महत्त्वपूर्ण काम। उनके लिए अलग से पक्के मकान थे। उनके मकानों के बीच ही मालिक का मकान था।

बाक़ी मजूर लोगों ने अपनी बस्तियाँ ख़ुद ही खड़ी की थीं। इन्हें सिर्फ़ एक स्थायी सुविधा प्राप्त थी कोयले की। प्रति मजूर दो बोइया कोयला मुफ़्त। खदान में काम करने के लिए तब टेमे जलाके ले जाए जाते थे। और उसके लिए घासलेट मुफ़्त था। जिसे चोरी से बचा के घर की ढिबरियाँ जलती थीं। टेमे में जलने वाली सूत की बत्ती से ढिबरियों की बत्ती भी जलती थी। कोयले के मिलने से लोहे की सिगड़ियाँ अस्तित्व में आईं। बड़ी पाई आकार की लोहे की गोल सिगड़ी, जिसमें लोहे को काटके नीचे एक चौकोर छेद कोई 2.5×2.5 इंच का होता था। हवा जाने के लिए। उसके ठीक ऊपर छोटे-छोटे छेद कर लोहे के तार की एक जाली फिट की जाती थी। उसी पे सूत के लच्छे और लकड़ी रखके घासलेट डालके उन्हें जलाया जाता था।

उनके जल उठने पे कोयला रख के सिगड़ी जलाई जाती थी। धुएँ के बादल तब पूरे आसमान पे छा जाते थे। इन धुएँ के बादलों में हमारे नायक-खलनायक के आकार बनते-बिगड़ते थे। और हमारे खिलौने जो धूप पड़ने पे सुन्दर और आकर्षक लगते थे। इन सिगड़ियों पे नहाने का पानी गर्म होता था। और खाना पकता था। सिगड़ियों ने धीरे-धीरे चूल्हे को रसोई से हटाना शुरू कर दिया था। और माँ बेहद दुखी हो उठी थीं। सब धीरे-धीरे सिगड़ी के आश्रयी हो उठे थे। जंगल से लकड़ियाँ बटोर के चूल्हे जलने का कठिन काम कम होने लगा था। ना-नुकर और हील-हुज्जत के बाद चूल्हे घरों से उठने लगे थे।

चूल्हा सिर्फ़ रसोई पकाने का साधन नहीं था। उसमें पुरखों की विरासत थी और संस्कार। उसमें पका खाना स्वाद में बेजोड़ होता था। धीमी आँच में बटलोई में पकी दाल हो या गर्म-गर्म उतरते फुलके। कल्ले पे से उतरती ज्वार या मक्के की मोटी रोटियाँ। वह स्वाद सिगड़ी से उतरती रसोई में सम्भव नहीं था। फिर जो भटे या आलू चूल्हे की आग में सिंक सकते थे, वे सिगड़ी पे सम्भव न थे। माँ ने घर में सिगड़ी के जबरन घुसने का भरसक विरोध किया। हम उसके साथ थे। चूल्हा बाहर न निकल सका। माँ उसी जतन से उसे छुही से पोत के सुन्दर बनाती रही। उसके चूल्हे से हटने के अपशकुन को हमने दूर रखा। चाहे हमें महुआर की लकड़ी लाने में कितनी भी तकलीफ़ क्यों न हुई हो। वह एक संस्कार की तरह सहेजा गया। शादी-ब्याह में माँ कई चूल्हे बनाती और ताने मारती कहती—'मंडप के नीचे क्या सिगड़ी रखके कच्चा खाना बनाओगे? वहाँ तो चूल्हे चाहिए। बिना चूल्हे पर पके खाने को कोई मिजबान (मेहमान) ग्रहण नहीं करेगा। जगहँसाई होगी सो अलग।'

फिर माँ जिस जतन से चूल्हे में आग बचा के रखती थी। वह एक शगुन थी। आग का सो जाना एक तरह से भाग्य का सो जाना था। वह आग को बचाए रहीं। चूल्हे की आग उसके भीतर सदैव जलती रही और विरासत में हम लोगों के भीतर भी उस आग के होते हम भीतर से मज़बूत अनुभव करते और स्थितियों से लड़ते।

बाद में अब वह चूल्हा घर के एक कोने में उदास पड़ा रहा। आग सोई हुई थी और माँ बेहद उदास रहती थीं। वह कभी-कभार उसे जलाके और रसोई पकाके हमें स्वाद के अद्‌भुत संसार में ले जाती थी। जहाँ सब कुछ स्वाद के स्तर पर अतुलनीय है जैसे माँ का अद्‌भुत व्यक्तित्व, संस्कार, प्रेम और भीतर की आग।

माँ का होना ही सबसे बड़ा आश्चर्य था
सबसे बड़ा उपहार
घर अभावों से भरा हुआ था
और माँ उपायों से
भगवान का हम नहीं कह सकते
हम भूख में जागे ज़रूर पर भूखे सोये नहीं

माँ को 'कोल्हू का बैल' की तरह काम करते देखना एक तकलीफ़देह काम था। बस्ती के लोग उन्हें 'फिरकनी' कहते थे। घर के सारे काम सुबह चार बजे से उठ, वह डेढ़ घंटे के भीतर निपटा देती थीं, जिसमें ताज़े गोबर की लिपाई से लेकर बर्तन माँजना, सिगड़ी भरना, खाना बनाना और कुएँ से पानी लाना आदि शामिल था। यह सब समय की पाबन्दी के दबाव में होता था क्योंकि सात बजे दिहाड़ी पर निकलना ज़रूरी था।

घर जैसे अभावों की पाठशाला थी, जिसमें हम बचपन में पढ़ रहे थे। दिहाड़ी या कहें रोज़नदारी पर काम मिल ही जाए, यह ज़रूरी नहीं था। ख़ासतौर पर बरसात के दिन भारी होते थे। लगातार मूसलाधार बारिश और पानी की झड़ी में 'ओपन माइंस में'—जिन्हें बड़ी खंती भी कहते थे पानी भर जाने पर—काम का अकसर टोटा बना रहता था। कई दफा यह टोटा हफ़्तों बना रहता था और घर में राशन चुक जाता था। ऐसे दिन माँ पर भारी होते थे। पिता अस्वस्थ होते हुए भी कुछ न कुछ ढूँढ़ते रहते थे, लेकिन यह सेजा (इन्तज़ाम) स्थायी नहीं होने के कारण भूख और अभाव बरसात के दो-तीन माह अन्न की जमा पूँजी में घिसटते हुए चल जाते थे, लेकिन अन्तिम एक-डेढ़ माह ज़्यादा मुश्किल पेश आते थे।

सोचता हूँ अन्न की जमा पूँजी के नाम पे क्या था? फ़सल कटाई के बाद दो पायली (क़रीब दो सेर) के हिसाब से मिली दो महीने की पूँजी। सीला बीनने में आई गेहूँ की बालें—भाग्य भर। हम भाइयों के बटोरे हुए महुए। घर की बाड़ी से निकले मक्का और ज्वार की कुछ पूँजी, जो रखी जाती थी बीज के लिए। शुरुआती तीन माह इन्हीं से गुज़ारा होता था। आख़िरी महीने में अमूमन नाश्ते में हम सूखी जंगली बेर को उबालकर और उस पर नमक भुरक के खाते थे, जिसे 'लब्दो' कहते थे। लुदबुदे खट्टे-मीठे बेर जिनका स्वाद आज तक ज़ुबान पर जीवित है।

माँ की तकलीफ़ों को इन महीनों में क्रमश: बढ़ते हुए देखा जा सकता है। पूरा घर जैसे भूख के विरुद्ध लड़ने के लिए खड़ा हो उठता था। वैसे यह सिर्फ़ हमारे परिवार का हाल हो ऐसा नहीं। कई और परिवार थे जो हमारी तरह लड़ते हुए जैसे रज्जो, भद्दू, मंगल और परसादी का परिवार। बारिश के दिनों में भीगते हुए हमने कुछेक काम ढूँढ़ लिये थे। ईंट और भट्ठा लगाने वालों के लिए हम कोयला खदान के इलाक़े से कोयला बीनने या कहें चुराने का काम करते थे। दिन भर में प्रति टोकनी कोयले के एवज में हमें इकन्नी मिल जाती थी। चार-पाँच टोकनी कोयला हम आसानी से कबाड़ लेते थे। मझले भैया इतवार की हाट में सब्ज़ी, अन्न या गुड़ की दुकान पे सौदा तौलने का काम करते थे। भारी बारिश में इस काम में भी टोटा पड़ जाता था। ऐसे में घर-घर सामान ख़रीदकर पहुँचाने में भी कुछ न कुछ मिल जाता था या फिर हिरैया दादा और अक्का माँ के ठीहे से खदान तक गुटके ढोने का काम। सो इस तरह इस लड़ाई में नन्हे हाथों का योगदान भी कम महत्त्वपूर्ण नहीं था,

लेकिन माँ-पिताजी होम होते हमारे बचपन को लेके चुपके-चुपके अपने को कोसते हुए, रोते रहते थे।

तो बारिश के मौसम के अन्तिम माह-डेढ़ माह की बात चल रही थी। माँ पिता के स्वास्थ्य को लेकर चिन्तित थीं। उन्हीं दिनों पिता को दमा उखड़ आता था। जमा पूँजी शुरुआती तीन महीने में चुक जाती थी। क़र्ज़ मिलने की स्थिति भी जैसे टूट जाती थी। माँ स्वाभिमान में ग़रीबी छुपाने का कठिन काम भी करती रहती थीं। लेकिन वह हारी नहीं थीं। उनके पास तरीक़े थे और वह उनका चोरी से उपयोग करती थीं। माँ एक दिन की ख़ुशी या सन्तोष को पूरे हफ़्ते भर आँचल की तरह फैलाने का गुण जानती थीं।

अड़तीस

हम भीतर से हिले हुए थे
यह खाना कल्पना से परे था
हम माँ के साथ थे, माँ हमसे अधिक

वह रविवार की सुबह थी। शायद सब कुछ चुक गया था, जाने उसके दिमाग़ में क्या कौंधा कि वह एक 'जर्मन' की बड़ी परात को उठा के घर से निकली और कोई घंटे भर बाद आँचल में परात छुपाती हुई लौटी। हमें घर से बाहर भेज दिया इस आश्वासन और लालच के साथ कि हमें कुछ स्वादिष्ट खाने को मिलेगा। फिर वह रसोई के कोने में जुट गई। हम आकुल भाव से प्रतीक्षारत थे। थोड़ी देर के बाद वह आँखों में प्रसन्नता भर सामने एक जादूगर की तरह नुमायाँ हुईं। थाली में कलेजी के टुकड़े थे। उस समय ऐसा ही लगा। स्वाद गें अप्रतिम। हम भूख के मारे बस खाये जा रहे थे। पूछने पर कि ये क्या है? वह कहती और लो और आँखें छिपाती रसोई में चली जाती। फिर लौट आतीं किन्तु जवाब देने से कतरातीं।

इस स्वादिष्ट व्यंजन के लिए इतवार का दिन तय था। यह क्रम कई इतवारों तक जारी रहा। एक सुबह हम माँ के पीछे-पीछे गए। हमने देखा महुए के पेड़ के नीचे नज़ीर चाचा बकरे को हलाल कर रहे थे। माँ की परात हलाल होते बकरे की गर्दन के नीचे थी। उसमें ताजा ख़ून भर रहा था यह ऐसा अनुभव था, जिससे ऊब, घृणा, गुस्सा और हिलोर मारता माँ के प्रति प्यार था। माँ की नज़र हम पर कहीं पड़ न जाए, इसीलिए हम तेज़ी से ग़ायब हो गए। मैं और मझले भैया एक-दूसरे से आँखें चुराते चुप थे। मझले भैया ने हिदायत दी कि आज उसे खाते हुए ठीक वैसे ही रहना, जैसे हर इतवार। माँ को कभी मालूम न हो सका कि हमने उन्हें ख़ून लाते और उसकी तरकारी बनाते देखा था।

हमारी झोपड़ी और उसके सरकारी क्वार्टर के बीच एक महुए का पेड़ था। इस पेड़ की शाखा से एक रस्सी टँगी रहती। रस्सी पर ख़ून के निशान साफ़ उभरे रहते मक्खियों का झुंड उस पर बैठता ख़ास कर रविवार को। रविवार का दिन छुट्टी का दिन।

पहले मजूरी भी शनिवार को मिलती थी। सो इतवार एक तरह से उत्सव का दिन होता। इस रोज़ बस्ती में शराब अधिक पी जाती। मटन, मछली, मुर्ग़ा या अंडा जैसी जिसकी आर्थिक स्थिति हो घरों में पकता। कुछ लोग उस रोज़ पूड़ी, भजिये, कढ़ी विशेष रूप से बनाते। जिस घर में चूल्हे पर कढ़ाई चढ़े तो उस दिन उसे सम्पन्न माना जाता। जो जिसके यहाँ बनता, एक दूसरे के घर थाली या कटोरे में भेजा जाता। इस रिवाज के दो पहलू थे। पहला यह कि दो घरों में मधुर सम्बन्ध थे। और एक से अधिक स्वाद का आकर्षण भी। दूसरा यह कि जिन घरों के हालात ठीक न होते, वहाँ इस वजह से भेजा जाता कि बच्चों को अभावों के दबावों का कम पता चले। अगर यह रिवाज न होता तो कुछ घर तो समय से पहले श्मशान बन गए होते।

इतवार का इन्तज़ार सभी को होता कि उस दिन ख़ुशियों का एक माहौल बना होता। पिता को भी हफ़्ते का वह दिन अच्छा लगता। जब अच्छे दिन थे, तो उनका इतिहास भी था। इतवार को घर में मटन का पकना आम बात थी। साथ में दारू का इन्तज़ाम। पिता के दोस्त। महफ़िल और हुड़दंग। तब वे दुकान चलाते थे। सो पैसों की तंगी न थी। उधर जब से दुकान और घर छूटा तो अभाव में वह सब भी छूटा, जो सर्वाधिक प्रिय रहा। माँ हर हफ़्ते उस रोज़ सुबह से पुराने दिन याद करना शुरू कर देतीं। उनका मन होता कि कहीं से पाव-आधा सेर मटन का इन्तज़ाम हो जाता तो शायद ख़ुशी का कोई रंग लौट पाता। वैसा होना ठीक उसी तरह सम्भव न था। फिर भी माँ थी कि जुगत में रहती कि उस दिन लौट सके वह स्वाद। वह हफ़्ते भर अन्नी-दुअन्नी, चवन्नी बचा के रखती ताकि दिन हाथ से छूट न जाए। जो बचाई जाती वह रकम इतनी भी नहीं हो पाती कि आधा सेर मटन भी ख़रीदा जा सकता। क्योंकि मटन के साथ उसे पकाने में तेल-मसाले भी ज़रूरी थे। नज़ीर मियाँ को सब मालूम था। वे पिता के साथ काम कर चुके थे, दोस्ती थी। सो खाने-पीने की आदतों से वाक़िफ़ थे। माँ के पहुँचने पर वे कुछ न कहते। बस माहुल के पत्तों में बँधा रखा सामान सौंप देते। माँ भी जो कुछ पैसा जोड़ती, नज़ीर मियाँ को दे आती। लेकिन इतवार को वह ख़ुश बहुत होतीं।

जो कुछ नज़ीर मियाँ की महुए वाली दुकान से आता, उसे धोने पिता बैठ जाते। धोने में काफ़ी समय लगता। हम उनसे डरते सो पास नहीं फटक पाते। यह ज़रूर कि उनकी बुड़बुड़ाहट सुनाई पड़ती। कभी-कभार ऐसा सुनाई पड़ जाता—'मझली याद है हम दोई एक सेर और एक बोतल तो ऐसई उड़ा देत थे। और आज ऐसो बखत कि पचौनी धो रहे हैं।' हम 'पचौनी' का अर्थ उस समय नहीं समझ पाते थे। बहुत अर्से बाद समझ में आया कि पिता को अपने ज़माने में सबसे अधिक रान और सीना पसन्द था। बाद में मुंडी और पाँव, जो नहीं पसन्द थी वह पचौनी। आँतों के जाल में हड्डियाँ कहाँ, बस गन्दगी। उसे धोते-साफ़ करते हुए वे बड़बड़ाते और कोसते भाग्य को। माँ सिलबट्टे पर मसाला पीसती सब सुनती जाती।

देर दोपहर तक इतवार को खाना होता। ज्वार की रोटी को शोरबे में मसके खाया जाता। बस पचौनी और ज्वार की रोटी। उसमें एक और इज़ाफ़ा होता नज़ीर भाई के पास जो कुछ हड्डियाँ बच जातीं। वे भी कहीं न कहीं तरकारी में छुपी चली आतीं। पिता की टाठी (थाली) में उन्हें ख़ासतौर पर ढूँढ़ के परोसा जाता। एक कोई भूला-भटका टुकड़ा हमारे बर्तनों में भी होता।

पिता की मूँछें शोरबे में भीगतीं वे उसे बार-बार ऊपर सरकाते। ज्वार की शोरबे में मसी हुई रोटी के टुकड़े उनकी मूँछ पर जा चिपकते और माँ मुस्कराती। हम उनका साथ देते। दरअसल वह दिन अहम होता। अपने परिवार में स्वाद को पाने का दिन। हँसने का दिन, पीने-खाने का जुगाड़ हो जाए तो दारू पीके मस्ताने का दिन। हमने एक दिव्य रंग मस्ती का इतवार के रोज़ पिता और माँ के चेहरे पर देखा। ग़रीबी के बीच दीखने वाला एक अनोखा रंग चमकती आँखों और फूटती हँसियों से खिलता।

उनतालीस

माँ के कई रूप थे
वह माँ से अधिक मनुष्य थी
उनके संघर्ष में
सामाजिक दुखों की अभिव्यक्ति थी

कभी-कभार भटे का भर्ता। भटे बाड़ी के या फिर भुँजिया बेसन, जो कभी-कभी बनते और जिनका हमें इन्तज़ार होता। बेसन ख़रीदने के लिए पैसे न होने के कारण, उसका अवसर कभी-कभी ही आता। और जब आता तो वह हमारे लिए उत्सव का दिन होता। माँ के हाथ से बना भुँजिया बेसन, उतना स्वादिष्ट कोई और कभी न बना पाया। स्वाद पूरी तरह भुने हुए बेसन का। मसालों के बिना। सिर्फ़ सूखी कुटी हुई मिर्च और नमक। नमक भी खड़ा, जिसे खलबट्टे में माँ कूटा करती थी।

बेसन को मद्धिम आँच में देर तक भूना जाता। उसकी ख़ुशबू से घर भर उठता। फिर मीजान से नमक-मिर्च बस। बेसन गाढ़ा होता। इस हद तक उँगली से उठाओ तो लिपट जाए ख़ूब कि आप चटखारे लेकर चाट सकें। एक तरफ़ मक्का-ज्वार का आदिम स्वाद तो दूसरी तरफ़ भुँजिया बेसन। इन स्वादों में हमारा बचपन जीवन्त हो उठा था। वे दोनों स्वाद और गंध की पवित्रता के अलावा भूख से देर तक लड़ सकते थे।

माँ जब फ़सल कटाई के काम पर जाती तो हम उसकी आकुलता से बाट जोहते। घर लौटते समय वह कुछ न कुछ ज़रूर लाती। कभी चने की भाजी, कभी सीताफल, कभी अमरूद और जंगली बेर। बेर उन दिनों रोज़ आते। अक्सर खट्टे। कुछ एक मीठे। उन्हें ढूँढ़ना होता। माँ उन्हें पहचानती थी। इसलिए उन्हें छाँटकर अलग रख देती। जीजी को तो खट्टे ही अच्छे लगते, तीनों भाइयों में मीठे बेर के लिए झगड़ा होता। बड़े भाई अपने रुतबे का इस्तेमाल करता और हमारे हिस्से में से भी झपट लेता। अब हम थे यानी मैं और मझले भैया। मझले ग़ुस्सैल थे। अत: डर भी होता लेकिन बाजी अमूमन मेरे हाथ होती। छोटे होने का लाभ मिलता। महुए के बाद यह हमारे जीवन का दूसरा पसन्दीदा फल था।

जिसमें खटास भी थी और मिठास भी। हम इतने ज़्यादा बेर खाते कि शाम को हमारा सुर बदल जाता। पिता हमें डाँटते और माँ को भी। बीमार होने के भय से वह सिहर उठते थे। डर माँ को भी होता लेकिन वह कुछ और सोच में होती।

खाने से बचे हुए बेर माँ धूप में सुखा लेती। रोज़ की आवक रोज़ सुखाना। इस तरह महीने-दो महीने में काफ़ी बेर जमा हो जाते। उन्हें मटके या कनस्तर में रख दिया जाता। जब कई दिनों तक माँ-पिता के पास काम न होता, माँ बेर निकालती और एक भगोने में उबाल देतीं। बेर फूल के कुप्पा हो जाते। माँ इसे 'लब्दो' कहती। लब्दो पर नमक और सूखी मिर्च छिड़क दो एक दिव्य स्वाद उभर आता। खट्टा, मीठा, नमकीन और मिर्च की वजह से चटपटा।

माँ घर के सामने बोरे पर भगोना रख हमें बिठा लेती। साथ में धुले हुए दोने के पत्ते। एक पत्ते भर लब्दो इकन्नी की। बच्चे और महिलाओं के बीच यह ख़ासी लोकप्रिय थी। शाम तक पूरी 'लब्दो' बिक जाती। माँ की यह घरेलू दुकान थी। जिससे इतने पैसे आ जाते कि शाम के लिए कुछ राशन जुट जाता।

'लब्दो, का रंग गाढ़ा भूरा सा फिर तांबई होता। उबलने के बाद वह अतिरिक्त स्वस्थ लगती। जैसे कि अमूमन स्वस्थ गदबदा, भरा-भरा बदन वाला बच्चा होता है। या फिर पहले बच्चे के बाद भरी-पूरी स्त्री। स्कूल की ऊँची कक्षा में आते-आते लब्दो कई दूसरे अर्थों में बदल गई। मसलन भरी-पूरी बदन वाली लड़की को हम 'लब्दो' कहकर पुकारते। आज भी पुराने दोस्तों की याद में यह शब्द है। हम राह चलते हुए किसी स्वस्थ या सुन्दर स्त्री को एकाएक लब्दो कहकर पुकार उठते। फिर एक दूसरे को देखकर हँस पड़ते हैं। हमारी अभिव्यक्ति में एक पवित्रता भरी बदमाशी होती है। 'लब्दो' के रूप और स्वाद में एक लड़की या स्त्री की उपमा हमें आज भी चकित करती है। वह ग़रीबों की 'चाट' श्रेणी में शुमार थी। मज़दूर बस्ती के बजट में वह मजे-मजे शुमार थी, ऐसा भी खाना कभी-कभार होता था। वह स्वाद तो याद करते ही अब भी जीभ पर तैरने लगता है।

चालीस

भूख थी बेरहम
समय विपरीत
काम थे
लेकिन छूटते हुए
एक माँ के रूप में
मानो वो अन्नपूर्णा थी
हम भूखे जागे
कभी उसके साथ
सोये नहीं।

हाथ के काम को एक समय छोड़ने और पुन: उसे वैसे ही पाने की कोशिश में कई व्यतिक्रम और व्यवधानों का सामना करना पड़ता है। ख़ास कर तब जब काम ख़राब सेहत की वजह से छोड़ा गया हो। पिता के साथ यही हुआ। उन्हें कभी कुछ मिल जाता कभी नहीं। उधार और उधारी ऐन सामने मुँह बाये खड़े थे। पिता के दोस्त भले थे। लेकिन पिता का स्वाभिमान एक चट्टान सा सदैव खड़ा होता। चोरी-छिपे माँ को ही जुगाड़ करने पड़ते। कभी-कभार बड़े भैया लुक-छिप के आते और कुछ मदद कर जाते। यह कहीं उनकी अपनी असहाय स्थिति को जस्टीफाई करने जैसा था।

यह सब कब तक चल सकता था? स्थितियों से एक हद तक समझौता करना विवशता थी। साथ में रोज़ लड़ने की तैयारी का एक आधार था जिसके कारण भूखे उठते थे। लेकिन शाम तक अच्छा-बुरा कोई न कोई इन्तज़ाम हो ही जाता था। माँ कई तरह से भूख से जीतने की रणनीति अपनाती थी। पहले मोटा चावल सही—पतली दाल या 'पानी वाली सब्ज़ी' के साथ खाने के अवसर थे। जो बाद में छीजने लगे। माँ ने अब आधा सेर चावल में दो वक़्त का काम चलाना शुरू किया। चावल को बड़ी सी गंजी में ढेर से पानी के साथ पकाना। उसका माँड़ (पानी) कटोरे भरके नाश्ते में पिला देना। बचे हुए ढचले (पानी की अधिक मात्रा में बचा चावल) को दोपहर में जर्मन की टठिया (थाली) में परोस देना। साथ में चिरौटा की भाजी या

हरी मिर्च की चटनी। जिसे खाते हुए चार समय को पाटा जा सकता। सुबह, दोपहर और शाम तथा रात। माँड़ के लिए बच्चों में ख़ूब छीना-झपटी होती। इसलिए नहीं कि माँड़ कम होता बल्कि इस कारण से अधिक कि वह एक नया स्वाद था। ऐसा स्वाद जो नाश्ते की अन्य वस्तुओं को धकिया के आया था। उसमें क़ुछ प्रयोग होते थे। कभी मुफ़्त में मिलने वाला छाछ पड़ जाता था। कभी हरे आम की कलियाँ। कभी हरी मिर्च तो कभी कोई भाजी। इस तरह बदलते स्वाद में माँ ने जड़ता पैदा न होने दी। इस वजह से घर के अभावों का दबाव मानस पर कम पड़ा। यह और बात है कि माँ-पिता का उस तरह मुस्कराना-हँसना कम ही देखने में आता। बस जीजी थी जो सच को हमसे बेहतर जानती थी। अन्तत: बहलाने-फुसलाने और साज-सँवार का दायित्व माँ के बाद उसी पर था। इसलिए गुड्डे-गुड़िया की जगह वह हम दोनों भाइयों से खेलती थी—दायित्व का खेल।

माँ को लगातार कुछ बातें सतातीं जैसे छुट्टी के दिन कुछ अलग खाना हो जो हफ़्ते भर की एकरसता को तोड़ सके। लेकिन सामान के लिए जो पैसे जुटते उनसे हफ़्ते भर का गुज़ारा भी पूरा न पड़ता। सो नया कुछ न ख़रीद पाने के साथ, नया होना जैसे उनकी मुख्य चिन्ता छुट्टी के दिन होती। उस रोज़ वह पड़ोस में परसादी के घर से खलबट्टा माँग लाई और आटा। हम एक आश्चर्य को घटित होते देखने के लिए मानो व्याकुल थे। माँ ने खलबट्टे में सूखे महुए डाले और लोहे की 'कुटनी' से उन्हें कूटने लगी। कूटने में एक लय थी। जो चूड़ियों से उठती ध्वनियों में एकमेक हो रही थी। बीच-बीच में महुओं की जगह 'कुटनी' जब खलबट्टों की दीवार से टकरा जाती तो तीव्र लौह टंकार से घर गूँज उठता। माँ महुओं को बारी-बारी से तब तक कूटतीं, जब तक कि वे महीन 'दरदरे' न हो जाते। एक बड़ी टाठी (थाली) में उन्हें रखती जाती। जब टाठी भर जाती तो वह उसे छूके कुछ अन्दाज़ करती और ख़ुश होतीं। फिर महुओं के दरदरे चूरे में परसादी के घर से आया एक कटोरा आटा मिला देतीं। फिर पानी में भिगोकर उसे गूँथती। गूँथ लेने के बाद वह उसे रोटी की शक़्ल में बेलना शुरू करतीं। इस तरह कई रोटियाँ बेलती। फिर उन्हें उलटी टाठी पर रखके खुर्मों की शक़्ल में काटती जाती। हम उत्सुकता से वह आश्चर्य घटित होने की प्रतीक्षा करते। खुर्मों की शक़्ल में कट जाने के बाद माँ एक भगोने में पानी चूल्हे पर चढ़ाती। भगोने के मुँह पर एक साफ़ कपड़ा बाँधती और जब पानी खौल उठता तो कपड़े से उठती भाप में खुर्मों को बिछा देती। फिर पेना (छेद वाला गोल बर्तन) उस पर ढक देती। उस छेद से भाप एक जादू की तरह निकलती रहती। खुर्मों के पक जाने के अहसास पर उन्हें निकाल के कपड़े पे बिछा देती ताकि वे सूख के सख़्त हो सकें। ऐसा वह तब तक करती रहती जब तक कि खुर्मा पूरी तरह तैयार न हो जाए। इस प्रक्रिया में महुए के खुर्मों की वह सुगंध झोपड़ी को घेर लेती। मीठी सुगंध जो हमें विकल कर देती लेकिन एक अघोषित अनुशासन था।

जो हमें हरकत करने से बाँधे रहता। हमें मालूम था कि जब तक माँ चूल्हे में बैठे अग्निदेव को कुछ हिस्सा अर्पित न कर देती, हमारा हिस्सा मिलना शुरू नहीं होता। अन्ततः वह क्षण आता और माँ कहती—'लो अगिन महाराज अपना हिस्सा और बाक़ी सकल संसार को।' माँ ने कभी अपना कुछ भी बनाया अपना न माना। वह चींटियों और चिड़ियों को भी भोजन में शामिल करती। और कोई भूला-भटका अतिथि आ जाए तो वह भी संसार की परिभाषा में शामिल। इस परिभाषा में ही हमारा होना था। और यह होना क्या ख़ूब होना था। यह परम्परा एक हद तक आज भी जीवित है। शायद इसलिए कि माँ जीवित है और जीजी भी। जिनकी उपस्थिति ने परम्परा को रूपान्तरित किया। इस रूपान्तरण में भूख से लड़कर स्वाद सिरजने के अनेक उपायों वाली गाँव की माँ है। हमारी माँ में वे सारी माँएँ शामिल थीं, जिनके संघर्ष की छायाएँ माँ के भीतर रूपाकार लेती रहती थी।

इकतालीस

वह तसवीर में जीती-जागती सबसे ख़ूबसूरत बला थी
माँ उसे देख कुढ़ती थी
उसे हटाने का मन लिये, हटा न सकी
पिता के लिए उसका वैसा हो जाना असम्भव था
न ही तसवीर का घर में सच हो जाना
सो एक रोज़ माँ ने उसे शीशे में मढ़वा दिया
और हँस पड़ी

हमारे बचपन में जाने कैसे सुरैया का होना पिता को सुख देता था और माँ को दुख और कुढ़न। पिता की यह माया कभी समझ में न आई। हाँ! सुरैया में ज़रूर कुछ ऐसा था जो तसवीर को देखने की तरफ़ ले जाता था बार-बार। मैं उस तसवीर में सेक्स के आकर्षण जैसा सोच न पाता था। न मेरी कोई ऐसी उम्र कि एक गाँवड़ा ऐसा कुछ मन में लाता क्योंकि वह यक़ीनन एक बन्द समाज था।

यह ज़रूर हुआ कि मेरे मन को इस तसवीर ने फ़िल्मों की तरफ़ मोड़ा। हमारे खदानों के मजूरों के लिए मालिकों की तरफ़ से मनोरंजन के लिए चलती-फिरती फ़िल्म की एक गाड़ी थी। जो हफ़्ते में किसी एक खदानी इलाक़े में आती थी। फ़िल्म का प्रदर्शन होता था। और पूरा गाँव उमड़ पड़ता था। हम भी बोरा या पुरानी चादर लिये घर भर के सदस्य शाम से जा डटते। पिता का उत्साह देखते बनता। वे कोई फ़िल्म न छोड़ते। फ़िल्मों के गीत वे गुनगुनाते चुपके-चुपके। उनको हमने चोरी-चोरी 'मिर्ज़ा ग़ालिब' की इन पंक्तियों 'ये न थी हमारी क़िस्मत' को गुनगुनाने से यह जाना कि उनका कोई तार दुख से जुड़ा था। दुख का या ऐसा ही कुछ और।

सुरैया को जब मैंने फ़िल्मों में देखना शुरू किया तो मुझे कुछ बातें उनके व्यक्तित्व और उनकी अदाकारी में समझ आईं। उनकी चाल में एक ग़जब की शोख़ी थी। उनकी पोशाक और जेवरात में एक भव्यता थी। बातचीत में नफ़ासत। मैनेरिज़्म में नज़ाकत। एक अदृश्य रोमांस का आग्रह सरीखा कुछ था कि दर्शक

दीवाने हो उठें फिर उनकी काजल में ख़ूबसूरत रेखाओं से झाँकती आँखों में ग़जब का आकर्षण था। लगता था कि हर फ्रेम में उनकी आँखें मदहोशी में डूबी हैं। कोई शायराना तिलिस्म था। बोलने में जो आपको भीतर तक बाँधकर कहीं उड़ा ले जाता था ख़यालों में।

एक और बिम्ब स्मृति में सुरैया को लेकर रह-रहकर कौंधता है। गरारा-क़मीज़ की अलग ख़ूबसूरती और चूड़ियों से भरे-भरे हाथ। गायिका-नायिका के दुर्लभ योग ने उन्हें एकदम केन्द्रीय जगह दी, फ़िल्म इंडस्ट्री में। मिठास दोनों जगह थी। व्यक्तित्व में और गायन में। कहना न होगा कि इसी जादू ने पिता सरीखे अनेक दर्शकों ने सुरैया को अपने घर में सजाने पर विवश किया। सुरैया के पीछे देवानन्द की दीवानगी के उन दिनों क़िस्से सुनाई पड़ते थे। मैंने ये बातें कई लोगों से सुनीं। लगता था ये सच ही होगा। क्योंकि स्क्रीन पर दोनों को देखते हुए ऐसा आभास होना सहज था। फ़िल्म 'जीत' में मैंने देखा था। और अब तक याद है कि देवानन्द किसी अख़बार को लिये सोच में डूबे हैं और सुरैया उनके कन्धे पर हाथ रखे बड़ी-बड़ी कमनीय आँखों से मुस्कराते हुए उन्हें निहार रही है जबकि देवानन्द किसी और दुनिया में खोये दीखते हैं। तब ऐसा भरपूर निहारना कितना जादुई था। शायद यही इश्क का कोई ऐसा रंग था जिसमें दोनों को देखा जा सकता था। सुरैया की तमाम शरारतों, नज़ाकतों और अदाओं के बीच एक ऐसी मासूमियत थी, जिसमें हिन्दू-मुस्लिम संस्कृति की स्त्री छवि, सौन्दर्य और सादगी से जनमी। सुरैया बिलकुल पड़ोस की और अद्‌भुत भारतीय स्त्री का रूपक थी। इस रूपक को मन में बसाने वालों में अगर दीवानगी थी तो कोई आश्चर्य नहीं।

यदि हमारे घर में सुरैया न होती तो शायद फ़िल्मी नायिकाओं को पढ़ने का जुनून न पैदा होता। पिता के जुनून को माँ समझती थी, वह यह भी कहती थी—'कुछ भी कर लो, तुम्हारी सुरैया तो मैं ही हूँ' और पिता मुस्कुरा देते। सुरैया से आरम्भ हुआ यह सफ़र आज भी जारी है। लेकिन उन तक आज भी जाना पर्दे पर उनकी गाई किसी पंक्ति से ही होता है। शायद 'मालकौंस' में निबद्ध कोई गीत। जिसका माधुर्य धुन में बना रहता है। याद में पूरा गीत कभी याद नहीं आ पाता।

बयालीस

गेंवड़े पे चीन्हों लगा गई,
गोरी धना काखों बिला गई
हारों में ढूँढ़ी पहारों में ढूँढ़ी,
बम्बई की टिकट कटा गई,
गोरी धना काखों बिला गई।

लोकगीत की ये पंक्तियाँ जब याद आती हैं तो पिता जैसे चुलबुले किशोर कुमार की तरह मुस्कियाते हुए सामने खड़े होते हैं। वैसे वे एक गम्भीर और ग़ुस्सैल व्यक्ति थे। उन्हें अपनी ग़रीबी को लेकर खीझ थी और उसके कारणों को लेके ग़ुस्सा। खदान की रोज़नदारी की नौकरी को वे मालिकों की साजिश मानते थे। जीवन भर न उनकी, न माँ की नौकरी पक्की हो सकी। अपने जीवन और नौकरी के अस्थायित्व को लेके वे एक ही कहावत दोहराते रहे—'तुरत की मारी, ढुरी में डारी' अर्थात रोज़ कमाओ, रोज़ खाओ। यह कमोबेश सभी मजूर परिवारों के साथ था।

बावजूद अभावों के वे जब मौज में होते तो कबीर का भजन गाते। उनके पास पैतृक गाँव उड़नी पिपरिया (होशंगाबाद) से लाया हुआ एक चिकारा था जिसे देसी सारंगीनुमा वाद्य कह सकते हैं। इसी को अँगुलियों से बजाते हुए वे भजन गाया करते थे। इसे वे गाँव की भजन मंडली में ले जाया करते थे। ऐसा उनका मौज में आने पर ही होता था। लेकिन वे गाते हुए सदैव गम्भीर होते थे बस उनका मुस्कियाना लोकगीतों को गाते समय अधिक होता था। उपरोक्त लोकगीत का प्रसंग रोचक था। इसलिए वह हमारी याद में बना रहा। यह और बात है कि उसका अर्थ हमें काफ़ी बाद में समझ में आया। 'गेवड़ा' यानी दिशा-मैदान की जगह। हमारी बस्ती के दक्षिण में पहले महुआर पड़ता था यानी महुओं के पेड़ों का सघन समूह। उसके बाद अमराई थी। उसके आगे सतपुड़ा का घना जंगल शुरू होता था। उक्त लोकगीत में इसी 'गेंवड़े' का ज़िक्र था। जब कभी कोई युवा अथवा बनिस्बत अधेड़ स्त्री किसी के प्रेम में पड़के भागती थी तो घर से निकलने का अन्तिम बहाना 'दिशा-मैदान' के लिए लोटा लेके जाना ही होता था।

इससे न किसी को कोई सन्देह होता था न घर से निकलने में रुकावट। पिता यह गीत ऐसी ही खबर सुनने के बाद गुनगुनाते थे। यह ऐसी बात थी कहने या सुनाने की, माँ भी मुस्कियाना शुरू कर देती थी। लगता जैसे किसी के इस तरह भागने पे दोनों को मानो आपत्ति न लगती हो। वे इतने सावधान होते कि उनके आनन्द या ठिठोली को कहीं हम पकड़ न लें।

याद आता है कि महुआर में 'गेंवड़े' दो इलाक़ों में बँटा हुआ था। बाईं तरफ़ औरतों का और दाईं ओर मर्दों का। कम उम्र के बच्चे औरतों के साथ जाया करते थे। गेंवड़े से लौटते कुएँ पर लोटा माँजने और हाथ-पाँव धोने का एक नियम था। कुछ मर्द तो नहा के ही घर लौटते थे। गेंवड़ा दरअसल मजूर श्रेणी के लोगों के लिए था। बाबू, ओव्हरमेन, मैनेजर, और मालिक परिवार के घरों में भारतीय शैली के पाखाने थे। जिन्हें सुबह-सुबह भंगी महिलाएँ बटोर कर एक टोकनी में भरती थीं और सिर पे ढोके ले जाती थीं। इस प्रथा पर हमें सदैव क्रोध आता था। और पाखाने वाले घरों के प्रति एक घृणा भाव जनमा रहता था। हमें लगता 'गेंवड़ा' एक बेहतर विकल्प था। वह ज़्यादा सामाजिक था और जनतांत्रिक। न कोई भेदभाव न किसी को मानसिक पीड़ा। हालाँकि हम स्त्रियों के लिए पाखाने के बारे में ज़रूर सोचा करते थे।

इस बात पर कहीं भीतरी ख़ुशी कि 'गेंवड़ा' था तो पिता गाते हुए मुस्कियाते थे। माँ गहरे आनन्द में डूब जाती थी और वे घर जहाँ पाखाने थे, वहाँ कोई ऐसा लोकगीत गाता नहीं था और यह बात हमें भी प्रसन्नता से भर देती थी।

तैंतालीस

पिता की सुआपी में कई रहस्य थे
वह ग़रीबी के विरुद्ध हथियार भी थी
और सुरक्षा भी
एक सुआपी में उनकी आन, बान और शान थी
सुआपी में उनका सीना
56 इंच से अधिक चौड़ा हो जाता था

पिता के गले में सदैव एक सुआपी (अँगोछा) रहती थी। खटखटे पर बुनी। एकदम बारीक चौखाने वाली। लाल रंग। बीच में सफ़ेद बारीक धारियाँ। सुआपी पिता के गले में ऐसे जैसे भगवान शंकर के गले में नाग। शंकर के गले में नाग की क्या उपयोगिता रहती होगी हम न जानते थे। लेकिन सुआपी के हमने कई उपयोग देख या जान रखे थे। गर्मियों में सिर और कानों में बँध के वह लू के ख़िलाफ़ कवच हो जाती। खदान के भीतर गर्मी में पसीना पोंछने और पंखा झलने का वस्त्र, थक जाने पे बिछाके लेट जाने का सहारा, सर्दियों में कान ढक जाते और पिता सर्दी-जुकाम को सुआपी से डपटते रहते। पूजा के समय सिर पे आ जाती क्योंकि नंगे सिर पूजा वर्जित थी। वह लम्बाई में अधिक बड़ी थी। अत: वे उससे लोटा बाँधके उथले कुएँ से पानी भर लेते थे। खदान से बाहर आके कोयले की चेहरे पर अँटी धूल उसी से साफ़ होती थी। चाय और तरकारी में डूबी मूँछों को साफ़ करने में भी वही मददगार होती थी। नहाने के बाद उससे बदन पोंछा जा सकता था। और हल्की ठंड में ओढ़ के सोया जा सकता था। पिता उसे ओढ़ के गहरी नींद में डूब जाया करते थे।

हमारे लिए उसका एक और आकर्षण था। पिता जब बाज़ार से सौदा-सुलुफ लेके लौटते थे तो हम दूर से पहचान जाते थे। दूर से सुआपी गले की जगह हाथ में सामान के वजन में झूलती-हिलती देखी जा सकती थी। हम घर के बाहर आके जब देख लेते थे कि वे सुआपी लटकाए लौट रहे होते, तो गदबद दौड़ लगाके हम उन तक पहुँच जाते। सुआपी को छुड़ा लेने की होड़ मुझमें और मझले भैया में लगी होती, लेकिन इस झगड़े में वह जीजी के हिस्से में आ जाती। बाद में माँ के पास जो

घर के सामान को निकालके उन चीज़ों को थाली में निकालती। जिसके कारण हम बग़ैर डरे हुए पिता की तरफ़ गदबद दौड़ पड़ते थे। वे चीज़ें होतीं—गुड़ के मीठे-खारे सेव, फुटाने (भुने चने), मुरमुरे, आम, जामुन, अचार, गुड़पट्टी (चिक्की) इत्यादि। वो दिन (शनिवार) पगार का दिन होता। इस तरह सुआपी भी हफ़्ते में एक रोज़ ही कन्धे से हाथ में उतरती। वह दिन हमारे स्वाद-गंध का होता।

जब कभी पिता शादी-ब्याह या मिजबानी (मेहमानी) में बाहर गाँव जाते तो दो-तीन से ज़्यादा दिन बाद लौटते। अगर अपने पैतृक ज़िले जाते तो 20-25 दिन से अधिक का समय लग जाता। ऐसे समय में एक-दो नई सुआपी ख़रीदी जातीं या होतीं तो पेटी से निकलतीं क्योंकि शादी-ब्याह में सुआपी का कन्धे पे न होना जैसे मान-प्रतिष्ठा का कम होना माना जाता था। पिता ऐसे मौक़ों पर टोपी भी पहन लिया करते थे लेकिन सुआपी हर समय ज़रूरी थी।

पिता के बाहर गाँव जाने पर माँ पिता की पुरानी सुआपी को अपने पास रखती थी तकिये पर और अनधुली। वह उसे रात को मुँह पे ढाँप के सोती थी। अनधुली होने की वजह से वह गन्दी दीखती और पसीने में डूबी हुई कि उससे गंध आती, लेकिन क्या मजाल कि हम उसे तकिये के नीचे से हटा सकें। याद आता है जीजी ने एक बार गन्दी समझ के धो डाला तो उनको न केवल डाँट पड़ी बल्कि पिटाई भी हो गई। उसके बाद किसी की हिम्मत नहीं हुई उसे छूने की। वह पिता के लौटने पर ही धुलती यह हमने कई बार देखा। तब उसका अर्थ समझ में न आता। न मुझे, न भैया और न ही जीजी को। जब समझ आया तो पिता न रहे। बस उनकी सुआपी माँ की पेटी में छूट गई। जिसे देखके वह कहीं खो जातीं। या कभी-कभार मुँह पे डालके लेट जाती और सोने का अभिनय करती। हमें मालूम था कि वो क्या ढूँढ़ती और क्या याद करती थी। हमें लगता है हम जो समझ रहे हैं वह वही है या फिर कुछ और अधिक, जिसे लेने की कभी हिम्मत नहीं हुई।

पिता ने घर के अलावा
कई चीज़ें तामीर कीं
'सपन्ना' उनमें
माँ के लिए सबसे अहम उपहार था

'सपरना' का अर्थ स्नान करना। हमारी बस्ती में जिसमें हर मजूर के पास सिर्फ़ एक झोपड़ी या उसका लघु रूप 'झुपड़िया' होती थी। उसमें स्नानघर की कोई व्यवस्था न थी। या तो खुले में एक बड़ा सा सपाट पत्थर होता था। या फिर छोटे-छोटे सपाट पत्थरों का चौकोर कोई 4×4 फुट का एक ऐसा घेरा या जगह जिसकी आड़ में बैठ के नहाया जा सके। यह खुला भी होता था और घिरा भी। कुछ झोपड़ियों के पीछे लेंडी की पतली शाखाओं से तीन तरफ़ 'टटिया' बनाई जाती थी।

इतनी सघन बुनावट कि आँखें भीतर कुछ देख न पाएँ। अमूमन युवा-अधेड़ स्त्रियों के लिए यह व्यवस्था शर्म से बचने के लिए ज़रूरी थी। बुज़ुर्ग औरतें तो खुले में नहा लेती थीं।

हमारी झोपड़ी के पिछवाड़े भी एक 'सपन्ना' था इसे पिता ने तामीर किया था। तीन तरफ़ से घिरा और चौथी तरफ़ टाट का एक साबुत पर्दा था। जुगत से बँधा हुआ। हमारे सपन्ने में कुछ स्थायी वस्तुएँ थीं मसलन कनस्तर, खदान में काम आने वाली ग्रीज के साफ़ डिब्बे, सूखी तुरई के भीतर का जालीदार खोल, जिसे 'बूचा' कहते थे। बूचा से शरीर को घिसके साफ़ किया जाता था। ख़ासतौर पर खदान से लौटने पर जो कोयले की कालिख से शरीर भर उठता था। बूचा उसे फटाफट उतार देता था। बूचे पर गाय छाप साबुन या कपड़े धोने का सोडा लगाया जाता था। इनमें से किसी एक से नहाने पर कोयले वाला शरीर चमक उठता था। पिता के शरीर से उतरता काला चीकट रंग का झाग उतरते देखके हम कई बार डर जाते थे। लगता था कोई काला भूत सपरने में आ बैठा हो। माँ जब काम से लौटके नहाती थी तो 'सपन्ने' में जाने से पहले अपनी साड़ी उसके दरवाजे पर टाँग देती थी जिससे ओट सघन हो जाती थी। इसका संकेत यही हुआ करता था कि माँ नहा रही है। 'सपन्ने' के निर्माण की तकनीक अनोखी थी। अधिकतर मज़दूर लेंडी की शाखाओं से तीन तरफ़ की सघन टटिया बनाते थे। लेकिन फिर भी इतनी लम्बोतर जगहें होती थी कि आप किसी स्त्री की छाया को अनुभव कर सकते थे।

माँ काम पे जाने के पहले और लौटने पर 'सपन्ने' में नियम से नहाती थी। दोनों ही वक़्त हल्का उजाला होता था। सुबह का उगता और शाम का ढलता सूरज। इससे एक मद्धिम प्रकाश व्यवस्था का सृजन होता था। बिलकुल वैसे जैसे फ़िल्म के दृश्यबन्ध होते हैं। लेंडी की छूटी जगहों और साड़ी के बीच माँ का होना, जैसे एक छाया का होना था। शरीर पे पानी डालने की ध्वनियाँ, चूड़ियों से उतरते संगीत में मानो एक सिम्फनी सी रचना होती थी। बीच-बीच में माँ का लमटेरा लोकगीत गाना। लम्बी टेर का यह गीत इस तरह का आभास देता मानो कोई बहुत दूर गाता हुआ टेर रहा हो। आज तक माँ का वह 'सपरना' याद है कि वहाँ संगीत का एक पाठ था। दुर्लभ मौलिक प्रकाश व्यवस्था का ऐसा सजीव बिम्ब था जिसमें कृत्रिम प्रकाश व्यवस्था के फ़िल्म दृश्य झूठे जान पड़ते हैं और वह लम्बी टेर का गीत—'नरबदा मइया ऐसी तो बही, ऐसी तो बही कि जैसे बह गए मतारी ओ बाप रे।'

'सपन्ना' के बिम्बों में हमारी मजूर बस्ती की मौलिक असहाय ग़रीबी का सच था। लेकिन संगीत और उस प्रकाश व्यवस्था ने जैसे उन्हें अपदस्थ कर दिया था। माँ को बाद में भी किसी पक्के 'सपन्ना' में नहाने में असुविधा सी होती थी। वह वहाँ नहाते हुए लमटेरा नहीं गाती थी। और मुझे लगता था कि रोज़ कुछ-कुछ मर रहा है। वह पिता की याद को बनाए रखना चाहती थी...।

चौवालीस

कुछ बातों पर भरोसा नहीं होता
एक ग़रीब मन सा अमीर दूसरा नहीं
वह अपनी मृत्यु का उत्सव भी
जीते-जी कर लेना चाहता है
मौसिया की पंगत हमारे लिए
एक टेम का खाना बचाना था

उनका क़द तक़रीबन पाँच फुट। गेहुँआ रंग, खिचड़ी मूँछें जो बाद में सफ़ेद हो गईं। मूँछें घनी थीं। और चाय, दाल, सब्ज़ी-गोश्त आदि के उपभोग के समय कई रंगों में बदल जातीं। वे धोती-कुर्ता पहनते थे और टोपी। उनके जूतों की चर्र-मर्र की आवाज़ से उनकी आमद का सहज आभास हो जाता। लोग उस आवाज़ के सहारे ही अपने दरवाज़े खोल देते थे। गाँव में वे ख़ूब लोकप्रिय थे। वे एक मददगार इनसान के रूप में बजते थे। लोगों की दुख-तकलीफ़ में वे ही उपस्थित होते। चाहे रोग राई हो, चाहे मृत्यु की ख़बर। वे अपनी तरफ़ से दौड़-भाग शुरू कर देते। वे उन लोगों में थे जिन्हें सामाजिक और धार्मिक व्यक्ति के रूप में जाना जाता था। बच्चे उनमें अपना मददगार पाते।

मौसिया यह सब काम इसलिए कर सके कि उन्होंने शादी नहीं की। उम्र के जिस पड़ाव पर हमने उनका प्यार पाया वह बचपन था। दस से पन्द्रह बरस की उम्र के बीच। तब उनकी उम्र पचपन के आसपास होगी। वे कमज़ोर दीखने लगे। उनका स्वभाव कुछ अधिक धार्मिक हो उठा। ज़रूरतमन्दों के लिए उनके घर से कोई भी सामान मिल जाना एक सरल बात हो गई थी। वे पैसे वाले हों ऐसा नहीं था। लेकिन गाँव के रहवासियों की ज़रूरतों को पूरा कर सकते थे। उनके घर में आए दिन भजन मंडलियाँ जुटतीं और सुनने-सुनाने वालों को चाय-पान तो मिलता ही साथ ही बेसन के मोटे सेव, गुड़पट्टी या आटे के लड्डू भी मिलते सो उनके घर जाने की ललक बच्चों से लेकर बूढ़ों तक में होती। जीवन के आख़िरी सालों में इस तरह की बैठकें बढ़ गई थीं। भजन गायकों से वे निर्गुण भजन गाने की फ़रमाइश करते ख़ास

कर कबीर, दादूदयाल, रविदास आदि। जीवन, आत्मा, राम, मृत्यु के आसपास रचे गए भजनों में उनकी रुचि बढ़ती गई। वे खुद व्यवहार में जैसे दार्शनिक हो उठे थे।

एक बार उन्होंने पूरे गाँव को पंगत का न्योता दे डाला। न्योता भी घर छुट्टा यानी किसी के घर में चूल्हा न जले। पूरा गाँव हैरान। तोड़ल गौरिया के घर न शादी-ब्याह न कोई पूजा-आँजी। न कोई ऐसा त्योहार कि तोड़ल ऐसा करें। लेकिन वे ऐसा या इस जैसा कुछ कर सकते थे, इसमें किसी को सन्देह न था। अचम्भे की हालात में भी गाँव के लोग सहज तैयार थे कि एक दिन चूल्हे से मुक्ति। एक बड़े हद तक भूख से भी क्योंकि पूरे गाँव का न्योता और बहुत से परिवार के लोग ऐसे भी थे जिन्हें दो वक़्त की रोटी नसीब न थी।

पंगत के रोज़ पूरा गाँव जैसे उमड़ा पड़ा था। मौसिया ने घर के सामने की खुली जगह में पंगत की व्यवस्था की थी। बाँस की खपच्चियों से बनी आड़ में रसोई पकाई जा रही थी। गाँव के हलवाई के कामकाजी कारीगर छुट्टी लेकर पंगत के लिए खाना बनाने में जुटे थे। गाँव के स्कूल के मास्साब ने अपनी टाट-पट्टियाँ पंगत के लिए भेज दीं। एक तरफ़ गाँव की औरतें और बच्चे थे। दूसरी ओर गाँव के आदमी और बड़े बच्चे। वहाँ बैठने का ऐसा ही रिवाज था।

पंगत के इलाक़े में दोपहर गए दो-तीन बार पानी छिड़का गया था। ताकि धूल भोजन में बाधा उपस्थित न कर सके। सब्ज़ी, रायते के लिए घरू बाल्टियाँ थीं और पूरी, बूँदी और सेव के लिए लोहे के तसले। पानी के लिए बाल्टी में लोटे थे। और गिलास जर्मन के थे जो किराये पर लिये गए थे। पत्तलें दमड़ू कक्का (नाई) ने बनवाई थीं। और रायते के लिए दोने भी। दमड़ू कक्का पूरे उत्साह में थे कि वे मौसिया के दोस्त थे। और उन्हें नेक-दस्तूर में कुछ अच्छा मिलने की उम्मीद थी।

मौसिया आज जितने प्रसन्न थे। उतना पहले उन्हें कभी नहीं देखा गया। बच्चे से लेकर बूढ़े और स्त्रियों की पत्तलें उन्होंने ख़ुद बिछाईं। सबसे पहले हर पत्तल पर नमक, मिर्च, अचार, सब्ज़ी, रायता, पूड़ी, बूँदी, सेव आदि ख़ुद परोसे। लाख मना करने के बाद भी यह मौक़ा उन्होंने किसी को नहीं दिया। इसके बाद परोस की छूट हम लोगों को थी। लेकिन वे फिरकनी से घूमते हर जगह मौजूद थे। परोस वालों को हिदायत देते। किसी की पत्तल में कुछ परोसने को कहते तो किसी की पत्तल में क्या कम है बताते। गाँव के लोग जहाँ इस आतिथ्य से अभिभूत थे। तो दूसरी ओर यह जान लेने की जुगत में थे कि मौसिया ऐसा क्यों कर रहे थे। बड़े-बूढ़ों ने कई बार टोका और पूछा। कुछ तो खाने से पहले अड़ गए। यहाँ तक कहा कि कारण जाने बिना वे अन्न को हाथ नहीं लगाएँगे। मौसिया ने कहा—'जीवन भर आपके बीच रहौ। शादी ब्याऔ नई करो। कोई बहाना कैसे होत? आपने संग रखौ। क़र्ज़ है और आत्मा से इसे उतारनो चाहत हूँ।' लोग इस बात से सन्तुष्ट भी थे। और नहीं भी। वे तोड़ल का दिल नहीं दुखाना चाहते थे। सो चुपा गए। और पंगत स्वीकार कर ली। गाँव तो जैसे प्रतीक्षा में ही था।

पंगत जैसे-जैसे उठी मौसिया सबके हाथ धुलाने के लिए खड़े थे। इसके बाद बीड़ी-तमाखू और पान भी, उनके हाथ में काँसे की थाली थी। भोजन के बाद सब एक जगह इकट्ठे थे। आदमी आगे और स्त्रियाँ पीछे। मौसिया जैसे पंगत कराने के बाद दुनिया के सबसे प्रसन्न व्यक्ति लग रहे थे। उनके चेहरे से आनन्द की धाराएँ फूट रही थीं। लग रहा था जैसे जीवन का कोई ऐसा लक्ष्य पा लिया है, जिसके लिए उन्होंने जन्म लिया।

पंगत ख़त्म होने के पहले गाँव के बड़े-बूढ़े सवाल कर रहे थे। पंगत करने के रहस्य को जानने के लिए आतुर थे। अब मानो मौसिया कुछ बोलने को उत्सुक थे। गाँव के लोग रहस्य जाने बिना जाने को बिलकुल तैयार न थे। मौसिया का चेहरा आनन्द में खिला हुआ था। सभी कुछ सुनने को उत्सुक थे। गाँव की रीति और पंगत के क़ायदे-क़ानून के अनुसार सब कुछ कर लेने के बाद वे सबके सामने थे। उनकी आँखें धरती की ओर झुकी हुई थीं। जैसे उनमें बोलने की हिम्मत न हो। या उन्होंने ऐसा किया हो जो संस्कारों के विरुद्ध और अब असमंजस में थे। शायद धर्म भी उनके रास्ते में था। और उनकी वाणी भी सचमुच गले में थूक की तरह दुबकी और अटकी थी। पंगत कर दिये जाने के बाद जैसे उनकी हिम्मत जवाब दे रही थी। कोई अपराधबोध था जिसने जकड़ लिया था। उनकी इस दशा को समझा उनके बालसखा दमड़ू नाई ने और उन्हें टहोका देकर जैसे नींद से जगाया। और मौसिया बोल उठे—'पंचन से भूल-चूक की माफ़ी चाहत हूँ। जानत हैं सभई न मेरे कोई आगे है न पीछू। गाँव के रीति-रिवाज हैं। धरम है। कौन करहे मोरो किरया-करम। कौन ले जाहे नरबदा माई। कौन करहे मेरो तीसरो, कौन करहे तेरवीं। सो मैंने सोची और आत्मा से जो बोझ उतार लओ। जा मेरी तेरवीं की पंगत हती। ग़लती पे माफ़ी मिले पंचो। कोई और रास्ता नईं थो। पंचो मरबे के बाद भटकत रेती मेरी आत्मा और गाँव के लोगों को करती हलकान तो मैं का करतौ।'

मौसिया के मान-सम्मान और सेवा भाव के सामने इस खुलासे को लेकर लोग असहमति की जगह प्रेम और सहानुभूति के भाव में डूबे थे। शायद एक और बात थी कि ईश्वर जाने कब तक जिलाये रखे तोड़ल को। सो बाद के संस्कार को कैसे बिसरा देते तोड़ल। उनका मन और संस्कार इतने पवित्र और समर्पित थे कि कोई कैसे विरोध करता। इस तरह जीते जी तेरवीं के भोजन में किसी को आपत्ति न थी। उसके स्वाद और चतुर्दिक फैलती गंध पर अधिक सन्तोष था कि इसके बाद कुछ और नीति अपनाने का अर्थ था कि मौसिया को आने वाली तकलीफ़ों में खो देना। और इसके लिए गाँव तैयार न था। और इसे हमारी बाल बुद्धि समझ रही थी। हम और गाँव के लोग ऐसी ही किसी और पंगत की प्रतीक्षा में थे और मौसिया के लम्बे जीवन की प्रार्थना में डूबे थे।

पैंतालीस

हम साथ मिलकर काम करते हुए गाते थे
संगीत में एक करने और रहने की शक्ति थी
यह हमने भजन और लोकगीतों से सीखा
फिर रेडियो और फ़िल्मों का संगीत था
सपने थे रंग-बिरंगे और उड़ानें
हमने हर-एक के भीतर रूमानी-रूहानी परवाज़ देखी

मेरी माँ लोकगीत और भजन गाती थी और जीजी को ये दोनों गायन विधाएँ विरासत में मिलीं। पिता कबीरपंथी होने की वजह से कबीर के भजन विशेष रूप से गाते थे, साथ में अन्य भक्त कवियों में तुलसी, सूर, दादूदयाल और लोककवि ईसुरी उनके प्रिय थे। मैंने भी बचपन से लोकगीत गुनगुनाना शुरू कर दिया था और अनेक धुनें अब भी मन के कोनों से गाहे-बगाहे फूट पड़ती हैं। कह सकते हैं उस ज़माने में गाँव में रामायण मंडलियाँ, लोकगीत गायक, गायिकाओं के समूह ही मनोरंजन के मुख्य साधन थे। ये कलाकार जोगिया भैरव थे। गाते हुए दुखों को भूल जाने वाले।

हमारा गाँव छिंदवाड़ा कोलफ़ील्ड्स का इलाक़ा है। वो ज़माना प्राइवेट शावेलेस कम्पनी का था। माँ, पिता और बड़े भाई कोयला खदान में रोजनदारी या जनरल मज़दूर के रूप में काम में जुट गए। रोजी-रोटी का सहारा कोयले की खुदाई-ढुलाई आदि हो गई। ग़रीबी के उन दिनों में हाड़-तोड़ मेहनत के बाद गाना-गुनगुनाना ही मुख्य साधन थे।

बड़े भाई का नाम धन्नालाल। सब कहा करते धन्न भाग। 'पैले मोड़ा पैदा भओ, रमबईया के धन्न भाग'। पहला बेटा लाड़ला होता है। राजा बाबू, राज दुलारा, आँखों का तारा से किसन कन्हैया, राम आदि कई ख़िताब लड़के के लिए होते हैं। एक मजूर के घर विशेषणों का टोटा बना रहता है। कल्पना का कोष वैसा ही होता है जैसे ख़ाली बटुआ। सो हमारे भाई धन्नालाल से अधिक से अधिक पिता के प्यार में धन्नू हो गए। प्यार तो अन्दर का मामला है। सो माँ और पिता का सारा प्यार या कहें ढेरम-ढेर लाड़ बड़े भाई पर बरसता रहा। हमारे लिए अपेक्षाकृत कम ही बचा।

वैसे प्यार का मामला बाद वाले बच्चों के लिए भी ठीक था। बड़े को इतना लाड़ मिला कि सारी माँगें मान लेने की परम्परा अबाध रही। डाँट-फटकार कम। पिटाई शायद ही कभी हुई हो। हमारे भाग्य में यह आशीर्वाद बिन मौसम बरसात की तरह था। जब कभी, हर कभी। एक और अपवाद था उनके बाद जन्मी बहन देवी रूप में मानी गई। कहें पूजी गई तो अतिशयोक्ति न होगी।

हम बड़े हो रहे थे। गाँव में हफ़्ते में एक दिन मजूरों के मनोरंजन के लिए मोबाइल वैन से सिनेमा दिखाया जाने लगा था। सिनेमा के दिन पूरा गाँव ख़ाली होता। उसी रात चोरियाँ होतीं। एक मुहावरा गूँजता रहता—'सूना घर भड़यों का राज'। चोरियों से कोई बड़ा फ़र्क़ न पड़ता।

सिनेमा देखने की ऐसी दीवानगी कि अपवादों को छोड़कर बुज़ुर्ग भी सनीमा देखना न भूलते। सुरैया, मधुबाला, कुक्कू, नरगिस, मीना कुमारी की धूम थी। दूसरी ओर अशोककुमार, दिलीपकुमार, राजकपूर और देवानन्द चाहत के केन्द्र में थे। भाई राजकपूर के दीवाने हो गए। एक साम्य भी था। राजकपूर के गाल पर जैसा निशान था, वह भाई के गाल पर लगभग उसी जगह था।

बाल भी वैसे ही और एक लट वैसी ही माथे पर। जो दो-एक फ़िल्मों में थी। आवारगी भाई में लाड़ले होने के प्रताप से आ गई थी। 'आवारा हूँ' और 'मेरा जूता है जापानी' उनके पसन्दीदा गाने थे। पतलून पर मोहरी को फोल्ड करके राजकपूर स्टाइल में ऊपर क़रीने से ले आना उन्होंने सीख लिया था। राजकपूर के मैनेरिज़्म का बाक़ायदा रियाज़ आईने के सामने होता। वैसे ही चलने की अदा की नक़ल करते तो लोग मज़े लेते और हँसते।

एक ज़ख़्म भर न था वह
वह इतना ग़रीब था और असहाय
उसका भरना इतना नामुमकिन बना रहा
कि उसे आख़िरी साँस तक बाट जोहनी पड़ी

बड़े भैया का प्रेम फ़िल्मों के अलावा फुटबाल से था। यह बाबू कॉलोनी के उन अफ़सरों के सम्पन्न बच्चों के लिए था जो एलीट थे। उनका अपना मैदान था, अपना नेट, अपनी फुटबाल और अपने मैच। दो टीम की ज़रूरत होती। खिलाड़ी कम पड़ जाते तो लेबर कॉलोनी से कुछ ठीक-ठाक आधुनिक संवेदना वाले खिलाड़ियों की दरकार होती और कुछ मैदान को साफ़ करने वालों की। उनके खिलाड़ियों में गोलकीपर कम बनना चाहते। वह एक ऐसा खिलाड़ी होना चाहिए था जो मज़बूत हो और फुटबाल को गोल होने से रोक सके। उसके आघातों को सह सके और उसमें फुर्ती हो। यह जुनून बड़े भाई में था। इस तरह वह बाबू कॉलोनी की तथाकथित फुटबाल टीम का खिलाड़ी हो गया। वे गोल रोकने में जान लगा देते।

इस पागलपन में नेट में लगे इस्पात के खम्भों से टकराते और चोट की परवाह नहीं करते। वे मैच का आँखों देखा हाल सुनाते कि कैसे नेट में सतर्क रहते हैं। फुर्ती और उछाल के लिए वे बॉल के आने को किस तरह समझते और उस दिशा में दौड़ते हैं। वे किस तरह सीना अड़ा देते हैं बॉल नीची रहने पर कगर और कूल्हों को अड़ाकर वे गोल रोकते हैं। और बिना पैड और ग्लोब्स के गोल रोकना कठिन होता है, वे यह गर्व से बताते। चोटों की उन्होंने कभी परवाह नहीं की। गर्म ख़ून में वह दीवानगी से भरे रहते। फुटबाल की चोटों के प्रति लापरवाह कब उनके दाएँ कूल्हे की हड्डी भीतर से टूट-फूट का शिकार हुई, पता न चला। बड़े भाई ने डर के कारण बताया नहीं। चुपके-चुपके सिंकाई करते रहे। उसके कूल्हे में ज़ख़्म हो गया। उसमें से मवाद निकलने लगा तब माँ को उसके पैंट को धोते हुए पता चला। उसके लिए देसी इलाज आजमाये गए। ज़ख़्म कुछ दिनों के लिए सूखता फिर उभर आता। कोई ऐसा अस्पताल ज़िले में न था जहाँ हड्डी विशेषज्ञ हो। भैया लँगड़ाते हुए खदान जाते। एक मोटा कपड़ा हल्दी में डुबाकर सुखाया हुआ बमुश्किल बाँधते जो खुल जाता। तब लम्बू डॉक्टर चाचा ने डम्प्लाट की घाव पर चिपकाने वाली पट्टी का रोल दिया और बाँधने की चिपकाने से एक सुरक्षा धूल-मिट्टी से मिली। खदान से लौटकर टिंचर आईडीन से घाव को रोज़ साफ़ किया जाता। वह ग़रीबी का घाव था। कभी सूखा नहीं।

पर धन्नालाल को कोई फ़र्क़ न पड़ता। उनकी नर्गिस न थी लेकिन बारिश में ऐसे निकलते मानो नर्गिस साथ हो। बस कैप और कोट न थे। मन था तो सब था। गाते और नाचते हुए शरमाते बिलकुल न थे। पढ़ रहे होते तो ग्यारहवीं में होते। कौन जाने नर्गिस भी होती। और उसके साथ एक और रंग होता। अधिक गाढ़ा। अधिक राजकपूरनुमा रोमान भरा। बहरहाल, एक सामान्य चाल-ढाल वाला, पहनावे वाला, कुत्ते से बतियाता, टोपी उतारकर सलाम करता, क़स्बाई फ़ितरत धारे शहर में अपने सपनों का एक कोना ढूँढ़ता राजकपूर। बैलगाड़ी पर गीत गाता, क़समें खाता, महुवा घटियारिन की कथा सुनाता, एक लोटे भर से कम चाय की कल्पना न करता राजकपूर, भाई के जीवन-समाज से अलग न था। वे इसी राजकपूरीय धजा के आशिक़ थे, शोमेन राजकपूर के नहीं। उनके पूरे अवैवाहिक समय में भाई राजकपूर रहे। उनका राजकपूरीय लुक ग़रीबों के ख़्वाबों से मेल खाता था। इसलिए भाई में राजकपूर का अनुकरण नक़ल, मज़ाक़ या हँसी-ठिठोली की परिधि में नहीं आ सका। हमारे गाँव से पूरब की तरफ़ एक सड़क थी नजरपुर तक, जिसके रास्ते के दोनों ओर महुआ और आम के पेड़ थे हरे-भरे।

भाई इस सड़क पर ही राजकपूर हो जाते। देखने वाले कम होते। वे मुक्त भाव से बिना किसी भय के गा, नाच और अभिनय कर सकते थे। हम चोरी-छिपे देखते और मजे लेते। ताज्जुब यह कि घर लौटकर वे एकदम धन्नालाल हो जाते।

उनके भीतर का आवारा, चुलबुला राजकपूर कपड़ों सहित खूँटी पर लटक जाता। यह हमारे लिए आश्चर्य का विषय होता।

एक ग़रीब परिवार में राजकपूर का होना सम्भव न था। धीरे-धीरे राजकपूर की फ़िल्मों की संख्या बढ़ती गई। राजकपूर का जीवन-समाज बदलता गया। सपने भी बदल गए। भाई के सपने भी धुँधलाते गए। उनकी देह और मन से राजकपूर दूर होते गए। भाई उन्हीं भुतही खदानों में मज़दूर होकर समा गए। खदानों में आए दिन दुर्घटना आम बात है। भाई धन्नालाल एक रोज़ जब खदान से निकले तो उनके भीतर का राजकपूर पूरा मर चुका था। हमें इसका गहरा दुख हुआ। हम इस सदमे से कभी उबर न सके। उनके आवारा होने में जो वे थे, हमारे लिए सबसे प्यारे थे। उनके गम्भीर रूप को हम कभी स्वीकार न कर सके। हमने भाई में राजकपूर को खो दिया जैसे राजकपूर का 'जोकर'।

छियालीस

वह पहला ऐसा शख़्स था
जो रेडियो और उसके ज़रिये
प्रसारण और फ़िल्मी दुनिया को जानता था
वो न होता तो मैं प्रसारण और फ़िल्म के सौन्दर्य से
महरूम बना रहता।

हमारे गाँव में एक रामप्रसाद थे। उन अकेले के पास मर्फी का ट्रांजिस्टर था। वे उसे नन्हे बच्चे की तरह सीने से लगाए निकलते। हालाँकि उन्होंने तब तक शादी न की थी। उनके जीवन में सब कुछ रेडियो था। वे जहाँ से निकलते हवा में फ़िल्मी गाने गूँजते रहते। वे फ़िल्मों के चलते-फिरते एनसाइक्लोपीडिया बन गए थे। वे मुझे प्यार करते और लीला नाम से आवाज़ देते। मैं उनके घर में कभी भी बेधड़क जा सकता था। रेडियो सीलोन और विविध भारती, उनके पसन्दीदा चैनल थे। फ़िल्मी गायकों, संगीतकारों और कलाकारों का परिचय, रामप्रसाद ऐक्टर ने ही करवाया। मैं उन्हें चाचा कहकर सम्बोधित करता था। उन दिनों सभी की चाहत में एक ही बात होती—काश हम रेडियो ख़रीद सकते। हमने अमीन सयानी की आवाज़ का जादू बिनाका गीतमाला में सुना। चाचा की बताई जानकारियाँ, मैं कॉपी में नोट करने के लिए उन्हें बार-बार परेशान करता था। वे मुस्कुरा देते थे।

ऐक्टर चाचा ने बताया कि विविध भारती का शुरुआती नाम आल इंडिया वैराइटी प्रोग्राम था। जिसका तर्जुमा हुआ अखिल भारतीय विविधरंगी कार्यक्रम। बाद में पंडित नरेन्द्र शर्मा लेखक-गीतकार ने इसे विविध भारती नाम दिया। जो देश की धड़कन बन गया। इसके साथ पंक्ति टैगलाइन पंचरंगी अर्थात् पाँच कलाओं का समावेश, ये नाम श्रोताओं के ख़्वाबों का हिस्सा हो गया। लोगों ने रेडियो सीलोन और विविध भारती से ही फ़िल्मों को जाना, फ़िल्मों के प्रचार-प्रसार में रेडियो की भूमिका, असंदिग्ध और अविश्वसनीय है। अगर रेडियो न होता तो इतनी फ़िल्में न बन पातीं, न ही कोई सिनेमाघर में चला आता। लोग पहले फ़िल्मी गानों के दीवाने हुए और उन गानों से खिंचे सिनेमाघरों तक पहुँचे।

चाचा ने बताया कि सुबह दस बजे शार्टवेव 19 और 25 मीटर बैंड पर उद्घोषणा होती थी। ये विविध भारती है—आकाशवाणी का पंचरंगी कार्यक्रम, और समय जैसे थम जाता था। शार्टवेव पर बम्बई के अलावा यह कार्यक्रम मद्रास, चेन्नई से शुरू हुआ। विविध भारती चेन्नई की पहली उद्घोषणा तेलुगु भाषी उद्घोषिका राजलक्ष्मी ने की। वास्तव में उस दिन हिन्दी का उद्घोषक ड्यूटी पर पहुँच न सका, इस तरह दक्षिण भारत में हिन्दी का प्रवेश फ़िल्मी गानों के माध्यम से हुआ। राजलक्ष्मी चेन्नई आकाशवाणी में सात बरस तक विविध भारती की उद्घोषिका रहीं। ऐक्टर चाचा ने बताया था कि बम्बई केन्द्र से विविध भारती पर पहली उद्घोषणा शील शर्मा ने की। उनकी आवाज़ में लयात्मक रवानी थी। बम्बई में होने की वजह से फ़िल्मी कलाकारों की आवाज़ों को सीधे रेडियो पर सुनकर हम सब रोमांचित हो उठते थे। ऐक्टर चाचा की स्मृति अद्भुत थी। उन्होंने बताया कि विविध भारती पर पहला गीत मन्नाडे की आवाज़ में—'नाच रे मयूरा' प्रसारित हुआ था। इसके गीतकार पंडित नरेन्द्र शर्मा थे और संगीतकार अनिल बिस्वास। वाह क्या ख़ूब स्मृति थी ऐक्टर चाचा की। एक और बात—चाचा नृत्य-गीतों के मुरीद थे और कुक्कू उनकी पसन्दीदा डांसर थी। मानो वे उस पर निसार थे। लगता था फ़िल्मी गानों और कुक्कू में डूबने की वजह से उन्होंने शादी नहीं की।

रेडियो पर कार्यक्रमों के प्रसारणों को पहचानने का आसान शिल्प था, उनकी सिग्नेचर ट्यून अर्थात् परिचय धुनों को याद रखना। परिचय धुनों से हम बिनाका गीतमाला, छायागीत, गीतों भरी कहानी, जयमाला, भूले-बिसरे गीत, चित्र ध्वनि, चित्रमाला, साज़ और आवाज़ आदि को कार्यक्रम शुरू होने से पहले ही पहचान लेते और चाचा के पाँव के पास बैठ जाते। इतनी रच-बस गई थीं परिचय धुनें। रेडियो एक बच्चे की तरह उनकी गोद में होता और वे सिर हिलाते। मेज़ पर उँगलियों से ताल देते और गुनगुनाते। कुन्दनलाल सहगल को वे ख़ूब गाते। वही उनके आदर्श थे। इसके अलावा नूरजहाँ, मल्लिका पुखराज, मन्ना डे, शमशाद बेग़म, मोहम्मद रफ़ी और लता मंगेशकर को वे इस हद तक सुनते कि गाने के आरम्भिक संगीत को सुनकर फ़िल्म और गायक का नाम बता देते।

विविध भारती पर उनका प्रिय प्रोग्राम था फ़ौजी भाइयों के लिए विशेष 'जयमाला' कार्यक्रम। उन्हें इस प्रोग्राम से इस क़दर प्यार था कि उन्होंने अपनी ड्रेस ही फ़ौजी स्टाइल में सिला रखी थी और अमूमन उसे ही पहनते थे। इस तरह उनकी शिनाख़्त एक ड्रेस के हीरो के रूप में बनी। यह असर था जयमाला कार्यक्रम का। हम उनसे पूछते और वे दुर्लभ जानकारी देते—जैसे कि पहला विशेष जयमाला कार्यक्रम नर्गिस ने प्रस्तुत किया, जिसे उन्होंने मेरे बड़े भाई के साथ सुना। बड़े भैया राजकपूर और नर्गिस के फैन थे। फ़िल्मों ने घरों पर इस तरह क़ब्ज़ा किया कि घर की संस्कृति बदलने लगी। फ़िल्मों का प्रभाव जीवन पर छा गया।

मुझे याद है कि ऐक्टर चाचा रेडियो के कारण गाँव के हीरो बन गए थे। उन्हीं की वजह से फ़ौजी भाइयों के लिए जयमाला प्रोग्राम के बहाने हम मशहूर फ़िल्मी हस्तियों, जैसे—मीना कुमारी, सोहराब मोदी, राजकुमार, धर्मेन्द्र, लता मंगेशकर, आशा भोंसले, शंकर जयकिशन, ओ.पी. नैयर, सचिन देव बर्मन, चेतन आनन्द, रोशन, मदनमोहन, आदि महान कलाकारों का मन, उनकी सजीव आवाज़ों के माध्यम से जान सके। फ़ौजी भाइयों के लिए उनके सन्देशों को सुनकर हमारी श्रद्धा फ़ौजी भाइयों के लिए सलाम करने वाली हो गई। फ़िल्म और फ़िल्मी गाने न होते तो हम देश और उनकी सरहदों को न जान पाते।

उस ज़माने में सिर्फ़ विविध भारती को ही यह सुविधा थी कि वे फ़िल्म प्रोड्यूसर्स की विशेष अनुमति से एक बार प्रसारण के लिए फ़िल्मी गीतों को टेप पर रिकॉर्ड कर सकें। इन फ़िल्मी गानों को देश के कोने-कोने तक शार्टवेव से पहुँचाने के लिए उन्हें एक ही समय पर अनेक आकाशवाणी केन्द्र प्रसारित-अनुप्रसारित करते थे और इस प्रसारण से घरों के चलते हुए काम रुक जाते थे। यात्रा पर निकले लोग रुक-रुक कर और किसी रेडियोवाले को खोजकर घेर लेते थे। 'बिनाका गीतमाला' और 'जयमाला' की वही प्रतिष्ठा थी, जो रामायण या महाभारत को बाद में प्राप्त हुई।

चाचा ने एक बार बताया कि विविध भारती इतना लोकप्रिय चैनल था कि दबावों के कारण 1958 में इसे दिल्ली में शिफ़्ट करना पड़ा। लेकिन फ़िल्मी दुनिया तो बम्बई में थी और बॉलीवुड को कार्यक्रमों में हासिल करना है तो बम्बई ही उपयुक्त जगह थी। सो 1972 में विविध भारती पुन: बम्बई के हवाले हो गई। इसके पहले 1967 में विज्ञापन प्रसारण की शुरुआत हुई। पहले कार्यक्रम के साथ कमर्शियल स्पाट और जिंगल प्रसारित हुए बाद में 3 मई, 1970 को दोपहर साढ़े 12 बजे विज्ञापन प्रसारण सेवा पर पहला प्रायोजित कार्यक्रम प्रसारित हुआ—सेरीडान के साथी। इसमें मशहूर फ़िल्मी सितारे अपने साथी और कलाकारों के बारे में दिलचस्प बातें, क़िस्से और प्रसंग साझा करते थे। चाचा को क्या ख़ूब याद था कि इस कार्यक्रम की पहली मेहमान थी सिमी ग्रेवाल। उसी दोपहर 12:45 मिनट पर कोहिनूर मिल्स द्वारा प्रायोजित कार्यक्रम 'कोहिनूर गीत-गुंजार' प्रसारित हुआ। इसके कम्पीयर थे पंडित विनोद शर्मा। विविध भारती पर सबसे लम्बे समय तक चलने वाला सुपरहिट कार्यक्रम था—सेंटाजन की महफ़िल। ऐक्टर चाचा के एनसाइक्लोपीडिया ने बताया, इस कार्यक्रम से कई नाम जुड़े जो श्रोताओं में मशहूर हुए। वे नाम थे—सईदुल हसन, अजय कश्मीरी, मोना अल्वी, रमेश तिवारी, मुजफ़्फ़र क़ादरी, विजय वर्मा और वी. सूरी। इसी प्रोग्राम में उन्होंने पहली बार टुनटुन और मोहन चोटी को सुना। चाचा के फ़िल्मी ज्ञान का ट्रांसफ़र मेरे भीतर हुआ पता नहीं, लेकिन भीतरी सतहों पर वह इतना प्रभावी था कि मैं रेडियो में नौकरी के बारे में सपने देखने लगा।

जैसे-जैसे आकाशवाणी के केन्द्र देश में बढ़ते गए, फ़िल्मी गाने उससे जुड़े कार्यक्रम श्रोताओं तक पहुँचते गए और फ़िल्मों को बिना प्रमोशन के प्रचार मिलता गया।

चाचा का ज्ञान अद्भुत था। उन्होंने बताया पचास के दशक के बाद आकाशवाणी के जितने केन्द्र खुलते गए, फ़िल्मी गानों के अनेक कार्यक्रम शुरू हुए। इस तरह हिन्दी फ़िल्मों के साथ ही क्षेत्रीय सिनेमा को भी बड़ा फ़लक मिला। हर राज्य में अपनी भाषाओं या हिन्दी के माध्यम से फ़िल्मी गीत और उन पर आधारित कार्यक्रमों की शुरुआत हुई। जहाँ कहीं फ़िल्मी सितारे पहुँचते थे, वे आकाशवाणी के माध्यम से श्रोताओं को सम्बोधित करते। इन केन्द्रों ने शुरुआत में प्रस्तुति में विविध भारती की शैली को अपनाया और अपने स्तर पर कुछ और आकर्षक तत्त्व जोड़ दिये। फ़रमाइशी फ़िल्मी गानों के प्रोग्राम में चिट्ठियाँ कई बोरियों में आतीं। जगह-जगह रेडियो फ़िल्मी श्रोता क्लब बन गए। उनकी अपनी पहचान बन गई। कहना न होगा कि विविध भारती पर भेजी जाने वाली फ़रमाइशें अब क्षेत्रीय और स्थानीय केद्रों पर आने लगीं। सिर्फ़ इतना ही नहीं इन पत्रों में मार्मिक और रोमांटिक बातें भी मिलती हैं। फ़िल्मी गानों ने लोगों के सुख-दुख में जितनी महत्त्वपूर्ण भूमिका निभाई है उसका आकलन मुश्किल है। यह चाचा जानते थे क्योंकि ये जानकारियाँ भी प्रसारित होती थीं।

'जयमाला विशेष' जो हफ़्ते भर प्रसारित होता था, उसका रविवारीय अंक जयमाला सन्देश के नाम से होता था, जिसमें फ़ौजी भाई अपनी बातें, सन्देश और सलामती की ख़बर अपने परिवार वालों तक पहुँचाते थे। मैं याद करता हूँ तो ऐक्टर चाचा की बातें ही पहले-पहल याद आती हैं। ये और बात है कि मेरी रुचि भी साहित्य और फ़िल्मों में लगातार बढ़ी। मैं स्वतंत्र रूप से मनपसन्द कार्यक्रम से जुड़ता गया अनेक जानकारियाँ जुड़ती गईं और मैं रेडियो के माध्यम से फ़िल्मों के बारे में जानता गया यानी फ़िल्मों के तमाम पहलू जो कार्यक्रम से ज़ेहन में पहुँचे। एस. कुमार्स का फ़िल्मी 'मुक़दमा'। फ़िल्मी सितारों से मुलाक़ात का हिट कार्यक्रम 'सेल्युलाइड के सितारे', संगीत की हस्तियों का प्रोग्राम 'सरगम के सितारे', फ़िल्मी गानों में शास्त्रीय रागों को खोजने वाला कार्यक्रम 'संगीत सरिता', और सूचना और मनोरंजन का मिश्रित कार्यक्रम 'पिटारा', ये सभी कार्यक्रम उस ज़माने से आज के ज़माने तक यादों में बसे हैं और इसलिए वे तमाम फ़िल्में जिनके गाने हैं, और जिन्हें सुनकर आकाशवाणी पर फ़िल्मों के साउंडट्रेक सुने, अब वे जीवन के साथ हैं।

यही कारण था कि विविध भारती सेवा को आरम्भ करने के समय गिरिजाकुमार माथुर, पं. नरेन्द्र शर्मा, गोपाल दास और केशव पंडित जैसे दिग्गज प्रसारकों ने यह परिकल्पना की और परिणाम हुआ कि रेडियो सीलोन को लोग भूलते गए। ये और कुछ बातें आकाशवाणी में नौकरी करते पता चलीं। आकाशवाणी के ख़ज़ाने में हस्तियों के अनेक इंटरव्यूज हैं और रेडियो ऑटोबायोग्राफ़ी, जिनमें नौशाद, ओ.पी. नैयर,

खय्याम, कल्याणजी-आनन्दजी, माला सिन्हा, वहीदा रहमान, महेन्द्र कपूर जैसे सितारे हैं। इन रिकॉर्डिंग्स को आज भी जब सुनाया जाता है तो पुरानी यादें ताज़ा हो जाती हैं। फ़िल्मों के साउंडट्रेक जब प्रसारित होते तो चाचा के आसपास भीड़ की दीवानगी देखने लायक़ होती। लोग ऐक्टरों के डायलॉग दोहराते व प्रसन्न भाव में घूमते।

ऐक्टर चाचा बताते, तब फ़िल्म प्रोड्यूसर्स रेडियो पर फ़िल्मों के प्रचार-प्रसार के लिए पार्टनरशिप करते थे और निःशुल्क प्रमोशन साम्रगी उपलब्ध कराते थे। पहले रेडियो प्रोड्यूसर्स के पीछे भागता था, फिर प्रोड्यूसर्स सितारों को स्टूडियो में लेकर पहुँचते थे। रेडियो के कार्यक्रम पड़ोसी देशों जैसे पाकिस्तान, श्रीलंका, नेपाल, बांग्लादेश, भूटान से लेकर मिडिल ईस्ट में मनोयोग से सुने जाते थे। आकाशवाणी के माध्यम से एक बड़ा फ़िल्म बिजनेस आकार ले चुका था। रेडियो केन्द्रों को भी विज्ञापन में ख़ासी कमाई होती थी। कह सकते हैं अगर रेडियो का साथ न होता, तो सिनेमा के सौ सालों का इतिहास इतना सुनहरा शायद ही होता। पाठकों को ये जिज्ञासा अवश्य होगी कि फ़िल्मों, फ़िल्मी गानों ने फ़िल्मों के विकास में हमसफ़र नहीं बल्कि मार्गदर्शक की भूमिका कैसे निभाई। चाचा कहते थे, इसमें दो बातें प्रमुख हैं—पहली यह कि फ़िल्मी गानों में दुख और सुख की अभिव्यक्ति थी, जिसका सम्बन्ध आम आदमी के अनुभव और सपनों से था। फ़िल्मों में उसके परिवार, समाज और देश का रूपायन था। उसकी आकांक्षाओं का आईना भी फ़िल्में थीं। गानों में करुणा, ऐसा आधारतत्त्व था जो कम्पोजिशन में ख़ासतौर पर रखा जाता था ताकि वह आम आदमी के भावजगत को घेर ले। शास्त्रीय रागों पर आधारित फ़िल्मी गानों का ज़िक्र भी कार्यक्रमों में हुआ करता था।

इसके अलावा उसमें मार्मिक सामाजिक तथा सांस्कृतिक सन्देश होते थे। अन्य बात थी फ़िल्मी सितारों से जीवन्त या रिकॉर्डेड बातचीत का प्रसारण, जो फ़िल्मी दर्शक पैदा करने और संख्या बढ़ाने का परोक्ष काम करता था। इस तरह की बातचीत में संघर्ष की कहानी, आत्मीय संस्मरण और देशप्रेम की बातें होती थीं, ये प्रसारण दरअसल एक तरफ़ दर्शकों को आकर्षित करते थे, तो दूसरी ओर बॉलीवुड की ग्लैमरस दुनिया का हिस्सा होने का स्वप्न बुनते थे। दोनों ही फ़िल्मी प्रसारण अन्ततः फ़िल्मों के प्रति जिज्ञासा को बढ़ाकर टिकट खिड़की पर पैसा वसूल कर लेते थे। चाचा में फ़िल्म साहित्य और संगीत की समीक्षा का दुर्लभ गुण था। उन्हें इसका ज्ञान न था। वे तो जो मालूम था उसे बताते। वे लोक शिक्षक थे, यह मुझे आकाशवाणी की नौकरी में आने के बाद पता चला।

सैंतालीस

पिता अपने पुश्तैनी ज़मीन के हिस्से को
भाइयों को सौंपकर चले आए थे
वह उनसे कभी भुलाया न जा सका
और उसकी जगह एक गंध-सुगंध की बाड़ी थी
जिसका राग बालकराम के खेत से जुड़ा था
और हमारा भूख से, जिसमें चोरी-चकारी का खिलंदड़ा भाव था

घर से लगा हुआ बालकराम का खेत। इसमें सब्ज़ियों के अलावा मुख्य रूप से मौसम में गन्ना आकर्षण का केन्द्र था। साथ में गेहूँ और चना भी। माँ ने इस खेत में सालों कटाई का काम किया। सो उसकी मिट्टी की गंध माँ के भीतर ओर-छोर बसी हुई थी। अगर ये गंध माँ के भीतर न होती तो हम अपनी धरती माँ को कभी न जान पाते। इस गंध के साथ हम खेत तक पहुँचे। माँ के पीछे-पीछे और किसान को इतने नज़दीक से जाना। बालकराम में भी वही गंध थी, जो हमने माँ के भीतर पाई। लगता दोंदरे (पहली वर्षा के बाद की माटी से उठती गंध) की वह भीनी महक उन दोनों में रची-बसी थी, कहीं गहरे में। उनके प्रसन्न होने पर वह बहने लगती और लगता दोंदरा अभी-अभी पड़ा।

माँ के कारण कई गंध थीं, जिनसे परिचय हुआ और वे जीवन का अविभाज्य अंग होती गईं। माँ के साथ हमने चने की भाजी खोंटना शुरू किया। हालाँकि झुके-झुके भाजी की खुँटाई तकलीफ़ भरा काम होता। पीठ दुखने लगती। पिंडलियाँ भर उठतीं और नसें खिंच जातीं। किन्तु चने की भाजी की खट्टी सी मोहक गंध आपको आमंत्रित करती चलती। माँ में काम करने का अद्भुत कौशल था और गति। पाँव इतने सधे कि पौधों के बीच की जगह में पड़ते। हमसे वे कुचल जाते और माँ डाँटने लगती। हम अपनी जगह से भाजी खोंटते और मुट्ठी भर होने पर खाने के लिए बैठ जाते। अपनी अँगुलियों के पोरों पर उतर आई भाजी की हरी गंध को चूसते हुए। हम उस अलौकिक स्वाद तक पहुँचते और स्वादेन्द्रिय जैसे जाग उठती या कहें भूख, कि सुबह घर में खाने को कुछ न था, लेकिन चने की खोंटी वह हरी भाजी

स्वाद की एक ऐसी दुनिया थी और मौलिक कि उसे भुलाना मुश्किल। चने की फ़सल को देखते हुए, आज भी पाँव खेत में उतर-उतर जाते हैं। चाहे इसे चोरी माना जाए, लेकिन इस चोरी में स्वाद का अप्रतिम सुख है। उस रंग को आँखों में भर लेने की निराली कामना। और बूटों को गपागप खोलने-खाने की हड़बड़ी।

गंध और स्वाद का आकर्षण कुछ कमज़ोरियों को जन्म देता है। उन्हें पाने के लिए ग़लत तरीक़ों का मन। हमारे या हम सरीखों के सन्दर्भ में वह कदाचित् कुछ और भी था। ग़रीबों की भूख। मैं, भुप्पी, परसादी और रज्जो—हम चोरी-चोरी खेत में घुसने और चना (बूट), गन्ना और अमरूद व बेर तोड़ लाने में माहिर थे। बालकराम के खेत में चोरी करने में बड़ा मज़ा आता। मज़ा दरअसल गन्ने को चूसने का था। लगता जैसे हम थोड़ा-थोड़ा कर इतना रस गुटक लेंगे कि भूख मिट सके और आत्मा इस अर्थ में तृप्त हो सके कि यह भी हमारा, हमारे भाग्य का। सो यह करते हुए कभी न लगा कि यह चोरी थी अथवा कोई अनैतिक कृत्य। अमरूद या गन्ने की गंध हमें मस्त बनाती, कुछ इस तरह कि भूख की तीव्रता घुलने लगती और स्वाद-गंध का साम्राज्य चेतना पर आ धमकता।

हम बालकराम के खेत से गन्ना और अमरूद चुराते और पालाचौराई के रास्ते रेलवे स्टेशन की तरफ़ आ धमकते। वहाँ बरगद का एक पेड़ था, उसके नीचे एक चबूतरा सा। वहीं हम चोरी का माल स्वाद लेकर खाते और बालकराम के खेत और फ़सल के लिए मन-ही-मन प्रार्थना करते। याद करते हुए अब भी लगता दाँत गन्ना छील रहे हैं। गन्ना चूस रहे हैं। रस की बूँदें होंठों के कोरों से एक पंक्ति बनाती बह रहीं जिन पर मक्खियाँ मँडराने लगीं। शर्ट पर रस की बूँदें गिरके सूख रहीं और कहीं पीछे से बालकराम के चिल्लाने की आवाज़ उठ रही और शायद माँ को चिल्लाके शिकायत की जा रही है और पिता अपनी काँपती छड़ी की तरफ़ देख रहे हैं और हम कहीं निश्चिन्त न होके भी, सोच रहे कि नॉट फिकर अगर शिकायत हुई भी तो क्या ज़्यादा से ज़्यादा पिटाई। कम-से-कम भरे पेट, पिटने से दुख कम होगा।

गन्ने से ज़्यादा चुगलख़ोर होते अमरूद और बेर। इतनी तेज़ और गोंद सरीखी चिपक जाने वाली उत्तेजक महक कि दूर से चोरी करने का पता चल जाए। कोई बहाना काम कर पाए, ऐसी सम्भावना नहीं। अमरूद और वो भी बालकराम के खेत के, अलग बजते। पूरा गाँव उस स्वाद और गंध को जानता। लाल चित्तियों वाले अमरूद...कि हाट आने से पहले ही खेत से बिक जाते या फिर छिंदवाड़ा मंडी चले जाते...। और हम उनमें से थोड़े से चुरा लेते...। कि ऐसा स्वाद...। अब लौटता हूँ तो खेत हैं पर उजाड़। कोई जैसे पूरा खेत, पूरे मौसम, पूरी फ़सलें चुरा ले गया। जाने किसी चोर का पता भी चला या नहीं...। सोचता हूँ तो लगता है कि यह चोरी तो उस चोरी से कितनी भयानक...चुराके बचाया हुआ स्वाद अब तक हमारे भीतर बसा है...। लेकिन जिन्होंने पूरा खेत चुराया...उन्होंने कितनी पीढ़ियों के हिस्से के रस...

स्वाद...गंध और उस संवेदना पर डाका डाला जो हमारी तरफ़ अपने सौन्दर्यबोध को बना और बचा सकती थी। याद आती है आज भी राखड़िया दादा की आवाज़ जो बालकराम को सम्बोधित हुआ करती थी। 'काए पटेल साब, जब पसु-पक्खी खेत की फ़सल खात हैं, तो का करत हो, अरे मोड़ी-मोड़ा खाहें तो जिनगी भर याद करहें, सुआद की चर्चा करहें, तोरो नाम लेंहे...ऐसों ज़मानो आगे आहे कि कोई पूछैया मिल जाए तो बहोत'...अपने जीवन में आज न तो वह खेत है, न बालकराम... और न कोई यह कहने वाला कि अमरूद, गन्ना या चने की भाजी का अप्रतिम वह स्वाद... वहीं क्यों, इधर के किसी नये स्वाद का भी ठीक-ठीक ज़िक्र नहीं...सब तरफ़ सिर्फ़ बाज़ार है, स्वाद-गंध पर क़ब्ज़ा जमाए।

आदिवासियों को देखकर लगता
अगर दुनिया में वे न रहे
तो हम अनूठा सौन्दर्यबोध खो देंगे
बसन्त को हमने रंग-बिरंगी फूल छबियों से जाना
सपने और नींद उसकी वजह से
हमारे बुनकर होने में वही था
हमारा सगामन सेमल महाराज

बसन्त के आते ही वह आकर्षक के केन्द्र में आने लगता है। अति कोमल बिम्ब स्मृति से कभी दूर न जा सका। पूरे पेड़ से कोमल स्वच्छ दूधिया फाहे झरते हुए। ये फाहे पेड़ से नीचे झरते और हवा के झोंकों से पेड़ की शाखाओं, पत्तियों और तने को ढक लेते। पूरा पेड़ सफ़ेद हो जाता। जैसे सुदूर जंगल में योग मुद्रा में कोई ऋषि। इन्हीं फाहों को एकत्र कर हम झोलों में भरते और घर के पुराने कपड़ों से तकिया सीते और फाहों यानी रुई को उसमें भर देते। अब सपनों के कोमल तकिये तैयार।

बचपन की स्मृतियों का यह सेमल बहुत पीछा करता है। सपने और नींद की याद बनी रहती है। इतना सुकून फिर नसीब न हुआ कभी। यह पेड़ हमारे गाँव में महुआर में एक नाले के क़रीब था। कहते हैं इसे जल का किनारा चाहिए ताकि ज़मीन में नमी रहे। बहुत गर्म इलाक़ों में यह नहीं होता। सेमल एकदम सीधा बढ़ता है। शाखाएँ मोटी और आकाश से बातें करती प्रतीत होती हैं। माथा गोल-सा सघन, मानो मुकुट। डालियों की बनावट दूर से ऐसे लगतीं, जैसे सेमल के गले में हार। देह काँटों से भरी। बसन्त में यह अपने यौवन को प्राप्त करता तो उसके सौन्दर्य में हम भूल जाते कि यह काँटों वाला पेड़ है। टहनियों में कली आ जातीं, जो फूल में बदल जातीं। अतिशय सुन्दर फूल। रंग चमकीला लाल। पाँच पंखुड़ियाँ। हम सोचते छह क्यों नहीं? कोई उत्तर नहीं बस एक आश्चर्य! पंखुड़ियों पर हल्की बारीक धारियाँ फूल के मध्य भाग में 'पुष्प केसर'। इसके नीचे वाले हिस्से का रंग सुनहला।

पुष्प केसर के ऊपरी हिस्से की नोकों में पराग बसता। सेमल के फूल चमकीले लाल, सुनहले और पीले रंग के भी होते। सातवीं कक्षा में हमें फूलों के बारे में बताया जाता। वह शिक्षा व्यावहारिक ज्ञान में इज़ाफ़ा करती।

सेमल पर सबसे अधिक चिड़ियाएँ होतीं। मानो वसन्त के बाद यही इनका घर। इस पेड़ पर हमने बुलबुल, मैना, शकर खोरा, तोता और कौआ सहित पक्षियों का आर्केस्ट्रा सुना। उनके कर्णप्रिय और सुरीले गले मानो पराग-पान से हुए। सेमल के प्रति हमारा आकर्षण इसलिए भी अधिक रहा कि इसकी कलियों को खा सकते हैं। उसके काँटे भी स्वादिष्ट लगते।

सेमल का यह बहुत पुराना पेड़ था। इसमें पक्षियों के कई कोटर थे। इन कोटरों में तोते और चिड़ियों के निवास देखे। सेमल का पेड़ एक ऐसी उजली स्मृति है जिसके कारण बसन्त है, तकिया हैं, नींद और सपने। यह उम्र सपनों के साथ कटे, यही अन्तिम इच्छाओं में अब सर्वोपरि है।

अड़तालीस

तब बच्चों का अंडरग्राउंड खदानों में
होटलों में
ठेकेदारों के भट्ठों पर
दहकते-भभकते बायलर में
इतवारी बाज़ारों में
12 घंटा की हाड़-तोड़ मजूरी अपराध न थी
हमने हाथों में पैसों से अधिक छाले और ज़ख़्म कमाये

भुप्पी के घरू हालात ठीक न थे। यानी हमसे अधिक ख़राब। वह सुखई सेठ की दुकान पर काम करता था...। कम-से-कम छुट्टी के दिन। सुखई सेठ की अकेली चाय की दुकान थी। तीन-चार कोयला खानों के बीचोबीच। चाय के अलावा उसमें भजिये, मुंगोड़े, आलूबड़े और बड़े बनते थे और कलाकंद। इस दुकान में बड़ी भीड़ होती। खदान जाने और लौटके आने वाले मज़दूर इसी दुकान पर जमते। भुप्पी दिन भर मजूरों के बीच भागता रहता। किसी को चाय किसी को भजिये, किसी को आलूबड़े या फिर बार-बार पानी। वह शाम तक पस्त हो जाता। उस पर सेठ की गालियाँ। उसे ढंग से कुछ खाने का वक़्त न मिलता इसलिए वह ग़ुस्से से भरा रहता। ग़ुस्से के कारण उसकी पिटाई हो जाती, तो रोने की बजाय बुड़बुड़ाता या गालियाँ बकने लगता। हम सभी दुकान के आसपास होते और काम में हाथ भी बँटा देते। लेकिन सेठ को सन्तुष्टि न होती। दरअसल वह होश में कम रहता। लोग कहते वह दारू से कुल्ला करता और उसी के साथ रात का आख़िरी निवाला गुटकता। मन का शायद इतना बुरा न होने के बावजूद उसके हाथ के बने पकवानों का स्वाद कभी गड़बड़ नहीं हुआ। नशे में धुत्त होने पर भी मुंगोड़े का गोल आकार वैसा ही होता और चाय का स्वाद भी उतना ही उम्दा कि जितना सुबह था।

भुप्पी के लिए इसका उतना अर्थ न था। उसके लिए भूख की चिड़चिड़ाहट का अर्थ था और अपने ग़ुस्से का। बैठ के इत्मीनान से पेट भर खाने को न मिलता तो वह क़िस्तों से चोरी से पेट भरता। कभी कप धोते समय, तो कभी सामान तौलते समय।

वह कभी कलाकंद, कभी आलूबड़े काग़ज़ में बाँधके रख देता जैसे ऑर्डर का हो और आँख छुपाके हमें दे देता। ऐसा वह कई बार करता और हम उन चीज़ों को लिये टेकरी पर जा पहुँचते। वह दिशा-मैदान के बहाने आता और बैठके सबके साथ खाता। हम उसे पेट भर खाने के लिए उकसाते और साथ में बराबर खाने का अभिनय करते। हमें मालूम होता कि एक बार दुकान पर पहुँचने के बाद उसे बैल की माफ़िक जोत दिया जाएगा। इतनी मेहनत के बाद सेठ अगर पेट भर खाने की चिन्ता न करे तो चुरा के खाने में हमें कोई बुराई न लगती। भुप्पी का मन होता कि क्यों न जबरन उठा ले सामान...लेकिन हम ही रोकते...। इसे चोरी की किस श्रेणी में रखा जाए, कहना मुश्किल...किन्तु हमने चोरी में भरपूर साथ दिया...। हमारा रास्ता... सिर्फ़ उतना ही था कि हम अन्याय को समझते थे। वह अनुभव के रास्ते अब और ज़्यादा संश्लिष्ट होने पर सच समझ आता है...।

उनचास

हमने देखा कि जिस गांधी-नहेरू में
माँ-पिता का भरोसा था
उनकी पार्टी यूनियन में नेताओं का
चरित इतना गिरा था
कि पिता ने उनसे अपना नाता तोड़ लिया
इतना दुखी हमने उन्हें कभी न देखा

हम सरीखों के जीवन में अभाव थे, भूख थी, समाज में हम लोगों के लिए अगर कोई जगह थी तो 'दया मया' के मुहावरे में। बचपन ने हमें कुछ एक चीज़ें ज़रूर सौंपीं। अपनी तरह के लोगों के साथ प्रेम, एका और लड़ने का शिल्प। इसके समानान्तर स्थितियों के प्रति क्रोध और घृणा। दरअसल हम समाज के अँधेरों को पहचान रहे थे यानी कहीं दूसरी तरह से तैयार हो रहे थे। एक तरह से सोचने की प्रक्रिया कहीं बन रही थी।

हम लोग जब भी मौक़ा मिलता मज़दूरों के साथ होते। वहाँ छाया थी अपनी सी। वे अमूमन खदान के ओव्हरमेन, मैनेजर आदि के बारे में बातें करते। खदान में सुरक्षा की कमियों, कोयले की चोरियाँ, दुर्घटनाओं के ख़तरे, वेतन आदि में गड़बड़ियों की चर्चा करते। मज़दूर बताते कि यूनियन के कौन से नेता हैं जो मुफ़्त की पगार उड़ाते। कौन जो मज़दूरों के हित में काम करते। हमारी आँखें ऐसे लोगों को पहचानने लगी थीं। हमारे घर के सामने इंटक यूनियन का दफ़्तर था। अधिक गहमागहमी का केन्द्र। मज़दूरों का मत था। वह सबसे अधिक दलाल, कामचोर और चमचों का केन्द्र था। छुटभैया इंटक का नेता भी खदान में नहीं उतरता था। अपने आप उसकी हाज़िरी भरते रहने के आदेश हुआ करते थे। ऐसे कई नेता थे छोटे-बड़े जैसे सहाबुद्दीन, गोरखनाथ, शारदा प्रसाद तिवारी, बाबूलाल महाराज, बलदेव प्रसाद और चन्द्रिका बाबू आदि। फोकट की पगार। अफ़सरों के साथ साँठ-गाँठ। मज़दूरों का अगर कोई काम करना भी है तो कई शर्तें, मसलन घर में बेगारी, कमीशन, यूनियन दफ़्तर के काम—झाड़ू-पोंछा, पानी भरना, पिलाना, चाय-पानी की व्यवस्था आदि।

दिलचस्प यह कि काग़ज़ पर ये लोग ऐसी जगहों पर बैठे थे जहाँ इनकी उपस्थिति में चोरी आदि का भरपूर इन्तज़ाम था।

कोयले से भरे ट्रकों का वज़न नापने के लिए एक धर्मकाँटा था (यही उसका प्रचलित नाम था)। इस धर्मकाँटे पर इंटक के नेताओं का क़ब्ज़ा था। कोयले की ख़रीद प्राइवेट मिलों के लिए होती थी। मैं और परसादी वहाँ रोज़ स्कूल के बाद जाया करते थे। उस काँटे के सामने से एक के बाद एक कोयले से भरे ट्रक निकलते उन पर देश के कई शहरों के नाम होते जो स्मृति में टँक जाते। ज़िला छिंदवाड़ा से बाहर की दुनिया और वहाँ के लोगों के बारे में इस तरह हमने उन ट्रकों और उनमें बैठे लोगों यानी ड्राइवर, कंडक्टर, क्लीनर से जाना। यह और बात है कि धर्म के काँटे पर हो रही बेईमानी छुपी न रह सकी। ट्रक का वज़न नापा जाता जो हमेशा कभी दो, कभी तीन टन और कभी उससे भी ज़्यादा कम होता। उसकी एक रसीद बनती। सील ठप्पा लगता। ड्राइवर खुलेआम पैसा देते और दिन भर वसूली चलती रहती। बाज़दफ़ा ट्रक का वज़न ही नहीं होता। बिना सील-ठप्पा के उसे छोड़ दिया जाता। धर्मकाँटे का इंचार्ज कहता, 'यह ऊपर वालों का।' शाम को पैसा इंटक ऑफ़िस में पहुँच जाता। हम लोग ट्रकों से जो थोड़ा-बहुत कोयला गिरता उसे टोकरियों में भरते और सुखई सेठ के यहाँ पहुँचा देते, जहाँ से हमें हफ़्ते के हफ़्ते कभी चार तो कभी पाँच रुपये मिल जाते। साथ में चाय-नाश्ता जो कि मुफ़्त होता। परसादी और मैं इस तरह महीने में 15-16 रुपये कमा लेते, जो घर का सहारा होते। धर्मकाँटे वालों की यह कृपा अपने आप में बड़ी थी कि उन्होंने हमें कभी टोका नहीं। न ही कभी मना किया। बदले में हम उनके लिए चाय या नाश्ता, पान-बीड़ी ला देते। इस तरह हमने दुनिया के रंगों को पहचानना शुरू कर दिया था।

इंटक ऑफ़िस में वैसे तो दो दिन (शनिवार-इतवार) रौनक होती ही थी। शाम के बाद वह जैसे गुलज़ार हो जाता। दिन भर की कमाई का एक हिस्सा इंटक के छुटभैया नेताओं के हिस्से में आता। सात बजे से जमावड़ा शुरू हो जाता। शराब की बोतलें खुल जातीं। नमकीन, भजिये, आलूबड़े, मूँग के बड़े आदि मेज़ पर सजने लगते। मज़दूरों के हितों की बात होती, फिर एकाएक सहाबुद्दीन और गोरखनाथ बाबू का गुणगान शुरू होता। मैनेजर साहब के तारीफ़ों के पुल बँधते। कभी-कभी गाली-गलौच और हाथापाई भी देखने में आती। हम शुरू में तो खाने-पीने के लोभ में वहाँ चले जाते लेकिन जो देखते उससे ऊब होती। कुछ था जो हमें बुरा लगता। वहीं पास में लाल झंडे वालों का छोटा-सा दफ़्तर था। जिसमें एक बैनर्जी बहन जी थीं। साथ में एक शायद कोई दासगुप्ता जी थे। वे झोला टाँगे रहते। उनके आसपास एक दूसरा समाज होता। मज़दूर वर्ग के वे लोग जो कोयला ढोते थे या ऐसे ही तरह का काम करते थे। उन्हें लोडर, बंसमेन, साकिटमेन, फिटर, केरियर आदि कह के पुकारा जाता था। हम वहाँ भी जाते ख़ास कर इंटक दफ़्तर से ऊब जाने के बाद।

वहाँ हँसी-ठट्ठा, गाली-गलौच, मार-कुटाई का माहौल न होता। माहौल गम्भीर होता और मज़दूरों के बारे में अच्छी लगने वाली बातें होतीं। लगता जैसे हमारे बारे में बातें हो रही हों। हमें मोटा-मोटी यह समझ आता कि हमारे साथ कुछ ग़लत-सलत हो रहा था। लाल झंडे वालों का यह दफ़्तर हमें अच्छा लगता। बहन जी का व्यवहार माँ सरीखा होता। उनके झोले में ढेर से काग़ज़ होते और एक-दो किताबें जिनका ऊपर का हिस्सा लाल होता। कोयला खदानों के उस इलाक़े में चारों तरफ़ काले रंग के साम्राज्य में किताबों का वह लाल रंग हमें अलग से आकर्षित करता था। उन किताबों की तरफ़ वह पहला क़दम था। अब लगता है कि अनजाने में ही सही वह क़दम ठीक पड़ा। जिस तरह हमने दो मज़दूर यूनियनों के बीच के फ़र्क़ को अवचेतन में जाना शायद उसी तरह अवचेतन में दर्ज उन किताबों के आकर्षण को भी...। शायद चोरी और साहूकारी, चोरी और सीनाजोरी जैसी कहावतों का अर्थ भी हमें बचपन के उस माहौल ने समझा दिया था।

जो हम समझ रहे थे, उसका घरों में स्वागत न था। जानते-बूझते एक चुप्पी थी...। दूर-दूर तक फैली हुई। हमारी अपनी भी तब उम्र कितनी। जो समझ रहे थे या कि चोरी-छिपे कर रहे थे और डर से भरे होते थे...हमारा अपना विश्वास ख़ुद पर न था। घरों में भाग्यवादी बातें अधिक थीं, मानो ऊपर वाले की किसी योजना के तहत हम धरती पर थे। कोई ग़रीब, कोई आदिवासी, कोई हरिजन...(जैसे हमें एहसास दिलाने का प्रयास होता) लेकिन मज़दूरों का एक परिवार सा था सबका एक सा जीवन...एक सी लड़ाइयाँ...। उन्हें चोरों का भी पता था और जो उनकी मेहनत को डकार रहे थे और शोषकों का भी...जिनकी वजह से बदहाल थे। ऐसे समाज में खुली आँखें बहुत देख लेती हैं...वह जो पुरानों में था और वह भी जो इधर नयों में कई पर्तों के बीच लाल रंग में दबा-छिपा है...।

पचास

वे सिर्फ़ नाम के चोखे न थे
खनकते-चमकते सच थे
साफ़-साफ़ समझाने वाले गाँव गुरु
बचपन में ही दुनिया-जहान की
राजनीति की सच्चाई
वे हमारे कानों में फूँक चुके थे
बढ़ती उम्र के साथ किताबों में लिखा ग़लत हुआ
चोखे कक्का के पाठ आज भी चोखे हैं

छिंदवाड़ा ज़िले के एक छोटे से गाँव पालाचौरई में रहते हैं हमारे चोखे कक्का। उमर तक़रीबन अस्सी के आसपास। रहे सालों-साल गाँव प्रमुख कि ऐसी साख। हालाँकि ये कोई सरकारी पद नहीं। बस रसूख ऐसा कि 'अथाई' जमते ही लोग जुटते उन्हें सुनने। वे एक ऐसे रेडियो केन्द्र थे कि निकलता उनसे दुनिया-जहान का आँखों देखा-सुना हाल-हवाल। पुराना और नया।

मैं भी पहुँचा उस रोज़। हो रही खेती-किसानी की गिरती दशा पे बातें। बाज़ार के बढ़ते असर की चिन्ता में डूबे थे लोग। अनुदान से पीछे सरकती सरकार और किसानों में बढ़ती चिन्ताएँ, क़र्ज़, कुड़की, और बढ़ती हुई लड़ाइयाँ आपस की और दिल्ली की नाकामियाँ। सीमा पे बढ़ती कारगुज़ारियाँ और अमरीका की चौधराहट। आख़िर क्या होगा आने वाले समय का रूप? पूछ रहे थे सभी कक्का से। कक्का सुनते रहे और साथ में गुनते रहे चिन्ताओं को। बोले वे—समझने को रखा क्या है? अख़बार का आँकड़ा है कि बन्द हो चुके चार लाख कारख़ाने अब बिक रहे और विदेशी फिर से देश की सत्ता को दूसरी तरह से चलाने वाले हैं टाटा-बिड़ला को धकियाते। थोड़ी-बहोत उम्मीद सिर्फ़ खेती-किसानों से कि असंख्य हाथ ज़मीन और तजुर्बा भी। लेकिन आयात में शामिल कृषि उत्पाद भी। और किसानों से खींची जा रही अनुदान की सुविधा भी। कहा कक्का ने सूचनाएँ बिलकुल इससे उलट अमरीका, फ्रांस, जापान और इंग्लैंड में। अनुदान किसानों को वहाँ दुगना-तिगुना।

फिर कहाँ जीत और कहाँ की बराबरी? वे बी.बी.सी. समाचार बिना चूक सुनते थे। उनकी जानकारी का संसार बड़ा था।

स्वदेशी भी एक थोथा ढकोसला। रोज़-रोज़ खुलते कपाट विदेशी चीज़ों के लिए और बेशरमी से भरे भव्य स्वागत। ख़ुश करते विश्व बैंक और विश्व व्यापार संगठन को हाकिम। कक्का बोलते हुए इतने ग़ुस्से में कि बोल उठे झूठे हैं सारे वायदे और खोखली सब बातें। झूठा है देसी स्वाभिमान। वोट की राजनीति में पार्टियों के एजेंडे बनते हैं और चुक जाते हैं। वे घूरने लगे आसमान में और यह संकेत था उनके चुपा जाने का। मानो उठने का समय हुआ। कक्का उठे और बिना कुछ बोले निकल पड़े खलिहान से आती आवाज़ों की सिम्त। वहाँ गहा जा रहा गेहूँ और कोई था जो गा रहा था—ईसुरी की फाग—

जाती हर बैरे पाने,
नये यार के लाने,
भरो धरौ लुढ़कावै,
नौनो नाहीं चाने,
द्वारें बैछो देख आइए,
करके कई बहाने,
बिन देखे न चले ईसुरी,
चलजै बिगर बताने

मैंने ईसुरी की फाग सुनते हुए समझा कि जब ईसुरी जितनी आगे की सोच सकते हैं तो चोखे कक्का क्यों नहीं। कक्का की बातों का सार जो याद रहा, लिखा। वह जितना जानते और बताते थे, वो लिख न पाया। वे नाम के अनुरूप चोखी बातें करते थे। उनका ज्ञान विशाल था। सरहद से देश तक।

इक्यावन

एक दाग़
आपको जीवन भर
मनुष्य बने रहने का
रास्ता दिखाता है

कुछ याद करता हूँ तो इन्द्रियाँ जाग उठती हैं। उनका स्मृतियों में जागना चौंकाता है। जैसे मेरा चूल्हे में गिरने के बाद जो हुआ। चूल्हे पर कढ़ाई में चाशनी उबल रही थी। मैं उस खौलती चाशनी पर। दोनों पाँव पर आ लिपटी वह। मैं दर्द में चीख़ा। तो चीख़ता गया। अस्पताल में रहना पड़ा। दाग़ जाने में 4-5 महीने लगे। एक दाग़ अब भी बाक़ी। अब मैं सत्तर का। जब भी आग देखता हूँ सिहर जाता हूँ। इस सिहरने में जलने की स्मृति अब भी इतनी जागृत कि ऐन्द्रियता के इस दिलचस्प पहलू को न जाने किन चीज़ों से जोड़कर देखता हूँ। क्या एक कवि स्मृतियों में जाकर इतना ही सिहरता है। क्या इस भय पैदा करने वाली सिहरन के जीवित बने रहने से सृजनात्मकता का कोई सम्बन्ध बनता है? क्या मेरा इस तरह सोचना कहीं कुछ जोड़ता है? सोचता हूँ तो हर बार वह चूल्हा, वह घर, माँ, पिताजी, भाई, बहन, अस्पताल, डॉक्टर, नर्स और बचपन के रिश्ते-नाते संग-साथ चले आते हैं। माँ-पिताजी के आँसू, भाई-बहन का रोना, नर्स की पट्टियाँ बदलते समय कोमल स्पर्श, बहन का सुलाना आदि। अगर सब बचा हुआ है तो एक कवि की पूँजी है। इस सजलता में कुछ ऐसा ज़रूर है कि मनुष्य जीवन की महिमा का पता चलता है। भले ही जलकर मनुष्य बनो कोई हर्ज़ नहीं। एक दाग़ आपको जीवन भर मनुष्य बने रहने का रास्ता दिखाता है कि आप वो सब नहीं भूलते जिसे भूल जाने से आप कुछ और होते शायद मनुष्य नहीं।

गाँव में वो सब था जो प्रकृति ने दिया
खदान मालिकों ने हक़ से कम पगार के अलावा
कुछ न दिया
न घर, न स्कूल, और न अस्पताल

हम तब भी थे
ज़िन्दगी के मालिकाना हक़ से
हमने पहाड़ के बीच रास्ते तामीर किये

भयानक गर्मी। नौतपा ख़त्म हुआ। माँ रह-रहके आसमान तकती। बारिश के आने के इन्तज़ार में वह जैसे कुछ और हो जाती। अपना गाँव याद आता। बादलों को आसमान में उमड़ते-घुमड़ते देखकर उसकी आँखों में जैसे चमक जाग उठती। बचपन के कई दृश्य या कुछ छवियाँ हैं। जिनके पुन: सजीव हो उठने के रोमांच में वह डूब जाना चाहती। वह खेतों को याद करती। हवाओं के शीतल झोंकों की बाट जोहती। मैंने जब तक गाँव नहीं छोड़ा उन्हें इसी तरह आकुल देखा। और जब बादल घुमड़ते। ठंडी हवा दौड़ती। वह घर के पिछवाड़े बालकराम के खेत में जा खड़ी होती। जैसे ही बारिश की बूँदें गिरना शुरू होतीं वह खेत में बैठ जाती। भीगती रहती। और बार-बार बुलाने पर भी वहीं बनी रहती। हम देखते वे गीली हो रही मिट्टी को आसपास पड़ी किसी लकड़ी से खोदने का काम करती। मिट्टी के साथ उसका यह खेल चलता रहता। धीरज टूटने पर मैं दौड़ पड़ता माँ के पास। वह मुझे भी मिट्टी खोदने को कहती। मेरे भीगने पर वह परेशान न होती। और मैं भीगने के आनन्द में डूबता। ख़ुश होता। माँ धरती हो जाती।

पहली बारिश में भीगने की ललक से माँ के लिए कुछ बड़ा और विरल नहीं था। माँ को इस तरह भीगते, मिट्टी से खेलते देख पिता ज़रूर मुस्कियाते थे। लेकिन माँ के भीगने और मिट्टी से इस तरह के प्रेम का रहस्य कुछ बड़े होने पर समझ आया। उसे अपने दो-चार बीघा के खेत याद आते। ऐसे ही दिनों में पचलावरे (गाँव) से गम्मू मामा आए थे। और उन्होंने माँ को भीगते-खेलते देखा तो हँस पड़े। जब हमने पूछा तो मामा ने बताया कि बचपन से ही ऊधम करती थी। तुम्हारी माँ को पहली बारिश में भीगने से अधिक धरती से उठती उसकी सुगंध का रोग है। गाँव में भी ये ऐसे ही उतर जाती थी। और घंटों इस सुगंध में डूबी रहती थी। बारिश इसके मन के सबसे अधिक पास है। इस मौसम में वह सबसे ज़्यादा ख़ुश रहती है। बीमार नहीं होती। कुछ चमत्कार था कि माँ के साथ-साथ बारिश मेरे साथ जीवन में अपनी पहली सुगंध के साथ चली आई। बारिश के पहले 'झले' के साथ ही, मैं उस सुगंध में डूबने को व्याकुल हो उठता हूँ। मैं उसे एकदम साथ लिये यहाँ तक चला आया हूँ। आज मेरे बच्चे बारिश में भीगना पसन्द करते हैं और ख़ूब, लेकिन कृत्रिम ख़ुशबुओं के बीच वे धरती की सुगंध को उस तरह चीन्ह नहीं पाते। मैं अपनी माँ से इधर तक की यात्रा में उस सुगंध के चले आने पर चकित हूँ और बच्चों के भीतर से उसके खो जाने पर दुखी। मैं माँ को याद करता हूँ। इतनी सजीव सुगंध। माँ अब भी इतनी सजीव अपनी इन्द्रियों सहित।

पिता क्रोध में शेर की तरह दहाड़ते थे। वे मोहनलाल हरगोविन्ददास की 'शेर छाप बीड़ी' पीते थे। हमें लगता यह शेर छाप बीड़ी का प्रताप है। हमारे घर में बीड़ी के धुएँ की गंध चौतरफ़ा डोलती रहती थी। ये कुछ अजीब था कि माँ पिता को बीड़ी पीने पर टोकती थी, लेकिन उसकी गंध को पसन्द करती थी। पिता की सुआपी (अँगोछा) और कुर्ते में वह गंध होती थी और शायद पसीने की भी। हमने माँ को कई दफ़ा उन्हें सूँघते हुए देखा था। चोरी-छिपे मैं भी सूँघता और मुझे अच्छा लगता। पिता की अनुपस्थिति में इस तरह पिता के साथ रहने का एक अनोखा अनुभव बचपन में बना रहा। ऐसा भी हुआ कि पिता के घर पर न होने पर उनके बंडल से बीड़ी निकालकर चोरी से पीने की कोशिश भी की किन्तु उसे पीना कभी अच्छा न लगा। हाँ, उसकी गंध ने ज़रूर बाँधे रखा।

मैं कई रोज़ बुख़ार में था। देसी-विदेशी दवाओं के प्रयोग रोज़ होते। कोई कहता मियादी बुख़ार। कोई मलेरिया। कोई कुछ और। माँ ने काम पर जाना बन्द कर दिया। वह बस घर पर मेरे साथ बनी रहती। पट्टियाँ पानी की दिन भर बदली जातीं कि बुख़ार में तपता शरीर शीतल हो। तब सतपुड़ा की जड़ी-बूटियाँ थीं। एक जीता-जागता वैद्य और हरदम मजूर परिवार की बीमारियों के ख़िलाफ़। उसने ग़रीबी में अपनी सारी पूँजी हमें नि:शुल्क सौंपी।

उन दिनों सबसे अधिक शीतलता माँ के प्यार में मिलती। वह चूमती तो लगता हवा का सबसे शीतल झोंका घर में आ विराजा हो। उसके अधरों का स्पर्श अनोखी शान्ति देता। माथे पर, गालों पर, होंठों पर, आँखों पर। ममता जैसे आत्मा सहित बहती रही हो। वात्सल्य के स्पर्शों में डूबे वे दिन आज इतने मूर्त और जीवित हैं कि लगता है कि फिर वैसा बुख़ार हो। फिर माँ हो। और माँ के वे अविस्मरणीय स्पर्श। कोई सलोना वैसा स्पर्श मिल जाए अब भी, इसकी इच्छा अशेष बनी रहती है। ऐसे स्पर्श कदाचित ढूँढ़ता रहता हूँ, मैं आकुल-व्याकुल सा...।

आँखों में सदैव कुछ खोज लेने का भाव बना रहा। घर से एक-डेढ़ किलोमीटर की दूरी पर महुआर था। सतपुड़ा का हरा सौन्दर्य। छोटे-छोटे से नाले जो पानी से भरे रहते। नालों में मछलियाँ। इठलातीं-तैरतीं। करौंदे के छोटे-छोटे गोल-मटोल फलों का गुच्छा। बेल के पेड़। हम बेलपत्र पूजा के लिए तोड़ने हर सोमवार जाते। महुआर जो सतपुड़ा की घाटी में था, उससे दोस्ती पहली-पहल हुई। जैसे-जैसे बड़े होते गए जंगलों में उतरना शुरू हुआ। वहीं हमने ख़रगोश, हिरन, भालू यहाँ तक चीतों और लकड़बग्घों को देखा। देखने का अतीव सुख आपको भीतर तक हरा-भरा करता रहा। प्रकृति का सत्संग एक जुदा अनुभूति थी। पत्तों, फलों, पेड़ों को छूना। किसी शाखा पर बैठकर आम चूसना या जामुन खाना। जीवन का ऐसा काल जब आप ऐन्द्रिक रूप से पूरी तरह जवान। फलों के गिरने की ध्वनि मात्र से दौड़ पड़ते उस दिशा में। हवा का रुख़ पहचानते और जीव-जन्तुओं की आवाज़।

जाने किसने माँ को सिखाया था कि रसोई के अलावा घर और
सुवास का पर्यावरण रखो। ऐसा करने से भूख बनिस्बत कम लगती
भूख से लड़ने में मदद मिलती है। सो माँ ने इस गुण को गाँठ बाँध लिया
शायद इसी वजह से कहती कि इसे सूँघो। इसे ज़रूर। और इसे न सूँघा तो
तो बाड़ी में धनिया ज़रूर उगे। अमरूद के पेड़ हों और पके अमरूद
के आर-पार हो। तुलसी के बिना कोई घर, घर नहीं होता। सो वह सदैव
इसके अलावा अजवाइन, गुलाब, अनार, मेथी, पुदीना आदि का उन्होंने
न छोड़ा। ये गाँव के घर के अपरिहार्य अंग थे। माँ ने इनकी ख़ुशबुओं मे
हमें कैसे भूख के भय से दूर रखने में सफलता पाई इसे आज समझा जा
घर में दाना न हो तो अजवाइन के पत्तों के भाप में पके व्यंजन, मेथी
साग-भात के साथ, पुदीना की चटनी के साथ अमेरिकन लाल ज्वार के
लहसुन की तीखी चटनी के साथ पेजा, पुदीना और आम की चटनी के
की रोटियाँ। माँ ने समझ रखा था कि दो ही अन्तिम सत्य हैं। स्वाद और
पिता को अगर दाल में हींग की सुगंध मिल जाए तो हो सकता है घर
अगर उनके भोजन में कम हों तो कोई बात नहीं।

इस तरह सुगंध-स्वाद में कह सकते हैं मूर्ख बनाते हुए माँ ने दो
रोटी को कम करते हुए घर चलाने की गणित बख़ूबी सीख रखी थी। हम
ज़्यादा सुगंध-स्वाद को करते हैं बार-बार याद। भला इसे क्या कहें? इ
जगाती हैं। यहाँ माँ ने ऐसा क्या जादू सीखा कि भूख कम जागती थी। कदाचि
में हरदम बने रहने की वजह से। या शायद कोई और रहस्य। कम-से-कम
समझ सका। बहुत-बहुत भूख लगने पर भी उतना कभी न खा सका जित
की सामान्य भूख होती है। मुमकिन है यह वैज्ञानिक सत्य न हो। किन्तु
रसोई में खाना पकाने जाता हूँ और मसालों की सुगंध के बीच बनते हुए
साथ रहता हूँ। उस दिन दो रोटी की भूख कम हो जाती है। और माँ की उ
को सच मानने के अलावा कोई विकल्प नहीं ढूँढ़ पाता। मैं सचमुच विकल्प
रहते हुए जितना जीवन बचा है, इसी भरोसे में जीना चाहता हूँ। मैं सुगंध
किसान और खेतों को याद करता हूँ।

सतपुड़ा न होता
तो मजूरों का जीवन
और अधिक कठिन होता
सतपुड़ा सिर्फ़ पहाड़ न था
वह हमारा जीवन-रक्षक था

गाय के ख़ास ढंग से रँभाने मात्र से आप समझ जाते कि वह अपने बछड़े को पुकार रही। आपके ध्वनि बोध में इज़ाफ़ा होता। आपकी अँगुलियाँ स्पर्शों से वस्तुओं को पहचान लेतीं। आपकी आँखों में सदैव कुछ खोज लेने के भाव होता। आप धूप-छाँह के अर्थ जानते और हवा का संगीत। बारिश की टप-टप करती बूँदों का हो या कि झमाझम जलवर्षा का नाद। आप प्रकृति की पाठशाला में जितना सीखते उतना न तो किताबों से, न फ़िल्मों से। प्रकृति का स्वभाव प्रकृति के साथ ही रहकर समझ आता। कल्पना इससे दूर तक आपकी हमसफ़र नहीं होती।

आज कहने भर को महुआर है। सतपुड़ा का वैसा नैसर्गिक गाना कब का बन्द हुआ। न पेड़ उतने बचे कि हवा झूमे, न नालों में इतना पानी कि मछलियाँ इठलाएँ। अब बन्दरों के अलावा दूसरे जानवरों का जैसा नामोनिशान नहीं। लौटता हूँ जैसे उजाड़ में। बच्चों को जंगल घुमाना हो तो कहीं और का रुख़ करो। देखने-दिखाने, छूने, खाने का सिलसिला जैसे ख़त्म हुआ। भाई की बेटियाँ किताबों में पढ़कर जंगल के बारे में पूछती हैं और मैं उन्हें किसी दिन ले जाने का वादा कर चुपा जाता हूँ। बच्चों ने क्या कुछ खोया है यह जानकर मैं अपने पोरों, तलुओं में छूट गई गुदगुदी, आँखों में बचे रह गए रोमांच और कानों में शेष ध्वनियों को याद करता हूँ। मैं बचपन के जंगल-महुआर में लौटना चाहता हूँ। जगह-जगह लिखा एक ही बोर्ड है—आगे खदान का इलाक़ा है। ब्लास्टिंग का समय है। कृपया इसके आगे न जाएँ। और मैं ठिठकता हूँ तो जैसे फ़्रीज हो जाता हूँ। सतपुड़ा को हमने मालिकों के आक्रमणों में तिल-तिल मरते देखा और हमारा भीतर भी धीरे-धीरे मरता गया।

बावन

पिता नीम सी उतरती हवा थे
हमारे सपनों में
हमने उसमें बहते क़िस्से-कहानियों को सुना
हमने पिता का नीम होना देखा
और उनकी छाँह में अपना हवा और सूर्य होना

पिता का प्रिय पेड़ नीम था। गाँव में एक विशाल नीम के पेड़ तले उनके दोस्तों की जमघट होती थी। ख़ास कर गर्मी के दिनों में ये जमघट नियमित हुआ करती थी। नीम के पेड़ से आलिंगन कर हवा प्राणदायी हुआ करती थी। और खदान में काम करने वाले मजूरों के लिए तो नीम वरदान थी। कहते हैं जितना शुद्ध पर्यावरण अकेला नीम करता है शायद दूसरे पेड़ नहीं। एक और तथ्य कि बैसाख और जेठ की गर्मी की तीव्रता के बीच ही नीम की पत्तियाँ युवा होती हैं। वे गर्मी की तीव्रता को सोखकर ठंडी हवा के झोंके उपहारस्वरूप सौंपती हैं। कहना न होगा कि उन दिनों में न बिजली होती थी न पंखे। दरवाज़े-खिड़कियाँ खुला रखो और नीम से उतरती पाहुनी हवा को घर में बगर जाने दो। हवा समूचे ममत्व के साथ नींद की दुनिया में यात्रा कराने को प्रस्तुत हुआ करती थी। पिताजी के कुछ साथी तो पेड़ के नीचे ही सो जाया करते थे। आज के ज़माने में पेड़ के इस दुलार को कौन समझता है। अब कहाँ फ़ुरसत और चिन्ता कि कोई नीम आपको पुकारे और आप इसकी छाँह में हो लें। पिता कहा करते थे जो सुख पिता के कन्धे पर सवार होने और माँ के आँचल में छुप जाने में मिलता है। वही अनुभूति नीम की छाँह में। नीम के पेड़ में संगीत का ख़ज़ाना है। कोयल की कुहुक और चिड़िया के कंठ से सुबह-शाम फूटती राग-रागिनियों की रोशनियाँ यही पेड़ देता है। चिड़िया यदि अपने सुबह-शाम का ठिकाना इस पेड़ को बनाती है तो इस रहस्य और महत्त्व को समझना चाहिए। पंछियों की धमनियों को ऐसी हवा चाहिए जो उन्हें निरोग रख सके। ऐसा वातावरण कि वे उन्मुक्त चहक सकें। कागा के गाँव में ऐसा समीपी पेड़ कि वह जब बोले तो इसमें पाहुने के आने का सन्देश हो। बच्चों के लिए ममत्व का एक ऐसा आसरा हो

घर के आसपास या काम पर गए माता-पिता की अनुपस्थिति में कि वे निर्भय होकर खेल सकें। इस पेड़ के पास देने को कई आशीर्वाद हैं। दातून, कोमल पत्तियाँ कई रोगों से लड़ने के लिए, छाल चर्म रोग से मुक्ति के लिए, निबोली से निकलने वाला तेल है घाव भरने के लिए, अनाज को सुरक्षित रखने के लिए इसकी पत्तियाँ। ऐसे नीम धन्वन्तरी ने हमें कुछ ज़रूरी आयुर्वेदिक ज्ञान से नवाज़ा। माँ कहा करती थी कि नीम से दोस्ती जीवन से प्रेम करने के समान है। दमड़ू कक्का नदियों के किनारे के अलावा इसे भी संस्कृति का केन्द्र मानते थे। क़िस्से-कहानी, गप्पगोई, गाना-बजाना, पंगत आदि इसी पेड़ के नीचे, इसकी अमर अध्यक्षता में सम्भव होते थे। सावन में झूले भी इसी पेड़ पर पड़ते थे और स्त्रियों की उन्मुक्त हँसी बस्ती को भर देती थी। अगर कोई आनगाँव की नौकरी पर जाता तो बड़े-बूढ़े आशीर्वाद देते। 'नीम सा बड़ा हो, नीम सा मन पाए।' क्या हम नीम का मन पाने का अर्थ समझ पाए। नीम ने मेरे मन में सौन्दर्य का थोड़ा-सा उजाला भरा है, मैं उसे हवा के अंधड़ों से बचाए हुए हूँ ताकि थोड़ा ही सही उजाले करने में जुगनू सी भूमिका निभा सकूँ।

पिता सुबह-सुबह स्नान के बाद सूर्य को प्रणाम करते थे। मैं उनके साथ खड़ा हो जाता। सूर्य को देखता। चाहता कि टकटकी लगाके कुछ समय तक देख सकूँ। लेकिन आँखें पनियाने लगतीं। सूर्य के बारे में जब मैं पिता से पूछता तो वह कहते, सूर्य समय देवता है, प्रकाश देवता है, प्रकृति के भीतर और बाहर के बदलते रूप, रंग, स्वभाव में सूर्य ही है। उसी के कारण अन्न है, जल है, अग्नि है, परिवर्तन है। एक अकेले सूर्य में सृष्टि को बनाने सँवारने के जितने गुण हैं, उतने किसी और नक्षत्र में नहीं। वह धरती का तारणहार है। मैं बचपन में सोचता कि सूर्य न हो तो जैसे सब कुछ रुक जाए। उसके आने पर जागने और जाने पर सोने का जो ज्ञान हुआ, इन्हीं दो आश्चर्य को समझना जैसे सोचने की प्रक्रिया का पहले-पहल प्रवेश करना है।

बचपन में सूर्य की महिमा सुनते हुए मैंने उसे जाना। प्रकाश का महत्त्व, ताप की गरिमा, उसकी उपस्थिति मात्र से जीवन चक्र में गति का प्रवेश, संक्राति पर्व पर उसका सांस्कृतिक अर्थ आदि। माँ कहा करती थी बाक़ी देवी-देवता तो ध्यान में रहते हैं यदि कोई है जो इतना अधिक साकार तो सूर्य है और चन्द्रमा। ये दोनों जो करते हैं, सामने है। बाक़ी मन की बातें हैं। अगर इन दोनों के हिसाब से चलो और बड़े-बूढ़ों की बात मानो तो स्वस्थ-प्रसन्न तो रहोगे और यह कम बड़ा वरदान नहीं। जो सूर्य की सुन्दरता समझता है, चन्द्रमा उसके पास अपनी सुन्दरता लिये आ खड़ा होता है।

इन दोनों के क़िस्से-कहानी, महत्त्व, भूमिका, अवदान को समझते हुए सूर्य के सौन्दर्य को जानना बचपन का आनन्ददायी पाठ था। मुझे लगता है भीतर अँधेरे से लड़ने की जो ताक़त है और उजाले के पक्ष में खड़े रहने की प्रतिबद्धता, वह सूर्य ने दी। नीम ने निरोग होने की सीख सौंपी। मैं उनका आजीवन ऋणी हूँ।

मैंने पार की नदी
काग़ज़ की नाव में
बचपन की, इस कला ने
कभी डूबने न दिया।

सावन के महीने में पोखर, तालाब, नदी, नाले भर उठते थे। पानी से हमारी पहचान का यह अद्भुत मौसम होता था। हम बरसते पानी में निकल पड़ते। उसे बालों, भौंहों, आँखों, होंठों और देह के बाक़ी अंगों पर अनुभव करते। देह में अव्यक्त रोमांच की लहर दौड़ती। देह की शीतलता का गहरा आभास होता। आज भी नहाते समय पानी के वे पहले संस्मरण याद आते हैं। पानी की गरिमा के आख्यान हमें बचपन से संस्कारों को देखते-समझते मिले। पेड़-पौधों को पानी देना, सूर्य को जल चढ़ाना, शालिगराम को पूजा के पहले नहलाना, मेहमान के आते ही पानी का लोटा लेकर पहुँचना, वर-वधू के प्रवेश पर पानी दरपना, वर-वधू का पानी की परात में अँगूठी खोजते हुए स्पर्श सुख से एक-दूसरे के क़रीब आना, मिट्टी की मूर्तियाँ गढ़ने के पूर्व मिट्टी को पानी से तैयार करना, कथा-भागवत में पानी से धरती पर छिड़काव कर उसे पवित्र करना, पूजा के पूर्व पवित्र होने के लिए पानी का प्रयोग आदि। जीवन की सुबह पानी के स्पर्श से होती है। हाथ-मुँह धोये या नहाये बिना कोई काम शुरू होता हो, यह देखने में नहीं आता। पानी की इस महिमा को हमारे पूर्वज समझते थे। माँ कहती है देखो यह पानी, हवा और धूप है जो हमारे पास बिन-बुलाए आते हैं। हमारे जीवन को सँवारने। पानी आसमान से होते हुए नदी, तालाब, पोखर, झरनों में आता है। वह समूची सृष्टि की भलाई के लिए है। पानी में परोपकार है। वह सबके कल्याण के लिए नि:स्वार्थ भाव से आता है। हम स्वार्थ वश जाते हैं। उसका दोहन करते हैं। पवित्रता को नष्ट करते हैं। और छोड़कर चले जाते हैं। 'बिन पानी सब सून' का पद उनकी ज़ुबान पर रहता था। क्योंकि दूर-दराज़ से पानी ढोने का दर्द स्त्री होने के नाते वह अधिक जानती थी। किसी भी यात्रा में जाती तो नदी का पानी लाने के लिए पीतल का एक ढक्कन वाला पात्र ले जाना न भूलती जिसे वो 'गंगाजली' नाम से पुकारती। उसकी पूजा में जिन लोक देवी-देवता के नाम आते उसमें 'झिरिया माता' थी। उसे वह देवी मानती। अकाल के दिनों में भी उसके सूखने की कोई स्मृति नहीं।

आज हम जलसंवर्धन की बात करते हैं। जल से उतना प्यार नहीं। जितना पूर्वज करते थे और आज बचे-खुचे बुज़ुर्ग। आदिवासी नारियल पानी और बाँस पानी से कठिन यात्रा में अपनी प्यास बुझाते और जीवन संघर्ष में बने रहते हैं।

बचपन में पानी को लेकर घर में अनेक संवाद स्मरण में हैं जो माँ के साथ पिता की बातों से आए। यहाँ तक पानी के झगड़े। कुएँ, तालाब पर क़ब्ज़ा करने के लिए लड़ाइयाँ।

आँखों में पानी की कथाएँ रोने-प्रसन्न होने की। देह में सात गुना पानी का सच भी स्कूल में ही पता चला। पेड़-पौधों में पानी की उपस्थिति। मुझे लगता है मेरी संवेदना में जल है। मैं इस जल के भरोसे चल रहा हूँ। मैं चलूँगा कि मैं चाहता हूँ जल बना रहे सृष्टि के ओर-छोर...। बने रहें वे लोग जो आज पानी की लड़ाई में हैं। वे हमारी दुनिया के लिए संघर्षरत हैं।

तिरपन

उनके गाँव, दूर से फ़िल्म के दृश्य
या पेंटिंग की तरह दिखते थे
उनके बीच पहुँचकर
लगता था आदिम सभ्यता
कोई कला दरवाज़ा खोल रही है

हमारे इलाक़े में गोंड जनजाति के लोग अच्छी संख्या में हैं। इन्हें बचपन में हम आश्चर्य से देखा करते थे। बेफ़िक्री और बेलौसपन इनके जीवन में बिखरा हुआ था। गोंड स्त्रियों के आभूषण अभी भी स्मृति में टँके हैं—चुरिया, पटा, बहुँआ, पेरी सतुवा, चुटकी तोड़ा, हमेल, ढार, ढरका, तरकी बारी, टिकुसी आदि। इन आभूषणों में याद आते हैं—चाँदी का चूड़ा, कान का बुंदा, गले में मोहर और हाथ में अँगूठी। सजे-धजे गोंडों की निर्मल मुस्कानों में चमकती दंत पंक्तियों का सौन्दर्य अब भी पीछा करता है। उनकी हँसी को हम कभी पा न सके। वे हँसते तो उनकी देह के गोदने जैसे नाचते लगते। उनकी इस मान्यता पर मैं आज भी हैरत में हूँ कि गोदने मृत्यु के बाद आत्मा का श्रृंगार करते हैं, यह अद्‌भुत कल्पना है जैसे अमर काव्य पंक्ति। अद्‌भुत श्रम उनके जीवन का सामान्य गुण है। कभी न थमने वाली चेतना। दिन भर के श्रम के बाद थकान को संगीत में डुबा देने का हुनर और प्रसन्न बने रहने की जुगत कहीं और दिखाई नहीं देती। गोंडों के नृत्य-संगीत को याद करता हूँ तो देह थिरकनों को आमंत्रित करती है। करमा, सैला, सजनी, भड़ौनी और सुआ नृत्यों की आज भी मधुर स्मृतियाँ हैं जिनमें उनकी समूची देह 'राग' हो उठती थी। सजनी नृत्य की भाव मुद्राओं की अन्तरंगता और तल्लीनता में युवा जोड़ियों का दुनिया को भूलकर खो जाना जैसे विलक्षण बिम्ब याद हैं। दिवाली नृत्य के वाद्यों माँदल, टिमकी, सिंगबाजा, नगाड़ा, मजीरा, खरताल, ठिसकी, चुटकी, झाँझ, बाँसुरी, अलगोझा, तमूरा, चिकारी और किंदरी के स्वर आज भी मन को घेरे हुए हैं। पाँवों की थिरकन और कंठ से उठते नाद स्वरों की गूँज-अनुगूँज में नृत्य-संगीत से प्रथम साक्षात्कार की अमिट छवियाँ हैं। गुनगुनाते नक़ल करते हुए धुनों को मन

में अबेर लेने की कोशिश ने मन के ख़ज़ाने में कुछ अब भी बचा है। संगीत के प्रति जितना राग है या कान श्रवण में पगे हैं, उसके मूल में निश्छल-निष्पाप गोंडों के संगीत की छवियाँ हैं और श्रवण बिम्ब। कदाचित् इन्होंने मेरे लिखने में बहुत कुछ ऐसा जोड़ा है जो मैं अनुभव तो करता हूँ परन्तु साफ़-साफ़ चीन्ह नहीं पाता। संगीत के उन गुरु-गुरुमाताओं को बस याद करता हूँ। उनके चेहरे स्मृतियों में पूरी तरह साकार नहीं होते। बस वह संगीत है जो गूँजता रहता है।

भारिया आदिवासी पातालकोट में रहते हैं। उनके छोटे-छोटे से गाँव हैं। स्कूल में 9वीं 11वीं की पढ़ाई के बीच उनसे मिलना हुआ। हमारे एक मालवीय मास्साब थे। वे तामिया में रहने के लिए चले गए थे। हम तामिया जाते और वे हमें तामिया घुमाते। पातालकोट के गाँव घुमाने भी ले जाते।

भारिया की यादें अभी भी जैसे ताज़ा हैं। छरहरे बदन। नाक चौड़ी किन्तु सुडौल। आँखें बनिस्बत छोटी। स्त्रियों के अधर पतले। दंत पंक्तियाँ आकर्षक। श्यामवर्ण। गठा हुआ शरीर। देह चुस्त और गतिमय। भारिया पुरुष धोती, कुर्ता, बड़ी पगड़ी पहनते हैं। स्त्रियाँ लाल रंग की सेंदरी साड़ी और पोलका धारण करती हैं। गोदने से शरीर के अंगों का विन्यास करते हैं। भड़म, सैतम और करम-सैला उनके प्रिय नृत्य हैं। ढोल, टिमरी, झाँझ, ढोलक व बाँसुरी प्रमुख वाद्य। विशेष यह कि स्त्रियाँ मजीरा और चिटकुला बजाते हुए मदमस्त हो सब कुछ भूलकर नाचती-गातीं। मालवीय मास्साब के सहयोग बिना उन तक पहुँचना और घुल-मिल जाना कितना कठिन था, अब समझ में आता है। विद्यार्थी जीवन में घूमने-सीखने की ललक होती है, यह मास्साब जानते थे। उन्होंने भारियाओं के घर दिखाए। उनके देवता भीमसेन के बारे में बताया। भारिया बाघ की पूजा भी करते हैं। मास्साब ने दरवाज़े पर उकेरे चित्रों से परिचय कराया। बाँस और छिंद के पत्तों से बने सूपे, टोकरियाँ और अन्य कलात्मक वस्तुएँ दिखाईं। पेड़ों के छाल से बनी रस्सी देखकर हम अचम्भित हुए। छूकर देखा तो मज़बूती का पता चला। सबसे अधिक जिज्ञासा उनके खाद्य पदार्थों की जानकारी पाकर जागी। हमने उन भाजियों के नाम ही नहीं सुने थे देखना तो दूर। छबई, भाड़का, मौसिया और छितावर की भाजी। मैनहर व कातुल की सब्ज़ियाँ। कंद-मूल में सेतकंद, बरहाकंद, कडुकंद और गोहलारी, ठेंगी, खटवी, भैरों, सुआरुख, बनसिंघाड़ा, महुल, मछरिया आदि। हमें वहाँ उनका एक पकवान खाने को मिला 'ठेठरा'। आटे को महुआ में मिलाकर इसे बनाया जाता है। ख़ूब स्वादिष्ट लेकिन सख़्त। महुआ और आम की विशिष्ट रोटी भी इनका भोजन का हिस्सा है। जो बरसात में इनका आसरा है। मछलियों का शिकार पानी उलीचकर करते हैं व पशु-पक्षियों के आखेट के लिए फंदे बनाते हैं। वनोपज में महुआ, चिरौंजी, गोंद, हर्रा, आँवला, गुल्ली, लाख आदि इनका आर्थिक आधार है जिसे हफ़्ते की हाट में बेचकर ज़रूरी चीज़ें ख़रीद लेते हैं। इसके लिए वे तामिया के हाट पर जाते हैं।

मालवीय मास्साब ने हमें ऐसे समाज के दर्शन कराए और व्यावहारिक रूप से जीवन का हिस्सा बनाया कि वह किसी स्कूली पढ़ाई से अधिक सार्थक रहा। आज स्मृतियों में जो बचा है वह देखने-सुनने और उनके बीच रहने का नतीजा है कि कुछ स्वाद, कुछ सुगंध, कुछ ध्वनियाँ, कुछ धुनें, संगीत के कुछ विरले वाद्य स्वर स्मृतियों में अब भी छूटे हैं। और आदिवासी जीवन के कुछ सघन दृश्य जिसमें वनस्पतियाँ हैं और पेड़-पौधे। हवा के तीखे अहसास धूप की गर्म स्मृति। कितना कुछ है यादों में आवाजाही करता।

लेकिन एक स्मृति ऐसी भी कि जिसे भुलाना नामुमकिन। भारियाओं की डहिया खेती। पातालकोट की भूमि समतल नहीं है। पहाड़ पर सीढ़ीनुमा या नालीदार खेती होती है। इसमें खुरपी का उपयोग होता है। हल नहीं चलाया जाता। भारिया मानते हैं धरती माँ हैं। हल चलाकर उसका हृदय चीरना पाप है। बुज़ुर्ग आज भी हल लाने-बनाने को पाप समझते हैं। हालाँकि बदलते वक़्त ने परम्पराओं को बदला है, लेकिन स्मृति व विश्वास में धरती आज भी माँ है। सोलह-सत्रह की वय से आदिवासी चेतना में हैं। भारिया आदिवासी-जीवन की स्मृतियाँ सदैव जीवन्त रहीं। अपने जीवन की पहली डाक्यूमेंट्री फ़िल्म इन्हीं के जीवन-संस्कृति पर 1994 में, भोपाल दूरदर्शन के लिए बनाने का आनन्द-रोमांच मिला।

चौवन

'कोपर' केवल एक बर्तन न था
न ही पानदान
वो विपदा के विरुद्ध
माँ के जीवन संग्राम में ढाल था

उन दिनों बर्तन काँसे, पीतल और जर्मन के मिला करते थे। जर्मन की कढ़ाई, मोटी थालियाँ, सामान रखने के गोल डिब्बे, करछुल इत्यादि। ग़रीब-गुरबों के अधिकांश बर्तन इसी धातु के होते थे। हमारे यहाँ भी अधिकतर यही थे। लेकिन माँ थाली, लोटे और गिलास काँसे या पीतल के ख़रीदने की ज़िद बनाए रहती। पिता महँगे होने के कारण इन बर्तनों के ख़रीदने में कुढ़ते-बड़बड़ाते। माँ पर इसका कोई असर न होता।

माँ पीतल के पुराने टूटे-फूटे बर्तन को बोरे में भरके रखती। इसी तरह काँसे के भी। अपने तकिये में रुपये-दो रुपये या चिल्लर (खुदरा) छुपाती रहती और छह-आठ महीने में काँसे की थाली या फिर पीतल की कोई वस्तु ख़रीद लाती। इसे वह घर की पूँजी में शुमार करती। आड़े समय में इन्हें गिरवी रखके पैसा उठाया जा सकता था। माँ बहुत दूर की सोच से इस तरह गिरस्ती (गृहस्थी) बनाया करती थी।

एक बार उन्होंने कई पुराने टूटे बर्तनों को बेचके और जोड़े हुए पैसे मिलाके एक कोपर ख़रीद लिया। कोपर यानी पीतल का बहुत बड़ा थाल। इतना बड़ा कि 20-25 लोगों के लिए सब्ज़ी काट लो, चावल साफ़ कर लो, आटा गूँध लो या हलवाई की तरह शादी-ब्याह के लिए मिठाई बना लो। पिता का ग़ुस्सा जैसे सातवें आसमान पे। गाली जैसे हर दूसरे वाक्य के बाद ज़ुबान पे। माँ एकदम चुप। हम लोग अपनी बुद्धि भर सोचते कि पिता ठीक थे। आख़िर हमारे लिए उसका क्या उपयोग लेकिन हम ग़लत थे। ये कई हफ़्तों के भीतर तय हो गया।

मोहल्ले-पड़ोस में कोई भी बड़ा काम होता जैसे शादी, धार्मिक कार्यक्रम—ईद, होली, रामनवमी, गणेश चतुर्थी, नव दुर्गा आदि के समय कोपर माँगने लोग खड़े होते। कोई किराया आदि लेने का प्रश्न ही न था। लेकिन कोपर के कारण माँ के कई आत्मीय नामकरण हो गए, जैसे—कोपरवाली बहू, बुआ, काकी, मौसी आदि।

दूसरी ख़ास बात हमारे लिए यह होती कि जहाँ कोपर जाता, वहाँ से कुछ न कुछ साथ लिये लौटता। कभी प्रसाद, कभी मिठाई, कभी पका चावल, कभी पूड़ी आदि और हमारा उत्सव हो जाता। माँ को एक ऐसा मान मिल जाता कि उनके कहने भर से वैसे काम हो जाते, जिसके लिए पहले टका सा जवाब मिल जाया करता था। कोपर ने घर को एक पहचान दी। माँ भी उसे राख से माँज-माँज के चमकाती। इसी तर्ज़ पे माँ ने बाद में पीतल की बड़ी सी बाल्टी ख़रीदी। उसकी भी माँग कोपर के साथ होने लगी। पंगत में परोसने के लिए बाल्टी सुविधाजनक थी। उसमें सब्ज़ी, दाल, रायता रख के परोसा जा सकता था।

कोपर एक तरह घर का दुलारा हो उठा। सभी उसकी सँभार करते। उसके रखने-उठाने में एक सावधानी बरती जाती। पिता जब एक बार लम्बे बीमार पड़े और लकवाग्रस्त हो गए थे तो उनका उठना-चलना असम्भव हो गया। उन दिनों महीनों तक इसी कोपर में बिठाके उनको स्नान कराया जाता। कोपर की इस महिमा को हम कभी भूल न पाए। पिता कोपर की तारीफ़ करते न अघाते। बस माँ चुप बनी रहती।

एक बार घर में चोरी हो गई। बर्तन तो लगभग सब चले गए। लेकिन नज़र न पड़ने से एक छोटा पानदान व बड़ा और भारी होने से कोपर बचा रहा। माँ ने उसे ही गिरवी रखके क़र्ज़ लिया और तीन-चार ज़रूरी बर्तन ख़रीदे। हम ये देखके बहुत दुखी हुए और शायद ख़ुश भी कि माँ ने अगर वह कोपर न ख़रीदा होता तो इस एकाएक आ खड़ी हुई मुसीबत से निपटना कितना कठिन हो जाता। हम माँ की ओर श्रद्धा से उस रोज़ देर तक बस चुपचाप देखते रहे। हमारे परिवार में 'कोपर कथा' नई बहुओं को बड़े मन से सुनाई जाती थी। शायद इसलिए कि वे इस कथा से कुछ सीख लें लेकिन वे दिन और थे और वो ज़माना भी। कम-से-कम मैंने इसका कोई प्रभाव बहुओं पर नहीं देखा।

समय की मार ने बहुत कुछ छीना। घर से छोटी-छोटी चीज़ें बाहर हुईं। कभी गिरवी के नाम पर तो कभी बेच दिये जाने के कारण। चीज़ों के साथ कुछ रीति-रिवाज कुछ संस्कार और नियम-क़ायदे भी खिसकते रहे। लेकिन माँ के कारण बहुत कुछ बचा भी रहा जैसे बहुत कुछ चोरी में निकल जाने के बाद उनका मायके से आया पानदान। ससुराल छोड़ते समय वे यही एक चीज़ ज़िद करके उठा लाई थीं। पानदान जैसे कला का सुन्दर नमूना। याद में वही घर की पहली वस्तु जिसमें आकार का सौन्दर्य था। छोटी-छोटी कटोरीनुमा पाँच गोल जगहें जिसमें गोल ढकने। बीच में एक हैंडल जिसे थामके पाँचों जुड़ी-कटोरियों को बाहर निकाल सको। नीचे इतनी जगह कि गीले कपड़े में लपेट के पान के पत्ते रख लो। कटोरियाँ—चूने, कत्थे, सुपारी, लौंग, सौंफ आदि के लिए। वहीं बाईं बाजू में 'सरौतिया' रखने की जगह। पाँच कटोरियों में दो हर वक़्त ख़ाली रहतीं। बस एक में चूना, एक में कत्था और एक में तमाखू। लौंग महँगी होने की वजह से कभी दिखी नहीं।

सुपारी का भी यही हाल लेकिन तमाखू के बीच वह दिख जाती थी। सौंफ की ज़रूरत कभी पड़ी हो, ऐसा लगा नहीं।

माँ घर में मेहमान आने पे पानदान को जादुई बक्से की तरह खोलती। दरअसल उसी दिन पान ख़रीदे जाते और सुपारी के दो-तीन कटे हुए फाल। माँ बड़ी लगन से सरौतिया से सुपारी काटती और पानदान में सजाती। पान इस तरह नीचे वाली जगहों में कपड़े में लपेटके रखे जाते, मानो रोज़ पान की आवक हो, शौक़ हो। परिचितों का मानना था कि माँ के बनाए पान रुचते और रचते बहुत थे। वह पान के पत्तों को ढंग से धोती। डंठल को उसकी आख़िरी जगह से ऐसे अलग करती कि रेशा तक दिखाई न दे। पान के पत्ते की सामने की नोक को अलग करती। पत्ते में अधिक उभरी बीच की नस हो तो दो टुकड़े कर उसे भी निकाल अलग करती। दुकान से आए चूने के उपयोग के पूर्व वह उसे कपड़े में छानती फिर उसे एक बर्तन में रखके तब तक मथती कि वह नैनू (मक्खन) न उठे। यही प्रक्रिया कत्थे में दूध मिलाके अपनाई जाती। कत्था और चूना की ऐसी तैयारी के बाद जब उन्हें छूते तो कोमलता की अद्‌भुत अनुभूति होती। इसी स्पर्श से हमने अन्दाज़ लगाया कि मक्खन कितना मुलायम होता होगा क्योंकि मक्खन तो श्रीकृष्ण भगवान का भोग था जैसा कि कैलेंडरो में देख के हमने जाना। जन्माष्टमी को जन्मने के बाद वह मेरे भाग्य में नहीं आ सका तो उस जैसा स्पर्श सही कि माँ कहा करती थी कि नैनू (मक्खन) ऐसा ही होता था।

वैसे पिता पान न खाते थे लेकिन मिजबानों (मेहमानों) के बीच वे माँ से माँग के पान खाते थे। और प्रशंसा करते न अघाते थे। वरन् हमने उन्हें कभी प्रशंसा करते शायद ही देखा हो। घर में अभावों के चलते वे चिड़चिड़े हो उठते और उनका गुस्सा माँ या हमपे उतरता। हम बहुत डरते। जब कभी घर में लगातार अशान्ति होती तो माँ चोखे कक्का, दमड़ू कक्का या श्रीकिसन कक्का को बुलवा लेती। उनके पहुँचने के पूर्व पान-सुपारी बुलाके पानदान सजाना शुरू कर देती। पान का सामान तैयार करते हुए वह एक लोकगीत गुनगुनाती रहती—'हमरी बलम से ऐसी बिगरी, हमरी कतरी सुपारी न खाएँ'। इन पंक्तियों की आवृत्ति पर माँ विशेष ज़ोर देती और पिता का मुस्कियाना वापस लौटने लगता। उस दिन वे अपने दोस्तों के साथ चाय के बाद पान खाते और ख़ुश हो उठते। घर फिर अपने पूर्व रंग में लौट आता। पानदान हमारे लिए घर की ख़ुशियों का जादुई डिब्बा था जिसके खुलते ही दुख-क्रोध छूमंतर हो जाते थे।

पचपन

सबसे आसानी से याद होती थीं कहावतें
उनके अर्थ कठिन होते
कठिन से सरल की यात्रा अनुभव के साथ बढ़ी
हम किसान न रह पाए लेकिन फ़सल काटते हुए
हमने कहावतों के माध्यम से जिस दुनिया में प्रवेश किया
वहाँ वे अन्न लिये खड़े थे, ईश्वर न था

कहावतों ने हमारे जीवन को बदलने में बड़ी भूमिका निबाही। हमारे घुमक्कड़ चोखे कक्का मज़ेदार और सीख वाली कहावतों के उस्ताद थे। चूँकि कुँवारे थे सो बस क़िस्से-कहानी सुनाना, घूमना-फिरना और दोस्तों के साथ मौज-मस्ती। ज़मीन कुछेक एकड़ और पेंशन। उनका ख़्यात पद या टैगलाइन थी—'नॉट फिकर चोखेलाल।' सचमुच इसी के अनुरूप था उनका व्यक्तित्व। सो मैं उनकी कहावतों के बारे में कह रहा था। एक कहावत यह—

हर्र, बहेड़ा, आँवला,
घी-शक्कर संग खाय,
हाथी धावे काँसे पै,
सात कोस ले जाय॥

चोखे कक्का इन तीनों फलों के आशिक थे। जंगल जाते तो इन्हीं फलों के लिए। ख़ुद तो जाते हमें भी ले जाते। हमारे लिए जंगल में मंगल सा आनन्द हो जाता। नवम्बर से मार्च के बीच के दिन होते जब आँवले ख़ूब पके होते। पीले से रंग में डूबे। चोखे कक्का नियम से इस मौसम में आँवला का रस पीते। वे कहते आँवला खाने में मीठा नहीं होता लेकिन इसे खाने के बाद पानी पियो तो मीठा लगता है—क्या चमत्कार है आँवले में! वे इसका मुरब्बा बनाते और साल भर खाते-खिलाते। वे कहते 'त्रिफला' में यही फल सबसे केन्द्रीय है। वे इसके मुरीद थे। वे जंगल से थैले में नहीं बल्कि बोरी में एक से अधिक बार आँवले लाते।

पिताजी परिहास से पूछते—'चोखे आँवले हैं न।' वे भी आँवले का रस पीते थे। विशेषकर पेट के रोगों के लिए। पिता भी एक कहावत सुनाते—

हर्र, बहेड़ा, आँवला,
चौथी चीज़ गिलोय,
इसका सेवन जो करे,
व्याधि कहाँ से होय।

हम कक्का से पिताजी के सामने कहते आपकी कहावत में तीन फल और पिताजी की कहावत में एक अधिक 'गिलोय' तो कौन सही। कक्का हँसकर कहते—'अपनी-अपनी जगह दोनों चोखे।' यह सुनकर पिता भी मुस्किया उठते। हम कक्का को जानबूझकर 'गिलोय' का अर्थ पूछते। वे कहते—बच्चू परीक्षा ले रहे हो 'गिलोय' को 'गुड़व' भी कहते हैं समझ लो दवाई के काम की वनस्पति। अपना काम तो तीन से ही चल जाता है तुम्हारे दद्दा को चार का योग ठीक काम करता है। जैसा बोलने का माहौल रहता। बात बदलते हुए पिता कहते—'गिलोय को कोने में रहने दो—हर्र, बहेड़ा के बारे में ही बच्चों को ज्ञान दे दो। चोखे कक्का समझ गए कि बात टालने और ज्ञान देने के बहाने फँसाने का पैंतरा अधिक है। कक्का भी कब हारने वाले थे। उन्होंने कहा—'राजा इन्द्र स्वर्ग में अमृत पी रहे थे। उसकी बूँदें गिरीं और हर्र बन गईं।' इतना कहकर उन्होंने खिचड़ी मूँछों पर हाथ फेरा। पिता ने अजीब ढंग से हूँका भरा जैसे कह रहे हों—फेंक रहे हो। दोनों ने एक-दूसरे को देखा और इशारों में कहा—फेंकते रहो। कक्का बोले, 'बचपन में बहेड़े के रंग से बनी स्याही से हम लिखते थे।' हम पर ज़ोर देते हुए उन्होंने मानो ख़ुद के लिए इशारा किया। आगे बोले—'इसका फल स्वादिष्ट होता है। और खाने से ताक़त बढ़ाता है यानी भूख खुल जाती है। जंगल में बन्दर, गिलहरी, हिरण इन्हें खाते हैं। उनकी कूद-फांद, दौड़ने-भागने की ताक़त देखो। हाँ! अधिक खाने पर नशा भी चढ़ता है।' पिता झट से बोले—'हाँ! दारू की जगह तुम्हारे कक्का इसी का आनन्द लेते हैं।' अब उन्होंने अपनी मूँछ पर ताव दिया और कहा—'आगे और ज्ञान दो।' कक्का बोले—'जो मालूम है सो बताएँगे। बच्चे वैसे भी तुमसे तो पूछने से रहे। हाँ! तो बच्चो हर्र ऐसा फल है कि इससे नुकसान नहीं होता। बहेड़े को अधिक खाने से होता है। इसका फल कह सकते हैं—छोटी नाशपाती। तुम्हारे दद्दा हमसे ही इसकी दवा लेकर दमा में खाते हैं। इसके चूर्ण से मंजन करने पर दाँत मज़बूत होते हैं और घुटनों के दर्द में भी इसकी दवा काम आती है। इस तरह जंगल बड़ा अस्पताल है और तीन सबसे बड़े डॉक्टर हैं—हर्र, बहेड़ा और आँवला।' इतना कहकर उन्होंने हमें भगा दिया। हमारे पीछे दोनों की हँसने की आवाज़ गूँजती रही।

माँ-पिता का पैतृक गाँवों से विस्थापन तो ज़रूर हुआ, लेकिन खेती-किसानी के क़िस्से-कहावत दोनों के जीवन में थे और हमारे कई रूपों में सहारे बने और लड़ाई के अचूक उपाय। एकदम फटेहाल रहते हुए भी वे एक-दूसरे पर खीझने की जगह एक ही कहावत दोहराते—

अगसर खेती, अकसर मार,
कहे घाघाते कबहुँ न हार॥

हम अर्थ पूछते और मुस्कियाके जवाब मिलता—'बेटा, जो खेती करने और मारपीट यानी संघर्ष में आगे रहता है वह कभी नहीं हारता।' सो हम तो किसानी परम्परा के हैं। तुम्हारे दादा और नाना छोटी सी ज़मीन में इतना उपजा लेते थे कि कोठार भरा रहता था और फ़सल के बाद के समय में खटखटे पर कपड़ा बुन लेते सो तन ढकने का इन्तज़ाम हो जाता और थोड़ा-बहोत बेच भी लेते। अमीर होने का सपना कभी देखा नहीं और ग़रीबी के बारे में रोना रोया नहीं। ये भी हुआ कि फ़सल में कीड़ा लग गया या फिर पाला मार गया, लेकिन उनकी हिम्मत को कभी न तो कीड़ा लगा न पाला। सो 'खेती खसम खेती।' माँ ने कहा—'इसका मतलब ये हुआ कि खेती अगर लुगाई है तो किसान उसका खसम यानी पति। अगर खेती बँटाई में दी और ख़ुद काम न किया तो लुगाई गई हाथ से। और दोनों खुलके हँस पड़े। सो एक क़िस्सागोई उनके बीच थी, जो हम पकड़ रहे थे।

इतने में जीजी ने पूछा—'तो आप गाँव छोड़कर इधर भूखे मरने क्यों आए? काम तो मिलता नहीं और खाने-पीने के लाले अलग पड़ते हैं।' लगा इसका जवाब नहीं होगा माँ के पास। वह बोली—'हर मुसीबत को परास्त करने का गुन तो साथ लेकर आए हैं। भूखे उठे ज़रूर पर भूखे सोये तो नहीं बच्चे।' अगर ख़ुद लड़कर कुछ पाने का मन हो तो क्या नहीं होता। वो कहावत है न—

खेती, पाती,
बीनती और घोड़े की तंग।
अपने हाथ सँवारिए लाख लोग हों संग॥

जो दादा और नाना ने अपने हाथों और अपनी मेहनत से कमाया और बनाया, वही हम करना चाहते थे। इसीलिए सब कुछ छोड़-छाड़ के चले आए। खेत न सही घर के पिछवाड़े थोड़ी-सी खेती है। नदी न सही नाला है। किसानी न सही बनी मजूरी है। और तरह-तरह के ग़रीबी में मस्त रहने वाला खान-पान है। राग-रंग है। वो घर के पीछे का आम देखो। गुठली धरती में छिपा दी थी तुम्हारे पिता ने और पेड़ उग आया। साल में एक बार फल देता है न। और मीठा कितना है। साल भर इसी पेड़ के आमों का अथाना बरनी में रहता है और बारह महीने साथ देता है।

बीज यानी गुठली से उगा आम 'बीजू आम' कहलाता है। और एक वो सीताफल का। फिर पपीते के पेड़ और एक अनार। सो किसान तो न हुए न सही। गेहूँ-चावल, मक्का, ज्वार तो उगा लेते हैं। भले ही बाड़ी में 20-25 पेड़ ही हों। पैसे नहीं उगाते लेकिन जो उगा सकते हैं उसी से पेट भरने का कुछ-न-कुछ इन्तज़ाम हो जाता है। बाक़ी कुछ मजूरी तो हाथ लग ही जाती है। कुछ नया-नया सोचो और करो तो रास्ता मिल ही जाता है। इस तरह से जाने कितनी सीखें थीं। जो बचपन में आकर जवान हो गईं। पिता ने हम लोगों की तरफ़ देखकर कहा—

बाँधा बछड़ा जाय महाय,
बैठा जवान जाय तुँदिआय॥

मझले भैया ने अर्थ के लिए पिता की तरफ़ देखा और सिर खुजाने लगे। पिता समझ गए और बोले—'कहावत का मतलब है कि बछड़ा को काम पर लगाने की जगह अगर बाँधकर सार में छोड़ दिया जाए तो उसके हाथ-पैर सुस्त पड़ जाएँगे और वह खेती-किसानी के लायक़ नहीं रहेगा, और यदि जवान आदमी काम नहीं करेगा तो वह भी आलसी हो जाएगा और उसकी तोंद निकल आएगी। हम दोनों को देखो, काम करते हैं, तो तोंद नहीं है। दोनों पेट दिखाकर हँस पड़े। फिर कहा, चलो नन्द पटेल के खेत में चलते हैं। कुछ निकलेंगे, करेंगे तो तोंद न निकलेगी। और हम सब दूर पिछवाड़े के खेत में उतर गए। वहाँ तीन-चार लोग काम में जुटे थे। नन्द कक्का मिल गए। दूर से लम्बी राम-राम हुई। हमने देखा काम करने वाले लोग मेड़ बना रहे थे। खेत की मिट्टी मेड़ पर वहाँ डाल रहे थे जहाँ वह टूट रही थी या धसक के आधी रह गई थी। मैंने पूछा—'खेत की जगह मेड़ पर काम हो रहा है। वहाँ भी कुछ उगाते हैं क्या?' कक्का भी कहावतों के उस्ताद थे। कहावत झरने लगी—

थोड़ा जोतें,
बहुत हेंगावै, कसिके देवें आरि,
याहू पर जो धान न उपजै देंय घाघ को गारि॥

इतना कहकर मानो बड़े ख़ुश हुए और कहा—'हमारे घाघ कवि भी क्या ख़ूब कह गए कि धान के खेत को जोतो कम और ऐसा रखो कि खेत समतल रहे। इसके बाद भी फ़सल न हो तो बेशक घाघ को जी भर के गाली दो।' अर्थ उजागर करके मानो उन्होंने विद्वानों को पीछे छोड़ दिया हो और मूँछों को प्यार से सहलाने लगे। बोले—'अरे रमुआ वहाँ टुकनिया में जामुन, पपीता और बरसाती अमरूद धरे हैं। मोड़ा-मोड़िन को खिलाओ हम तब तक बीड़ी फूँक लें।'

हम फलों के हवाले थे। रस और गंध से सराबोर। पिता बीड़ी की गंध में कक्का के साथ चर्चा में मगन। हमारे कान लेकिन उनकी बातों में लगे थे।

माँ कह रही थीं—'लगता है इस बार खाद अच्छे से पड़ी है। घर की है या बाज़ार की।' कक्का बोल उठे—'बाज़ार की खाद भी कोई खाद कि अन्न में सवाद (स्वाद) ही न उतरे। अपनी खाद तो घाघ वाली है—

गोबर मैला पाली सड़े।
तब खेती में दाना पड़े॥
गोबर, चोकर, वकवर, भूसा।
इनको छोड़े होय न भूसा॥

सो घर की खाद है एकदम शुद्ध। पिता ने हामी भरी, माँ ने मूँड़ हिलाई और हम कहावत का अर्थ जाने बिना बस खाने में जुटे रहे। इतनी देर में एक लोटे में चाय और तीन पीतल के गिलास लेकर रमुआ, कक्का के सामने थे। वे अब मज़े से चाय पी रहे थे। कक्का और पिता की मूँछें चाय में भीग रही थीं। और यह देखकर मज़ा आ रहा था। चाय पीते-पीते धान की बुवाई की बात चल रही थी, कक्का बोले—'इस बार तो धान के पहले ककड़ी की फ़सल भी अच्छी भई। और किसान तो वही जो खेत में कुछ न कुछ उगाये। साल भर हाड़ बजाय तो किसान।' फिर अकल से काम ले। रामदीन के गुज़रने के बाद उसके बेटे ने क्या ख़ूब किसानी सीखी। दो साल तक धान के खेत में धान और कपास के खेत में कपास बोता रहा। धरती ने साथ नहीं दिया। नई-नई किसानी शुरू की और अनुभव नहीं तो पूछ-पाछ लेते। अब माथा पकड़कर रो रहे हैं। पिता बोले—ठीक है और कहनात भी है—

साठी में साठी बोवै,
और बाड़ी में बाड़ी,
ईख के खेत में धान जो बोवै,
फूको बाक़ी दाढ़ी॥

जीजी दौड़कर पहुँची और पूछने लगी 'साठी क्या और बाड़ी क्या?' कक्का बोले साठी 'धान' के प्रकार हैं और बाड़ी यानी 'कपास'। हम लोगों की स्मृति में यह टँक गया। ऐसा लगा हमें। लेकिन 'फूको बाक़ी दाढ़ी' पर हम अर्थ संकट में थे। सो जवाब मिला—'ऐसे किसान को जो अपने को ज्ञानवान समझता हो खेती-किसानी बिना समझे करता हो, उसकी 'दाढ़ी' फूँक देना चाहिए। ओह तब कहीं जाकर हमें यह कहनात समझ में आई। आगे बच्चों को बताया गया कि ये कहावतें सिर्फ़ मज़े के लिए लिखी गईं ऐसा नहीं। ये दीर्घ अनुभव के परिणाम हैं। ये अलग बात है कि हमने धरती, मौसम, बीज-खाद और किसानों के अनुभवों का मान नहीं रखा। न 'घाघ' का न 'भड्डरी' का। उन्होंने अपने अनुभव से बातें कहीं लिखीं। अब धरती की, मौसम की, बीज-खाद की परिस्थितियाँ आपके कर्मों-कुकर्मों से बदल गईं,

इसका अर्थ ये नहीं कि वो ग़लत थे आपने उन्हें ग़लत कर दिया। सब चुपा गए और उसाँस भरते हुए राम-राम उचारते उठ गए।

माँ ने कहा आगे चलते हैं, बहुत दिनों से मन्नादाई से नहीं मिले। हम आगे पालाचौरई के रास्ते निकल गए। बाईं तरफ़ खेत थे। बीचोबीच कच्ची सड़क जिस पर कोयले के डम्फर चलते थे। कोयला रेलवे वैगन में भरकर बाहर भेजा जाता था। मजूर कोयला बाँस के बोइया में सिर पर रखकर वैगन में डालते थे। बड़ा हाड़तोड़ काम था। पिता ने भी यह काम किया और माँ ने भी। अब तो वो काम भी कभी-कभार मिलता। मुकद्दम को मजूरी में कमीशन चाहिए और पिता विरोध करते और काम किसी और को मिल जाता। माँ मनाने की कोशिश में हर बार हार जाती।

अब हम मन्नादाई के खेत में थे। उनकी एक मड़िया आसपास हरे-भरे पेड़ नीम, आम, जामुन, महुआ आदि के। मवेशी पेड़ों के नीचे भूसा खाते और पगुराते हुए। हमको देख दाई खिल उठी। दरअसल घरवालों ने खेत में ही मन्नादाई को रखा हुआ था। चौकीदारी भी और दीगर कामों की देखभाल। कलुआ नाम का एक मजूर था। जिसकी मड़िया भी पास में थी और दाई की देखरेख में वही काम करता। माँ कहती दाई को घर में अच्छा नहीं लगता। उनके पति इसी मड़िया में जिये और मरे सो दाई ने भी सोचा अब दुनिया से उठना है तो इसी मड़िया से। वो लांग वाली धूसर धोती पहनतीं और ब्लाउज की जगह सलूका। हमें देखते ही लाठी टेकते बाहर जैसे दौड़ीं। हालाँकि कहते हैं लाठी के सहारे वो इतना तेज़ चलतीं मानो दौड़ती हुई लगें। माँ-पिता ने उनके पाँव छुए। हमने भी अनुसरण किया। जीजी को छोड़कर जिससे पाँव छुआने का रिवाज गाँव में नहीं था। हालचाल पूछने के बाद दाई ने कलुआ को पुकारा। कलुआ गिलास में मही (छाछ) लेकर हाज़िर था। पीतल के बड़े गिलास में मही जैसे छलक रहा था। कलुआ ने हमें गिलास थमाया। पास से गाय के रँभाने की आवाज़ आई मानो वो भी आशीष दे रही हो। हमने छक के छाछ पी और डकार ली। दाई जैसे प्रसन्न हो उठी। उसने कहा जाओ कलुआ के साथ खेत घूमो। फल खाना हो तो तोड़ लो लेकिन शैतानी मत करना। हम मज़े में कलुआ कक्का की निगहबानी में खेत में उतर पड़े। एक छोटे-से टुकड़े में जो पौधे दिखे उनमें भिंडियाँ लहरा रही थीं। कक्का ने बताया यह खरीफ की फ़सल है। हम समझ नहीं पाए लेकिन अनुमान से इतना ही दिमाग़ में आया कि बरसात के शुरुआती मौसम की फ़सल है। एक से दूसरे पौधे के बीच बराबर दूरियाँ थीं। बीच की जगह को देख के लगा कि जैसे आज ही काम हुआ हो। क्यारियों के बीच फूल झड़कर बिखरे थे। धूप तेज़ थी और फूल किरणों के प्रकाश में चमक रहे थे। हम आगे बढ़े और वहाँ मेड़ से लगा बिही का पेड़ था। और कुछ पके फल नीचे पड़े थे। कक्का ने कहा—'उठा लो।' हमने लपक के हाथ में जितने आ सकते थे, उठा लिये। स्वाद फीका लगा। कक्का ने कहा, 'मौसमी बिही' नहीं है। पेड़ लेकिन देने की आदत से बाज नहीं आता।

पेड़ के नीचे बैलों की जोड़ी थी। हमें देख के दोनों खड़े हो गए और गले की घंटियाँ बजाईं। हट्टे-कट्टे बैल थे। नाँद में थोड़ी-सी सानी बची थी। शायद हमारे आने से खाना छोड़ दिया हो। यह हमने उनकी पूँछों के हिलने और घंटियों के बजने से जाना। बैलों के मुँह छोटे थे और कान ऐंठे दिखाई दे रहे थे। कलुआ कक्का जैसे जान गए और बोल उठे—

छोटे मुँह और ऐंठे कान।
यही बैल की है पहचान॥

कितनी समझ आने वाली बात थी। कक्का ने समझाया अगर बैल के सींग छोटे हों और मुँह बड़ा वह मेहनती बैल होता है। कहते हैं ऐसे बैलों के दाम ज़्यादा होने पर भी उन्हें पहले ख़रीदा जाता है। इनकी तुलना ऐसी घरवाली से की जाती है जो पूरा काम सँभालकर गाँव का उदाहरण बन जाती है। हम सबने घरवाली के रूप में माँ को याद किया। इतने में पिता की आवाज़ आई। कक्का बोले चलो पहले तुम्हें पपीता खिलाएँ। हम सब उनके पीछे हो लिये। डलिया में पके पपीते रखे थे। उन्होंने हँसिये से काटा और टुकड़े कर दिये। अन्दर काले बीज थे और अन्दर का हिस्सा ललछौंह था। ख़ूब सुन्दर मनभावन रंग। हमने एक-एक फाँक खाते हुए दो पपीते उड़ा दिये। कक्का ने एक पपीता और काटना चाहा लेकिन हमने मना कर दिया। पेट एकदम भरा लग रहा था।

पपीता खाने के बाद हम मन्नादाई के पास थे। उन्होंने एक-एक कर तीनों के सिरों पर हाथ फेरा और 'जुग-जुग जिओ' का आशीर्वाद दिया। हम जैसे भीतर तक भीग गए। हमने देखा सामने एक डलिया रखी है कपड़े से ढकी। दाई ने कहा—देखें कौन ताक़तवर है। यह डलिया तो वीर ही लेकर जा सकता है। मझले भैया ने पहले ही हाथ उठा लिया। सो उनके सिर पर डलिया थी। भारी होने पर भी उनके चेहरे पर ख़ुशी का भाव था। जाने दाई ने क्या भर के रखा हो, हमारे भीतर जानने की उत्कंठा थी।

छप्पन

साइकिल मेरा हसीन सपना था
उसे सिर्फ़ छूने के लिए जाने कितने धतकरम किये
मैं उसे ख़रीद न सका
मैंने हमेशा उधार या काम के एवज़ में
उससे टुकड़े-टुकड़े में अभिन्न दोस्ती गाँठी

मैं छोटे-छोटे सपने देखता था। उनमें वो सब आता था जो जीवन में नहीं था। जैसे दो जून का भरपूर खाना, खिलौने, किताब, पेंसिल, बस्ता, टिफिन, चित्र बनाने को कुछ रंग या रंगीन पेंसिल, बालपेन आदि। ये रोजनदारी की कच्ची नौकरी में सम्भव न थे। कभी कोयला खदान में काम मिलता, कभी न मिलता। सो सपनों के सामान भी आसमान बरोबर दूरी पर थे। यह हम सब मजूर बच्चों के साथ था।

मैं कॉपी में जो श्वेत-श्याम चित्र बनाने बैठता तो यही सब चीज़ें थीं जो कॉपी पर आकार पातीं। उन चीज़ों में एक और सबसे महँगी चीज़ थी—साइकिल। वह गाँव में आ गई थी और उसे फर्राटे से चलाते बच्चे, मुझे दूर से उड़ते हुए लगते थे। वे घंटी को इस तरह बजाते गोया बता रहे हों कि वे बेहद ख़ास हैं। हम उनसे चिढ़ते थे। और उनके गिरने पर मानो किसी ख़ुशी का अनुभव करते। बावजूद इसके हम ही थे जो दौड़कर साइकिल को पहले उठाते। इस बहाने हम साइकिल को छू सकते थे। गिरने वाले को बाद में उठाते और अपनी इस हरकत को बाद में कोसते, लेकिन साइकिल की एक-एक चीज़ को जल्दी से छू लेना चाहते। ऐसी हड़बड़ी में हैंडिल, सीट, कैरियर, मडगाड और चक्का छू पाते क्योंकि गिरने वाले को भी उठाना होता। हर बार घंटी को छूना और बजाना रह जाता। बस उसका जो स्वर कानों में गूँजता बचा हुआ था, वही ऐन्द्रिय अनुभव में बना रहता।

आठवीं कक्षा तक हमारे साथियों में फ़ारूख़, जुग्गू, परसादी, प्रदीप, अनिल, गनपत सहित हमारे वर्ग के बच्चों में किसी के पास साइकिल नहीं थी। गाँव के बस स्टैंड पर साइकिल की एक दुकान थी जहाँ पंचर बनाने और रिपेयर का काम होता था। वहाँ हम साइकिल सुधारने वाले चच्चा की मदद के बहाने, साइकिल को छूने

से कुछ आगे अनुभव कर सकते थे। पंचर बनाते समय हवा भरने का काम कर सकते थे, ट्यूब को पानी में डुबाकर यह जाँच सकते थे कि पंचर ठीक से बना या नहीं, घंटी बजा-बजाकर देख सकते थे। खड़ी साइकिल पर सवार होकर पैडल घुमा सकते थे लेकिन चलाकर देख नहीं सकते थे।

गाँव में स्कूल आठवीं के बाद न था। वह आठ मील की दूरी पर था। यह रास्ता बस या पैदल तय हुआ करता था। अधिकतर पैदल। फिर पहली साइकिल प्रदीप के पास आई। उसके पिता दफ़्तर में बाबू थे। एक साइकिल और पाँच-छह दोस्त। स्कूल जाते या लौटते समय बारी-बारी से चलाना सीखते। कभी कैंची तो कभी डंडे के ऊपर से। ऐसे वक़्त में दो दोस्त साइकिल को बचाने दौड़ते कि वह गिरे न। यह जुगत थी कि सीखें ज़रूर लेकिन इतनी सावधानी से कि साइकिल बची रहे, भले ही हम चोट खा जाएँ। उस साइकिल की कोई दुर्घटना नहीं हुई।

हम सबने साइकिल चलाना सीख लिया। मुझे छोड़कर सभी के पास साइकिलें दसवीं तक आ गई थीं।

हमारे गाँव में दबे-छिपे देशी शराब बेचने का काम होता था। गाँव में कलारी न थी सो शराब लेने जामई या भाजीपानी जाना पड़ता था। यह काम बच्चे करते थे। उन्हें साइकिल दी जाती और झोला। एक बार दो बोतल लाना होता। मेहनताने में अठन्नी मिलती और साथ में एक-दो आलूपोंडे। ग़रीब बच्चों को दोनों की ज़रूरत और आकर्षण थे। मैं भी चोरी-छिपे साइकिल चलाने के आकर्षण में यह काम करता। चार-पांच मील का रास्ता होता। जाते समय साइकिल चलाने की सारी हसरतें पूरी कर लेता। लौटते वक्त सावधानी से चलाता। साइकिल ऐसी चोर गलियों से निकालता कि पुलिस से बच सकूँ। और जब चूक होती तो पुलिस के हत्थे पड़ जाता। वे शराब ज़ब्त कर लेते। कभी-कभार चाँटा पड़ता तो मास्टर की याद हो आती। इतनी आदत थी पिटने की सो उतना बुरा न लगता। वह पिटना साइकिल चलाने के पागलपन के सामने कम हसीन न था।

हम जो शराब से कमाते उसे घर में बता न सकते थे। उसे किसी अदेखी मुसीबत के लिए रखते। उसमें से एक हिस्सा किराये से साइकिल लेने में जाता। किराये की साइकिल हर गाँव में मिलना मुश्किल था। यह पड़ोस के अंबाडा कालरी की दुकान से करते। अपने गाँव में होने पर शायद ही कर पाते। गाँव वालों को पता न चले इसलिए आनगाँव से किराये पर उठाना ज़्यादा सुरक्षित रहता था। हम तीन-चार दोस्त होते। दो ही साइकिल लेते और बारी-बारी से चलाते। हमारी सड़क छिंदवाड़ा ज़िले से दमुआ ज़िले तक फैली थी। हम दोनों तरफ़ जा सकते थे यानी एक ओर पश्चिम दिशा में इकलहरा, बड़कुई, चांदामेटा, परासिया होते हुए छिंदवाड़ा तो दूसरी ओर जामई, डुँगरिया होते हुए दमुआ। हमारी यात्रा के केन्द्र में एक ही आकर्षण होता सिनेमा टाकीज़। हम बदल-बदल कर तीन टाकीज़ों में फ़िल्म देखने जाते।

पश्चिम की ओर इकलहरा और चांदामेटा और पूरब की तरफ़ जामई। अगर साइकिल न होती तो हम न फ़िल्म देख पाते न उसकी आधुनिकता से जुड़ पाते। जिस बम्बई को फ़िल्मों में देखते तो वह आश्चर्य लगती और डराती। हम कभी हीरो की तरह नक़ल करते, कभी उनसा डांस करते तो कभी डायलॉग दोहराते। फटे-पुराने कपड़ों में भी चाल बदल जाती और एक तरह का आत्मविश्वास भर उठता। जब साइकिल पर हीरो-हीरोइन को गाना गाते देखते तो लगता, यह तो हम भी कर सकते हैं लेकिन गाँव में वैसी हीरोइन मिलना सम्भव न था। फिर हमें रज्जो की याद आती। वही एक बिंदास थी। हँसती-खिलखिलाती लड़कों की टोली में खेलती-कूदती। अगर अच्छे कपड़े और जूते होते तो हम भी हो सकते थे। ख़ैर साइकिल थी तो सपने भी थे। हमने उससे दूर तक यात्राएँ कीं। ऐसी जगहों पर जहाँ स्कूल को निकलने से लेकर घर लौटने के समय के बीच घूमा जा सकता हो। फ़िल्म के शौक़ में हम पच्चीस-तीस किलोमीटर दूर तक जाकर लौट आते थे। साइकिल से ही सतपुड़ा के किनारे के जंगल घूमे। जानवरों को देखा। वनस्पतियों को पहचाना और नदी-नालों तक पहुँचे।

वह सिर्फ़ धातु की वस्तु न थी। वह सच्ची दोस्त थी। उसने कभी धोखा नहीं दिया।

सत्तावन

वह एक ख़ूबसूरत नीला फूल था
उसके रंग में समुद्र और आसमान डूबे थे
मैं इस रंग से इतनी बेइन्तहा मुहब्बत करता हूँ
कि मेरे हर चित्र, हर कविता में वह एक नीली रोशनी है

मिशन स्कूल बड़कुई में हमारी दोस्त लड़कियाँ थीं—किरन, कृष्णा, बसन्त और लक्ष्मी। हमारे मन में उनके लिए ललित भाव थे। हम ग़रीब घरों से आए थे। हमारे पास पैसे न थे तो उन्हें कुछ भेंट में दे न सकते थे। अति साधारण वेशभूषा। हम स्कूल ड्रेस ही पहनते ताकि यह सच दबा रहे कि हमारे पास दूसरे फ़ैशनेबल कपड़े नहीं हैं। कपड़े के जूतों को हम स्कूल से चुराई चाक से चमकाके आते। बस्ता मेरे पास न था तो एक पतले कपड़े के झोले में किताबें ले जाता। उसे स्कूल में ख़ाली कर हाथ में किताब-कॉपी रखता। वह मेरी स्टाइल हो गई। यह आइडिया मैंने किसी फ़िल्म से चुराया था जिसके हीरो देवानन्द थे। मैं फ़िल्मी गाने सुर में गाता था। स्कूल में जब मौक़े आते मैं गाता। इससे एक पहचान बनी। कविता प्रतियोगिता में भी भाग लेता। मैं मन-ही-मन किरन को पसन्द करता। यह बात किसी को पता न थी। लेकिन कोई एक कोमल धागा था जिसकी अनुभूति हमें होती थी। वह सुन्दर रूमाल काढ़ा करती थी। मैंने भाई से एक गुलाबी रूमाल बनवाया जो ख़ूबसूरत था। मेरी पसन्द का रंग। मैंने उसे क़ायदे से तहाकर हिन्दी की किताब में रख लिया। मैं हफ़्तों उसे लेकर स्कूल गया लेकिन किरन को दे न सका। एक रोज़ मैंने वह किताब उसकी मेज़ पर रख दिया और कक्षा से बाहर निकल गया। तीन पीरियड बाहर रहा। दोपहर लंच के समय लौटा। मैं उसकी मेज़ को ताक रहा था। किताब वहीं रखी थी। मैं गया और बिना कुछ बोले उसे कनखियों से देखते हुए किताब उठा ली और अपनी डेस्क पर लौट गया। चोरी से किताब पलटी। रूमाल न था। मैं भीतर से ख़ुश हुआ लेकिन यह द्वन्द्व बना रहा कि रूमाल कहीं किसी और ने तो चुरा नहीं लिया। लेकिन पूछने की हिम्मत न हुई। एक भय भरी उदासी लिये मैं कक्षा में था। बार-बार उसकी तरफ़ देख रहा था और वह पलटकर देख न रही थी। आख़िरी पीरियड भी ख़त्म हुआ।

सब उठे और दरवाज़े से बाहर होने लगे। वह पहले निकल गई थी मैं उसके पास पहुँचना चाहता था। मैं उसके बाईं तरफ़ पहुँचा और सुस्त क़दम था। एकाएक उसने मेरी तरफ़ कुछ पलों के लिए ठिठककर देखा और फूल सी मुस्कुराई। वह मुस्कुराहट कुछ कह रही थी। मैं उसे लिये लौट रहा था या कहूँ उसके बाजू में ही खड़ा रह गया था कहना मुश्किल। मैं रोज़ कक्षा में जाता। उसकी तरफ़ चोरी-चोरी देखता। वह बस मुस्कुराती और चेहरा घुमा लेती। यह स्कूल के तीसरे साल यानी ग्यारहवीं कक्षा की बात है और परीक्षा परिणामों के आने के समय की बात।

मेरे रूमाल के परिणाम को लेकर मैं अधिक चिन्ता में बना रहा। उसका मुस्कुराना और मेरा उसे एक-एक कर अबेरना साथ-साथ बना रहा। उसे इतना मुस्कुराते हुए कभी न देखा था। मुझे अच्छी तरह याद है। वह गुरुवार का दिन था। मेरी डेस्क पर हिन्दी के पाठ्यक्रम वाली किताब रखी थी। उस पर ख़ाकी कवर था। बीचोबीच सफ़ेद काग़ज़ पर उसका नाम था। मैं अनजानी ख़ुशी से भर उठा। उसकी तरफ़ देखा। वह मुस्कुराई और आँखों को झपका। तब यह राजेश खन्ना की मशहूर अदा हुआ करती थी। राजेश खन्ना मुझे बेहद पसन्द था। मैं उसकी फ़िल्मों के गाने ही गाया करता था। और उसकी नक़ल किया करता था। उसका आँखें झपकाना इतना सुन्दर था कि मैं जैसे राजेश खन्ना को भूल चुका था। मैंने उत्सुकता में किताब को पलटाया। उसमें लिखा था—'रूमाल पर एक नीला फूल तुम्हारे लिए।' मैंने भीतर रूमाल होने का अनुभव किया। पन्ने पलटते हुए हाथ काँप रहा था। काँपते हाथ में रूमाल था। रूमाल पर काढ़े हुए फूल को मैं अधरों तक ले गया। उसकी तरफ़ देखा। वह मेरी ओर देख रही थी, ऐसा एक पल को लगा। मेरी निगाहें फूल पर थीं। मैंने उसे चूमना चाहा। वह अब मेरी तरफ़ नहीं देख रही थी। मैंने नहीं चूमा। मैं उस रोज़ उसके पलटकर देखने के इन्तज़ार में दिन भर हाथ में रूमाल लिये बैठा रहा। उस फूल के नीचे छोटे पीले अक्षरों में 'के' अंग्रेज़ी में लिखा था। मैं आज तक उस रूमाल में 'के' के भीतर समाया हुआ हूँ।

वह समय कामनाओं का था
रंगों में डूब जाने का
शब्दों में कोमल लय पाने का
संगीत की भाषा में छूने-पाने के सपनों का
वह पहली प्रेम कविता लिखने का बसन्त था

स्कूल में पढ़ते हुए हमने कई कारनामों को अंजाम दिया। लक्ष्मी और बसन्त हमारी सहपाठिनें जाटाछापर में रहती थीं। गोंड आदिवासी थीं। उनके गाँव की अक्सर बातें होतीं। हरा-भरा जंगल, उसमें खेत। उसके पिता खेती-किसानी करते थे। हम स्कूल में बहाना बनाते और उनके गाँव भाग जाते। दो-ढाई मील की दूरी पर गाँव था। बीच में जाटाछापर की खदान। एक छोटा सा बाज़ार। उससे गुज़रकर गाँव का सौन्दर्य।

गाय-बैल और बकरियाँ। उड़ते गाते परिंदे। जंगली फलों के पेड़। हम भारी उत्साह में होते। प्रदीप का मन हिलोरें भरता। लगता वह ससुराल जा रहा था। यह उसके मन का क़िस्सा था। प्रकाश का दिल भी कृष्णा से भरा हुआ होता। जाने वाली टोली में किरन का होना एक सपने की तरह लगता। हम जैसे एक ऐसी फ़िल्म के किरदार होते जो बन रही थी। हम इस हिसाब से निकलते कि गाँव में खाना मिल जाए। वैसे हमें जाते ही छाछ मिली। फिर चूसने वाले मीठे आम, पूड़ी के साथ तरकारी और खीर। हम पहले सकुचाते फिर खाने पर टूट पड़ते। बसन्त के दाई-ददा प्रेम की बरसात करते। खेत का चक्कर लगाते और कुएँ पर ले जाते। हम बाल्टी से पानी खींचते। ठंडे पानी से हाथ-पाँव धोते और हथेलियों की ओक बनाकर पानी पीते। हम जिस दिन स्कूल से ग़ायब होते तो उस दिन को यादगार बना लेते। बहोत पहले से पैसे बचाते। वो दिन जाटाछापर से रास्ते में इकलहरा जाने का होता। वहाँ प्रदीप टाकीज थी। दो-एक बार में चोरी-छिपे जाते। प्रकाश के पास साइकिल होती और वह कोई बहाना बनाकर पहले निकल जाता। टिकट ख़रीदकर रखता। हम पैदल निकलते। बहाना स्कूल होता। दाई-ददा को शक़ न होता। वे भलेमानस थे। उस रोज़ हम कुछ-कुछ फ़िल्मी हो जाते। अपने आपको ख़यालों में हीरो-हीरोइन मान लेते। प्रदीप टाकीज में उस रोज़ 'तीसरी मंजिल' फ़िल्म लगी थी। शम्मी कपूर और आशा पारीख की चुलबुली जोड़ी। शम्मी कपूर के हाथ में गिटार वाला फ़ोटो। पैंट-क़मीज़ में आशा पारीख का नृत्य करती अदा का पोस्टर, जगह-जगह लगा था। उसके मशहूर गाने थे—'ओ! मेरी सोना रे सोना रे', 'ओ हसीना ज़ुल्फ़ों वाली जाने जहाँ' और 'तुमने मुझे देखा होके मेहरबान'। आशा भोसले और मोहम्मद रफ़ी की आवाज़ों में सेक्स भरी चुहल थी जो शम्मी कपूर और आशा पारीख के नाचने में उतर आती। इसके निर्देशक देवआनन्द के भाई विजय आनन्द थे। संगीत आर.डी. बर्मन का था। यह उनकी हिट फ़िल्मों में से एक थी। हम पर फ़िल्मों का स्वाभाविक नशा था। ख़ास कर फ़िल्मों से निकली मोहब्बत की कहानियों में हमारे दिल धड़का करते थे। हम टाकीज़ पहुँचने को थे कि लाउडस्पीकर पर गाना सुनाई दिया—'पंख होते तो उड़ आती रे, रसिया ओ बालमा रे'। यह संकेत था कि दिन का दूसरा मैटिनी शो शुरू होने को था। हम उड़ रहे रे। हम उड़े। हम पहुँचे। प्रकाश टिकट लिये इन्तज़ार में था। हम सपाटे से अन्दर होकर किनारे की बेंच में समा गए। बीच-बीच में सिनेमा स्क्रीन का उजाला होता और मैं किरन को देखता। वह भी कभी-कभार देखती। दोस्तों की भी यही चेष्टा होती। हम स्कूल से भागे हुए थे सो भय वाली मर्यादा थी। वैसे मन तो शम्मी कपूर हो जाना चाहता था। कभी ऐसा हो न सका। बस हम फ़िल्म का गाना दिल में लिये लौट गए—'आजा आजा मैं हूँ प्यार तेरा'। और हम लौट गए। प्यार उन दिनों इतना ही मिलने और लौट जाने के लिए होता था। हमारी तब कोई मंज़िल न होती थी। उम्र बीतते समझ आया कि उसका कोई 'आसावरी' सपना होता था।

अट्ठावन

कोई कविता, कोई संस्मरण
कोई आत्मचरित
उन अनुभवों को दर्ज नहीं कर सकता
जो देह से रूह में उतर आए
वहाँ कोई दुःख, कोई पीड़ा न थी
बस एक अनिर्वचनीय प्रसन्नता थी

स्कूल का सुख क्या होता है यह हमें मालूम न था। न बस्ते का आनन्द। न किताबों का रोमांच। न ही टिफिन बॉक्स और वॉटर बोतल की ठसक। यूनिफ़ॉर्म के नाम पर एक पैंट, एक शर्ट। रोज़ धोना। रोज़ पहनना। चमक के लिए पीतल के लोटे में आग भरकर इस्तिरी कर लेने के भ्रम में प्रसन्न हो जाना। होमवर्क के नाम पर पसीना छूटना कि किताबें नहीं। बाबू कॉलोनी के बच्चों के पीछे चिरौरी करते घूमना। जयराम, नरेन्द्र, प्रकाश, प्रदीप जैसे बच्चों के पास एक नहीं कई बार किताबें ख़रीदने की कूव्वत थी। हम अपने से पहले दर्जे के बच्चों की किताब के फेर में उन्हें अपना लीडर मान लेते। उनका हुक़्म बजा लेते और उनकी फटती और बदली जाती किताबों पर गहरी नज़र रखते ताकि वे समय पर काम आ सकें। स्मृति पर भरपूर भरोसा रखते और होमवर्क निपटाते। ठीक-ठीक न होने पर ठुकाई होती। मास्साब हरी कच्ची छड़ी से पिटाई करते और हम रोते-चीख़ते। जिसका असर उन पर नहीं होता। ठुकाई-पिटाई मानो पाठ्यक्रम का हिस्सा थी। दिलचस्प यह कि बाबू कॉलोनी के बच्चों को कभी नहीं पीटा जाता। यह लेबर कॉलोनी और झुग्गी-झोपड़ियों के बच्चों के लिए जैसे अनिवार्य था। उस माहौल ने हमें पहले हीनताबोध में ढकेला और बाद में संघर्ष करने की प्रवृत्ति की तरफ़ मोड़ा। हमने अच्छे विद्यार्थी के रिजल्ट को पाने के लिए मेहनत शुरू की। अच्छे बस्ते, किताबों, यूनिफ़ॉर्म, वॉटर बॉटल और टिफिन की इच्छाओं ने हमें काम की तरफ़ मोड़ा। चूँकि यह ज़रूरत थी और लेबर कॉलोनी और झुग्गी-झोपड़ियों के जीवन में यह एक आम बात थी, अतः ना-नुकर के बाद कुछ बच्चों को जैसे रमेश, जुग्गू, भोपाल सिंह आदि को यह छूट मिल गई।

वे स्कूल के बाद गर्मी की छुट्टियों के दिन थे। लू का ज़ोर। धूल की आँधियाँ थीं जो देर-सबेर सामने आ खड़ी होती थीं। नंगे पाँव ततूरी की जलन को सहना मुश्किल होता। दिन हमारे इलाक़े में ख़ूब गर्म होते लेकिन रातें सतपुड़ा के जंगलों से चलने वाली हवाओं के कारण ठंडी होती थीं। काम लेकिन दिन में ही करना होता और वह भी भरी दुपहरी। कहावत थी कि दुपहरी दिन भर सिर पर उतरी। सो गर्मियों की छुट्टियाँ सिर पर उतरीं। पहली गर्मी। आठवीं के बाद की तो पहली छुट्टी थी जब हमने काम करने का निर्णय लिया था।

श्रीकिसन इंजीनियर। हाँ, यही उनका नाम था। इसमें जो इंजीनियर शब्द है वह कोई डिग्री की वजह से नहीं। तब पिंजरे वाली अम्बारा खदान में कोई भी डिग्री होल्डर रहा हो याद नहीं आता। श्रीकिसन शायद चौथी पास थे। इस नौकरी से पहले वे एक दुकान में कुछ ठुकाई-पिटाई का काम करते थे। ठुकाई-पिटाई का अर्थ मार-कुटाई नहीं। उनके पास कुछ छोटी-बड़ी हथौड़ियाँ थीं, पिंचिस, पाने, स्क्रूडाइवर आदि। वे इस्तिरी से लेकर बी.एस.एफ. माडॅल की मोटरसाइकिल तक की मरम्मत इन्हीं औज़ारों से कर लेते थे। किसी भी ख़राबी को वे सूँघकर पता लगा लेते थे (लोग ऐसा मानते थे) सो उनकी यह ख्याति खदान के अफ़सरों तक पहुँची। उन्होंने उन्हें अपने पास नौकरी पर रख लिया। नौकरी के बाद जब उनके काम के चमत्कार, चर्चा का विषय होने लगे तो उन्हें बातचीत में इंजीनियर की पदवी मिल गई। इस तरह वे श्रीकिसन इंजीनियर के नाम से बजने लगे। उन्हें कई कामों का सलाहकार भी मान लिया गया। मशीनों की साफ़-सफ़ाई, तेल-पानी और रखरखाव में उनकी सलाह के बिना काम न होता। इसलिए मजूरों को रखते समय उनकी ख़ूब चलती।

प्रकाश हमारा दोस्त। श्रीकिसन इंजीनियर उसके पिता। बस क्या था, हम पहुँच गए उनके पास। वे हमें जानते थे सो हमें पूरी उम्मीद थी। फिर प्रकाश ने भी भरोसा दिलाया था। श्रीकिसन इंजीनियर को सभी चाचा पुकारते थे। छोटे हों या बड़े। वे मिलिट्री रंग की पतलून पहनते थे। सामने ढक्कन वाली जेब और कन्धों पर बटन वाली फित्तियाँ। वे बात-बात में माँ-बहन की गाली देते रहते थे। पीने के बाद जैसे गालियों का झरना मुँह से फूटता था। हम ऐसे समय पहुँचे जब उनका मुँह गालियों का भेड़ाघाट बना हुआ था। साथ में तब उनके साथ काम करने वाले दोस्त और अन्य मज़दूर थे। हमें देखकर जैसे झरने की गति में व्यक्तिक्रम आया। प्रकाश के दोस्त होने का असर था। फिर इंजीनियर होने से पहले के दिन उन्हें याद थे। उन्होंने हमारी तरफ़ देखा। फिर पूछा क्या बात है? हम सभी 13 से 14 साल के बीच के 4 बच्चे। हम बच्चों में भोपालसिंह की क़द-काठी बेहतर थी। 'चाचा जी' मेरे पिता के भी मित्रों में थे। घर आना-जाना था। माँ से काफ़ी मज़ाक़ करते थे क्योंकि उनसे देवर-भौजाई का रिश्ता था। सो सवाल करते हुए मुझसे मुख़ातिब थे। मैं थोड़ा खुला भी था। बेधड़क तो नहीं लेकिन विश्वासपूर्वक बोल उठा—'चाचाजी हम इन छुट्टियों में काम करना चाहते हैं।'

इतना सुनना था कि चाचा के मुँह से गाली निकली, जिसे उन्होंने अधर में रोक लिया और फिर हँसने के कुछ ही क्षणों बाद एकाएक गम्भीर हो गए। और बोले—'आए बड़े काम करने वाले। भागो यहाँ से। अपने माँ-बाप से पूछा है कि ऐसे ही चले आए।' हम सब जैसे रुआँसे हो उठे। शायद हमें इस हाल में देखकर वे थोड़ा पसीजे फिर कुछ सोचते हुए बोले—'जाओ कल शाम आना।' कोई और चारा न देख हम लौट पड़े। चारों चुप थे और उदास।

दूसरे दिन जब हम मिले तो शाम को चाचाजी से मिलने का निर्णय पुन: किया। दिन कशमकश में गुज़रा। किसी तरह संकोच में शाम फिर उनके पास जाने को राह पकड़ी। वे सुखई सेठ की दुकान पर ही मिल गए। और उस समय गरिया नहीं रहे थे। हम सिर झुकाकर सामने खड़े हुए। उन्होंने हमें देख लिया था। थोड़ी ही देर बाद उनकी आवाज़ सुनाई दी—'ए लीला इधर देख। सुनो मैं तुम्हें एक अच्छी ख़बर देता हूँ। मैंने तुम सब के घरों में बात की। सब बड़े नाराज़ हुए लेकिन मैंने मना लिया। मुझे मेरा बचपन याद आया और लगा कि जब मैं कर सकता था तो तुम सब क्यों नहीं? और मेरी बात मान ली गई। मानते कैसे नहीं? तुम लोग ही नहीं मैं भी जीत गया मनाने में। तुम सबने मुझे जीता मैंने तुम्हारे माँ-बाप को। कल खदान पर आ जाना। दो-ढाई महीने का काम है।' इतना सुनना था कि हम ख़ुशी से उछल पड़े। हम सभी ने उनके पाँव छुए और घरों की तरफ़ भाग पड़े। अब घर में कोई भी अड़चन नहीं कि चाचा की बात हो गई थी। फिर हम जानते थे कि चाचा की बात से पलटने का किसी में साहस न था।

घर लौटने पर माँ रूठी-सी लगी। पिता ग़ुस्से में भन्नाए लगे। कोई किसी से बात नहीं कर रहा था। मझले भैया जो मुझसे कुल ढाई साल बड़े थे, माहौल को अनुकूल बनाने के चक्कर में थे। जीजी भी इसी काम में सक्रिय थीं। पिता बीड़ी पे बीड़ी धौंक रहे थे। और पूरी झोपड़ी तम्बाकू की गंध से भर उठी थी। माँ चुप थीं। इसी बीच जाने जीजी को क्या सूझा कि उसने पिताजी के सामने कमर पे हाथ रख आँखें मटकाते हुए कहा—'नासपीटी जा बीड़ी एक रोज़ जान लेके रहे।' इतना कहना था कि सब ज़ोर से हँस पड़े। पिता जिन्हें हम सभी दद्दा कहके बुलाते थे। जीजी के सामने परास्त होते थे। पिता के नरम पड़ते ही घर सामान्य होने लगा। धुआँ छँटता गया और अनुकूलता गहरा उठी। माँ ने कहा—'मैं बस एक दिन जाने दूँगी। फिर अपनी आँख से देखने-समझने के बाद आगे की बात होगी। और हाँ, मझला भी साथ जाएगा। दोनों एक साथ काम करेंगे। इस पर सभी की मोहर लग गई। रात को बहुत देर नींद नहीं आई। पैरों मैं ताक़त का अनुभव होता रहा और हाथों में। भय की जगह एक रोमांच का सा अनुभव था। एक नई सुबह का सपना सा। सोचते-सोचते कब सपने में उतरता गया याद नहीं। धुआँ उगलती चिमनी सामने थी। और धुएँ में लिपटा चन्द्रमा मुस्कुरा रहा था।

सुबह आम दिनों से अलग थी। हम सुबह छह बजे के आसपास जाग उठे थे। वैसे माँ और दद्दा का यह रोज़ का क्रम था। इसमें शामिल होते हुए हम उत्साहित थे। खदान के भोंपू के साथ हमारा एक नया दिन शुरू होना था। पुरानी पैंट-क़मीज़ शरीर पर। भैया और मैं दोनों तैयार। दोपहर में लू से बचाव के लिए एक-एक प्याज़ जेब में रखे रहने की हिदायत। तब तक सात बजने को थे। माँ और दद्दा का चेहरा अपराधबोध में बोलने लगा था। सो पल्लू से आँख पोंछती जाती और पिता जैसे बीड़ी के धुएँ में अपने को फिर से छुपाने की जुगत में। जीजी मझले से 4 साल बड़ी थी। तो उन्हें ही घर सँभालना था। माँ दद्दा के काम पे जाने के बाद हम दोनों उन्हीं के संरक्षण में होते। वह अकेले पड़ जाने के अहसास से कुछ कुम्हलाई हुई थीं। समय खिसक रहा था। हम लोगों ने जल्दी-जल्दी दो-दो रोटियाँ गटकाईं और बाहर निकलने के पहले दोनों के सामने जा खड़े हुए। फिर पाँव छुए और निकलने लगे तो दद्दा खदान के मुहाने तक छोड़ने आए। वे चुप थे। न कोई नसीहत, न कोई आदेश। बस रह-रह के सिर पे हाथ फेरते रहे और पाँवों को झटके से मोड़ के वापस चल दिये। हमने उनके पाँव से बनती तेज़ चाल देखी। वह अपनी नैसर्गिक लय से एकदम विपरीत थी। मानो जबरन तेज़ जाने की कोशिश एक अनमनेपन से भरी हुई। हम उन्हें जाते हुए तब तक देखते रहे कि जब तक खदान का भोंपू न बज उठा।

दूर तक ओझल होती उनकी पीठ का कोई रिप्ले न होने के बाद भी वह आज तक जैसे साफ़ याद है। फिर हम पिंजरे वाली खदान के हाज़िरी दफ़्तर में पहुँचे। श्रीकिसन चाचा, तिवारी महाराज (हाज़िरी बाबू) के पास ही बैठे थे। हमें देखते ही बोले—महाराज ये बच्चे बॉयलर नं. 3 की वाशिंग के लिए हैं (यही पद उस काम के लिए चलन में था।)। एक रजिस्टर में हमारे नाम लिख लिये गए दो रुपये रोज़ की रोजनदारी पर। हम चाचाजी के पीछे हो लिये। हॉलेज के पास ही बॉयलर एक दैत्य की तरह खड़ा था। बॉयलर अर्थात लोहे की मशीन जिसके पेट में कोयला, जलती आग में दिन भर धौंका जाता। ठीक उसके ऊपरी हिस्से में पानी का टैंक। पानी खौलता और उससे भाप बनती। भाप से ऊर्जा। ऊर्जा से हॉलेज के दो बड़े पहिए घूमते। इन पहियों से लोहे की मज़बूत डोरियों से बँधी लोहे की डोलियाँ (पिंजरे) खदान में उतारी जातीं। इन पिंजरों से मजूर खदान में कोई 150 फुट नीचे उतरते। इन्हीं पिजरों से कोयला ऊपर ट्रालियों में आता, (खदान का नाम—पिंजरे वाली इसी से हुआ)। बॉयलर में ऊपर एक चिमनी धुआँ उगलती। बॉयलर के ये तीनों भीतरी हिस्से साल में एक बार साफ़ होते। इनकी चिमनियों में और बॉयलर के पेट और सीने में छोटे बच्चे आसानी से उतरकर एक साथ काम कर सकते थे। इसलिए हर साल उन्हें काम पर रखा जाता। भरी दुपहरी जब बाहर का तापमान 35 से 40 डिग्री होता और घर से बाहर निकलना मुश्किल। बच्चे लोहे के उन बॉयलरों में सुबह आठ से चार बजे तक धौंक दिये जाते। सिर्फ़ दोपहर 12 से 1 बजे तक खाने के समय

बाहर निकलने की अनुमति होती। दरअसल साल भर में बॉयलर की भीतरी दीवारों पर पानी और कोयले के उपयोग से जो मज़बूत परत जम जाती थी। उसे छोटी-छोटी नुकीली हथौड़ियों के प्रहार से हटाना होता था। चिमनी में रस्सी की सीढ़ियों से नीचे उतरना होता। एक बार में एक ही बच्चा उतरता कि जगह इतनी कम। बॉयलर जैसे शैतानी खोह। अँधेरा और भय। जिसे सिर्फ़ नुकीली हथौड़ियों के प्रहार से भेदने की जुगत। हथौड़ी जैसे कोई दिव्यास्त्र; जो हमारे हाथों में। दूर कहीं बाज़ार में बिकते बस्ते, किताबें, जूते, मोजे आदि और उनको पाने का भरोसा और एक बेहतर जीवन का कोई स्वप्न, जो भय के विरुद्ध हमें बॉयलर की तरफ़ ढकेलता। एक आश्चर्य भी था जो उस विशालकाय बॉयलर को देख के होता। और उसमें हमारे नन्हे हाथों का चमत्कार जो हमें करना था, वह एक आनन्द से हमें भर देता।

श्रीकिसन चाचा ने हॉलेज के पास खड़े चौकीदार—'कत्वारु' से कहा—'अबे ओ कत्वारु इधर आ। देख ये सब मेरे लौंडे हैं। इनको काम भी बता देना। लेकिन साले याद रहे इनको तकलीफ़ न हो। काम गया भाड़ में। वो मैं निपट लूँगा। पहले दो-चार दिन सिर्फ़ भीतर घुसने का तौर-तरीक़ा बताना। इन लौंडों का डर-वर हटाना। फिर अपने आप धीरे-धीरे काम शुरू हो जाएगा।' फिर हमारी तरफ़ देख के बोले—'मस्ती-वस्ती मत करना। ये स्कूल नहीं है। अगर ऐसी-वैसी शिकायत मिली तो चूतड़ फोड़ डालूँगा।' इतना बोलने के बाद चाचा खदान की तरफ़ चले गए।

अब कत्वारु सामने था। वह भी हम सभी को जानता था। सबसे पहले उसने हमारी क़मीज़ और पैंट उतरवा दी। उसके बाद बॉयलर के उस हिस्से की तरफ़ ले गया, जहाँ से उसमें कोयला धौंका जाता था। वह गोल खिड़कीनुमा बॉयलर का मुँह सरीखा था। उसने कहा—'इसके अन्दर एक-एक कर घुस जाओ'। 'हम भीतर सरक गए।' वहाँ लकड़ी की सीढ़ियाँ बॉयलर के सहारे खड़ी थीं। अन्त में कत्वारु भी भीतर चला आया। उसने नीचे पड़ी हथौड़ियाँ दीं और साफ़ करने के लिए लोहे की कंघीनुमा एक-एक झाड़ू जिनका ऊपरी सफ़ाई करने वाला हिस्सा ठोस तारों का था, बाहर की तरफ़ उभरा हुआ ब्रशनुमा। कत्वारु ने उस झाड़ू का उपयोग समझाया। सबसे पहले झाड़ुओं से बॉयलर की दीवार को थोड़ी ताक़त के साथ खुरचना। खुरचने के बाद फिर ढीली हुई परत को हथौड़ी से तोड़ना। एक चाक से कत्वारु ने छोटे-छोटे पाँच इलाक़े बना दिये और कहा—'देखो आज दिन भर में इतना ही काम करना है। सुस्ताना बारी-बारी से। जब एक सुस्ताए तो तीन लोगों के काम की आवाज़ आनी चाहिए। एक दूसरे का ख़याल रखने का यही तरीक़ा है। पेशाब-वेशाब, पानी-पूनी के लिए भी एक-एक करके निकलना। झगड़ना-वगड़ना बिलकुल नहीं। चलो जितना मन लगे उतना काम अभी से चालू करो।' हम लोगों ने मुंडी हिलाई और लोहे की झाड़ू उठा ली थी। धूप ज़्यादा खिली न थी। भीतर फिर भी उमस थी। बनियान चड्डी भीगने लगी थी। दूर-दूर तक हवा के होने का कोई चिह्न न था।

सुआपी कोई साथ लाया न था सो बनियान से पसीना पोंछने की मज़बूरी थी। लोहे की झाड़ू से जब परत चढ़ी जंग को हटाने का काम शुरू किया तो पता चला कि यह बड़ा कठिन काम है। परत इतनी सख़्त कि ताक़त लगा के खुरचने पर भी न उतरने वाली। हम सब कोशिश करते रहे। धीरे-धीरे दाब बढ़ाने को विवश। कोई आधे घंटे में ही हाथ जैसे चीं बोल उठे। गदेलियाँ (हथेलियाँ) लाल हो उठीं। भुजाएँ पिराने लगी थीं। पसीने की छोटी-छोटी नदियाँ फूट पड़ीं। गर्मी थी कि बढ़ने लगीं। एक घुटन भरा माहौल वहाँ घर बनाने लगा। लेकिन सब किसी तरह अपने काम को आगे बढ़ाते रहे। ऐसा लगा जैसे चाक से चिह्नित वह छोटा सा इलाक़ा समूची पृथ्वी है। हम गणेश जी की तरह किसी भी चतुराई से उसे नाप लेंगे ऐसी कोई सम्भावना नहीं थी। बस उसे तो मेहनत से ही पार करना है। यह हमने समझ लिया था। हमारी मेहनत हमारे शरीर से बहती दीख रही थी। पसीने का नमक होंठों को छू रहा था। और इस अनोखी मेहनत के स्वाद से हम जैसे अभिभूत थे कि हिम्मत टूटी न थी। इसी बीच मझले भैया ने कहा—'देखो, दो दिन तक चाचाजी और कत्वारु चौकीदार के कहे मुताबिक काम करना। इतना जुटके करोगे तो हाथ में छाले निकल आएँगे और शरीर में गर्मी से चकत्ते पड़ जाएँगे। अगर ऐसा हुआ तो सबके माँ बाप कल से ही नहीं आने देंगे। घरवालों को यह पता नहीं चलना चाहिए कि बड़ी मेहनत का काम है। सो जमकर काम करने की जगह थोड़ा आराम और मस्ती से काम करो।' सबको बात जम गई और चतुराई भी अच्छी लगी। उसी हिसाब से काम की एक गति तय हो गई। बस गर्मी अपनी गति से बढ़ रही थी। चड्डी-बनियान इस बीच कई बार भीग चुके थे। बनियान को बार बार निचोड़ना ही जैसे एक काम हो गया। न चाहते और बचते हुए परत खुरचने से निकलने वाले जंक के टुकड़े आँखों में उचट-उचट के पहुँच रहे थे। हम लोग आँख मूँदकर खुरचने का काम कर रहे थे। जंक के टुकड़े इतने नुकीले कि शरीर पर जैसे बारम्बार बन्दूक़ के छर्रे टकरा रहे हों। धीरे-धीरे प्यास और पेशाब के बहाने एक-एक कर सभी बाहर की हवा में राहत लेने भागते। सबका हाल तीन-चार घंटों में इतना बुरा होने लगा कि भागने की सोचने लगे। कुछ था लेकिन जो रोक रहा था। शायद बचा-खुचा विश्वास और भरोसा। इतने में कत्वारु एक बार भीतर आया। मुआयना करने के बाद वह सबको बाहर लिवा लाया और कहा—'भूख लगी होगी। खाना-वाना लाए हो' हमने कहा 'नहीं'। वह मुस्कराया और बोला—'आओ देखो वहाँ रखा है। तुम सबका खाना। घर से आ गया है। पहला दिन है इसलिए आज अभी खाने की छुट्टी। मुँह-हाथ धोके खाना-वाना खा लो। और चाहो तो एकाध घंटा आराम। बाक़ी बाद में बताऊँगा।' इस सबसे तो जैसे सपने पूरे होने की सी बात हुई। खाना और आराम दोनों। किसी तरह हाथ धोने लगे तो एक-दूसरे के चेहरे देखकर हम सभी हँस पड़े। हुलिया पूरी तरह बदला हुआ था। काले-कलूटे धुस्स। बिना साबुन के हाथ ठीक से साफ़ होने से बचे रहे।

उन्हीं गन्दे से दीखते हाथों से हमने स्वादिष्ट भोजन किया या कहें चटनी-रोटी भूख में अत्यन्त स्वादिष्ट लगी। मक्का-ज्वार की रोटियाँ। आलू की सब्ज़ी। भटा का भर्ता। आम की चटनी आदि। और हमने एक-एक कण का आनन्द उठाया और जैसे अघा उठे। और वहीं कोयले के बिखरे पत्थरों पर शहंशाह की तरह लेट लगा दी।

मझले भैया, भोपालसिंह, रमेश को तुरत-फुरत नींद ने दबोच लिया। हॉलेज की दीवार की छाया में पत्थरों पर लेटे हम जैसे नींद के स्वर्गिक आनन्द के समीप थे। पलकें भारी हो उठी थीं। शायद एक तेज़ झपकी से उतरते पिंजरों की आवाज़ बीच-बीच में नींद को हड़का रही थी। जुग्गू अधसोया सा था और मैं भी। तभी जाने कहाँ से श्रीकिसन चाचा की आवाज़ कान में पड़ी—'अरे ओ साले, कहाँ मर गया। ये नौकरी हो रही है! अरे लौंडे खर्राके खुर्राटे मार रहे हैं।' हमें काटो तो ख़ून नहीं। जुग्गू ने आँख मूँद सोये पड़े रहने का इशारा किया। इस बीच कत्वारु दौड़कर पहुँचा। चाचा की गालियाँ बदस्तूर जारी थीं। गाली पुराण के बाद उन्हें हमने कहते सुना—'लंच दो बजे ख़त्म होगा। तब तक सबको काम पर लगा देना। अभी सोने दे। काम का पहला दिन है। और दो-तीन चाय मेरे खाते से इनको ज़रूर पिला देना।' इतना कहकर वे चल दिये। कत्वारु के हँसने की आवाज़ सुनाई देती रही। गालियाँ और हँसी के आनन्द ने हमें भी सोने का रास्ता दे दिया। जब हम उठे तो चाय की चुस्कियाँ शुरू हो गई थीं। हमने भी एक कप चाय इस तरह पीना शुरू किया जैसे कुछ मालूम न हो। चाय पीते हुए हम बेतरह तप चुके बॉयलर के बारे में सोच रहे थे। जब बॉयलर के पास पहुँच के उसे छुआ तो लगा अंगार पर हाथ आ पड़ा हो। कत्वारु की तरफ़ मुड़के देखा तो वह आँखें चुराने लगा। हालाँकि थोड़ा कड़क होकर वह बोला—'चलो काम पर लग जाओ। शाम तक बताया काम पूरा हो जाना चाहिए! और हाँ! ये सूत के लच्छे पकड़ो। झाड़ू और हथौड़ी इससे पकड़ना। छाले कम पड़ेंगे। और यह थोड़ा-सा ग्रीस। तकलीफ़ लगे तो हाथों पे लगा लेना। जलन कम होगी। एक बात और बॉयलर की दीवार से दूर रहना। पीठ-वीठ टिकाना मत। ज़्यादा गर्मी लगे तो एक-एक कर थोड़ी देर को बाहर आ जाना।' इतना कहकर वह लौट गया। बॉयलर के भीतर आग बरस रही थी। कुछ ही पलों में सूख चुकी चड्डी-बनियान पसीने में तर थे। सूत के लच्छों में हथौड़ी के लोहे के मूठ वाले सिरों को थामे हमने अपनी-अपनी जगह पर ठुक-ठुक करना शुरू किया। आँखें बन्द कर हम हथौड़ी की नोक से चढ़ी हुई जंक को उतारने में लग गए। बीच-बीच में आँखें खोलते और हो रहे काम को देखते। आँखें बन्द करने का एक और लाभ था कि आप अपने साथियों को बेहाल होते देखने से बचे रहते। इससे एक अदृश्य ताक़त मिलती। बस लगातार बहते पसीने और उससे उठने वाली खुजली भर बेचैन करती। आठ से चार की इस पाली में दोपहर बाद के दो घंटे जैसे पहाड़ थे। चमड़ी जैसे जल रही थी। लगता अचानक किसी ने बॉयलर में यह जाने बग़ैर कि बच्चे काम

कर रहे हैं जलते कोयले को धौंक दिया हो। झूठ होते हुए भी हमारे लिए यह एक सच था कि वह गर्मी बर्दाश्त के बाहर थी। 10 मिनट के भीतर ही हमने एक-एक कर बाहर अन्दर होने का एक क्रम सा बना लिया। दो घंटों में कम-से-कम दस बार हर लड़का बाहर आया होगा। बाहर आने पर मिलती राहत जैसे पुनर्जीवन थी और भीतर लौटना कि जैसे मृत्यु के इलाक़े में वापसी। चार का भोंपू सुनाई दिया और हम सपाटे से बाहर। एक-दूसरे को मानो बधाई देते। पहली नौकरी, पहला दिन, पहली मेहनत, पहली फ़तह। हमने कपड़े उठाए और खदान के बम्बे पर पहुँच गए। बम्बे में पानी खदान के भीतर से आता था। अत: ठंडा था। एक झटके में चड्डी-बनियान उतारे नंग-धड़ंग हम उस कुंड में उतर गए। जिसमें पानी इकट्ठा होकर नाली से होता हुआ आगे बहता था। रगड़-रगड़ के नहाना शुरू किया। बाल सुअर के बाल सरीखे कड़े हो उठे थे। और उनसे काला मैल बाहर आ रहा था। शरीर पर पड़ता ठंडा पानी गर्मी से मुक्त करता हुआ, हमें धो रहा था। सब एक ही चिन्ता में थे कि नहा-धोकर हम वैसे ही दिखें कि जैसे स्कूल से लौटने पर दिखते थे। इसीलिए सब एक-दूसरे का ढूँढ़-ढूँढ़कर मैल उतार रहे थे।

नहा-धोकर जब निकले तो ठीक अनुभव हो रहा था। बस सब अपनी हथेलियाँ छुपा रहे थे। सबकी हथेलियों में पहली कमाई की इकन्नी, दुअन्नी, चवन्नी और कहीं-कहीं अठन्नी उग आई थीं। जो हथेलियों पर जलती हुई रखी जाने का गहरा आभास दे रही थीं। ऐसी ही जलन शरीर पे थी कि वहाँ भी लाल चकत्ते उग रहे थे। आँखें लाल हो रही थीं। और हम एक-दूसरे को एकटक भाँप रहे थे। फिर एकाएक हँस पड़े। हमें घर की याद आ रही थी। उत्साह में कोई कमी न होने से पाँवों में गति थी। पहली कमाई के बाद का रोमांच जारी था। और हम जैसे एक ठसक लिये लौट रहे थे। जिसमें स्वाभिमान का रंग था। एकदम चोखा। इन्द्रधनुष के सातवें रंग के बाद कोई नाम उसे नहीं दे पा रहे थे लेकिन वह था। उसी के भरोसे यह जीवन कुछ और अनोखा रंग लिए हो उठा था। और हमने दो की जगह तीन माह बॉयलन में काम किया। वह हमारा सगा हो गया।

उनसठ

ऊपर बदर घुमड़ाय री गोरी धना पनियां खों निकरी,
जाय जो कैयो उन राजा ससुर से,
अँगना में कुइयाँ खुदाव तुमाई बहू पनियां खों निकरी,
जाय तो कैयो उन राजा जेठ से,
चन्दन पटरी डराव तुमाई बहू पनियां खों निकरी,
जाय जो कैयो उन राजा देवरा से,
रेसम डोरी डराव तुमाई भौजी पनियां खों निकरी,
जाय जो कैयो उन राजा पिया से,
सोने को हंडा बनाव तुमाई धना पनियां खों निकरी।

छुटपन में इसी बुंदेली गीत के कारण खिंचते हुए मैं उस तक पहुँचा। दक्षिण दिशा में एक लम्बी गली थी। जिसके पूरब में मजूर बच्चों के लिए क्रेच था। कामकाजी औरतें अपने बच्चों को इसी में आया के भरोसे छोड़ जाती थीं। कुछ बार मैं भी 'आया' की मार खाता हुआ, इसमें रहा लेकिन बस कुछेक बार।

गली के पश्चिम में मजूरों के झोपड़े थे। कीचड़-काँदो से भरे हुए। इसी गली को पार करती दूर-दराज़ की मजूर बस्तियों की औरतें मुँहअँधेरे उसके पास जाने को जैसे दौड़ पड़ती थीं। बर्तनों की आवाज़ का एक झोंका सा बहता था। गुंडियों-बाल्टियों की आवाज़ें। ध्यान से सुनो तो गिलट के तोड़लों के आपस में टकराने और चूड़ियों की खन-खन की आवाज़ें भी थीं। लोकगीतों के सुरीले बोल, जिसमें 'लमटेरा' प्रमुख था। एक लम्बी टेर—कि जैसे जंगल को चीरके कानों में उतरने तक की यात्रा की लम्बी टेर। मुझे छुटपन में लगता कि लम्बी टेर के मुहाने पर नरबदा नदी होगी, लेकिन मैं पहुँचा तो ऊपर वर्णित गीत की जगह कुआँ था। यह गीत कुआँ पूजन का था। जिसका ज्ञान स्कूल से निकलने के बाद हुआ। याद में इतना ज़रूर है कि एक स्त्री ख़ूब सजी-धजी मेहँदी-महावर में डूबी, सिर पे मटका सँभाले औरतों के बीच उस तरफ़ जाती थी। ऐसा कभी-कभार होता था। औरतें बच्चों को भी ले जाती थीं। शायद इसी तरह मैं उस तक पहुँचा। गीत के कारण दूसरी बार उस तक ऐसा पहुँचा कि पता ही न चला।

बस इतना याद है कि वहाँ गुड़ और बतासे बँटे थे और ख़ूब गाना-वाना हुआ था। इसी कारण वह मेरी याद में गोंद सा चिपक गया। मैं जब-जब उस गली के सामने से गुज़रता, पाँव जैसे उसकी तरफ़ मुड़ते जाते वहाँ एक रहस्य बरसता। हर बार दो-चार औरतें वहाँ होतीं। जैसे उसका होना इस धरती पे सिर्फ़ औरतों की वजह से। वह कुछ न कुछ गुनगुन करती रहतीं, जैसे—'डार गुइयाँ री उराव गुइयाँ। गर्रा पे डोरी डार।' और मैंने गर्रा (चकरी) पर एक लम्बी डोर देखी जो सर्र से उसके भीतर समा जाती थी। फिर उस डोर को औरतें खींचतीं और छलकती बाल्टी को मैं गर्रा के ठीक नीचे नमूदार होता देखता।

इस तरह उस गीत के पीछे चलते हुए मुझे पानी की महिमा का अनुभव हुआ। शुरुआत में वह अनुभव उत्तेजक था, लेकिन पानी का वह रोमांच क्रमशः त्रासद होता गया। पानी की वह जगह यानी हमारा कुआँ अकेला सहारा था कोई 2-3 हज़ार की बस्ती में। इसमें तीन तरफ़ की बस्तियों से औरतें भागती पहुँचती थीं पूरब-पश्चिम और दक्षिण की मजूर बस्तियों से। बरसात और ठंड में पानी मिल जाता था। मारा-मारी कम होती थी। तीन गर्रा थे और कुएँ में हर गर्रा से भरपूर पानी मिलता था। गर्मी में दो गर्रा से पानी नहीं निकल पाता था। बस पश्चिम के एक गर्रा पर डोरों की भरमार होती। इतनी भरमार कि जैसे युद्ध का दृश्य।

छुटपन में कुछेक क़तारें देखीं। खदान जाते मजूर। काले-धुस्स कपड़े। कन्धों पर कुदाल, बेलचा बोइया। प्रभात फेरी में 15 अगस्त और 26 जनवरी को बच्चों की राष्ट्रगीत उचारती कतारें और कुएँ के रास्ते पे औरतों की बिखरी कतारें। कम-से-कम तीन कुंड सिर पे या दो-एक मटके। एक बग़ल में और हाथ में बाल्टी। इतना ग़जब सन्तुलन कि सिर से कोई कुंड न गिरे। चुम्मड़ पर ऐसे सधे कुंड कि मानो चिपके।

औरतों की ये क़तारें भोर में या कि शाम गए, काम पे निकलने के पहले और लौटने के बाद, यह पानी भरने का काम जैसे औरत होने की सज़ा हो। यूँ तो कई सज़ाएँ थीं लेकिन उनपे इस सज़ा की जैसे दोहरी मार पड़ती। गर्मी के मई-अप्रैल के महीने जैसे सीने और सिर पर पहाड़। सिर्फ़ एक गर्रा और एक समय में सौ-सवा सौ औरतें। एक अकेला कुआँ जो गर्मी में कुएँ से झिरिया हो जाता। बाल्टी से चुरु भर पानी आ पाता। एक कुंड भरने में तीस-पैंतीस बार से कम बाल्टी कुएँ में न छोड़नी पड़ती। कुछेक औरतें जान की परवाह किये बग़ैर कुएँ की जर्जर भीत पर खड़ी होके बिना गर्रा के सहारे पानी भरना शुरू कर देतीं। पीछे से हिदायतों की भरमार। ग़ुस्सा, ताने और गालियाँ किन्तु पानी का ऐसा अकाल कि कीचड़ भरे पानी को भी जैसे वरदान मान भाग्य को सराहना। माँ और जीजी को जैसे पानी भरना एक बड़ी सज़ा। घर के कामों के अलावा माँ का समय पे खदान पहुँचने का दबाव बेहद। हर तरफ़ रोजनदारी से आने वाली रोटियाँ तो दूसरी तरफ़ उतनी ही मेहनत से लाया गया पानी।

कुएँ में लगातार कम झिरता पानी और उसके लिए मारामारी। कई बार तो कुएँ में झिरता बूँद-बूँद जल जैसे माँ की आँखों से दुख और खीझ में उतरता और हम परेशान हो जाते।

हमारे पिता (दद्दा) के दोस्त थे श्रीकिसन इंजीनियर। हालाँकि वे चौथी पास थे लेकिन ठोंका-पीटी, मरम्मत आदि में उनका बड़ा नाम था। वे कोई भी मशीन, साइकिल, घरेलू चीज़ों को तोड़-फोड़ के नया रूप देते रहते थे। उन्हें लगा पानी की इस समस्या के लिए बाल्टी की जगह कुछ ऐसा बर्तन हो कि जिसमें ज़्यादा पानी निकाला जा सके। उन्हें लगा कि गोल बर्तन से ऐसा सम्भव नहीं। अत: उन्होंने जुगत भिड़ानी शुरू की। उन्होंने दद्दा को भी साथ में लेकर ठोंका-पीटी शुरू कर दी। एक टीन के कनस्तर को उन्होंने काट-पीट के एक चपटा आकार दिया। कोई डेढ़-दो फीट का बस्ते का आकार। नीचे से अर्ध चन्द्राकार भीतरी उठान। ऊपर तार का बाहरी उठा हुआ अर्धचन्द्राकार कड़ा जिसमें रस्सी बाँधी जा सके। इसकी ख़ूबी यही थी कि वह ज़मीन मिलते ही रस्सी की ढील देने पर लेट जाता था। लेटते ही फूले हुए पेट में गप्प से पानी भर जाता था। यानी बाल्टी में आने वाले पानी से कोई 5-6 गुना ज़्यादा। अपनी इस खोज पर कक्का इतने ख़ुश हुए कि गरियाने लगे। ख़ुशी का इजहार गलियों में करते थे। उन्होंने बाद में ठोंक-पीट से उभर आए सूराखों में डामल (तारकोल) भर दिया। फिर एक रोज़ कुएँ पे जाके उसका सफल प्रदर्शन किया। इसके बाद तो घरों-घर कनस्तर काटके मर्द नई पानी भरने की चौकोर-चपटी बस्तानुमा बाल्टी बनाने लगे। महिलाएँ कक्का की सूझ-बूझ के गीत प्रशंसा रूप में गाने लगीं। कक्का के इस काम के पीछे औरतों की रोज़-बरोज़ की पीड़ा थी जो कहीं भीतर-भीतर परेशान करती रही होगी। इस बस्तेनुमा बाल्टी ने जैसे परेशानी और दुख का आधा भार एक झटके में हर लिया।

पुरानी चीज़ों की बची-खुची यादों में कुआँ जैसे एक जीवित जाग्रत बिम्ब है। लबालब भरा-पूरा, सूखता झिरिया की शक़्ल में तब्दील होता और औरतों के उदास चेहरों पर दीखता। ख़ाली बर्तनों की आवाज़ें जैसे गहरे उजाड़ कुएँ से उठती सुनाई पड़तीं। औरतें थोड़ा-थोड़ा कुआँ रोज़ अपने सिर पे ढोतीं। वह उनकी नींद और सपनों का अविभाज्य अंग रहा होगा, ऐसा आज भी लगता है। माँ, भौजाई, मामी, लच्छो, मैसो, पार्वती, कस्तूरी, लीला, फुल्लो, राजरानी इन सभी को अक्सर जब-जब देखा सिर पे कुंड सँभाले कुएँ से आते या जाते हुए। जैसे कुएँ से उन सभी का पूर्वजन्म का कोई रिश्ता रहा हो...।

कुएँ से अपने रिश्ते की याद का वह प्रसंग जैसे आज भी ताज़ा है। वह राजरानी ही थी। झोपड़ी में अपने पति धन्नालाल के साथ रहने वाली। उसी को पहले-पहल मेहँदी-महावर में डूब छुटपन में कुएँ जाते देखा था। सिर पे कोरा घड़ा। नई साड़ी। पैर में बिछिया। दोनों हाथों में चूड़ियाँ। बहुत सी महिलाएँ वही ऊपर वाला गीत

उचारते-गाते हुए—'ऊपर बदर घुमड़ाय गोरी धना पनिया खों निकरी।' माँ मुझे भी साथ लेती गई थी। हल्की सी याद कुएँ की पूजा की है।

हमारा कुआँ अपने कठिन दिनों में भी कि जब उसका जल छीजने लगता था, इतना ज़रूर देता रहा कि कोई प्यासा न रहा। कोई 40 साल बाद लौटता हूँ तो पाता हूँ पीने के पानी का अब भी एक ही कुआँ है। वही हालात। लोग बदल गए। अनेक नये चेहरे हैं। बस्तियाँ बढ़ गईं लेकिन कुआँ अब भी एक है प्यास बुझाता हुआ। खदान मालिक ने कुछ जगह नल लगा दिये थे जिनमें खदान से निकाला गया पानी बिना शुद्ध किया हुआ आता था। उसका उपयोग कपड़ा, बर्तन धोने और नहाने में होता था। एक घर के पिछवाड़े लगा था। माँ नल से पानी की आवाज़ आने पर बोलती थीं—"देखो नल भर गए हैं।" यह भाषा कहन हमें अच्छी लगती थी। लेकिन पीने के पानी के लिए भरोसा एक अकेले कुएँ का था।

अगर इस कुएँ को कुछ हो जाता तो मेरा गाँव न बचता। मैं जब भी लौटता हूँ उसके पास ज़रूर जाता हूँ वह मेरा इन्तज़ार करता है। मैं उसके पास लौटने के इन्तज़ार में रहता हूँ कि वहाँ पानी ढोती स्त्रियों की यादें हैं, वहाँ हमारे ज़माने के पहले इंजीनियर श्रीकिसन कक्का का जादुई कमाल अभी भी देखा जा सकता है।

साठ

कितना कुछ है
जो हम नहीं जानते
जानने के रास्ते बन्द हैं
मैं उन्हें खोलना चाहता हूँ
मैंने बोर्ड पर लिखा
ख़तरा नज़रअन्दाज़ किया

कई कमाल थे जो बचपन से जीवन में आ गए। कुछ देखकर और कुछ सुनकर। रामू की बातें अब भी मन में घूमती हैं। अधेड़ उम्र का रामू जैसे क़िस्सागो था। उसने बचपन से अपने पिता के साथ जंगल को जिया था। उसके पिता हकैया का काम भी करते थे। शेर को हाँककर ऐसी सुविधाजनक जगह लाना कि अति विशिष्ट अतिथि उसके दर्शन कर सकें। उसके अनुसार शेर उनके इष्टदेव बागेश्वर का जीवित रूप हैं। बैगा और कोल स्त्रियाँ शेर को जेठ के समान मानती हैं। राजगोंड औरतें उसे ममिया ससुर मानती हैं। उन्हें जंगल में उसके होने का अहसास भी हो तो वे घूँघट काढ़ लेती थीं। यदि कोई शेर या शेरनी मरे या मारे हुए मिल जाते हैं तो उनके माथों को छू अँगुलियों को माथे से ज़रूर लगाती हैं अर्थात् आशीर्वाद लेती हैं। राम को सुनते हुए इस आदिम नातेदारी पर गर्व होता है। रामू के अनुसार बैगा जब पूजा करते हैं तो मनौती के लिए आटे को गूँधकर उसका शेर बनाते हैं। किसी गाँव में, जिसका नाम (मैं) भूल गया, बागेश्वर देवता की मूर्ति भी है। शेरनी को वे दुर्गा का अवतार मानते हैं। शेर और शेरनी जंगल के जानवरों के रक्षक माने जाते हैं। भक्षक और रक्षक के इस मामूली भेद में युग-युगों की संचित समझ का जो अर्थ बनता है, उसे प्रकृति का आदेश मानते ये आदिवासी गहरे अर्थों में प्राकृतिक सन्तुलन की परिभाषा को बिना विश्लेषण के समझते हैं। विशेषत: शेर-शेरनी के शिकार को ये नापसन्द करते हैं। रामू जिस तरह टुकड़ों-टुकड़ों में यह सब बता रहा था, मैं एक नई दुनिया में था, जिसकी मुझे जानकारी न थी। वह आदिवासी पेंच अभयारण्य के इलाक़े से एक गाँव का रहवासी था। एक पर्यटक की तरह जंगल-पहाड़ घूमना

और इस तरह रामू की निगाह से उसे पहचानने में बड़ा फ़र्क़ था। रामू न होता तो वनबिलाव, सेही, गुलदार, कामातुर बारहसिंगा, गीदड़ यहाँ तक करौंदा, तेंदू, कीकर, बकायन, झींगन के पेड़ों को उस तरह जानना-पहचानना मुश्किल होता। रामू के चुने हुए बेर और करौंदे के फलों का वह खट्टा-मीठा स्वाद अब भी जैसे स्वादेन्द्रिय को दीप्त कर देता है। फिर सरसों के तेल में करौंदे के अचार को पकाना कितना कठिन है। यात्राओं के इन पड़ावों में बहुत कुछ याद रह जाता है जो स्मृति का सबल कोष बन जाता है।

इकसठ

सबसे प्यारा, सबसे दुलारा वही था
उसके वास्ते सब वो काम
जो नापसन्द थे किये हमने
रोज़ किसी न किसी ने
उसकी मृत्यु की प्रार्थना की
रोज़ उसके लिए क्षमा माँगी

वह हम सबसे अधिक सुन्दर था और मासूम। गेरुआ रंग। लम्बोतरा चेहरा। बड़ी-बड़ी आँखें। उसकी मुस्कान को देखते हुए कृष्ण याद आते। उसे घर का हर सदस्य अपनी गोद में रखना चाहता। एक झोपड़ी में उसका जन्म, एक आश्चर्यमिश्रित आनन्द था। इतने सुन्दर-सलोने बच्चे बड़े घरों में पैदा होते हैं। ऐसा तब हम सोचा करते थे। हमारे इलाक़े में बाबुओं की एक कॉलोनी थी। पक्के मकानों वाली। इस तरफ़ जहाँ एक तरफ़ बड़े बाबू और अफ़सर रहते थे। तो दूसरी तरफ़ बँगलों की क़तार थी। जिसमें खदान के मैनेजर, असिस्टेंट मैनेजर आदि रहते थे। उन बँगलों में हमने गोरी स्त्रियों और सुन्दर बच्चों को टहलते देखा है। यदि हमारे इस भाई को उन बँगलों के लॉन में छोड़ दिया जाता तो वह उन सबसे अधिक सुन्दर और आकर्षक लगता। हमारे इस भाई को हम घर में मुन्ना पुकारते। राशि का नाम हुआ ओमप्रकाश। वह बहुत कम रोता। लेकिन हँसने-मुस्कराने की कोई सीमा न थी। माँ उसके आने पर बहुत ख़ुश थी। पिता की मूँछें कुछ और ऊँची हो गई थीं। जीजी के लिए मानो वह खेल का सामान था। वह घर में जब होती, तो उसकी होकर रह जाती। स्कूल के बाद के हमारे समय को भी उसने काफ़ी हद तक चुरा लिया था। हमारे दोस्त भी उससे मिलने आ जाते। देखा जाए तो झोपड़ी में पैदा होने के बाद भी वह राजदुलारा था।

समय को उन दिनों पंख लग गए थे। देखते-देखते वह तीन साल का हो गया। दिखने में और अधिक आकर्षक। आँखों का आकार कुछ और बड़ा हो गया था। होंठ अब अधिक उभर आए थे। उनका रंग सुर्ख़ था। वह घुटनों के बल दौड़ने लगा था।

उसकी चपलता देखते बनती। वह सबके पीछे घुटनों पर भागता रहता। उसकी हँसी में पूरा माहौल डूबा रहता। हम चाहते कि उसमें बाक़ी नैसर्गिक सौन्दर्य भी खिल उठे। जैसे उसका बोलना। लोग कहते, उसकी बक (वाणी) अभी नहीं फूटी। वह सिर्फ़ एक शब्द बोल पाता—माँ।

वह चार के बाद पाँच का हो गया। लेकिन बोलना शुरू नहीं हुआ। सभी परेशान। जामई तहसील में एक डॉक्टर था। सरनेम शायद भट्टाचार्य। वहाँ उसे ले गए। उसने दवाइयाँ दीं। फीस वसूल की कई बार। कोई फ़ायदा नहीं। माँ ने अब चुपके-चुपके रोना शुरू कर दिया। बस्ती के लोग उसे बौरा (गूँगा) पुकारने लगे। इसी तरह एक साल तरह-तरह के इलाज में बीत गया। इस बीतने में शामिल था घर की ख़ुशी का बीतना। सभी की हँसी का बीतना। वह बोल नहीं पाता, यह एक भयानक आघात था। माँ उसके सभी कामों में ज़्यादा वक़्त लगाने लगी। नहलाना-धुलाना, शौच आदि। वह कभी भी, कहीं भी पेशाब कर लेता। पाखाना भी कपड़ों में कर देता। शुरू-शुरू में इस तरफ़ किसी का ध्यान नहीं गया। लगा जैसे यह सामान्य बात हो। समय के साथ यह ठीक हो जाएगा। इस उम्मीद में दिन सरकते गए। लेकिन जब वह रोज़ का काम होने लगा, तो मानो पूरे घर पर चिन्ता के बादल। यही बातचीत कि कहीं यह मंदबुद्धि तो नहीं। फिर उसके स्वभाव और हरकतों को पढ़ा जाने लगा। जैसे उसका अनवरत मुस्कराना। जिस मुस्कान पर सभी न्योछावर थे। उससे एक खीझ सी होने लगी। मुन्ना शब्द जब कोई उचारता, वह पलटता और मुस्कराने लगता। वह लगभग झपटकर आता और पाँवों से चिपट जाता। पहले उसके चिपटने में आनन्द की अनुभूति होती और इधर एक खीझ जो चेहरे पर साफ़ पढ़ी जा सकती थी। वह अब भी गोद में बैठने को ललकता-झपकता लेकिन लोग किनाराकशी करते कि कहीं वह पेशाब न कर दे। उसके चेहरे पर अब उसकी अनदेखी का दर्द झलकने लगा था। उसके संसार से बाहर के लोग अब दूर हो रहे थे। और घर के अन्दर चन्द लोगों के बीच उसका होना था। जिसमें अनदेखी, उपेक्षा और दूरी का बनता एक अनचाहा माहौल था। वह अब घर की कुछ चीज़ों का हो गया था। जिसमें बर्तन थे, जिन्हें वह बजाया करता। साँकल, जिसे वह खड़खड़ाता। अपने गले से अजीब सी आवाज़ निकालता और उनमें खोया रहता। अपनी सुध-बुध खो देने की विकट स्थिति में वह अपने पेशाब से छप-छप की आवाज़ के साथ खेलता। एक किशोर होते बच्चे को इस स्थिति में सँभालना अब एक दुष्कर कार्य था। माँ-पिता काम पर जाते समय अब बाहर से दरवाज़ा बन्द करने लगे। ताकि वह सड़क पर निकलकर किसी गाड़ी से टकरा न जाए। हम घर पर उसके साथ अब एक कठिन समय बिताते। वह फावड़ा, गैंती कुछ मिल जाने पर ज़मीन खोदने लगता। रोज़ कुछ न कुछ खुदा हुआ सामने होता। वह कुछ न कुछ ध्वनियाँ या आवाज़ें अपने पास चाहता। अगर किसी के बोलने की आवाज़ सुनाई न देती तो वह बेचैन हो जाता।

उसकी मुस्कान अब मुरझा रही थी। उसके हँसने में अब रोने की आवाज़ें अधिक थीं और इतनी मर्मभेदी कि हम बाज़दफ़ा रो पड़ते और उसे बहलाने का यत्न करते। वह घर में माँ के अलावा सबसे भीतर ही भीतर दूर जा रहा था। हमारे भीतर ममता और वात्सल्य की भावना में कमी आ चुकी थी। उसे वह पहचान रहा था। इसलिए वह माँ के लौटने की प्रतीक्षा करता। माँ के आने पर उसका जीवन एक फूल की हँसी-सा खिल उठता। उसके आने पर उसके उत्साह, प्रेम और आनन्द को देखकर हमें माँ के होने का ईश्वरत्व पता चलता। कोयले की खदान से निकली काली धुस्स माँ की आवाज़ पर ऐसे भागता लगता, मानो कमान से छूटा तीर। वे माँ-बेटे के मिलन के दृश्य ऐसे थे कि जिन्हें मैंने कहीं न पढ़ा, न किसी फ़िल्म में देखा। एक गहरा मौन, डबडबाती आँखें, आँखों में ऐसा उत्कट प्रेम, अधरों की थरथराहट, गले का रुँधना, साँसों की आवाज़, बेसाख़्ता बेटे को अंक में भरने और चूमने का दृश्य और कोयले की धूल से अँटे चेहरे पर आँसुओं की बहती बेतरतीब धार...वह प्रेम का कोई ऐसा अमर दृश्य था। जिसे हज़ारों बार देखने के बावजूद न उसे पूरी तरह लिखा जा सकता है, न फ़िल्माया जा सकता है। केवल वही क्षण थे, जब भाई का गूँगा, मंदबुद्धि होना माँ शायद भूल जाती थी। बस वह एक दैवीय स्त्री की तरह लगती थी, बाद में आँसू पोंछती हुई उसे साथ में लिये पिछवाड़े जाती हुई, कब एक घरेलू स्त्री में तब्दील हो जाती थी, पता ही नहीं चलता था।

माँ जब काम-काज निबटा रही होती, वह उसके आसपास ही होता। मानो सालों बाद माँ घर लौटी हो। दिन भर हमारे साथ होना उसके लिए जैसे अकारथ रहा हो। हम पूरे दिन को याद करते, तो हमें एहसास होता कि हमारे भीतर यक़ीनन एक सख़्ती थी और निर्ममता हालाँकि यह सब इस डर में कि कहीं वह घर से बाहर न निकल जाए, जहाँ दैत्य ट्रक और कोयले के डम्फर निकला करते। शायद एक और डर कि बाहर के लोग एक गूँगे और मंदबुद्धि लड़के को देखकर क्या सोचेंगे, इस तरह हम उसके अपने भाई होने को भी दुनिया से छिपाने की जुगत में थे जबकि उसे बाहर की दुनिया में जाने की ललक थी। उसकी बाहर की दुनिया हमने घर के पिछवाड़े तक महदूद कर दी थी। हमें याद नहीं पड़ता कि कभी उसे लेकर हम अपने गाँव के बस स्टैंड तक गए हों। जो सबसे अधिक रौनक वाली जगह थी। वहाँ गाँव के लोग रोज़ इकट्ठा होते थे। बसों में आने-जाने का वह स्थान था। लोग वहाँ इसलिए भी जमा होते कि वहाँ दुकानें थीं। वह गप्पबाज़ी का अड्डा था। गाँव की प्राण रेखा, जहाँ लोग मिलते-जुलते। हँसते-बतियाते। दुनिया-जहान की ख़बरों का अड्डा। रामप्रसाद ऐक्टर का मर्फी रेडियो वहीं रोशन हुआ करता और लोग गाने सुनने वहाँ जुटते। नानकराम, सुखई, कान्तिबाबू और फ़ारूख़ शेख़ की दुकानें भी वहीं थीं, जहाँ लोग दिन भर के दुखों को बातों में डुबो देते। लेकिन मुन्ना वहाँ कभी नहीं जा सका। लोग मुझसे पूछते—"क्यों तेरा पागल भाई कैसा है?"

और मैं ग़ुस्से से भर उठता। मारने से भी न चूकता। मेरी शिकायत होती, डाँट पड़ती, लेकिन यह क्रम बना रहता। लोगों के लिए रोज़ का चिढ़ाना एक शगल हो उठा था। धीरे-धीरे मेरा और मझले भैया का शाम के समय बस स्टैंड जाना कम होता गया। हम वैसे भी पारी-पारी से घर पर भाई की देखभाल में रहा करते।

माँ की अनुपस्थिति में उसके कपड़े बदलना, मल-मूत्र की सफ़ाई करना ज़रूरी रहता। घिन के बावजूद यह सब करना एक मजबूरी में तब्दील होता गया। धीरे-धीरे वह किशोर हो रहा था। उसके शरीर का नैसर्गिक विकास अपनी गति से बढ़ रहा था। देह में शक्ति भर रही थी और उसे सँभालना आसान नहीं रह गया था। वह ग़ुस्से में चीज़ें फेंकता। जो भी उसके हाथ में होता, वह हम पर फेंककर विरोध प्रकट करता। हम घायल होते और ग़ुस्से में पीट देते। वह रोता और इतना बिसूरता हुआ कि हम उसके साथ-साथ रो उठते। तरह-तरह से चुप करने की कोशिश में हारते। बाहर से गुज़रते लोग झाँकते, आवाज़ लगाते और मज़े लेते। वह बाहर भागने को होता। दरवाज़ा पीटता। और घर के बाहर अमूमन एक तमाशा उठ खड़ा होता। हम खीझते। शर्म में डूब-डूब जाते। भला हम किसी से क्या कहते या समझाते। हमारे लिए पहली प्राथमिकता होती कि किसी तरह उसका रोना-पीटना बन्द हो। हम उसे पिछवाड़े की तरफ़ ले जाते, वहाँ खुली जगह थी। वहाँ उसे थोड़ी राहत मिलती। ध्यान बँटता तो वह सिसकते-सिसकते चुप हो जाता। या फिर देर तक मुँह फुलाए रहता और हमारी एक न सुनता। लाख मनाने पर भी वह घर के भीतर न जाता। बाहर की खटिया पर ही पड़ जाता और सो जाता। उसके भीतर के दुख को समझना हमारे लिए मुश्किल होता। यह जानते हुए कि वह दुख, ग़ुस्से या विरोध में बाहर पड़ा है। हम अधिक से अधिक उसे उढ़ा देते या साथ में बाहर बने रहते। उसका इस तरह चुप हो जाना या सो जाना दरअसल एक तरह की वांछित शान्ति थी।

उसे खाने में सबसे प्रिय पकौड़े थे, हमने जिसे बनाना सीख लिया था। उसके उठने तक हम तैयारी करते। तैयारी में सिगड़ी जलाना था और बेसन फेंटना। साथ में प्याज़ काटना। हम उसके पकौड़ों में मिर्ची का परहेज करते। जब वह कुनमुनाकर रुआँसा हो उठता, हम उसका मुँह धुलाते और पकौड़े बनने की ख़बर देते। वह जैसे सब भूलकर खिल उठता। मझले भैया या कभी जीजी पकौड़े तलते और मैं दौड़-दौड़कर उसे खिलाता। वह इतने भर से ख़ुश हो जाता और हमारे मन से जैसे अपराध का बोझ हट जाता। हम इस जुगत में रहते कि काम से थकी-हारी माँ को भाई के रोने या पिटने का पता न चले। लेकिन बीच रास्ते में कोई न कोई बता देता और वह लगभग घबराई सी भागती हुई घर पहुँचती। उसके हाँफने से हम जान लेते कि किसी न किसी ने माँ को चुरम (चुगली) दिया है। माँ का लौटना हम पर भारी होता। वह बोलती कुछ न थी, बस भाई के शरीर को उघाड़-उघाड़कर टटोलती।

कहीं कुछ चोट न आई हो। चूँकि वह इतना गोरा था कि उस पर हल्का या कुछ तीव्र आघात उछर ही जाता था। यदि उसे टटोलते हुए कोई पीड़ा होती और रोने सरीखी आवाज़ निकालता, तो माँ का रोना शुरू हो जाता। वह हमें और अपने भाग्य को कोसने लगती। कई बार इस हद तक कि अपनी या भाई की मृत्यु की प्रार्थना करने लगती। सच यह था कि भाई के ठीक न होने की स्थिति में शायद भीतर ही भीतर सभी कहीं न कहीं यही प्रार्थना कर रहे होते। ऐसा होता और कोई प्रकट न होने देता। यह और बात है कि इस भावना पर शायद आश्चर्य से अधिक दुख होता। लगता कितनी कमीनगी है। हमारे भीतर कि भाई की मृत्यु की कामना। लेकिन वह होती इसलिए भी कि अन्तत: उसके जीवन का क्या होगा। वह न बोल पाता था, न ही कुछ समझ पाता था। कहना न होगा कि वह घर पर बोझ था।

समय अपनी गति से भाग रहा था। उसका बोलना शुरू न हो सका। न ही दिमाग़ में कोई सुधार हुआ। ऐसे ही हालात में कुछ और साल बीत गए। चार-पाँच साल वह दस-ग्यारह साल से ऊपर हो गया। उसकी किसी भी तरह की पढ़ाई सम्भव न थी। हमारी पढ़ाई में भी उसके और ग़रीबी की वजह से कई व्यवधान थे। हमारे समय का नियोजन उसके समय में बँधा था। माँ, पिताजी, जीजी और हम दो भाई। बड़े भाई और भाभी ने हमें पहले ही त्याग दिया था। बहरहाल माँ-पिता अत्यन्त हिम्मती और संघर्षवान थे। इसलिए वे तमाम प्रतिकूल और जटिल परिस्थितियों से लड़ रहे थे। खदान की मजूरी, सब्ज़ी की दुकान, चाय की दुकान, सिर पर मजूरों के लिए नाश्ता बनाकर खदान-दर-खदान घूमकर पैसे कमाना—ये सारे उपाय थे, जो आजमाये जाते रहे। मझले भाई की पढ़ाई इसी फेर में ख़राब से ख़राबतर होती गई। वे दसवीं भी पास न कर सके और टेलरिंग सीखने गाडरवाला चले गए। अब मैं था घर में भाई के साथ। यथा सम्भव पढ़ता और देखभाल में लगा रहता। आठवीं पास करने के बाद मुझे अब मिशन स्कूल में दाख़िला लेना था। स्कूल घर से दस किलोमीटर दूर बड़कुही में था। रोज़ इतना पैदल आना-जाना। पिताजी का दमा उठने लगा था। उन्होंने अंडरग्राउंड खदान के काम से अपने को बिन चाहते मुक्त कर लिया। अब वे मुन्ना को घर पर देखते। लेकिन घर में गुज़ारा कठिन होने लगा। इसी बीच हमने गुढ़ी से, जहाँ रहते थे, वहाँ से अंबाड़ा खदान के पास जाने का निर्णय किया। पिताजी ने चाय-नाश्ते की दुकान खोल ली। माँ ने खदान में ब्लास्टिंग के लिए मिट्टी के गुटके बनाने का काम ठेकेदार से ले लिया। कुछ दुकान का सहारा। तो इस तरह नई ज़िन्दगी शुरू हुई। अब माँ और पिताजी भाई की देखभाल करते थे। मैं सुबह गुटकों और दुकान का काम निबटाकर स्कूल निकल जाता। और शाम गए लौटता। माँ के बनाए सूख चुके गुटके इन्तज़ार में होते। उन्हें सिर पर ढोकर खदान पहुँचाते, रात के आठ बज जाते। लेकिन पढ़ाई के साथ ये सारे काम एक लय में सधने लगे थे। हमें इस काम का अनुभव था और दूसरी बार यह कर रहे थे।

मजूरों का जीवन बड़ा विचित्र होता है। दाम्पत्य जीवन में दूर की सोचने की कोई रीत नहीं होती। मनोरंजन के अभाव में दुखों को पाटने का एक ही तरीक़ा होता है—प्रेम। तो इसकी परिणति में घर में एक और बहन चली आई। कठिन दौर में यह एक और ज़िम्मेदारी थी। भाई के पालन-पोषण के साथ। लेकिन ग़रीबों के घर में सब कुछ जैसे कठिनाइयों में भी सामान्य स्वीकार की तरह होती है। इसी बीच भाई टेलरिंग सीखकर लौट आए थे और गुढ़ी के बस स्टैंड पर एक पुरानी ख़रीदी गई मशीन के सहारे दुकान शुरू हो गई। गाड़ी धीरे-धीरे सरकने लगी। भाई के सपनों में अब मेरी और बहन की पढ़ाई थी। और लाइलाज भाई की चिन्ता। अब तो पड़ोसी भी यह मान बैठे थे कि वह कभी ठीक न होगा। परिवार के लोग कैसे और कब तक उसके जीवन को पार लगा पाएँगे, मालूम न था। सहानुभूति और दयाभाव में ही सही, उसके उठ जाने के लिए जैसे प्रार्थना करते। हमारे लिए यह सब कठिन था। लेकिन हम इस सत्य को स्वीकार कर रहे थे। माँ का रोना कभी थमा नहीं। हम कभी उसके आँसू चाहकर भी पोछ न सके। पिता की उदासी, उनके उठते दमे में डूब-डूब जाती थी। भाई के पाँव बिना रुके सिलाई मशीन पर दौड़ते रहते। मैं उसी दिनचर्या में डूबा था, सुबह से शाम तक। भाई इस बीच बारह की उम्र से आगे पहुँच चुका था। उसकी मुस्कान खो गई थी। उसके बोलने में रोने की गूँज का समय बढ़ रहा था। वह इधर भी पिछवाड़े में क़ैद था। और बाहर भागने की कोशिश करने में लगा रहता। उसके टकरा जाने या कहीं खो जाने के डर से हम उससे बँधे हुए थे। और उन आँसुओं से जो हमारा परिवार जानता था। कितने बेबस, असहाय और उसकी मृत्यु को माँगते हुए। इसके पीछे कहीं उसकी मुक्ति में शान्ति ढूँढ़ने का समझौता अधिक था। हालाँकि भीतर से हर कोई उसके अच्छे हो जाने की प्रार्थना ही अधिक करता था, किन्तु संशय और सन्देह में डूबा।

मिशन स्कूल में पढ़ते हुए मुझे दो साल हो चले थे। मैं दसवीं की परीक्षा की तैयारी में था। छोटी बहन भी तीन से चार साल की होने को थी। वह भी अत्यन्त सुन्दर थी। बोलने-समझने लगी थी और भाई को देखते हुए यह एक राहत की बात थी। माँ का समय दोनों के बीच कुछ और बँटता हुआ कठिन हो चला था। जो उसकी झुर्रियों और आँखों के नीचे गहरे काले बढ़ते घेरों में पढ़ा जा सकता था। फिर भी जाने कहाँ से उनमें बार-बार कहीं लड़ने की शक्ति लौट जाती।

दसवीं पास करने के बाद मैं ग्यारहवीं में पहुँच गया था। क्लास में अव्वल पास हुआ था। इसकी तात्कालिक ख़ुशी के समय घर डूबा रहा। फिर वही दिनचर्या। मिट्टी खोदना, गुटके बनाना और ढोना। छुट्टियाँ थीं और गुटकों की संख्या दुगुनी हो गई थी। मैं स्कूल न जाने के एवज़ी समय में गुटके बनाता-ढोता और दुकान पर काम करता। ग्यारहवीं पास बच्चों से किताबें माँग ली थीं। सो अगली कक्षा के लिए तैयारी भी करता ताकि आने वाले साल में काम के लिए अधिक समय निकाल सकूँ।

छोटे भाई के दैहिक रूप से बड़े होने की कथा में कई अजानी मुसीबतें थीं। मसलन उसके लिंग के आकार में परिवर्तन और उसका समय-बेसमय जागते रहना। वह उसे आश्चर्य से देखता और खेलता। यह दृश्य स्वाभाविक होते हुए भी किसी के लिए हँसी और मनोरंजन से अधिक कुछ न था। मुन्ना अपनी मंदबुद्धि में उस हँसी को जैसे कोई अच्छी सी बात समझता रहा हो। लेकिन हम परेशान हो जाते। हम उसे पिछवाड़े ले जाते और पेशाब करने के लिए उकसाते। कभी-कभी इसमें काफ़ी वक़्त लग जाता। पेशाब के बाद धीरे-धीरे सब कुछ पहले की तरह सामान्य हो जाता। इसी तरह कोई न कोई दिक़्क़त होती जो एकदम नये रूप में आ खड़ी होती। जैसे उसका खड़े-खड़े पाखाना करना। और हम परेशान हो उठते।

इन दिक़्क़तों के बावजूद हम चाहते कि कोई ईश्वरीय चमत्कार हो और वह ठीक हो जाए। जाने कितनी मनौतियाँ हम सबने न माँगी होंगी, माँ के कितने आँसू बहे होंगे। इसका कोई हिसाब नहीं। पिता, जीजी और हम भाइयों के दुख को हमने किसी खाते में नहीं रखा कि हमारे भीतर भाई की मुक्ति के लिए की गई कामनाओं का अपराधबोध था।

घर में अब नई राय बनने लगी। भाई के साथ माँ अधिक समय गुज़ारे और हम बाहर के काम अपने हाथों में ले लें। कारण कि भाई माँ की उपस्थिति में ही शान्त और प्रसन्न रहता। यह मजबूरी थी और शायद घर की शान्ति के लिए सोची-समझी नीति भी, जो किसी न किसी सदस्य के भीतर मुमकिन है। इसी तरह जन्मी हो ऐसे किसी भी निर्णय पर पहुँचने की पारिवारिक-सामाजिक ज़रूरत भले ही हो और दुकान से आने वाली रोजी-रोटी के कारण वह अपरिहार्य मजबूरी हो, लेकिन इस निर्णय पर गहरा अवसाद घर में था। यह और बात थी कि माँ इस राय से न केवल सहमत, बल्कि ख़ुश थी। वह भाई और बहन की ढंग से देखभाल कर सकती थी। हम सब इस तरह से अधिक मुक्त थे। माँ अधिक बँधी हुई। लेकिन एक आश्चर्यजनक परिवर्तन भाई में आया। वह अब अधिक शान्त था। और उत्फुल्ल। उसके चेहरे पर पुरानी मुस्कान लौट रही थी। माँ के निर्देशों को वह समझने का यत्न अधिक करता। उसकी चीख़-पुकार कम हो रही थी। उसके भीतर का ग़ुस्सा ग़ायब हो रहा था। नई और खुली जगह में माँ उसे सुबह या देर शाम को अपने साथ घुमाने ले जाती और वह जैसे खोये हुए बचपन को पाकर मस्त हो उठता। मैं भी एक-दो दिन में उनके साथ हो लेता। वह फिर से मेरे प्रति आत्मीय हो रहा था। अब उसकी आँखें बोलती रहतीं चमक के साथ। उसकी सुन्दर हथेली को अपने हाथ में लिये मैं याद करता उन ज़्यादतियों को जो अनजाने में और ग़ुस्से के आवेग में हुईं। मैं उसके भीतर हुए बदलाव के बारे में मझले भैया को बताता और उसकी ख़ुशी का ठिकाना न रहता। अब वे भी सुबह माँ के साथ भाई के साथ निकल जाते और छोटी बहन को भी घुमाते। पिता कुछ न बोलते। यह सब देखते और दूसरी तरफ़ मुँह करके पलकों को पोछते रहते।

जीवन में आई इस ख़ुशी की हल्की फुहारों ने हमें काम में अतिरिक्त ऊर्जा दी। मेरा स्कूल का आख़िरी साल लगभग समाप्त होने को था। परचे चल रहे थे। बोर्ड परीक्षाओं का दबाव था। लेकिन घर में आए सकारात्मक बदलाव में वह न के बराबर था। परीक्षा से मुक्त होने के बाद मैं फिर गुटके बनाने के काम में दुगुनी शक्ति से जुट गया था। मैं माँ को अब अधिक से अधिक घर पर ही देखना चाहता था। दिन भर मैं माँ के हिस्से का काम भी कर लेता था। इस पर आश्चर्य से अधिक आनन्द का भाव होता। लेकिन माँ को लगता, जैसे मैं ज़्यादा खट रहा हूँ। मैं सिर्फ़ इतना कहता—'मुझसे अधिक पिताजी और भैया खट रहे हैं।' और वह दुख मानते हुए चुप हो जाती। उसके दुख में सभी शामिल थे। लेकिन उसका अपना दुख कभी उसके चेहरे पर न आता।

बोर्ड परीक्षा का परिणाम आ चुका था। मैं पूरे स्कूल में अव्वल था। और ज़िले में आर्ट्स के विषय में भी अकेला प्रथम श्रेणी प्राप्त करने वाला। इस पर न केवल घर बल्कि मुहल्ले-पड़ोस में चर्चा थी। बल्कि गुजराती कॉलोनी के अनिल बाबू विशेष रूप से घर आए। मुझे प्यार किया और मेरी आगे की पढ़ाई के लिए ज़ोरदार वकालत की। बड़े भाई जो हमसे अलग थे। ख़ुश हुए और कई बार घर लौटे। उनके भीतर हम सबके प्रति गहरा प्रेम था। किन्तु भाभी के दबाव में वे चुप हो जाते। लेकिन दुख-सुख में उनका आना कभी बन्द न हुआ। माँ उन्हें ख़ूब प्यार करती थी। और पिता ने अपने जीवन का सर्वाधिक प्यार एक उन्हीं पर लुटाया। लेकिन घर से हम सबको भाभी द्वारा निकाल दिये जाने के बाद पिता बेहद ख़ामोश हो गए थे। और बड़े भाई को याद करते हुए कभी-कभार रो भी पड़ते थे। बड़े भाई के इस तरह लौटने पर माँ और पिताजी ख़ुश होते। भले ही कुछ समय के लिए सही। देर-सबेर, भले ही हाज़िरी भाव में बड़े भाई का आना होता, पर वे आते। उनका भी मन था कि मैं आगे पढ़ूँ। मझले भाई की भी इच्छा यही थी। उन्होंने चुपके-चुपके मेरी अगली पढ़ाई के बारे में सोचना शुरू कर दिया था। लेकिन मेरा मन परिवार की समस्याओं की वजह से अशान्त अधिक था। मैं गाँव छोड़कर जाने की सोच भी न पा रहा था। मैं जानता था कि मझले भाई पर बोझ बढ़ेगा और माँ को फिर काम के लिए बाहर निकलना पड़ेगा। अगर ऐसा कुछ हुआ तो छोटा भाई एक बार फिर अँधेरों में खिसकने के लिए छूट जाएगा। उसकी लौटती ख़ुशी और शान्ति के साथ एक बार फिर अत्याचार हो, यह मैं नहीं चाहता था।

इसी बीच मझले भाई ने भोपाल से रीजनल कॉलेज ऑफ़ एजुकेशन का बी.ए., बी.एड. (अंग्रेज़ी साहित्य) का फ़ॉर्म बुलाकर भरवा दिया। अप्रैल 1970 में इंटरव्यू कॉल आ गया। मैं इसके पहले कभी अकेला छिंदवाड़ा भी नहीं गया था। मैं रोने लगा। मैंने लगभग विरोध-सा कर दिया। लेकिन मझला भाई अड़ा रहा। अन्ततः मुझे गाड़ी में बिठा दिया गया। मैं भोपाल स्टेशन उतरा। चेहरे पर हवाइयाँ उड़ रही थीं।

जेब में कुल सोलह रुपये। मैं हॉफपैंट में था। मोची की बनाई चप्पलें। एक छोटा सा कपड़े का बैग। पूछता-पाछता पैदल ही शिमला हिल्स स्थित रीजनल कॉलेज पहुँचा। सभी बच्चे फुलपैंट-क़मीज़ (महँगे) और लड़कियाँ सुन्दर पोशाकों में। मैं एक जोकर की तरह सबके बीच। शर्म में आकंठ धँसा। एकदम सुन्न। हाथ-पैर मानो फूल गए हों। सभी अन्य बच्चे अंग्रेज़ी में गिटपिट-गिटपिट बोलते हुए। मैं एकदम टूटी-फूटी अंग्रेज़ी के साथ। इंटरव्यू हुआ। क्या पूछा गया और क्या जवाब दे सका। याद नहीं। बस छूटते ही तीर-सा निकला और किसी तरह स्टेशन पहुँचा। आमला का टिकट लिया। और सामान्य डिब्बे में जा धँसा। वहाँ सब मेरी तरह के लोग। ग़रीब और ख़स्ताहाल। मैं सामान्य हुआ। रास्ते में खाने का कुछ सामान लिया। शायद पूड़ी-साग, और ट्रेन चल पड़ी। आमला उतरकर परासिया पैसेंजर में चढ़ा और सुबह सही-सलामत घर पहुँच गया। मझला भाई प्रसन्न हो उठा कि मैं भोपाल तक हो आया। उन्हें उम्मीद थी कि कुछ अच्छा होगा। माँ पिताजी भीतर से ख़ुश थे, लेकिन मैं चेहरों पर कुछ और पढ़ रहा था। मुझे वहाँ प्रत्यक्ष दुख नज़र आ रहा था। बस एक स्नेहिल सन्नाटा था। जो घर में चौतरफ़ा डोल रहा था।

मई का महीना। अन्तिम सप्ताह। रीजनल कॉलेज भोपाल से कोई रजिस्ट्री पत्र आया था। भाई डाकघर गया और ले आया। वह दोपहर का समय था। वह दुकान से भागा-भागा घर आया। मैं गुटके बना रहा था। मुझे बुलाया गया। मैं अस्त-व्यस्त सा घर के दरवाज़े पर। मझले भाई ने मुझे कसकर सीने से चिपका लिया। माँ ने सिर पर हाथ फेरना शुरू किया। पिता के होंठ थरथरा रहे थे। मुझे कुछ समय तक, कुछ भी समझ न आया। मेरे हाथ-पाँव धूल-मिट्टी से सने थे। मैं धोने के बहाने पीछे सपन्ने (नहाने की जगह) में चला गया। छोटा भाई वहीं था। मैं उससे खेलने लगा। इसी बीच भाई पिछवाड़े आया और सूचना दी कि भोपाल के इंटरव्यू में मैं पचहत्तर रुपये माह की स्कॉलरशिप के साथ पास हो गया हूँ। इस तरह घर पर कोई आर्थिक बोझ नहीं पड़ेगा। उन्होंने ज़ोर देकर यह भी कहा कि मुझे हर हाल में घर के सपनों को पूरा करने के लिए जाना ही होगा। मैं चुप रहा। मेरी आँखें छोटे पर टिकी थीं। जो इस समय मुस्करा रहा था। उसकी मुस्कराहट मानो मुझे रोक रही थी। मैं भीतर से मुरझाने लगा।

जून का महीना बीत चला। भाई ने बिना पूछे स्वीकृति भेज दी। गाँव में सभी लोग उनके निर्णय की चर्चा कर रहे थे कि गाँव से कोई पहला लड़का इस तरह भोपाल जा रहा है। भाई ने इधर-उधर से जुगाड़ कर पैंट-क़मीज़ सिलाना शुरू कर दिया। माँ ओढ़ने-बिछाने के कपड़ों के इन्तज़ाम में जुट गई। पिताजी थोड़े-बहुत पैसे जोड़ने में। और मैं चुपचाप अपने गुटके बनाने के काम में। मैं न जाने के लिए रोता, ज़िद करता लेकिन सब अनसुना करने पर जैसे अडिग। मैं बस भाई-बहन में ही भरपूर डूबने के उपक्रम में रहता। मुझे जैसे भाई को खो देने का ख़याल आया।

बार-बार घर की वही प्रार्थनाएँ-कामनाएँ मेरे दिमाग़ को घेरतीं, जिनसे हमारे अपराध जुड़े थे। छोटे के चेहरे पर लौटती ख़ुशी में हम सब भूल जाना चाहते, लेकिन जीवन के सत्य के सामने विवश थे। कुछ न बोलने की चेतना होते हुए भी कभी-कभार चूक होती और कोई अप्रिय वाक्य किसी न किसी के मुँह से निकल ही जाता। अवचेतन में बैठे इस यथार्थ से हर कोई वाक़िफ़ था। मैं उसे छोड़कर भोपाल न जाने के लिए सिर्फ़ रो सकता था। और रोता रहता था। मैं भीतर कहीं घर छोड़ने से डरा हुआ था। और भोपाल जाने से भी। लेकिन घर जैसे एकजुट था। सिवाय छोटे के जिसका मन समझना सिवाय माँ के सबके लिए कठिन था।

और वह दिन। मैं रो रहा था। छोटे को चिपकाये हुए। न छोड़ने की ज़िद ठाने। पड़ोस के लोग मुझे समझा रहे थे। मझला भाई सिर्फ़ सपने को सच करने की दुहाई देता। मेरे न मानने पर उनकी आँखों में आँसू थे। मैं आँसू देखकर सहम गया। मेरा सामान उठा लिया गया था। पालाचौरई स्टेशन तक पैदल। ट्रेन आई और मुझे अनचाहे बिठा दिया गया। एक टीन की पेटी में सामान था। एक दरी में बँधा बिस्तर। हाथ में टिकट। और आँखों में आँसू। माँ-पिता समझा रहे थे। दोनों भाई हिम्मत बढ़ा रहे थे। छोटी बहन टुकुर-टुकुर देख रही थी। शायद कुछ समझ न पा रही थी। माँ-पिता ने चेहरे दूसरी ओर घुमाये और आँसू पोछने लगे। मैं ट्रेन की खिड़की से पूरा परिवार देख रहा था। सिवाय उस छोटे भाई के जिसे अक्का माँ के भरोसे सब छोड़ आए थे। ट्रेन खिसकने लगी। सारे चेहरे एक-एक कर ओझल होने लगे। सिर्फ़ छोटा था जिसका चेहरा आँखों में एकदम साफ़ था। वह अब भी मुस्करा रहा था। मेरी आँखें आँसुओं के बीच भी उसे एकदम सजीव देख रही थीं। वह दृश्य मेरी आँखों में फ्रीज हो गया था। मुझे कुछ और दिखाई नहीं दे रहा था। उसे आँखों में लिये मैं सो गया था या सोने में जाग रहा था। मुझे याद नहीं। बस एक आशंका पीछा कर रही थी। कहीं मेरी अनुपस्थिति में वह सब सच न हो उठे जिसकी दबी-छिपी प्रार्थनाओं को हमने उचारा था। इस कमीनगी के अपराध से न मैं कभी उबर सका, न भुला सका। आत्मा पर इस बोझ को लिये मैं कैसे जी पा रहा हूँ? यह लिखना कभी न हो सकेगा।

बासठ

भोपाल सिर्फ़ एक शहर न था
पुराना भोपाल
संस्कृति का आत्मीय मरकज़ था
जहाँ मेरे भीतर कई सपनों ने जन्म लिया
मेरे पास चमकीले सपने थे
और ख़ूबसूरत रास्ते

जब मेरा रीजनल कॉलेज, भोपाल में दाख़िला हो गया। दाख़िले के साथ इस कॉलेज में छात्रवृत्ति का प्रावधान था। जो भोपाल खींच लाया था। घर की आर्थिक स्थिति ऐसी न थी कि मैं आगे पढ़ सकूँ। मझले भैया ने हिम्मत बढ़ाई और मैं इस तरह पहली बार अपने गाँव-ज़िले से बाहर आया। पढ़ने की ललक के पीछे एक भय था। एक अजनबी जगह। रास्तों से अज्ञान। कॉलेज शिमला पहाड़ी पर जहाँ कोई सरकारी बस जाती न थी सो पैदल निकल पड़ा। रेलवे स्टेशन से रास्ता पूछता हुआ बुधवारे में दाख़िल हुआ यानी पुराने भोपाल में। मुस्लिम बहुल इस इलाक़े में एक भिन्न संस्कृति थी जिससे पहली दफ़ा रूबरू था। कुर्ता-पाजामा, सिर पे टोपी, मुँह में पान, अँगुली में चूना और एक अलग भाषा। मैं नई जगह और अपनी मंज़िल तक समय सीमा में पहुँचने के दबाव में अधिक था सो एक व्यक्ति से पूछ बैठा—'भाई साहब, आपकी घड़ी में क्या समय हुआ?' वह युवा था। कोई 20-22 साल की उम्र रही होगी। उसने घड़ी देखने की बजाय पलटके मुझे देखा और बेसाख़्ता सा बोल उठा—'भोत खराब टेम चल रहा है मियाँ, आप तो पतली गली से खिसक लो।' मैं हैरान कि मैंने जाने क्या ग़लत पूछ लिया। इस भाषा में हालाँकि मस्ती का दुर्लभ रंग था, लेकिन मेरा ध्यान जैसे किसी अजाने डर की तरफ़ चला गया। सो मैं सामने की पतली गली में चल दिया। संकोच से भरा मैं रास्ता पूछने की हिम्मत जुटा रहा था। गली में दाढ़ीवाले एक बुज़ुर्ग दिखे। उनसे मैंने रास्ता पूछा? उन्होंने न केवल रास्ता बताया अपितु गली के मोड़ तक छोड़ने आए। मेरा डर जाता रहा। पुराने भोपाल का यह इलाक़ा मुझे अपना और अच्छा लगा।

एडमीशन के बाद यह मेरा प्रिय इलाक़ा हो गया। मेरा सहपाठी मनोहर बाथम भी बुधवारा भोईपुरा में रहता था। इसके घर का दरवाज़ा ठीक छोटे तालाब में खुलता था। मानो तालाब घर का पड़ोसी। घर की सीढ़ियों से बँधी नाव ठीक सामने। भोपाल में जल से इस तरह यह पहला निकट का रिश्ता था। उसकी अनेक ध्वनियाँ जो मानस पटल पर हैं, वे इसी तालाब से मैंने चाहे-अनचाहे अबेरीं। अपने गाँव के पास पेंच नदी इतनी पास न थी भाजीपानी-जाटाछापर के पड़ोस से चार-पाँच मील की दूरी पर बह रही थी, सो उसे इतनी निकटता से कभी जानने का अवसर न मिला।

भोपाल के दोनों तालाबों का आकार और विस्तार मेरे लिए रोमांचक और कल्पनातीत था। जल की छवियों के अलावा पुराने भोपाल में भाषा की एक निर्मल नदी थी, जो समय के साथ मेरे वर्तमान का अभिन्न हिस्सा होते हुए भविष्य में बहने लगी। अपनी बुन्देली के बाद ख़ास रंग की भोपाली और उर्दू से मेरा एक सघन रिश्ता बना। पुराने भोपाल के इब्राहीमपुरा, शाहजहाँनाबाद, परी बाज़ार, जामा मस्जिद, मोती मस्जिद का इलाक़ा, ईदगाह, सदर मंज़िल के आसपास एक तरह की आवारगी शुरू हुई। जो अगले पाँच सालों में यानी 1970-75 के बीच फैलती गई।

आवारगी ने जहाँ भाषा की तमीज पैदा की वहीं कई बड़ी शख़्सियतों के आजू-बाजू दूर से ही सही, रहने का मौक़ा दिया। ताज भोपाली, शेअरी भोपाली, कैफ भोपाली, अक्षय बाबू, अत्तू भाई, फ़ज़ल साहब, नितिन मेहता, आफाक साहब, रिफल-उल-हुसैनी साहब, जाँनिसार अख़्तर साहब, शकीला बानो भोपाली और कई बड़े नाम। जिन्हें सुनने का मौक़ा मिला। मुशायरों में कई शायरों को सुना और समझने की कोशिश की। क़व्वाली और ग़ज़लों का माहौल था। सो भाषा का एक संस्कार बना जो जीवन की एक बड़ी पूँजी सिद्ध हुआ।

पुराने भोपाल के बाज़ार में मोती का काम देखने को मिला। दस्तकारी को नज़दीक से देखने का यह पहला मौक़ा था। मखमल के कपड़ों, झोलों, पर्स, लहँगा-चुनरी और चप्पलों पर सुन्दर कशीदाकारी देखके मैं भीतर से ख़ुश होता था। जहाँ से मैं आया था वहाँ दूर-दूर तक कोयले के ढेर थे और कला के नाम पर कुछ भी न था। इसके अलावा नवाबी शैली में फ़र्नीचर, चमड़े के बैग और जूट से बनी चीज़ें, इस तरह से गाँव से आए लड़के के जीवन में ये पहली बार नमूदार हुए। परदा, जरदा और गरदा के लिए मशहूर इस शहर में पकवान और मांसाहारी भोजन का भी रुतबा देखा जा सकता था। मदीना होटल का मांसाहार अब स्वाद की दुर्लभ याद बनके रह गया है। अब तक मदीना होटल के उस मुस्लिम वेटर की संगीतात्मक टेर भीतर बसी है, वह धीमी लय में भुना, कीमा, दोप्याजा, बिरयानी, गुनगुनाता हुआ घूमता रहता था। बर्रूकाट भोपाली के इन इलाक़ों में घूमते, आवारगी करते हुए मैंने इस्लामिक संस्कृति को जाना और समृद्ध हुआ।

अगर जीवन में भोपाल न होता तो मैं भी वह न होता जो आज हूँ। शहर हमें बहुत कुछ देते हैं—भाषा, मूल्य, संस्कार, कला की समझ और प्यार। शहर को इस तरह अपनाने के क़िस्से कइयों के पास हैं और कइयों के पास नहीं या कम। पुराने भोपाल में कामकाजी लोग अधिक थे। नमक वाली चाय की गुमटियाँ। तब 5 पैसे में चाय और 5 पैसे में आटे वाले खजूर मिल जाते थे। निम्न और निम्न मध्यवर्ग के लोगों की बहुतायत थी। जो मुझे अपने समाज सी लगती थी। शहर को प्यार करने की संस्कृति की बड़ी ज़रूरत को मैं शिद्दत से अनुभव करता हूँ।

तिरसठ

वे अब नहीं हैं
उनके नहीं होने में
अपना होना
उनकी अनुपस्थिति में खोजता हूँ
माँ उनके जाने के बाद
होकर भी नहीं मिलती

रीजनल कॉलेज में पढ़ने तो चला गया, लेकिन घर-परिवार और गाँव याद आते रहे। घर के बुरे हालात माँ-बाप, भाइयों के चेहरे। ख़ास कर छोटे भाई का चेहरा। नन्ही बहन की मासूमियत। ग़रीबी और भूख की कथाएँ। भोपाल में मेरे पास स्कॉलरशिप के सात रुपये बचते। महीने का ख़र्च चलाना मुश्किल होता। ट्यूशन ढूँढ़ते जो कभी मिलती, कभी न मिलती। छुट्टियाँ होतीं तो घर लौटने के पैसे न होते। घर में कोई विपत्ति आती तो कोई ख़बर जानबूझकर न भेजते। सन् 1973 में पिता गुज़र गए। टेलीग्राम चार दिन बाद पहुँचा। सिर्फ़ रोना था, बन्द कमरे में रोता रहा। मनोहर, शिवचरण ने टेलीग्राम पढ़ लिया। उन दोनों ने टिकट के पैसे जुटाए। हम रेल की जनरल बोगी में घुसे। साथ में एक दोस्त पिल्लई था। आमला पहुँचे। वहाँ से परासिया की पैसेंजर पकड़ी और घर पहुँचे। पिता न थे। उनकी अस्थियाँ पिछवाड़े के पेड़ पर मिट्टी के एक छोटे मटके में टँगी थीं। छह फुट के पिता एक मटके में। मैं उसे छूता हुआ रो रहा था। दोस्त मुझे सँभाल रहे थे। आँसुओं को कोई सँभाल न सकता था। माँ ने कड़ा जी करके कहा अब जाओ और फूल नदी में सिरा आओ। मझला भाई मुझे सँभालने की कोशिश में था। माँ गले लगकर सिसक रही थी। पूरे घर में रोने के करुण स्वर गूँज रहे थे। माँ की माँग सूनी थी। हाथों में चूड़ियाँ न थीं। अस्थियों में पिता की घर से विदाई का समय हो चला था। बड़े और मझले भाई ने पेड़ से मटके को उतारा और घर के बाहर खड़े हो गए। कुछ और लोग जुट गए थे। नाई था और ब्राह्मण। हम मरे हुए पाँवों पर चल पड़े। रोने की आवाज़ें पीछा कर रही थीं जिसमें माँ का रोना सबसे अधिक पीड़ा दे रहा था।

रोते-रोते मेरी आवाज़ कंठ में खो गई थी और मैं रुलाई को सुन न पा रहा था। अब वह भीतर उठ रही थी। पेंच नदी के किनारे पर पहुँचे। नदी शान्त बह रही थी। मानो प्रतीक्षा कर रही हो। जो पिता सदेह जीते-जागते उसके तट पर आते रहे आज आख़िरी बार अस्थियों में क्षत-विक्षत पहुँचे। उनका धार्मिक विधि से रोते हुए विसर्जन किया, बाल उतरवाये और नदी से उनकी आत्मा की मुक्ति के लिए प्रार्थना की। और लौट गए। यह लेकिन लौटना नहीं पिता के साथ छूट जाना था। मुझे याद आते रहे पिता के एक-एक अंग जिनमें स्पर्श की कथाएँ थीं। उनका वो साथ होना जिसमें बचपन के पल-छिन थे और बातें, सीखें और हँसना-मुस्कुराना। और अब सुबकना-रोना। माँ को विधवा के रूप में देखना। मानो हृदय पर ऐसा आघात जो ज़ख़्म सा दर्द लिये है।

अगले दिन भारी मन से रोते-डीपते मैं भोपाल लौट गया। रास्ते भर पीछे रोने-बिलखने की आवाज़ें थीं। मैं उन आवाज़ों में रोते जा रहा था। पिता की अस्थियाँ मेरी चेतना में कौंध रही थीं। मैं उनका चेहरा देखना चाहता था। उनके साथ अपने होने के स्मृति दृश्य और वे न थे। मानो वे अपनी अस्थियों में खो चुके थे।

धीरे-धीरे रोना बन्द होता गया। दिन बीतते गए। चार माह के बाद एक और तार मिला। छोटा भाई गुज़र चुका था। उसमें न आने का सन्देश भी था। उसकी मृत्यु तो प्रार्थनाओं में पहले से माँगी जा रही थी। मृत्यु ने सुन लिया। यह मेरे लिए मात्र ख़बर न थी। एक सैलाब था दुख का। मैं प्यार में यथासम्भव जो उसकी संभार किया करता था, वही दृश्य सपनों में पीछा करते। मैं रात में बार-बार सुबकता हुआ उठता। हॉस्टल से बाहर निकलता और बेमक़सद सुबह तक घूमता। यह मन को शान्त करने की विधि थी या दोस्तों से आँसू छिपाने की, कह नहीं सकता। यह सिलसिला कई रातों तक चला। वह पिता के पास लौट गया। पिता उसे अपने साथ लिये नदी की सैर करा रहे होंगे। उसके पागलपन में हम उसे घर के बाहर कहीं घुमा न सके। अब पिता अकेले न होंगे और उसकी घूमने की इच्छा को पूरा कर रहे होंगे, ऐसा मुझे लगता है। यह ख़याल मुझे सुकून देता है।

चौंसठ

घर से बाहर पहली बार
अकेला और खोया हुआ
कोई न कोई होता है
जो बाँह पकड़कर
अँधेरा पार कराता है।

पुराना भोपाल तब अपना लगता था। अपने से लोग। संघर्ष करते हुए। घर-द्वार निम्न-मध्यवर्गीय अधिक। कमला पार्क से बुधवारा, मंगलवारा, इब्राहीमपुरा और एक तरफ़ जहाँगीराबाद और पूरब की तरफ़ शाहजहाँनाबाद। कम पैसों से गुज़र की जगहें। रूमाली रोटियाँ और न सही गोश्त, उसका शोरबा सही। हम तब देर रात हॉस्टल से निकलते और पुराने भोपाल को नापते रहते। भोपाल के पुराने इलाक़े रात तक जागते और गुफ़्तगू करते। रह-रहकर छोटे और बड़े तालाब भी।

रात को घूमते हुए गलियों में भोपाल को हमने 'पटियों' से पहचाना। जैसे एक आश्चर्यलोक। ठीक वैसे जैसे गाँव में 'अथाई' या फिर 'चौपाल'। रात घर या दुकानों के दरवाज़ों के भिड़ जाने के बाद सामने छूटी हुई जगहों में लोग जम जाते। लगभग हर मोहल्ले में पटियों पर बैठकें। हर उम्र के लोगों के पटिए। और ताज्जुब कि विषय के अनुसार पटिए अर्थात् राजनीति, हॉकी, साहित्य-संस्कृति, कुश्ती और दीगर वर्ग और विषयों के पटिए। देश की स्थापित-चर्चित हस्तियों का अनिवार्य सम्बन्ध इन पटियों से रहा। मसलन, पूर्व राष्ट्रपति डॉ. शंकरदयाल शर्मा, शाकिर भाई, ताज, शेअरी, कैफ भोपाली, अक्षय बाबू, फ़ज़ल ताबिश, मथुरा बाबू, अत्तू-आफाक भाई, भाई रतनकुमार, कामरेड बालकृष्ण गुप्ता और लीडर चतुरनारायण। बाहर से भोपाल पहुँचने वालों में हरिशंकर परसाई जैसे दिग्गज पटियों को रोशन करते रहे। हॉकी, कुश्ती की विश्वस्तरीय प्रतिभाओं ने भी इन पटियों पर समय गुज़ारा।

इन पटियों पर जहाँ राजनीति पर लम्बी बहसें चलतीं तो खेल की बारीकियों पर भी चर्चा होती। साहित्य-संस्कृति बरहमेस केन्द्र में होती थी तो मोहल्लों के विवाद भी निपटाए जाते। इस तरह से ये पटिए समाज पर गहरी निगाह रखते और

उसे नियंत्रित करते थे। इन पटियों में जात-पाँत से ऊपर एक ऐसा एका, समझ और आपसी राग बरसता था कि कोई अनहोनी होने की गुंजाइश न थी। 1992 के पहले अगर वहाँ दंगों की आग वैसी नहीं भड़क सकी तो सिर्फ़ इस वजह कि पटिए थे। बुज़ुर्ग इन पटियों के उखड़ जाने पर आज बेहद अफ़सोस करते हैं।

पटियों का उजड़ना शहर के सौन्दर्यीकरण की प्रक्रिया में हुआ। सड़कें चौड़ी होनी थीं। और पुराने भोपाल के पुरानेपन से राजधानी को मुक्त कराना था। सो बावजूद विरोध के नगर को सुन्दर बनाने की कोशिशों में जीवन्त संस्कृति के केन्द्र 'पटिए' उखड़ गए। और इस तरह उखड़ी पटियों की संस्कृति।

जब-जब भोपाल लौटता हूँ तो पुराने भोपाल के चक्कर लगाता हूँ। वह पहले की तरह रोशन नहीं। लोग जल्दी ही दरवाज़ों के भीतर जा दुबकते हैं। पटियों पर देर तक बैठने वाले लोग जैसे कहीं खो गए। न गप्पगोई। न शिकार के क़िस्से। न 'बर्रुकाट भोपाली'। न बहस-मुबाहिसा। न हॉकी को लेकर चिन्ताएँ। कुश्ती के उभरते नायकों को देखना दूभर। अख़बार में अपराध की ख़बरें कहीं अधिक। बुज़ुर्गों का सांस्कृतिक हस्तक्षेप ग़ायब। और देर रात घूमने पर कहीं भय और बेचैनी। सोचता हूँ पहले ऐसा नहीं था। भोपाल जागता था तो सरोकार भी। प्रेम अधिक था और नातेदारियाँ सघन थीं। फ़ज़ल ताबिश की घुमक्कड़ी और सांस्कृतिक आवारागर्दी के निशानात अब नहीं दीखते। और नहीं दीखता वह भोपाल, जिसे मैं अब ढूँढ़ता हूँ।

पटियों पर रोशन रातें
कुछ हमारे नसीब में थीं
पटियों को उखाड़ते ही
रोशनी गुम हो गई
पाठशालाएँ बन्द हो गईं

पैंसठ

ज़िन्दगी का अर्थ इम्तहान है
इम्तहान के कई रूप, कई मानी हैं
यह हमने कॉलेज से निकलते ही
जीवन की पहली लड़ाई में जान लिया था
ज़िन्दगी ने इम्तहान लेना नहीं छोड़ा
हम अब भी उसके कॉलेज के इम्तहान में हैं

सन् 1975 की जुलाई का माह। माह का अन्तिम हफ़्ता। झटाझूम बारिश। कॉलेज से निकलने के बाद हम घर नहीं लौटे। हमें कुछ कर दिखाना था। मैं सतीश और शिवचरण। हमने 29 रुपये महीने पर एक खोली ली। एक कमरा और बर्तन धोने की जगह बस। बिस्तर और कपड़े थे। और कुछ चीज़ें जुटानी थीं मसलन स्टोव, कनस्तर, डिब्बा और राशन। कबाड़ी बाज़ार से सस्ते में कनस्तर, डिब्बा-डिब्बे और एक पुराना स्टोव। घासलेट की एक बोतल। राशन के नाम पर तीन किलो आटा, कनकी, दाल, तेल और मसाले। कॉलेज से मिली अन्तिम स्कॉलरशिप। काट-पीट के तीनों के हिस्से में कोई 120 रुपये। 65 रुपये ख़र्च। लेकिन जीवन शुरू करने का बन्दोबस्त। एक उत्साह भी। पब्लिक शौचालय में सुबह की मारा-मारी। मंजन और स्नान के लिए छोटा तालाब। वहीं कपड़ों की धुलाई। कुछ और ख़र्च। मंजन, साबुन, नारियल तेल आदि। जीवन शुरू करने के पूर्व ही 65 में से 30-32 और गए। जिसमें चीनी, चायपत्ती जैसी ज़रूरतें थीं। लेकिन हम एक बड़ी लड़ाई के लिए तैयार थे।

नौकरी का जुगाड़ होने में समय था। उन दिनों हम ट्यूशन के भरोसे थे। मुझे एक 25 रुपये का ट्यूशन। इतनी ही राशि शिवचरण के हिस्से में। सतीश को BHEL में नौकरी का आश्वासन। तनख़्वाह 135 रुपये। हम दोनों प्राइवेट स्कूलों के चक्कर लगा रहे थे।

इस भागमभाग और रोज़ की लड़ाई में हमारे बचे-खुचे पैसे भी जाते रहे। रोटियाँ कम हुईं। दाल पतली। सब्ज़ी ग़ायब। भात की जगह खिचड़ी। चाय पत्ती ख़त्म। चीनी भी। और अगस्त के दूसरे सप्ताह में राशन ख़त्म। ट्यूशन के पैसे मिलने

में एक सप्ताह और। इस बीच कुछ पुरानी किताबें बेचते रहे। कभी एक वक़्त खा लेते। कभी गुड़ ले आते और 5 पैसे वाली फूल छाप चाय की पुड़िया। लेकिन तीसरे सप्ताह में सब कुछ ख़त्म। ट्यूशन के पैसे मिलने में अभी तीन दिन। स्वाभिमान इतना कि भोपाल के दोस्तों के घर जाने में संकोच।

पहला दिन हमने उपवास में गुज़ारा। अपने-अपने बटुए टटोले ख़ाली। पेटियाँ टटोलीं और एक अठन्नी मिल गई और दो दस्सियाँ। गुड़ और चाय ले आए और तीन तोश बैकरी से। एक दस्सी की बीड़ियाँ। इस तरह रात चाय और बीड़ी में गुजार दी। दूसरी सुबह भी चाय थी। लेकिन स्टोव में घासलेट की कमी के कारण दिक़्क़त पेश आई। एक बार फिर किताबें बेचने निकले। लेकिन एक भी नहीं बिकी। हमने एक-दूसरे की तरफ़ देखा और मुस्कराने की कोशिश में लग गए। उस रात रह-रह पानी पिया और एक-एक चाय और। किसी तरह सोने की कोशिश करते रहे। लेकिन अँतड़ियाँ ऐंठ रही थीं। एक-दूसरे की तरफ़ देखते और आँखों ही आँखों में ढाढ़स बँधाते। एक दूसरे पर पैर रखे आँखें बन्द कर लेट गए और सोने का नाटक करते रहे।

तीसरी सुबह बहुत भारी थी। कुछ भी न था। मन रखने के लिए शिवचरण ने कनस्तर देखे और बजाने लगा। सतीश ने गुनगुनाना शुरू किया। और फिर एक साथ तीनों हँस पड़े। और चुप हो गए। क्या करेंगे दिन भर? किताबें बेचने की कोशिश करेंगे। ट्यूशन के पैसे लेने की जुगत भिड़ाएँगे इत्यादि।

मैं और शिवचरण ट्यूशन पढ़ाने और पैसा कबाड़ने निकल पड़े। सतीश किताबें बेचने। दोपहर को जब तीनों अपने ठिकाने पर लौटे तो ख़ाली हाथ। पेट की हालात बहुत ख़राब। अँतड़ियाँ सूख चुकी थीं। शरीर में इतनी हिम्मत भी नहीं थी कि कुछ और कर पाते। बस कटे पेड़ की तरह एक-एक कर तीनों बिस्तर पे गिर पड़े।

तीनों छत को घूर रहे थे और सोचने की कोशिश। कुछ सूझ नहीं रहा था। जाने कितनी देर हम छत को घूरते रहे। मन में विचार आ-जा रहे थे। कुशंकाएँ भी। हारने का भय भी सता रहा था कि एकाएक ज़ोर की बारिश होने लगी। टीन की छत पर बूँदों का गिरना तांडव की तरह लग रहा था। ठीक वैसा ही जैसे पेट में चूहों का तांडव। बूँदों के छत पे गिरते ही एकाएक मन में ख़याल आया। बारिश में कनस्तर में आटा चिपक जाता है। अगर ऐसा हुआ हो तो झाड़ने से थोड़ा निकल आएगा। मैं एकाएक उछला और कनस्तर तक पहुँचा। शिवचरण और सतीश उठके मुझे देखने लगे। मैंने कनस्तर का ढक्कन खोला और उसके भीतर चौतरफ़ा हाथ घुमाने लगा। बारिश की नमी से दीवारों पे चिपका आटा था जो झर रहा था। पूरी एकाग्रता से मैंने एक-एक कण झड़ाया और कटोरी में भरने लगा। कटोरी लगभग भर चुकी थी। मैं ख़ुशी में चीख़ उठा। वे दोनों भी। फिर उदास। मैंने पूछा—'क्या हुआ। मुँह क्यों उतर गए?' वे बोले—'एक कटोरी में क्या होगा? दो-तीन रोटियाँ बन जाएँ तो बहोत।'

मैंने कहा—'धीरज रखो आज भरपेट भोजन होगा। स्वादिष्ट और अनूठा।' वे हैरत में देखने लगे। मैंने स्टोव की तरफ़ इशारा किया और कड़ाही उठा ली। तेल की शीशी उठाई कुछेक बूँदें थीं, कड़ाही में टपका दीं और सतह पर फैला दी। स्टोव में घासलेट तली में पहुँच चुका था। अत: जलने से दूर। मैंने सिर खुजाया और जैसे बत्ती जल उठी मैंने कहा टंकी की तरफ़ से थाम के ऊँचा करो यानी टेढ़ा ताकि तेल ऊपर की तरफ़ ढुलक जाए। जुगत काम आई स्टोव जल उठा। मैंने कड़ाही को स्टोव की टेढ़ी कर उलट दिशा में थाम लिया। और कड़ाही गरम होने लगी। गरम होने पर मैंने आटा उड़ेल दिया और भूनने लगा। सतीश मसाले ढूँढ़ने लगा। मुश्किल से चार सूखी लाल मिर्च मिलीं। मैंने इशारा किया और वो छोटे-छोटे टुकड़े करने लगा। ये बारीक टुकड़े अब भुनते आटे पर थे। अपना स्वाद सौंपते हुए। इसके बाद आटा भुन रहा था। अपनी ख़ुशबू सहित। स्वाद का एक आश्चर्य घर में उतर रहा था। ठीक से भुनने और कुछ भूरा होने पर हमने उसमें दो लोटा पानी उड़ेल दिया और बाद में नमक भुरक दिया। अब आटा पूरी कड़ाही में नाच रहा था। कोई अद्वितीय सुगंध हमारी आत्मा को रोमांचित कर रही थी। उस दिन एक दिव्य भोजन तैयार हो रहा था। हम जैसे जीवन में पहली बार इतने सुखी थे। इतने विकल और सुगंध से आह्लादित।

हमारा उस समय का भोजन तैयार था। एक ही थाली में परोसा गया। हमने जब खाना शुरू किया तो जैसे मन्दिर की घंटियाँ बज उठीं। इतना ज़ायक़ेदार खाना जैसे विशेष रूप से तपस्या के प्रतिफल के रूप में हमें प्राप्त हुआ। इतना सन्तोष जीवन में पहली बार। उँगलियाँ चाट-चाट के हमने आटे से बनी वह नमकीन लप्सी खाई। कितनी अद्‌भुत थी वह शाम! जैसे भूखों का भरपेट भोजन उत्सव। एक ऐसा उत्सव जिसमें हम तीनों ने जीवन संघर्ष का अद्वितीय स्वाद चखा।

उसके बाद सतीश और शिवचरण जैसे विचारों की नींद से जागृत हो उठे। कोने में कचरे से बीड़ी के दो बढ़िया ठुट्‌ठे ढूँढ़े और सुलगाके धुआँ उगलने लगे। दो-एक सुट्टा लगाने के बाद सतीश बोल उठा—'फ़ैंटैस्टिक डे ऑफ़ लाइफ़, टू बी रिमेम्बर्ड ऑलवेज'। जब वह ख़ुश होता तो अंग्रेज़ी बोलता और कोई बड़ा सपना देखता। हम उसके सपनों में उतरते और लड़ाई के लिए तैयार हो जाते। आज हम फिर तैयार थे। और सुबह का सूरज देखने को लालायित। हमने एक दूसरे को देखा और ख़ुशी से चीख़ उठे। यह संघर्ष में जीने का सपना था।